山西省职业教育“金课”配套教材

新编21世纪高等职业教育精品教材
电子与信息类

三维软件基础项目化教程

主　审◎刘小旦
主　编◎郭莹洁　李　祺　黄　晨
副主编◎朱婉晋　白佳璐　张鲜玉
高　静　赵二卫　倪嵋林
张　聪　贺瑞林　何　薇
李　荣　张　媛　李小能

中国人民大学出版社
·北京·

图书在版编目（CIP）数据

三维软件基础项目化教程 / 郭莹洁，李祺，黄晨主编. --北京：中国人民大学出版社，2025.8. --（新编 21 世纪高等职业教育精品教材）. -- ISBN 978-7-300-34181-1

Ⅰ. TP391.414

中国国家版本馆 CIP 数据核字第 20255GQ684 号

山西省职业教育“金课”配套教材

新编21世纪高等职业教育精品教材·电子与信息类

三维软件基础项目化教程

主　审　刘小旦

主　编　郭莹洁　李　祺　黄　晨

副主编　朱婉晋　白佳璐　张鲜玉　高　静　赵二卫　倪嵋林

　　　　张　聪　贺瑞林　何　薇　李　荣　张　媛　李小能

Sanwei Ruanjian Jichu Xiangmuhua Jiaocheng

出版发行	中国人民大学出版社		
社　　址	北京中关村大街31号	**邮政编码**	100080
电　　话	010-62511242（总编室）		010-62511770（质管部）
	010-82501766（邮购部）		010-62514148（门市部）
	010-62511173（发行公司）		010-62515275（盗版举报）
网　　址	http://www.crup.com.cn		
经　　销	新华书店		
印　　刷	中煤（北京）印务有限公司		
开　　本	787 mm × 1092 mm　1/16	**版　　次**	2025 年 8 月第 1 版
印　　张	12	**印　　次**	2025 年 8 月第 1 次印刷
字　　数	278 000	**定　　价**	55.00 元

前 言

在党的二十大精神指引下，我国正大力推进教育、科技、人才一体化发展，深入实施教育强国战略。教育规划纲要强调要加快教育现代化进程，着力培养适应时代需求的高素质创新型人才。在数字化及智慧化成为时代发展主题、虚拟孪生经济蓬勃兴起的背景下，社会对具备数字化素养、创新思维和跨学科能力的复合型人才的需求日益迫切。随着数字媒体产业的蓬勃发展与技术迭代，三维视觉技术已成为数字创意领域的核心驱动力。从影视特效、虚拟现实到数字孪生、元宇宙构建，三维技术的应用场景正以前所未有的速度渗透到文化娱乐、智能制造、智慧城市等多个领域。行业对复合型技术技能人才的需求持续增长，高等职业院校作为技术人才培养的重要阵地，亟须构建符合职业教育规律、与行业前沿深度对接的三维软件技术课程体系。

本书基于数字媒体技术专业基础课的定位，依托山西省职业教育金课“三维软件基础”，以“案例驱动，产教融合”为核心理念，由学校一线教师与企业一线技术能手联合开发，将 3ds Max 软件的核心技术点有机融入 7 个典型的工作案例中。所有案例均源自企业的真实商业项目，由教师结合学习规律和学情特点进行知识点与技术点的分解重组，使教学内容与产业需求无缝衔接。

本书采用“碎片化知识点 + 系统化项目”的呈现方式，每个案例既独立成章，又循序渐进地深化，形成“基础—专项—综合”的技能训练路径、“技术解构、案例实战、技术拓展”的能力进阶路径，使“教、学、训”形成螺旋迭代，阶梯式递进。

通过对三维建模、图形建模、复合建模等核心技术的学习，以及堆叠建模、编辑建模、修改器建模等实践项目的训练，读者既能掌握软件的操作方法，也能培养解决复杂工作任务的思维，为日后在产品可视化、场景建模、角色建模等行业的就业奠定良好的基础。

本书采用项目分解、任务实施、技术学习、自测、评价的架构。其中，结合行业用人评价标准，本书构建了“四维度三等级”评价表，着重从基础操作规范、技术熟练程度、知识迁移能力和职业素养养成四个维度进行评价，评价等级包括优秀、良好和待提高。“维度”确保评价的全面性（覆盖操作、原理、效率、素养），“等级”实现能力分层（区分机械执行与真正理解），形成“知识—技能—素养”三维一体的评价矩阵。

本书的配套资源包含 AIGC 导学视频、企业老师示范视频、工程文件、学校教师技术点讲解视频、思维导图、题库、教学课件，以及省级职业教育金课的数字资源，体现了“学中做、做中学”和教学资源数字化、多样化的特色。

本书由刘小旦（晋中学院）主审，主编为郭莹洁（山西金融职业学院）、李祺（山西金融职业学院）、黄晨（陕西国防工业职业技术学院），副主编为朱婉晋（山西金融职业学院）、白佳璐（山西金融职业学院）、张鲜玉（山西金融职业学院）、高静（山西金融职业学院）、赵二卫（山西漫影时空文化艺术有限公司）、倪嵋林（北京经贸职业学院）、张聪（武汉软件工程职业学院）、贺瑞林（江门职业技术学院）、何薇（黄冈职业技术学院）、李荣（北京农业职业学院）、张媛（襄阳科技职业学院）、李小能（广东工程职业技术学院）。

本书适用于高等职业院校数字媒体技术、数字媒体艺术、虚拟现实技术应用等相关专业的学生，以及对三维建模技术感兴趣的人群。

在数字化转型的时代浪潮中，我们希望这本凝结校企智慧的书成为读者叩开三维视觉大门的一把钥匙，助力培养兼具艺术审美与技术素养的新时代数字工匠。

由于时间仓促、编者水平有限，书中难免存在疏漏之处，恳请广大读者批评指正。

编者

目录

项目 1

童年的梦幻小镇

项目 1 的效果图如图 1-1 所示，项目 1 的知识结构如图 1-2 所示。

图 1-1　童年的梦幻小镇效果图

跟企业老师学习项目制作全过程（项目 1）

看原图（项目 1）

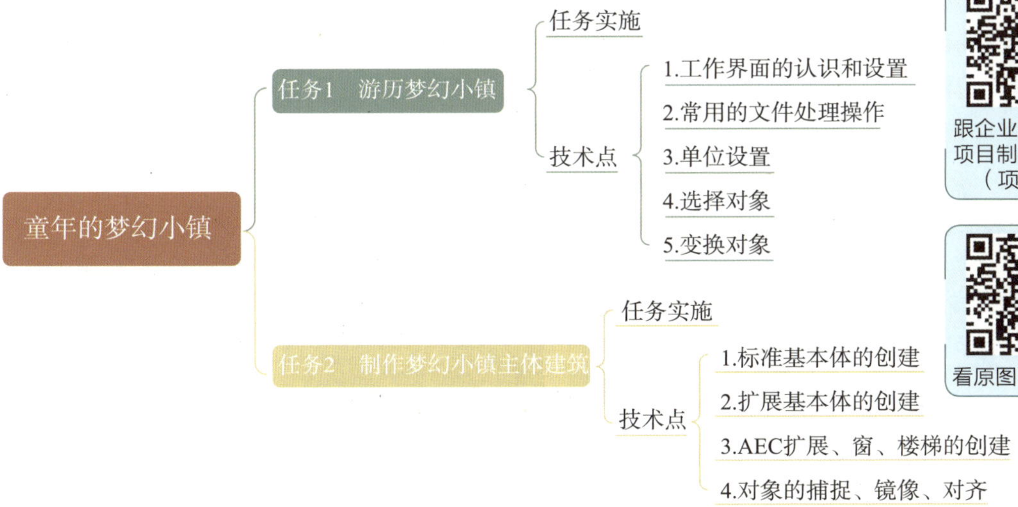

图 1-2　知识结构（项目 1）

知识目标

- 了解三维建模技术的应用领域。
- 了解三维建模的工作流程。

能力目标

- 掌握工作界面各模块的作用。
- 掌握视图的操作方法及其快捷键。
- 掌握单位设置方法及项目保存、导出、合并等技法。
- 掌握标准几何体、扩展基本体的添加及参数设置技法。
- 掌握对齐、捕捉等常规操作技法。

素质目标

- 掌握三维建模的基本工作思路。
- 培养分工协作的职业能力和遵守行业标准的职业素养。

每个人的心中，都藏着来自童年的纯真梦想——拥有一片属于自己的小天地，那里有无尽的想象与欢乐的源泉。我们将借助先进的三维建模技术，将这份深藏于心底的梦想变为现实。在本项目中，我们将着手“建造”一座梦中的小镇，力求还原那份童年的向往，让梦想中的小天地在数字世界中焕发生机，绽放光彩。

AI 互动导学

在项目开始之前，我们先来欣赏一些 AI 创意图像。这些图像是由 AI 绘制的“童年的梦幻小镇”中的场景，每一幅都充满奇幻色彩和无限创意。

1. AI 图像展示

展示 AI 童年的梦幻小镇图像，在 AIGC 图像生成工具（即梦 AI、豆包图像生成等）中输入关键提示词，如奇幻的建筑、飘浮的岛屿、会说话的动物、会发光的萤火虫、飘浮的云朵、卖棉花糖的流动摊位、旋转的木马、树洞中的秘密通道等，并生成图像，如图 1-3 所示。

图 1-3　用 AIGC 工具生成童年的梦幻小镇效果图

仔细观察这些图像，思考以下问题。

（1）你最喜欢哪一幅图像？为什么？

（2）图像中的小镇有哪些独特的元素？

（3）你能想象出这个小镇的故事吗？

2. AI 角色扮演

邀请 AI 扮演“梦幻小镇的设计师”，并进行对话，让 AI 解答你在创作过程中遇到的问题，提供创意建议。

学习 AIGC（项目 1）

任务 1　游历梦幻小镇

任务实施

（1）启动 3ds Max 软件，启动界面如图 1-4 所示。

（2）选择【文件】菜单的【打开】命令，在弹出的【打开文件】对话框中选择本项目的源文件，如图 1-5 所示，软件界面如图 1-6 所示。

图 1-4　3ds Max 软件启动界面

图 1-5　【打开文件】对话框

（3）单击透视图，使用 Alt+W 快捷键最大化显示透视图，如图 1-7 所示。

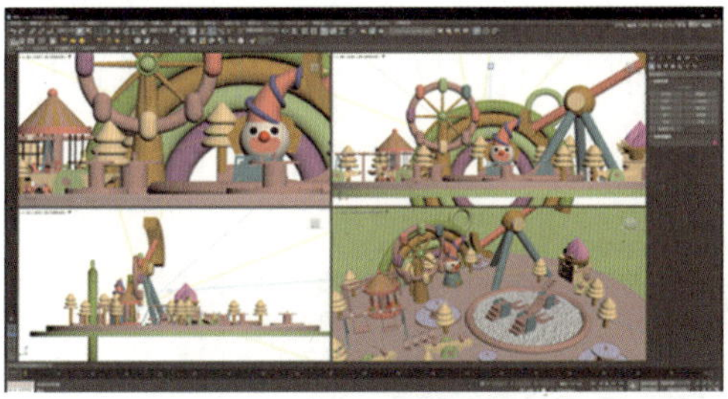

图 1-6　3ds Max 软件界面

图 1-7　最大化显示透视图

（4）滚动鼠标滚轮，放大 / 缩小显示梦幻小镇，如图 1-8 和图 1-9 所示。

图 1-8　放大显示梦幻小镇

图 1-9　缩小显示梦幻小镇

（5）按 Alt 键的同时，按住鼠标滚轮并移动鼠标，旋转显示梦幻小镇，如图 1-10 所示。

（6）按住鼠标滚轮并移动鼠标，平移显示梦幻小镇，如图 1-11 所示。

图 1-10　旋转显示梦幻小镇

图 1-11　平移显示梦幻小镇

技术讲解

三维建模技术是以计算机软件为媒介，精心雕琢三维对象或场景的数字技术。三维建模技术在众多领域熠熠生辉，如室内设计中的精妙布局、建筑设计中的宏伟构想、园林景观设计中的自然与和谐、工业产品造型设计中的新奇创意、节目中的绚丽舞台、游戏中构建的梦幻空间等。我们耳熟能详的国漫瑰宝《哪吒》中栩栩如生的角色、如梦似幻的场景、震撼人心的特效，都是应用三维建模技术的结晶。在医学研究与实践的广阔天地里，从精细入微的解剖模型到生动直观的手术模拟演示，三维建模技术同样以其独特的魅力，为知识的传递与技能的精进搭建了坚实的桥梁。

技术点一　工作界面的认识和设置

3ds Max 软件的初始操作界面如图 1-12 所示，包括标题栏、菜单栏、主工具栏、功能区、视口布局区、场景资源管理器、视口区、命令面板、时间滑块与轨迹、状态栏与信息显示区、动画控制区、视口导航区。

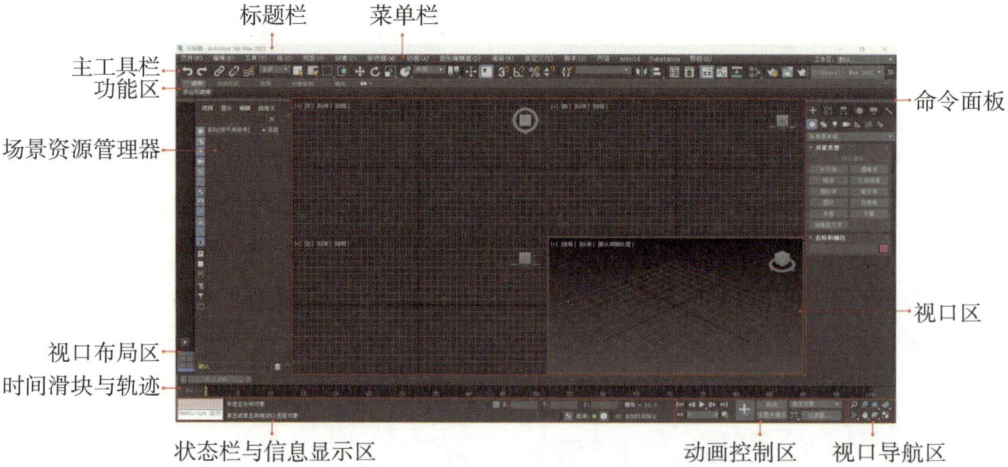

图 1-12　3ds Max 软件的初始操作界面

快捷操作： 在初始操作界面中，除标题栏与菜单栏外，其他区域均可通过拖动区域边界调整区域的大小。若工作时不小心关闭或移动了面板，需要还原初始操作界面时，可通过选择【工作区】中的【重置为默认状态】，将界面恢复为默认状态，其他用户自定义设置不会改变，如图 1-13 所示。

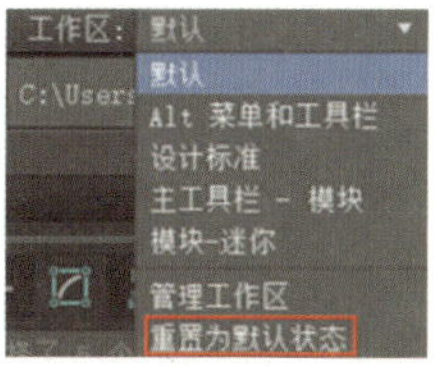

图 1-13　重置为默认状态

1. 标题栏

标题栏位于初始操作界面的上方，包括程序图标、项目名称、版本号，以及“最小化”“最大化”“还原”“关闭”按钮。

2. 菜单栏

菜单栏位于标题栏的下方，共有 17 个菜单，提供 3ds Max 软件的各种功能，如图 1-14 所示。

图 1-14　菜单栏

【文件】：针对文件进行新建、保存、另存为、导入、导出、合并等操作。

【编辑】：针对模型的基础操作和操作的撤销、重做命令，其大部分选项在主工具栏中有对应的图标按钮。

【工具】：包括场景资源管理及建模常用工具。

【组】：包括组、解组、附加、分离等命令。选中一个或多个对象模型，单击该选项，弹出设定组名的对话框，设定好后，所有模型以一个整体的形式存在；如需对组内模型进行独立操作，可单击【解组】，【解组】前后模型对象保持原色，如图 1-15 所示。【附加】用于转换可编辑模型的几何体与样条线，将多个模型组合成一个可同时编辑的整体，附加后整体中模型对象的颜色相同，如图 1-16 所示。

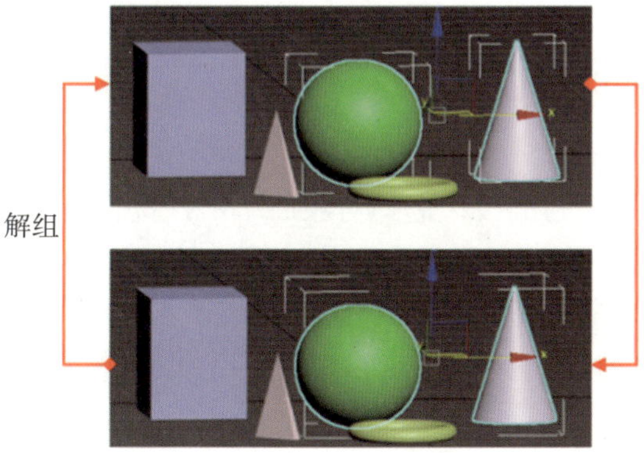

图 1-15　组、解组

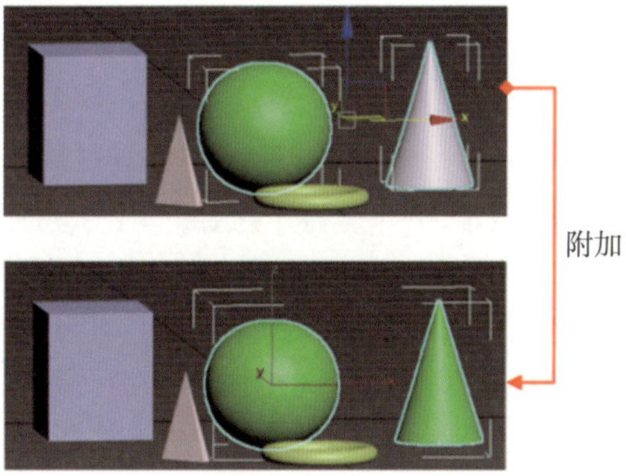

图 1-16　附加

【视图】：对视图 / 视口进行设置。【视口配置】中的【布局】选项卡与视口布局区大致相同。

【创建】：创建几何物体、二维物体、灯光和粒子等，在命令面板中的【创建】面板可以实现相同的操作。

【修改器】：该菜单中的命令涵盖【修改】面板的所有修改器。

【动画】：用于制作和控制动画。

【图形编辑器】：用于以图形化的方式编辑菜单式场景元素。

【渲染】：将 3D 模型转换为 2D 图像或动画，同时可根据需求增加材质、灯光等命令，渲染决定了最终作品的视觉效果和真实性。

【自定义】：用于根据需求及习惯更改操作界面或系统设置。

（1）【锁定 UI 布局】：在操作界面中，用户可暂时关闭用不到的面板，根据使用习惯设置操作界面，设置好后可单击该选项，避免在后续操作过程中误更改。

（2）【单位设置】：作为连接虚拟三维世界与真实世界的关键步骤，不仅影响模型的精度和一致性，还影响工作效率、兼容性和后期处理效果。因此，在开始任何项目之前，务必根据需求合理设置单位。

【脚本】：3ds Max 软件支持脚本程序设计语言，在软件中可用脚本语言书写程序来自动执行某些命令。

快捷操作： 按 F11 键，启动脚本编辑器。

【帮助】：提供帮助信息。

3. 主工具栏

主工具栏位于菜单栏下方，本区域汇集了较为常用的工具按钮，如图 1-17 所示。

图 1-17　主工具栏

快捷操作： 右下角带有三角形的按钮图标，均可通过长按鼠标左键切换为其他模式。

：【撤销】按钮。用于撤销上一步操作，最多撤销次数为【首选项】中【场景撤销】的级别数，默认值为 20。

：【重做】按钮。用于取消撤销操作的命令，执行该命令后退回撤销操作前的状态。

快捷操作： 在建模过程中，撤销可用同时按 Ctrl 键与 Z 键实现，最多可撤销设定的步数；若要取消撤销命令，可同时按 Ctrl 键与 Y 键。

：【选择并链接】按钮。用于动画中父子关系的链接，选择对象后单击该按钮，选择父对象。父子对象的关系为 1∶N，即子对象有且仅有一个父对象，父对象可有多个子对象。

：【取消链接选择】按钮。用于取消父子对象的链接。

：【绑定到空间扭曲】按钮。用于将对象绑定至空间扭曲的命令，空间扭曲可影响对象的形状、运动等，从而创建复杂的动画和变形效果。

：【选择对象】按钮。用于在视口场景中选择对象的命令，该命令无法对对象进行操作。

：【按名称选择】按钮。单击该按钮，弹出窗口，按对象名称或搜索名称从中选择对象，多用于场景中对象模型众多、不便直接选择等情况。

快捷操作： 按下 H 键，弹出【按名称选择】按钮对应的窗口。

：【选择区域】按钮。各按钮分别对应矩形、圆形、围栏、套索、绘制五种形状选择区域，通过拖动或自由绘制区域，进行对象选择。

快捷操作： 长按【选择区域】按钮，切换区域形状。

：【交叉 / 窗口】按钮。选择对象时，选择区域与对象关系的模式，为交叉模式，为窗口模式。

：【选择并移动】按钮。3ds Max 的基本操作之一，选择并移动对象。

：【选择并旋转】按钮。3ds Max 的基本操作之一，选择并旋转对象。

：【缩放】按钮。3ds Max 的基本操作之一，各按钮分别对应均匀缩放、非均匀缩放、均匀加压，用于调整对象的大小、形状和比例。

快捷操作： 按下 W 键切换启动（选择并移动），此时对象坐标轴被激活；按下 E 键切换启动（选择并旋转）；按下 R 键启动（选择并均匀缩放），再次按下 R 键切换启动（选择并非均匀缩放），最后按下 R 键切换启动（选择并挤压）。

：【选择并放置】按钮。选择对象并将对象精确置于另一对象表面。

：【选择并旋转】按钮。选择对象后仅在 X、Y 轴旋转。与不同，启用后，对象坐标轴 X、Y 轴为红色，Z 轴为灰色；而启用后，对象坐标轴 X 轴为红色，Y 轴为绿色，Z 轴为蓝色，对象可随意旋转，如图 1-18 所示。

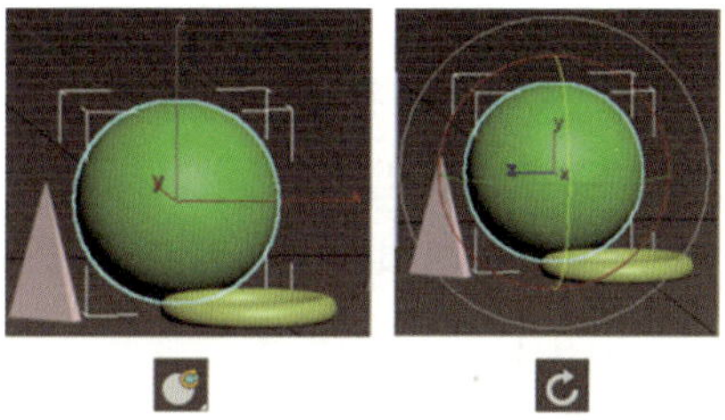

图 1-18　与的区别

：使用【轴点中心】、【选择中心】、【变换坐标中心】按钮。控制对象变换（如移动、旋转、缩放）参考点的三种模式 。选择多个对象后沿 Z 轴逆时针旋转 60° 时，默认（使用轴点中心），多个对象按照各自的轴心旋转，如图 1-19（a）所示；长按鼠标左键切换至（使用选择中心），多个对象按照共同的中心旋转，如图 1-19（b）所示；切换至（使用变换坐标中心），多个对象按照世界原点旋转，如图 1-19（c）所示。

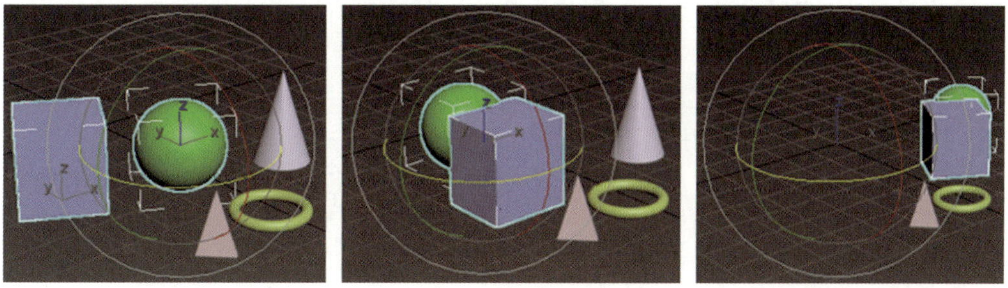

（a）使用轴点中心　　（b）使用选择中心　　（c）使用变换坐标中心

图 1-19　使用【轴点中心】、【选择中心】、【变换坐标中心】按钮

：【选择并操纵】按钮。通过直接操作场景中的控制器或参数来调整对象的属性，而无须进入修改面板。

：【键盘快捷键覆盖切换】按钮。操作过程中，在主用户界面同时使用主快捷键、组快捷键发生冲突时，该按钮可用于快捷键间的切换。

：【捕捉开关】按钮。用于精确对齐对象的顶点、边、面、栅格点等元素。（在三维空间中捕捉顶点、边、面等元素）；长按鼠标左键切换至（捕捉到三维对象在当前视图平面上的投影）；切换至（仅捕捉当前视图平面内的栅格点）。

：【角度捕捉切换】按钮。旋转时启用该按钮，可实现多功能的精确旋转。

：【百分比捕捉切换】按钮。缩放时启用该按钮，可实现百分比缩放。

：【微调器捕捉切换】按钮。可设置 3ds Max 中所有微调器的精确数值。

快捷操作：按 S 键切换启用与关闭（【捕捉开关】按钮）；按 A 键启用（【角度捕捉切换】按钮）；同时按 Ctrl 键、Shift 键与 P 键启用（【百分比捕捉切换】按钮）。

：【管理选择集】按钮。单击该按钮，弹出窗口，可在视口创建、命名选择集或选择要添加到选择集的对象。

：【镜像】按钮。选择对象，单击该按钮，弹出镜像窗口，根据镜像轴与克隆选择呈现镜像效果。

：【对齐】按钮。选择对象，启用该按钮，与目标对象进行对齐。长按鼠标左键切换至（【快速对齐】按钮，实现两个对象的轴心点对齐）；切换至（【法线对齐】按钮，实现指定对象的某个平面对齐到目标对象的某个平面）；切换至（【放置高光】按钮，更精确地控制场景中灯光和高光的位置，从而提升渲染效果的质量）；切换至（【对齐摄像机】按钮，将对象或元素与场景中的摄像机视图进行对齐）；切换至（【对齐到视图】按钮，将对象或元素与当前视口的视图方向进行对齐）。

快捷操作：在操作过程中，选择对象，同时按 Alt 键与 A 键启动对齐工具，再次选择对齐目标对象；同时按 Shift 键与 A 键启动快速对齐工具；同时按 Alt 键与 N 键启动法线对齐工具；同时按 Ctrl 键与 H 键启动放置高光工具。

：【场景资源管理器】按钮。弹出场景资源管理器窗口，提供与场景内容属性相关的信息及编辑方式。

：【切换层资源管理器】按钮。用于场景中对象按层分类的命令，单击该按钮弹出窗口，可将场景中的对象按照不同的层进行操作，便于管理。

：【显示功能区】按钮。切换功能区的显示与关闭。

：【曲线编辑器】按钮。用于管理和调整动画的重要工具。

：【图解视图】按钮。用于设置场景中对象的显示方式等。

：【材质编辑器】按钮。打开并对材质进行编辑，将编辑好的材质指定给选定的对象；长按鼠标左键切换至（【精简材质编辑器】按钮，打开精简模式的编辑器）。

快捷操作：按 M 键打开材质编辑器。

：【渲染设置】按钮。弹出渲染设置窗口，可对渲染参数进行设置。

：【渲染帧窗口】按钮。开始对场景中的对象进行渲染。

快捷操作：按 F9 键或同时按 Shitf 键与 Q 键，实现快速渲染；按 F10 键可快速打开【渲染设置】窗口。

4. 视口区

3ds Max 操作界面中面积最大的部分为视口区（也可称为视图区），默认状态下显示四个矩形区域，如图 1-20 所示。

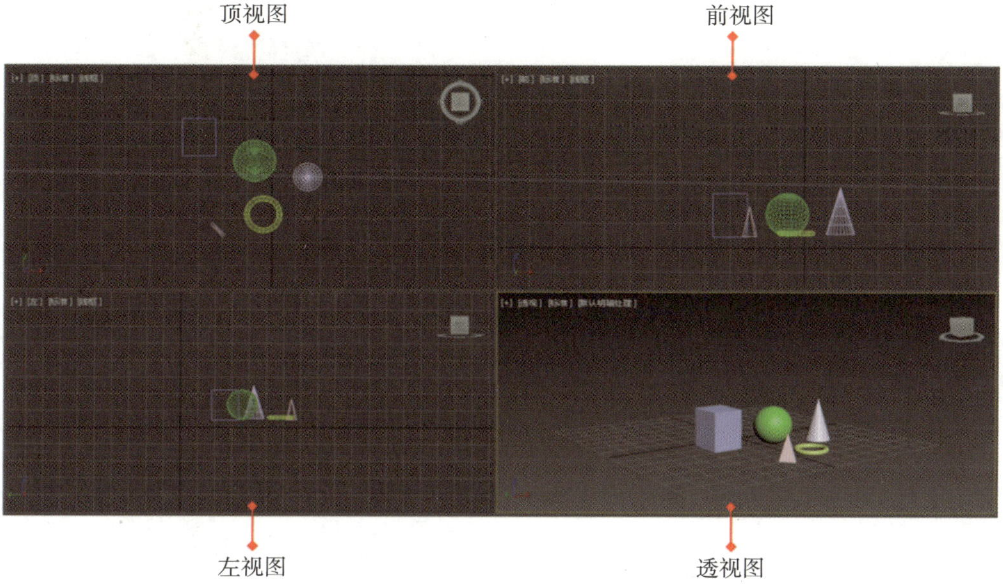

图 1-20　默认状态下的视口区

视口区

（1）视口区显示不同角度场景对应的视图，3ds Max 提供摄像机视图、灯光视图、透视图、正交视图、顶视图、底视图、前视图、后视图、左视图及右视图，用户可以通过单击各视口左上角的第二个标签切换视图，区域框为黄色代表激活状态，若最大化显示视口，激活的视图会被最大化。

快捷操作： 系统提供部分视图的切换快捷键，按 P 键切换透视图；按 U 键切换正交视图；按 T 键切换顶视图；按 F 键切换前视图；按 L 键切换左视图；按 C 键切换摄像机视图；同时按 Alt 键与 W 键，最大化某视图对应的视口。

（2）在不同视图的视口中均有左上角的四个图标 [+] [透视] [标准] [默认明暗处理]、右上角的一个图标、栅格线。其中，单击 [+]，可对当前视口进行设置；[透视] 代表当前视口展现透视图，单击该按钮可切换其他视图；单击 [标准]，可切换视图的显示质量；[默认明暗处理] 代表视图中对象的显示效果；用于帮助用户观察模型和调整视图展示的方向，支持旋转、缩放、平移视图及改变视图轴的方向，若不需要该按钮，可右击该按钮选择【配置】，在弹出的【视口配置】窗口中取消【显示 ViewCube】。

快捷操作： 按 F3 键，对象将在明暗处理与线框显示之间切换；按 F4 键，对象将在明暗处理与边面（在明暗处理显示的基础上增加线框）显示之间切换；按 G 键切换栅格线的显示与取消；按 Alt 键并拖动鼠标滚轮，可旋转视图。

（3）视口区的视图布局可根据用户的习惯进行变更。

① 在【视图】菜单下的【视口配置】的【布局】选项卡中选择给定的类型，如图 1-21 所示。

② 可通过视口布局区中的 (【创建新的视图布局选项卡】按钮）切换给定的布局类型，如图 1-22 所示。

③ 在视口区中拖动视图边界，改变区域显示的大小，若需恢复，右击区域边界框选择【重置布局】即可恢复默认大小，如图 1-23 所示。

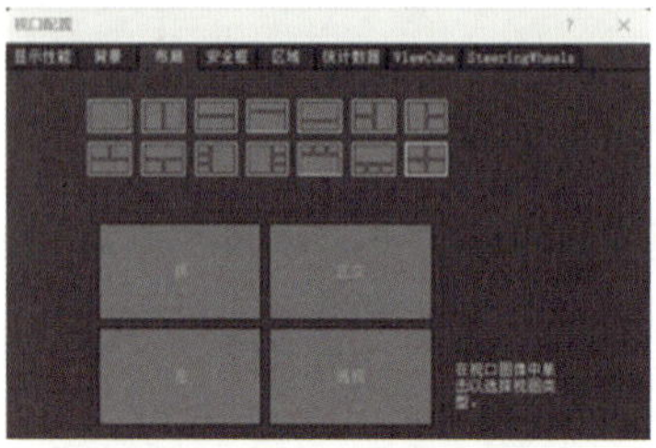

图 1-21 【视口配置】

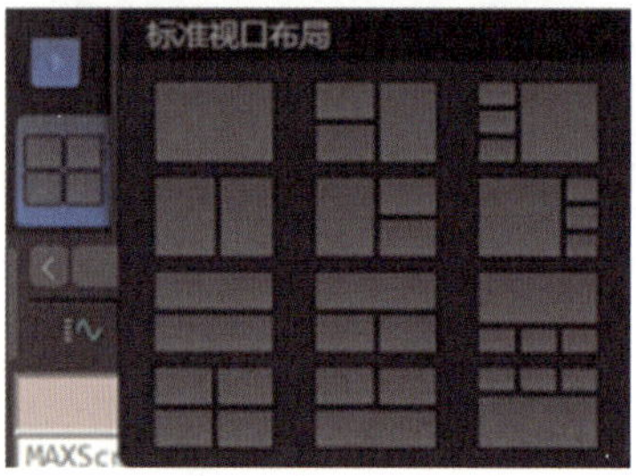

图 1-22 视口布局区

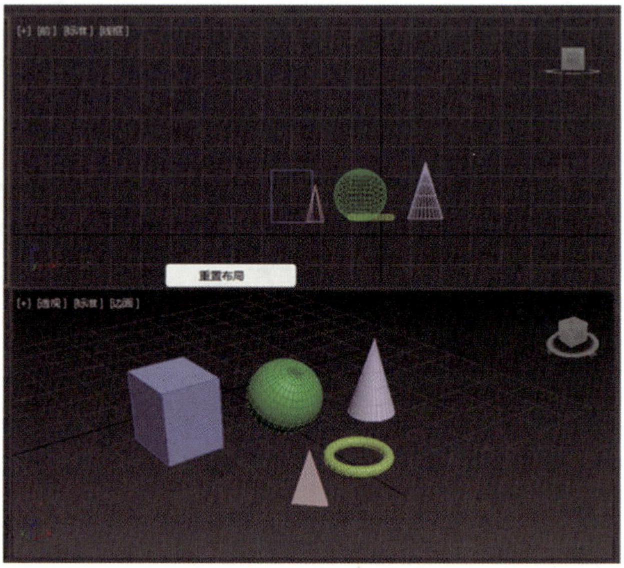

图 1-23 重置布局

5. 命令面板

命令面板位于初始操作界面的右侧，是 3ds Max 的核心操作模块，共有创建、修改、层次、运动、显示、实用程序六个面板，覆盖了从对象创建、修改、动画通知到场景管理的全流程。

（1）创建命令面板：用于创建对象，包括几何体、样条线、灯光、摄像机、辅助对象，是建模与动画的第一步，如图 1-24 所示。

（2）修改命令面板：用于编辑、修改已选对象的参数、选择修改器类型、编辑修改器参数以调整对象模型的形态，如图 1-25 所示，修改参数是建模与动画必不可少的操作。

快捷操作： 修改参数时，带有的参数设置，右击可归零，向上拖动出正值，向下拖动出负值。

（3）层次命令面板：用于控制对象的父子层级关系、轴心点及反向动力学，如图 1-26 所示。

当正方体需以球体为中心逆时针旋转 60° 时，切换至 (【旋转】按钮）无法满足需求，这是由于旋转是以所选对象自身的坐标轴为中心沿 X、Y、Z 轴进行旋转的，如图 1-27 所示。若要满足需求，须改变正方体坐标轴的位置：选择正方体，单击【层次】命令面板，打开【调整轴】卷展栏，选择【仅影响轴】，切换至 (【移动】按钮)，按 F 键切换至【前视图】，将坐标轴沿 X 轴移动至球体中心，如图 1-28 所示，点击【仅影响轴】进行关闭，再切换至 (【旋转】按钮)，即可实现需求的效果，如图 1-29 所示。

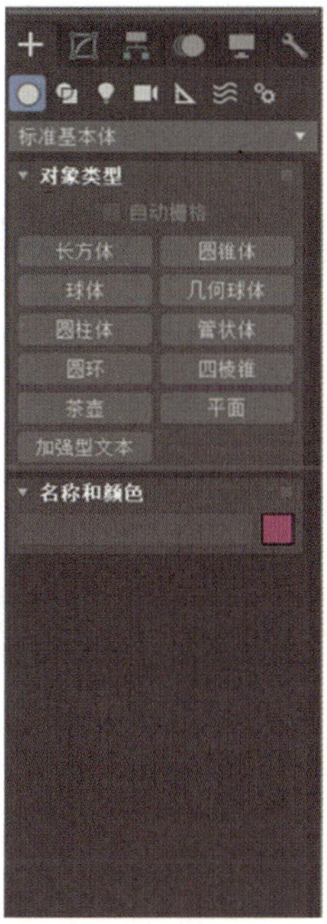

图 1-24　创建命令面板

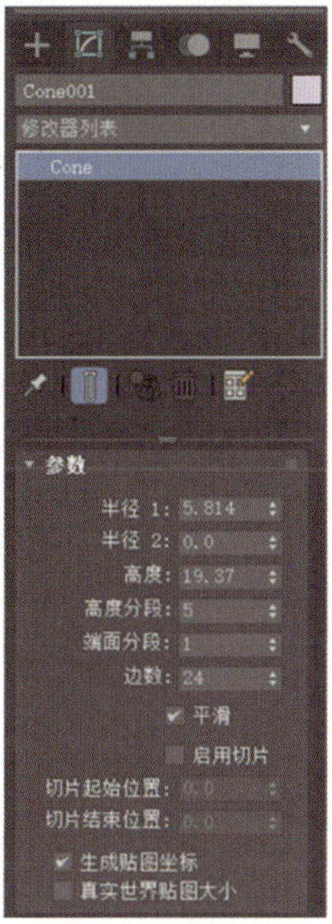

图 1-25　修改命令面板

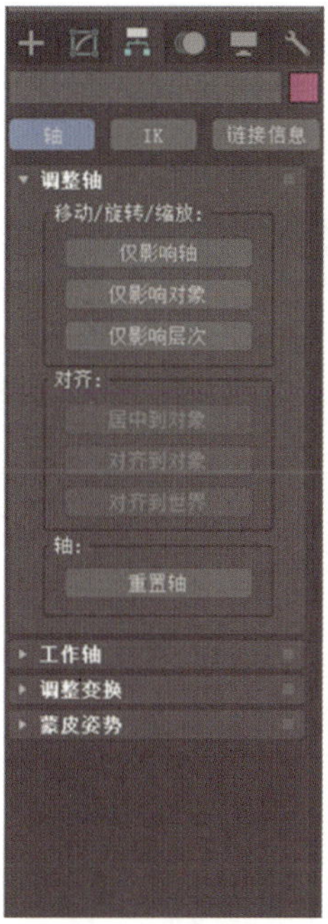

图 1-26　层次命令面板

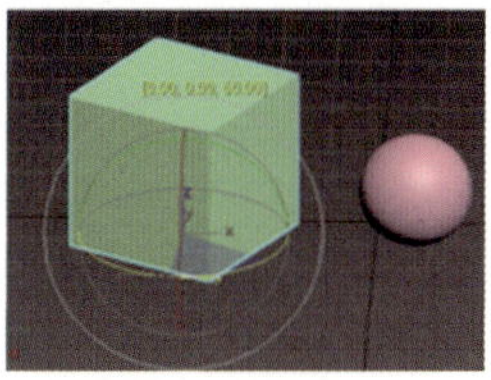

图 1-27　无法实现

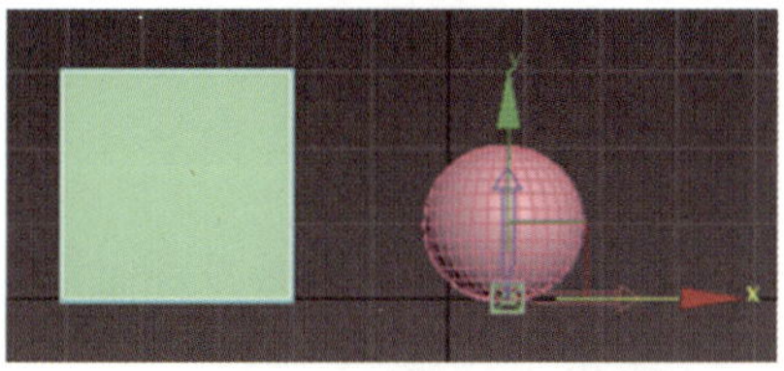

图 1-28　沿 X 轴移动坐标轴

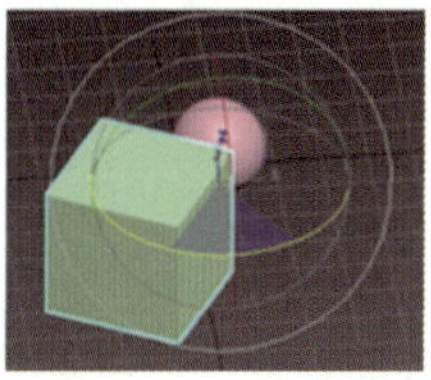

图 1-29　实现需求的效果

（4）运动命令面板：涉及动画控制，用于管理对象的动画轨迹和控制器，如图 1-30 所示，包括设置动画参数、可视化对象的运动轨迹及调整关键帧属性等功能。

（5）显示命令面板：控制场景中对象的可见性、交互性及显示属性，如图 1-31 所示。

（6）实用程序命令面板：提供各种工具和脚本，如图 1-32 所示。

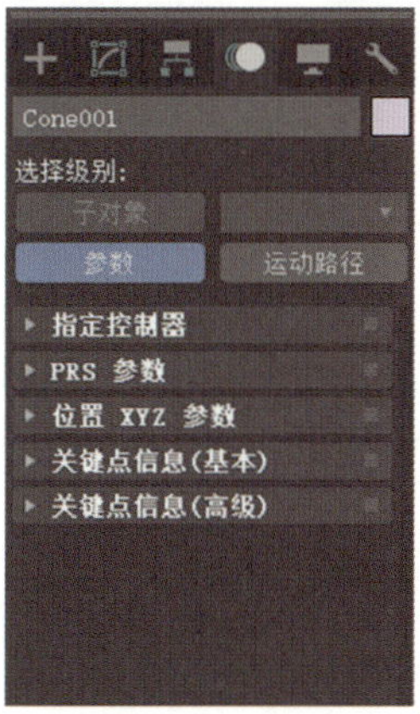

图 1-30　运动命令面板

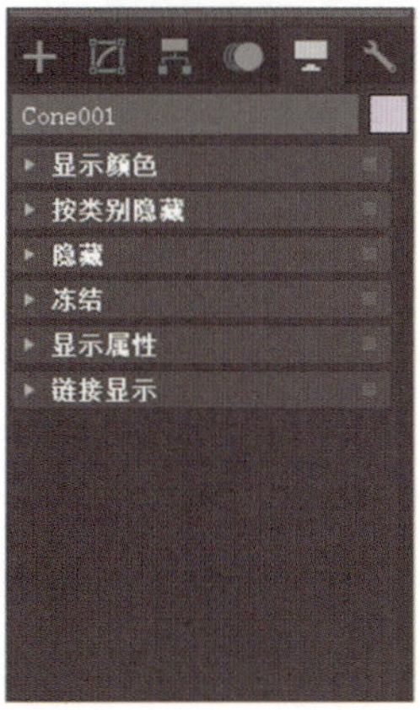

图 1-31　显示命令面板

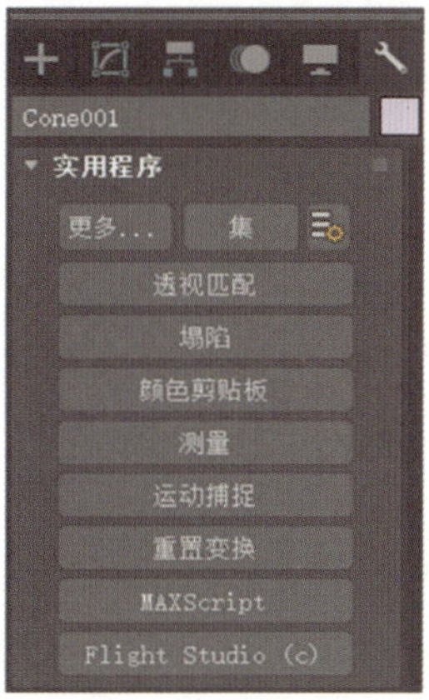

图 1-32　实用程序命令面板

6. 时间滑块与轨迹

时间滑块与轨迹（时间轴）位于初始操作界面视口布局区的下方，是动画中帧与关键帧的可视化窗口，也是动画流程的核心环节，如图 1-33 所示。

图 1-33　时间滑块与轨迹

7. 状态栏与信息显示区

状态栏与信息显示区位于操作界面底部的左侧，包括坐标信息、选择状态及其他操作信息的提示，如图 1-34 所示。

图 1-34　状态栏与信息显示区

：【孤立当前选择】按钮。选择对象，单击该按钮，视口区将只显示已选对象，并且最大化显示。

：【选择锁定切换】按钮。选择对象，只可对已选对象进行操作，避免误操作。

快捷操作： 选中对象，同时按 Alt 键与 Q 键可孤立当前选择；按空格键可切换锁定。

8. 动画控制区

动画控制区位于操作界面底部的右侧，主要涉及动画关键帧的设置、动画播放与记录、动画时间配置等操作，如图 1-35 所示。

快捷操作： 按 N 键切换自动关键点模式。

9. 视口导航区

视口导航区

视口导航区位于操作界面底部的右侧，包括八个按钮，如图 1-36 所示。

图 1-35　动画控制区

图 1-36　视口导航区

：【缩放】按钮。用于调整活动视图的远近。

快捷操作： 同时按 Alt 键与 Z 键可激活【缩放】按钮。

：【缩放所有视图】按钮。用于调整活动视图的远近，所有视图共同显示。

：【最大化显示】按钮。选择对象后，单击该按钮，可在活动视图中最大化显示已选对象；长按鼠标左键切换至，可在活动视图中最大化显示所有对象。

快捷操作： 选择对象，按 Z 键可最大化显示当前对象。

：【所有视图最大化显示选定对象】按钮。选择对象后，单击该按钮，可在视口区的所有视图最大化显示已选对象；长按鼠标左键切换至（【所有视图最大化显示】按钮），可在视口区的所有视图最大化显示所有对象。

：【缩放区域】按钮。拖动一个区域，将该区域放大到视口区的所有视图。

快捷操作： 同时按 Ctrl 键与 W 键，可激活【缩放区域】按钮。

：【平移视图】按钮。激活该按钮，拖动鼠标平移活动视图，以便观察模型。

快捷操作： 按 Ctrl 键并拖动鼠标滚轮，可直接平移视图。

：【环绕子对象】按钮。围绕视口中心旋转视角。

：【最大化视口切换】按钮。单击该按钮，可切换活动视图最大化显示与视口区正常显示。

快捷操作： 同时按 Alt 键与 W 键，最大化某视图对应的视口。

技术点二　常用的文件处理操作

文件处理的相关命令集中在【文件】菜单中，工作过程中常用的文件处理命令如下。

【新建】：包括【新建全部】、【从模板新建】两个按钮。【新建全部】是在保留系统设置的情况下清除并新建文件场景，【从模板新建】允许用户从模板管理器中选择要使用的新场景的模板。

【重置】：单击该按钮后，依次弹出【清除未保存的修改】与【重置 3ds Max 设置】对话框，用户根据需求选择，还原默认设置后新建并打开项目文件。

【打开】：打开已有的 .max 场景文件。用 3ds Max 新版本软件通常可以打开旧版本软件的文件，但旧版本软件无法打开新版本软件的文件（需导出为旧版本格式）。

快捷操作： 同时按 Ctrl 键与 O 键，弹出【打开文件】对话框。

【查看图像文件】：为便于建模时观察参考对象，打开图像文件后，可将参考图片置于操作界面之上，以便观察时不受切换界面的影响。

【保存】：场景文件首次保存需选择保存位置、文件名及扩展名。软件提供当前版本及旧于当前版本的三个版本的保存类型，如图 1-37 所示。

【另存为】：使用该二级菜单按钮可将当前项目保存为新的文件。

快捷操作： 同时按 Ctrl 键与 S 键，保存文件；同时按 Ctrl 键、Shift 键与 S 键，可实现文件另存。

【保存选定对象】：若在当前场景中，只保存某一模型元素，可使用该按钮进行另存。如图 1-38 所示，单击该按钮，仅保存圆锥体模型。

图 1-37　软件提供的文件保存类型

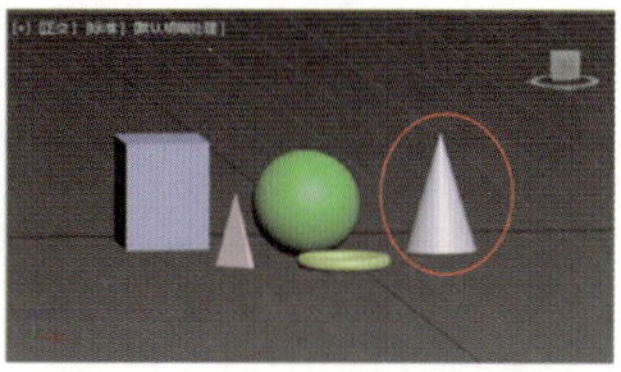

图 1-38　仅保存圆锥体模型

【归档】：将当前场景及其所有依赖文件（贴图、代理文件等）打包为一个压缩文件（.zip），在归档前建议保存场景文件。

【导入】：将外部文件（非 .max 格式）导入当前场景，常见于导入其他三维软件制作的模型场景。导入前应注意检查单位是否匹配（避免模型比例错误），复杂文件可能丢失材质或动画，需手动调整。

【合并】：将其他 .max 文件中的模型、灯光等合并到当前场景。合并时应注意检查对象或材质的名称是否冲突，若冲突需手动更改。

【导出】：将当前场景导出为其他软件支持的格式，实现不同软件的兼容。

【首选项设置】：定制软件的各项设置，使其符合设计师的习惯。该面板包含多个选项卡，下面列举说明【常规】和【文件】选项卡中的常用功能，如图 1-39 和图 1-40 所示。

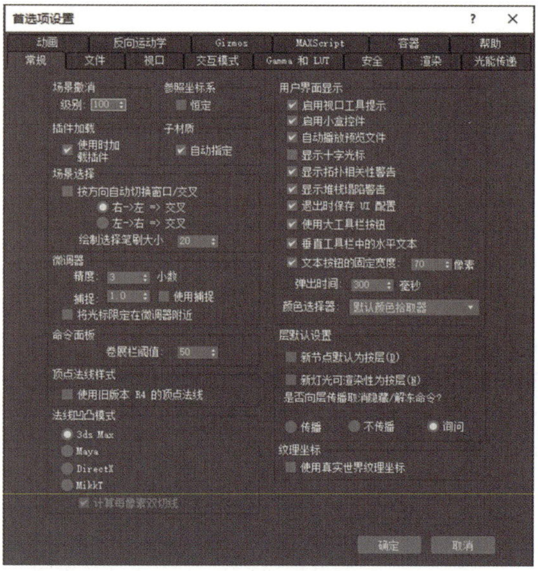

图 1-39　首选项设置面板中的常规选项卡

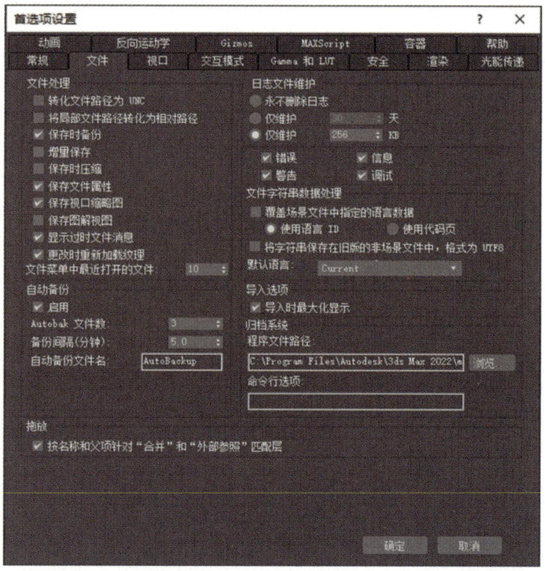

图 1-40　首选项设置面板中的文件选项卡

（1）【常规】→【场景撤消】：设定可撤销的步数，设定区间为 1 ～ 500。为了避免软件卡顿，建议设定步数为 100，如图 1-41 所示。

（2）【文件】→【自动备份】：根据备份间隔自动保存文件，用以避免因系统崩溃导致的文件丢失。如图 1-42 所示，【Autobak 文件数】默认值为 3，即系统默认自动保存文件数为 3，当第 4 次保存时会覆盖第 1 个文件，以此类推；【备份间隔（分钟）】默认值为 5，即每隔 5min 进行一次自动保存。

图 1-41　场景撤销

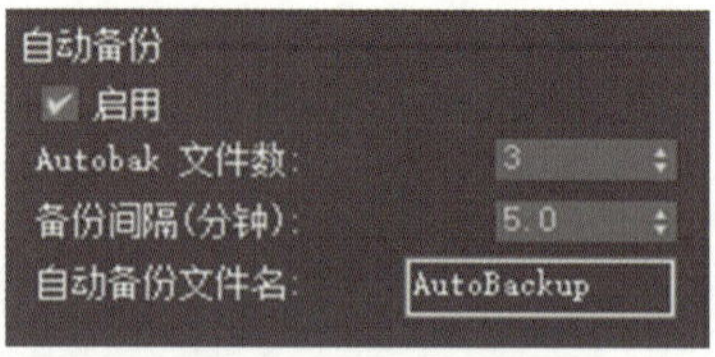

图 1-42　自动备份

技术点三　单位设置

单位是连接模型与现实世界的关键媒介，在创建模型前设置好单位，既为团队协作提供统一标准，也为后续合并文件或插入外部模型时进行单位统一提供保障，是从事三维建模工作应遵守的行业规范。三维建模行业普遍使用的单位是毫米，在软件中显示为 mm。

单位设置

设置单位的方法：单击【自定义】菜单，选择【单位设置】，其对话框如图 1-43 所示。其中【系统单位设置】是软件内部计算的基础，直接影响模型的实际尺寸和物理模拟（如质量、重力），显示单位是用户界面上显示的单位，控制界面中显示的数值单位（如长度、宽度）不影响内部计算。系统单位和显示单位应设置一致。

进入【系统单位设置】，选择单位为【毫米】，如图 1-44 所示。在【显示单位比例】选项区域中，选择【公制】单位为【毫米】，如图 1-45 所示。

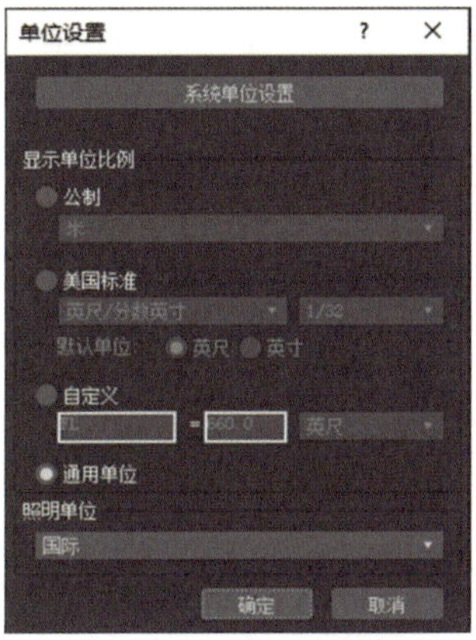

图 1-43　单位设置对话框

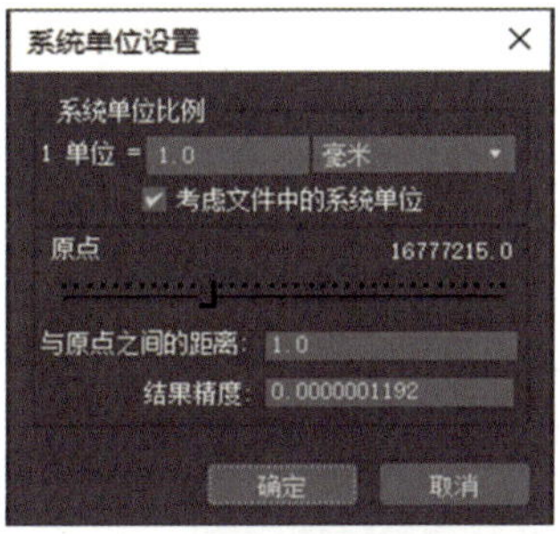

图 1-44　设置系统单位

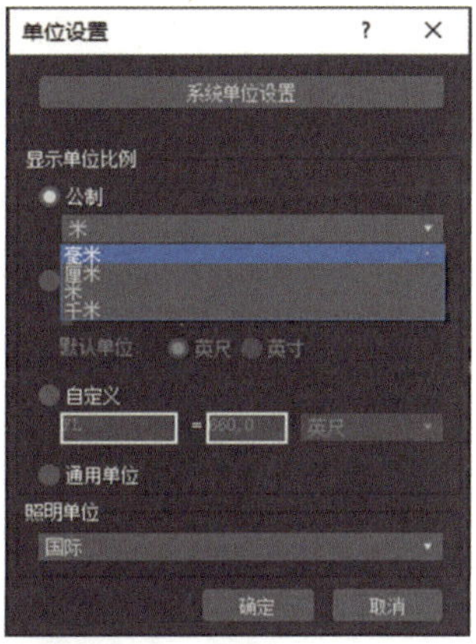

图 1-45　设置公制单位

进行单位设置后，创建任意大小的长方体，参数面板中其长度、宽度、高度的数值后即显示了单位，如图 1-46 所示。

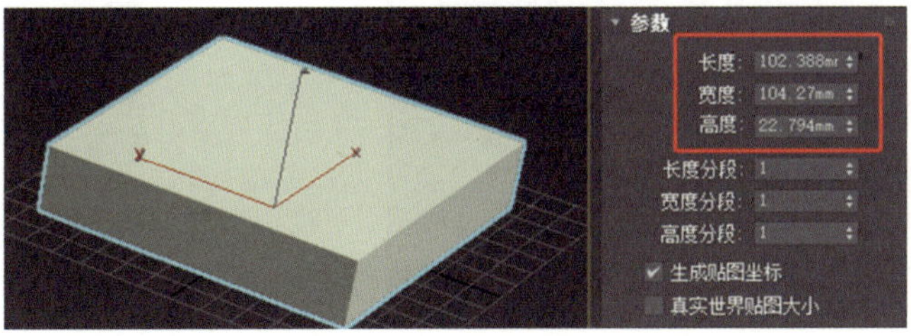

图 1-46　参数显示单位

技术点四　选择对象

选择对象要使用工具栏中的选择工具组，如图 1-47 所示。

选择对象

图 1-47　选择工具组

：【选择对象】按钮。用于单击或框选一个或多个对象，被选中的对象以高亮显示。

快捷操作： 单击对象的同时按住 Ctrl 键可进行加选，如图 1-48 所示；按住 Alt 键可进行减选。

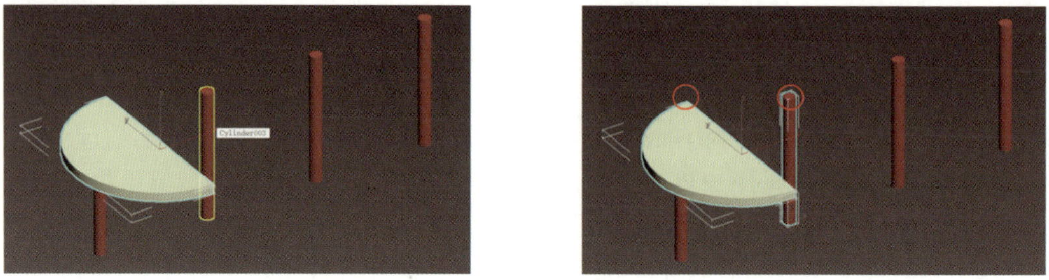

图 1-48　按 Ctrl 键加选对象

：【按名称选择】按钮。单击该按钮，弹出【从场景选择】对话框，如图 1-49 所示，按对象名称或搜索名称选择对象，多用于场景中对象模型众多、不便于直接选择的情况。按住 Ctrl 键可加选多个对象。

：【选择区域】按钮。在该按钮上长按鼠标左键即可显示图 1-50 所示的列表，共有五种类型，分别是矩形区域、圆形区域、围栏区域、套索区域和绘制区域。

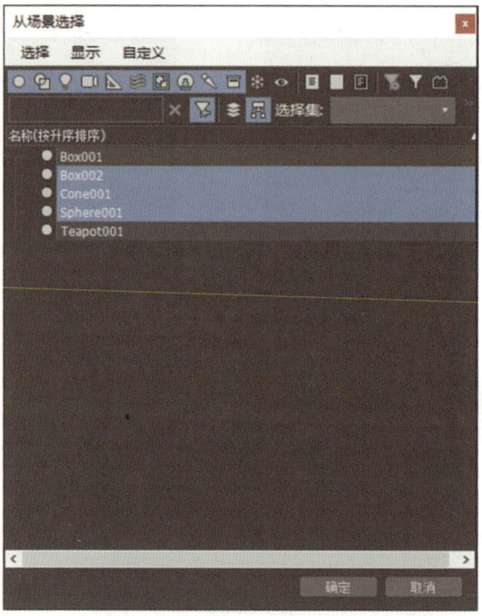

图 1-49　按名称选择对象

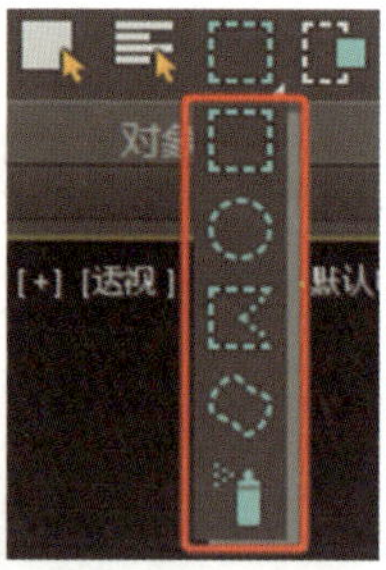

图 1-50　选择区域列表

（矩形选择区域）是常用的区域类型，通过按住鼠标左键拖动出现矩形框进行对象选择，如图 1-51（a）所示；（圆形选择区域），拖动鼠标出现中心向外扩的正圆形区域，如图 1-51（b）所示；（围栏选择区域），通过绘制自定义的多边形区域来选择对象，可更灵活地处理复杂场景，如图 1-51（c）所示；（套索选择区域），通过自由绘制不规则的区域来快速选择复杂区域内的对象，如图 1-51（d）所示；（绘制选择区域），通过笔刷的方式直接绘制，拖动笔刷，经过区域内的对象或子对象均被选中，适用于选择复杂或局部细节的情况，如图 1-51（e）所示。

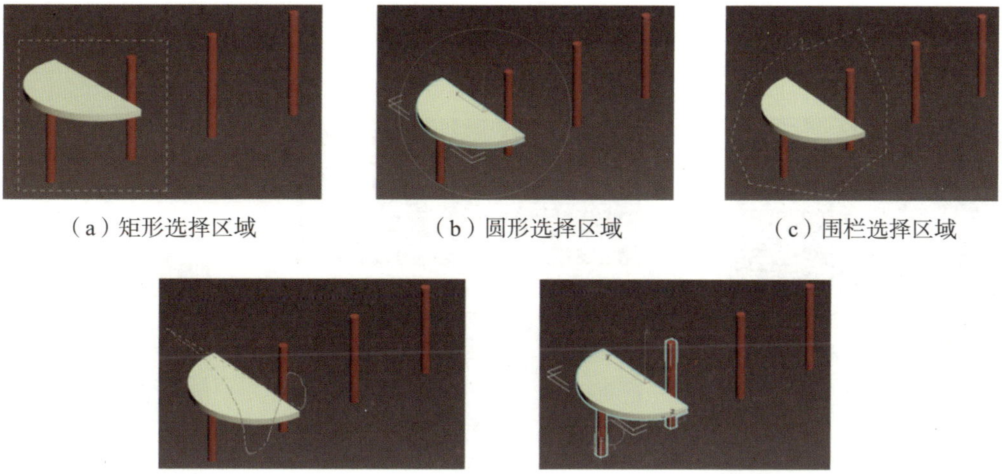

（a）矩形选择区域　（b）圆形选择区域　（c）围栏选择区域

（d）套索选择区域　（e）绘制选择区域

图 1-51　五种选择区域

：【窗口 / 交叉】按钮。在拖动或自由绘制时需要搭配该按钮，以确定如何选择对象。默认为【交叉】模式，即只要选择区域与对象处于交叉状态，方可被选中；在此按钮上长按鼠标左键可切换为【窗口】模式，此时对象必须处于选择区域内，才能被选中。使用框选半圆柱体与三根圆柱体时，若模式为（交叉），此时从左至右第三根圆柱体与框成交叉状，所以它也被选中，如图 1-52（a）所示；若模式为（窗口），此时四个对象均需要在绘制的框内，从右至左两根圆柱体与框成交叉状，并未选中，如图 1-52（b）所示。注意：若在选择对象时出现与选择模式不符的情况，要注意【首选项设置】中是否选中【按方向自动切换窗口 / 交叉】。

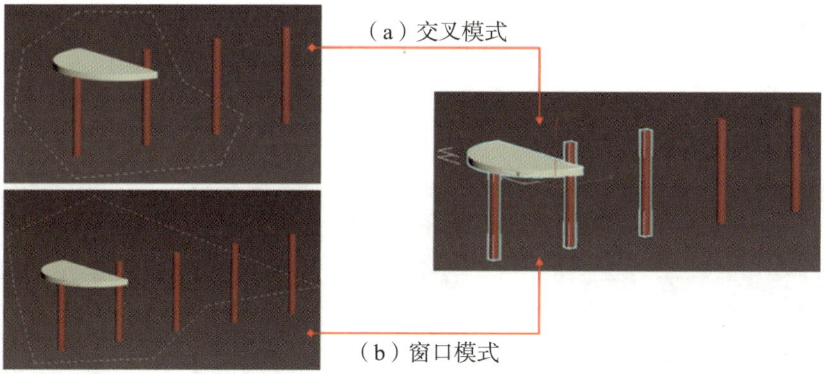

图 1-52　【窗口 / 交叉】按钮

【以颜色选择】：在多模型场景中，若要选择所有颜色相同的对象，可通过执行菜单【编辑】→【选择方式】→【颜色】，如图 1-53 所示。例如，选择红色圆柱体，单击【颜色】，此时鼠标光标带有特殊标志，如图 1-54（a）所示，单击某个红色圆柱体，所有红色的对象都被选中，如图 1-54（b）所示。注意：这里的颜色是对象创建时的颜色，并非材质颜色。

全部：【选择过滤器】按钮。用于限制场景中可选择的对象类型，避免误选非目标对象（如灯光、摄像机、辅助对象等），如图 1-55 所示，适用于复杂场景中需要精准选择特定类型对象的情况。

快捷操作： 同时按住 Ctrl 键、Shift 键并单击某类型的对象，可快速将过滤器切换为该对象类型。

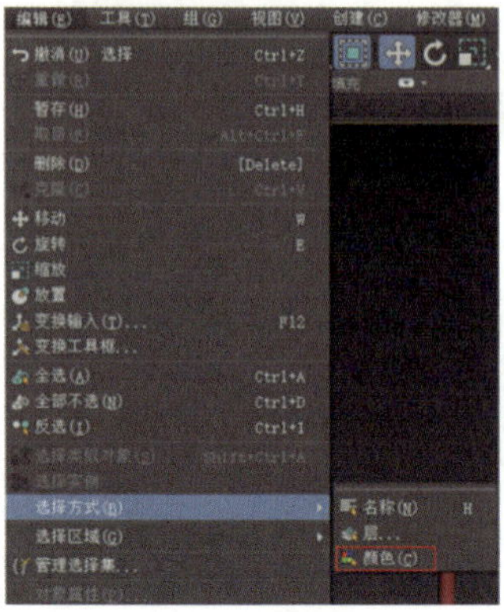

图 1-53　以颜色选择

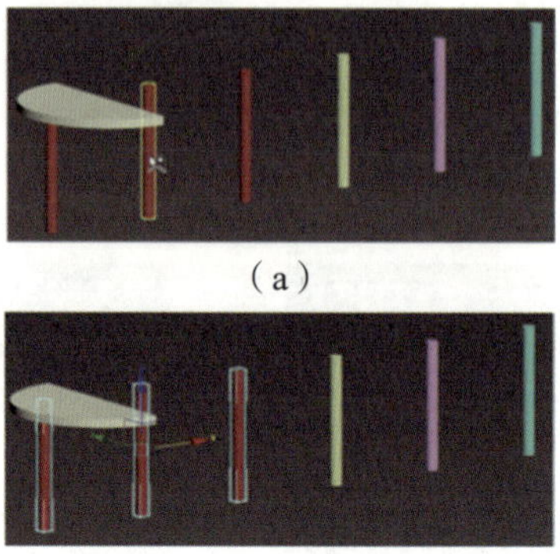

（a）

（b）

如图 1-54　选择红色对象

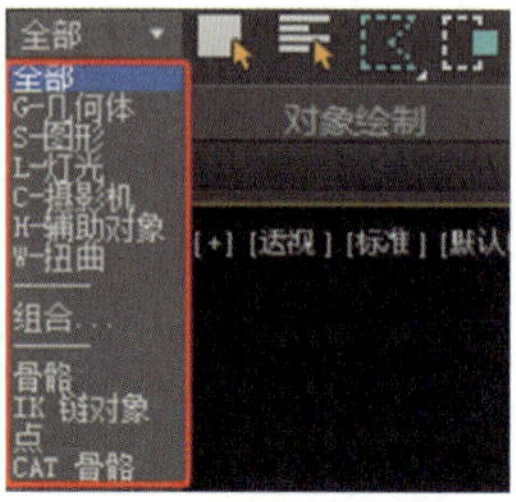

图 1-55　选择过滤器

技术点五　变换对象

变换对象

对象的基本操作有移动、旋转、缩放，分别对应、、，称为对象的变换，三者都具有选择并变换的功能。

1. 选择并移动

切换至（选择并移动），选择对象后，可自由移动对象或沿 X、Y、Z 轴的方向移动对象，当某一坐标轴或自由模块被选中时，以高亮显示。

例如，要将右侧的圆柱体（半径为 100mm，高度为 2250mm）作为桌腿移动至半圆柱（半径为 1500mm，高度为 150mm，切片开始位置为 0，切片结束位置为 180）桌面的底部，如图 1-56 所示，切换到【顶视图】，按 W 键激活，选中圆柱体，沿 X 轴向左移动，如图 1-57（a）所示，再沿 Y 轴向下移动，如图 1-57（b）所示，最后切换到【透视图】，观察移动效果，如图 1-58 所示。

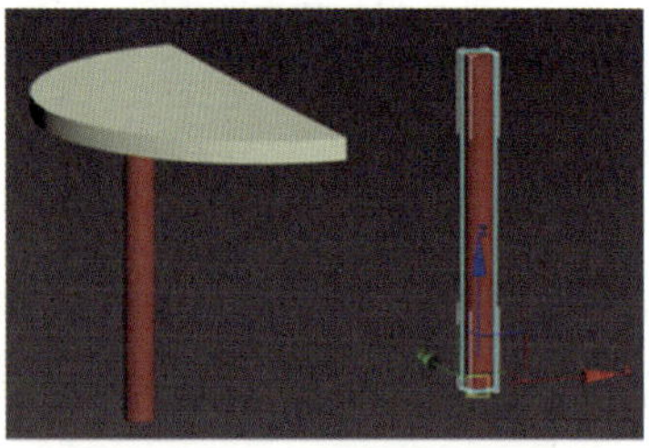

图 1-56　移动圆柱体之前

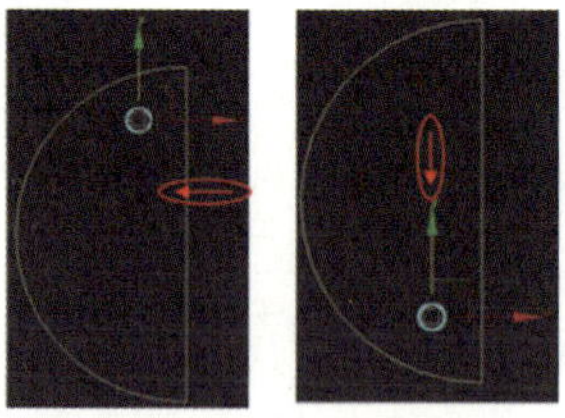

（a）　（b）

图 1-57　沿 X 轴与 Y 轴移动

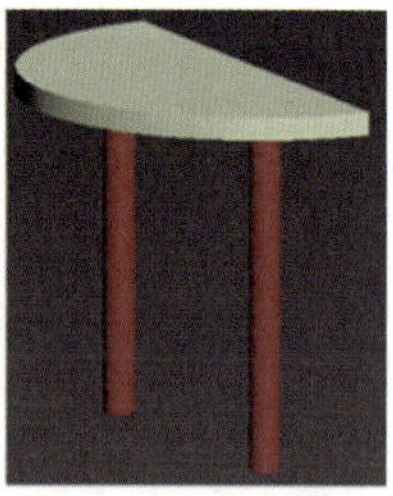

图 1-58　移动圆柱体之后

移动变换，也可以通过设置移动数值实现精准移动。首先需要明确各对象的坐标信息，上圆柱体的坐标为 {–400,910,–2250}，半圆柱体的坐标为 {0,0,0}，待移动对象圆柱体的坐标为 {2000,910,–2250}，移动目标的位置为 {–400,–910,–2250}，如图 1-59 所示，若要将待移动对象移至目标位置，需要沿 X 轴向左移动 2400mm，沿 Y 轴向下移动 1820mm。选择待移动对象，右击，弹出【移动变换输入】对话框，如图 1-60 所示，在偏移量处填写 X 轴的对应值 –2400 和 Y 轴的对应值 –1820，实现精确移动变换，如图 1-61 所示。

快捷操作： 于原点向上或向右移动均为正值，向下或向左移动均为负值。

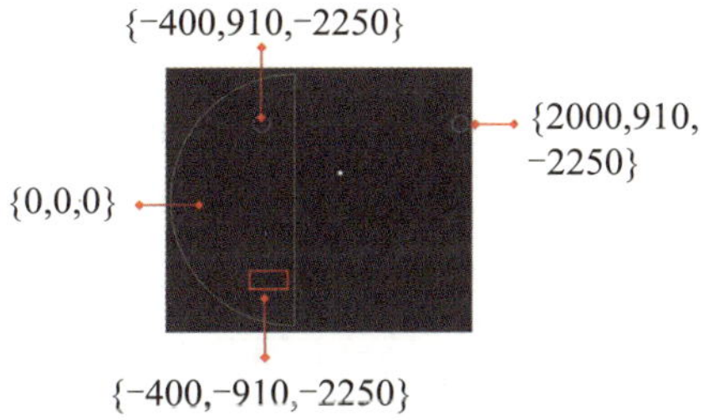

图 1-59　各对象的坐标信息（选择并移动）

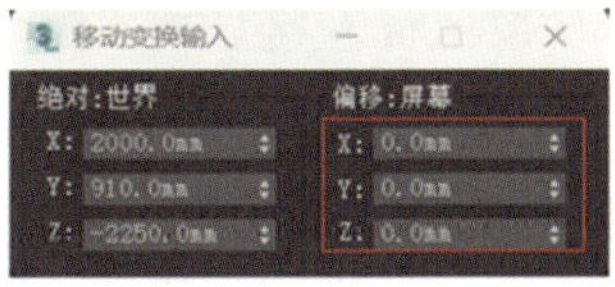

图 1-60　【移动变换输入】对话框

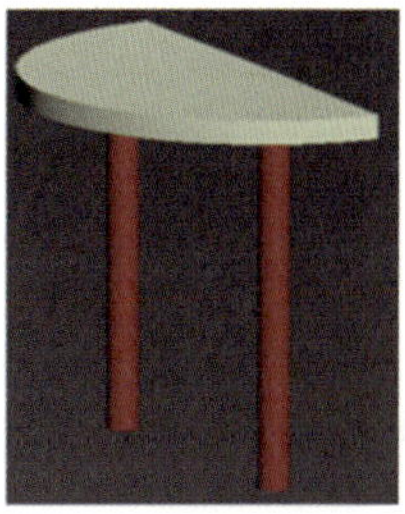

图 1-61　实现精确移动变换

2. 选择并旋转

切换至（选择并旋转），选择对象后，以轴心自由旋转对象或沿 X、Y、Z 轴向旋转对象，当某一坐标轴或自由模块被选中时，以高亮显示。

例如，要将第三个圆柱体（半径为 100mm，高度为 1820mm）旋转并置于两个竖圆柱体的下部，如图 1-62 所示，选中第三个圆柱体，按 E 键激活，沿 X 轴顺时针旋转 90°，如图 1-63（a）所示，再按 W 键激活，切换到【顶视图】，沿 X 轴向左移动至目标位置，如图 1-63（b）所示，最后切换到【透视图】，观察变换效果，如图 1-64 所示。

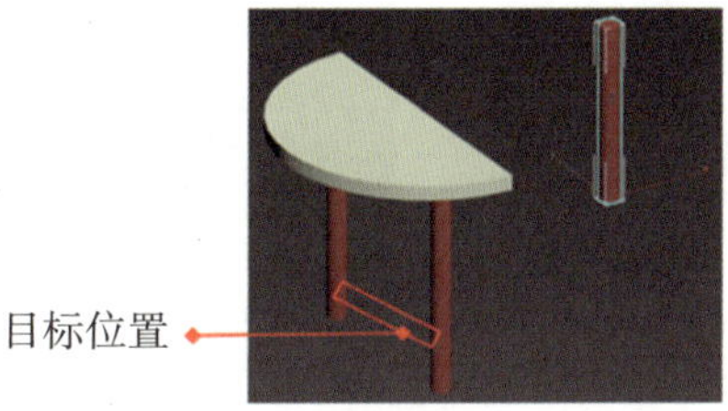

图 1-62　变换目标位置（选择并旋转）

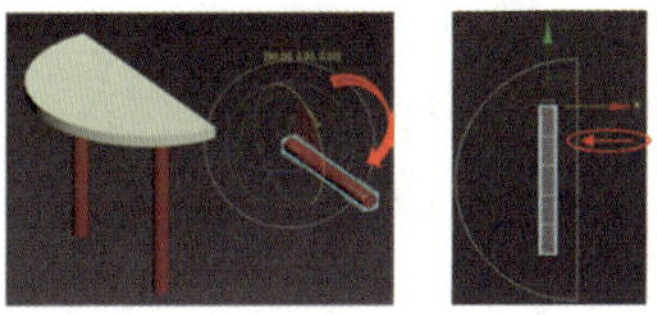

（a）　（b）

图 1-63　旋转、移动变换操作

图 1-64　观察变换效果

旋转变换，也可以通过旋转偏移量实现精准变换。首先需要明确各对象的坐标信息，待变换圆柱体的坐标为 {2000,910,–1900}，目标位置的坐标为 {–400,–910,–1900}，如图 1-65 所示，待变换对象需沿 X 轴顺时针旋转 90°，再沿 X 轴向左移动 2400mm。选择变换对象，右击，弹出【旋转变换输入】对话框，在偏移量处填写 X 轴的对应值 90，如图 1-66（a）所示，再右击，弹出【移动变换输入】对话框，在偏移量处填写 X 轴的对应值 –2400，如图 1-66（b）所示，最终实现精确变换。

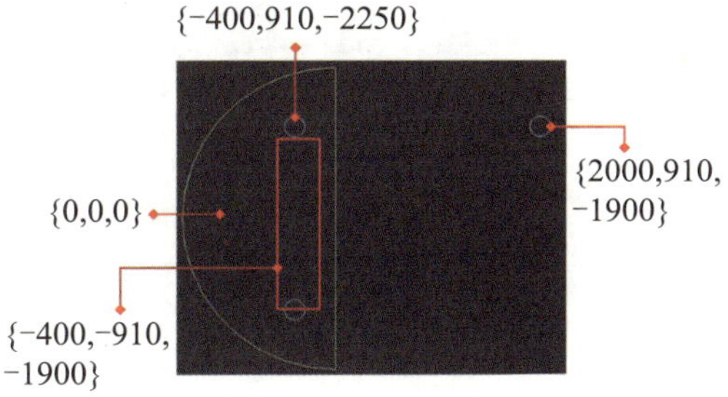

图 1-65　各对象的坐标信息（选择并旋转）

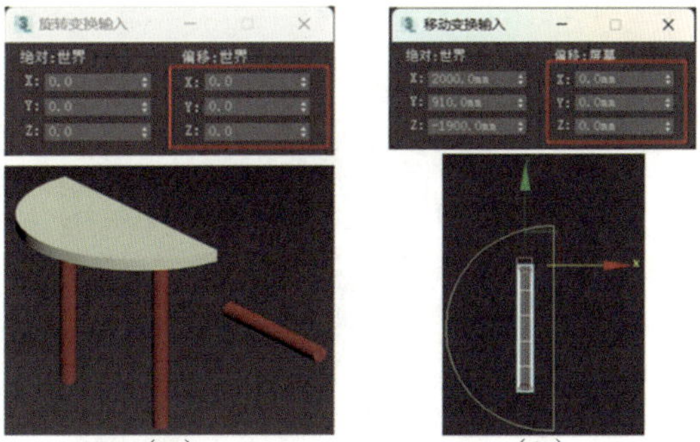

（a）　（b）

图 1-66　精确变换命令（选择并旋转）

快捷操作：沿坐标轴顺时针旋转为正值，逆时针旋转为负值。

3. 选择并缩放

切换至（选择并均匀缩放），选择对象后，以轴心或沿 X、Y、Z 轴按相同的比例缩放，保持对象的原始比例不变；长按鼠标左键切换至（选择并非均匀缩放），指对象在 X、Y、Z 三个轴上按不同的比例缩放，可以改变对象的形状和比例，（选择并挤压）是一种特殊的缩放方式，即对象在一个轴上缩放时，另外两个轴会反向缩放，以保持对象的体积不变。

快捷操作：切换至缩放工具后，鼠标放置在不同位置，缩放的轴向和比例不同，鼠标放置在中心后高亮显示三角形区域，为等比例缩放。

例如，要选择另一半圆柱体并均匀缩小 50%，置于当前半圆柱体内部并向上凸起，如图 1-67 所示，选中右侧的半圆柱体，按 R 键激活，沿轴心均匀缩小 50%，如图 1-68（a）所示，切换到【顶视图】，按 W 键激活，沿 X 轴向左移动至目标位置，如图 1-68（b）所示，最后切换到【透视图】，观察变换效果，如图 1-69 所示。

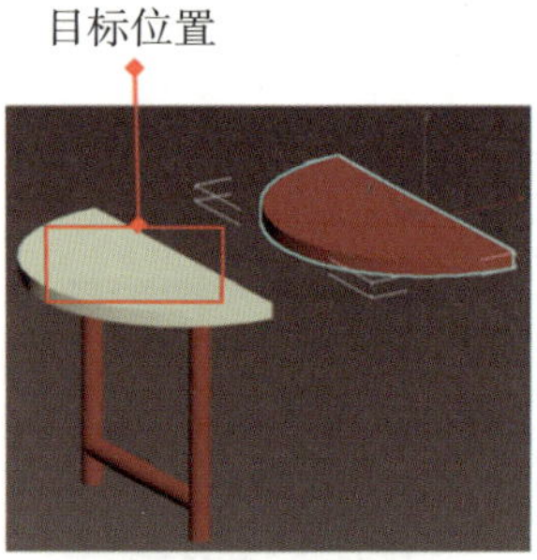

图 1-67　变换目标位置（选择并缩放）

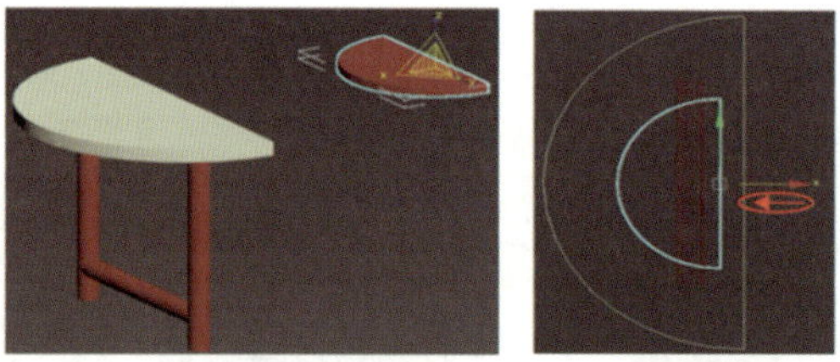

（a）　（b）

图 1-68　变换操作（选择并缩放）

图 1-69　变换后（选择并缩放）

缩放变换，也可以通过缩放偏移量实现精准变换。首先需要明确各对象的坐标信息，待变换半圆柱体的坐标为 {2200,0,0}，目标位置的坐标为 {–180,–10,90}，如图 1-70 所示，待变换对象需等比例缩放 50%，再沿 X 轴向左移动 2380mm，沿 Y 轴向下移动 10mm，沿 Z 轴向前移动 90mm。选择变换对象，右击，弹出【缩放变换输入】对话框，在偏移量处填写百分比值 50，如图 1-71（a）所示，再右击，弹出【移动变换输入】对话框，在偏移量处填写 X 轴的对应值 –2380、Y 轴的对应值 10 和 Z 轴的对应值 90，如图 1-71（b）所示，最终实现精确变换。

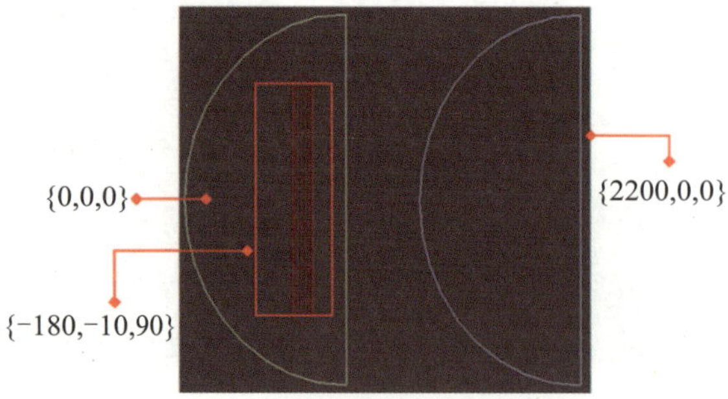

图 1-70　各对象坐标信息（选择并缩放）

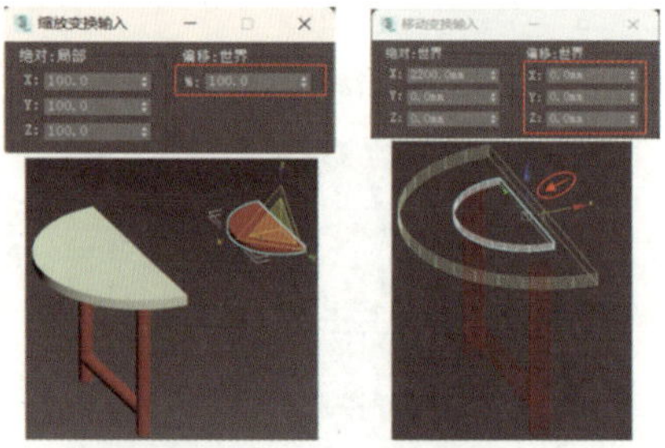

（a）　（b）

图 1-71　精确变换命令（选择并缩放）

任务 2　制作梦幻小镇主体建筑

项目 1 任务 2
任务实施

任务实施

（1）在【透视图】中创建任意大小的【圆柱体】，在【参数】卷展栏中修改其半径为 100mm，高度为 5mm，高度分段为 1，边数为 36，如图 1-72 所示。

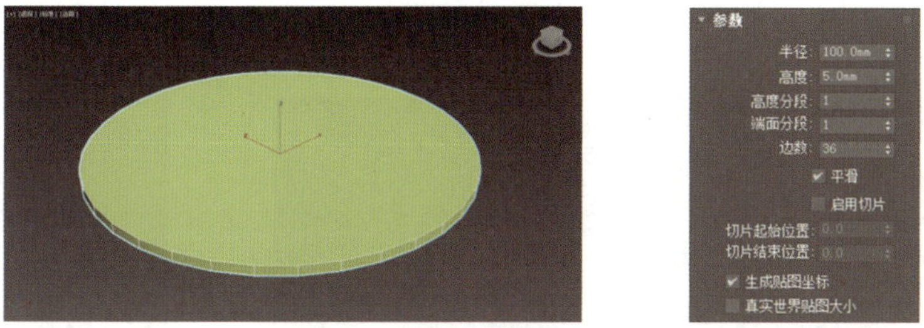

图 1-72　创建圆柱体并修改参数

（2）切换为【选择并移动】工具，按住 Shift 键的同时沿 Z 轴向上移动第一个圆柱体，在弹出的【克隆选项】对话框中选择【复制】，确定后得到第二个圆柱体，如图 1-73 所示。

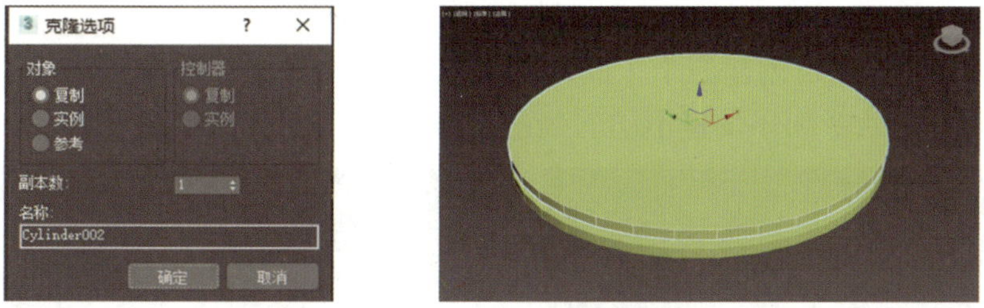

图 1-73　复制得到第二个圆柱体

（3）单击打开【修改】面板，在【参数】卷展栏中修改第二个圆柱体的半径为 95mm，效果及其参数如图 1-74 所示。

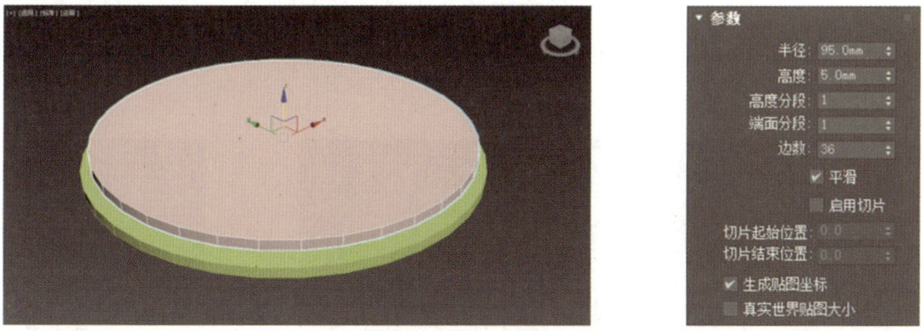

图 1-74　修改第二个圆柱体的参数

（4）单击【捕捉】，选择（二维捕捉），在该按钮上右击，打开【栅格和捕捉设置】对话框，选中【顶点】和【边 / 线段】，如图 1-75 所示；关闭对话框，右击【前视图】，沿 Y 轴向下移动，当靠近第一个圆柱体的顶边时，实现自动吸附，得到图 1-76 所示的效果。

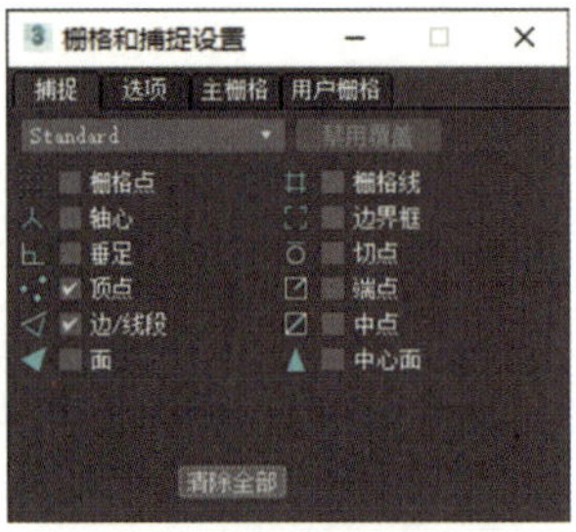

图 1-75　设置捕捉方式

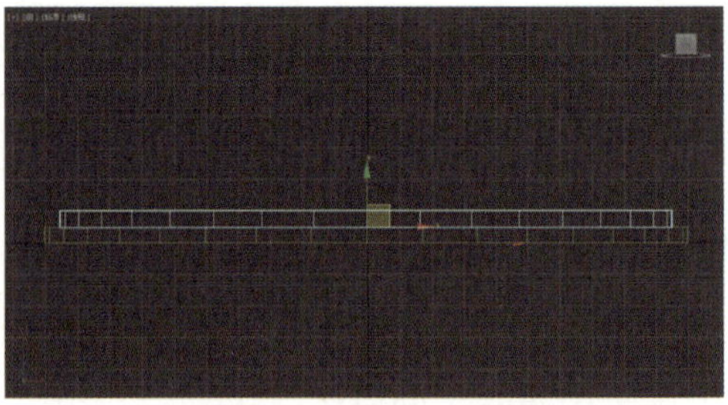

图 1-76　对齐两个圆柱体

（5）在【前视图】中创建【圆环】，设置其半径 1 为 30mm，半径 2 为 3mm，如图 1-77 所示。

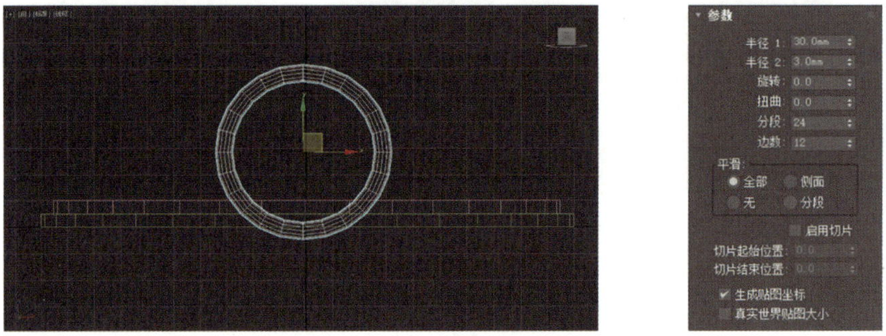

图 1-77　创建圆环并修改参数

（6）用同样的方法再创建三个【圆环】，其半径 1 分别是 36mm、42mm 和 48mm，半径 2 均为 3mm，为四个圆环设置不同的颜色，得到图 1-78 所示的效果。

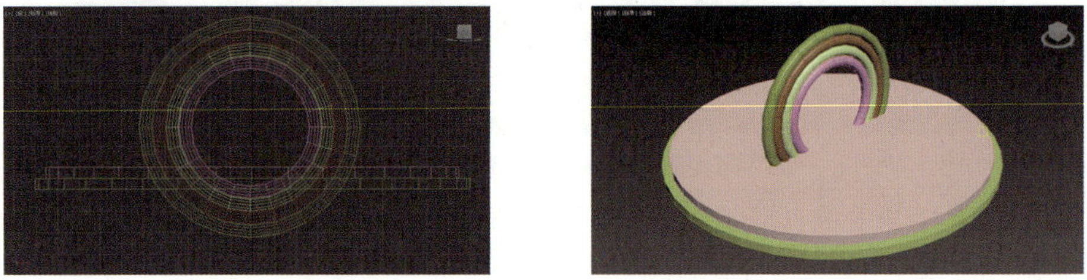

图 1-78　创建不同大小及颜色的圆环

（7）在【前视图】中再次创建【圆环】，设置其半径 1 为 12mm，半径 2 为 1.5mm，调整其位置，如图 1-79 所示。

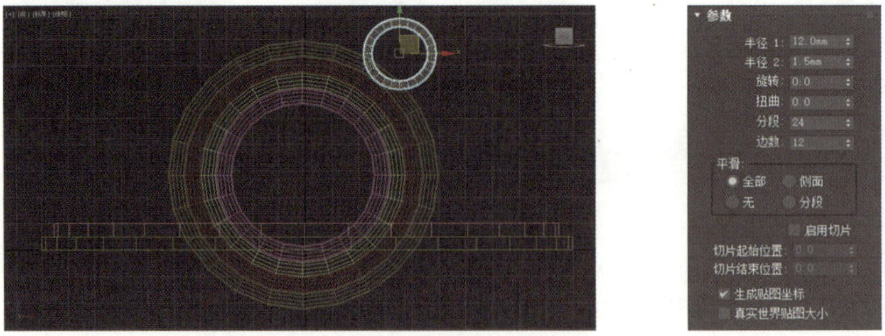

图 1-79　创建小圆环并调整其参数及位置

（8）右击【左视图】，框选所有圆环，沿 X 轴向左移动，得到的效果如图 1-80 所示。

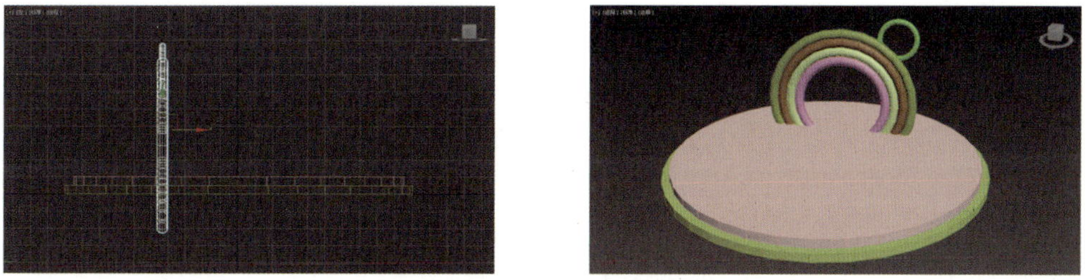

图 1-80　调整所有圆环的位置

（9）在【透视图】中创建【圆锥体】，在【参数】卷展栏中设置其【半径 1】为 5mm，【半径 2】为 2mm，【高度】为 30mm，如图 1-81 所示。

图 1-81　创建圆锥体并设置其参数

（10）单击【捕捉】，在【前视图】中沿 Y 轴移动圆锥体，使其捕捉圆柱体的边，如图 1-82 所示。

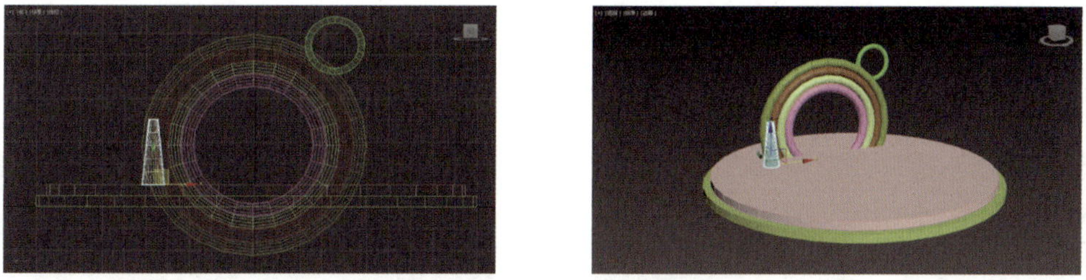

图 1-82　调整圆锥体的位置

（11）保持圆锥体的选择状态，在【透视图】的任意位置右击，选择【孤立当前选择】，如图 1-83 所示，孤立后的效果如图 1-84 所示。

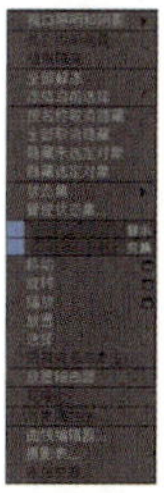

图 1-83　右击，在菜单中选择【孤立当前选择】

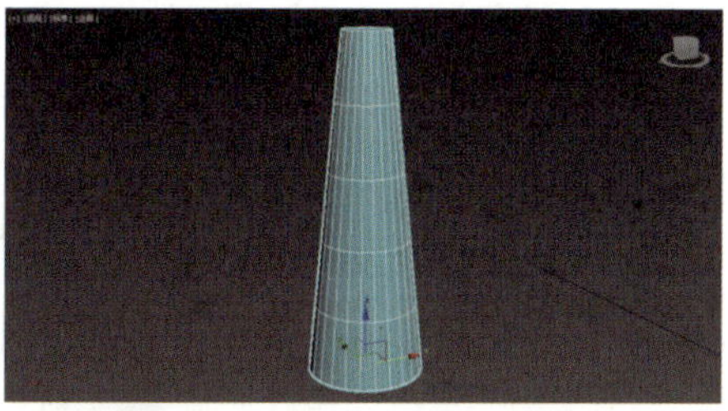

图 1-84　孤立显示当前对象

（12）在【前视图】中创建【圆环】，设置其【半径 1】为 3mm，【半径 2】为 0.5mm，如图 1-85 所示。

（13）在【前视图】中创建【球体】，设置其半径为 2.5mm，如图 1-86 所示。

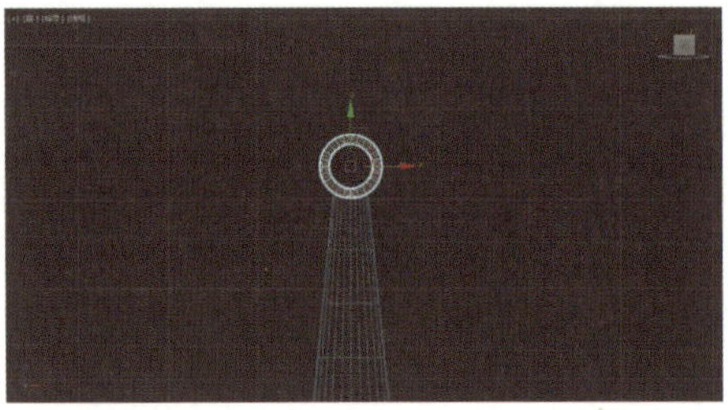

图 1-85　在【前视图】中创建圆环

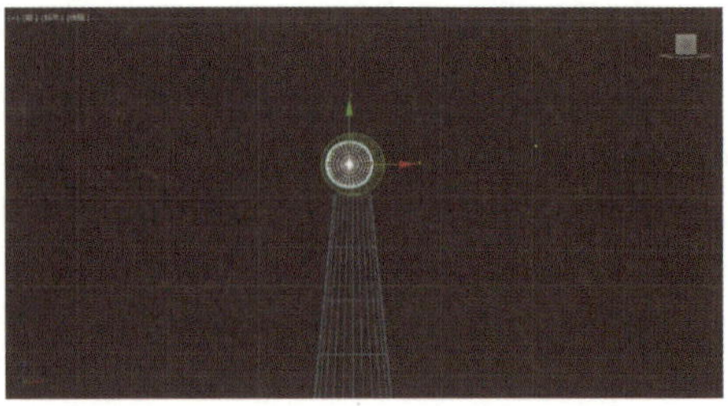

图 1-86　在【前视图】中创建球体

（14）保持球体的选择状态，单击（【对齐】按钮），然后单击圆环，在弹出的对话框中，【对齐位置（屏幕）】选中【X 位置】、【Y 位置】、【Z 位置】，【当前对象】和【目标对象】均选择【中心】，如图 1-87 所示；这样就实现了球体和圆锥体的中心对齐，如图 1-88 所示。

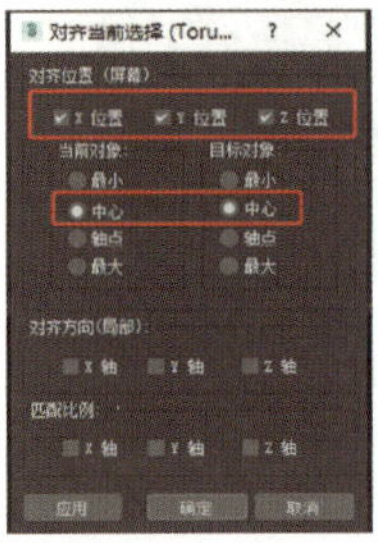

图 1-87　对齐当前选择

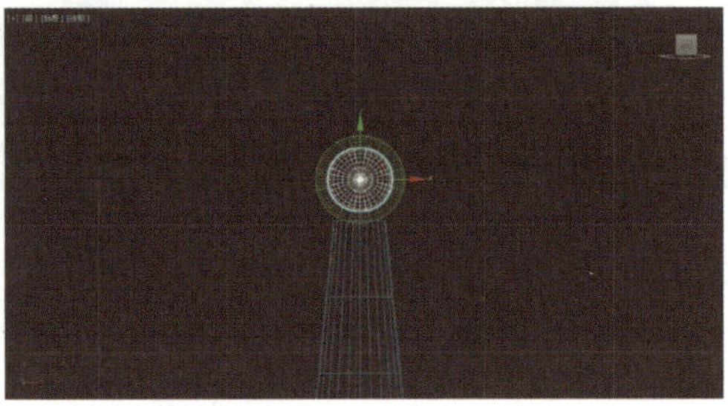

图 1-88　球体和圆锥体的中心对齐后的效果

（15）在【透视图】创建【圆锥体】，设置其【半径 1】为 1mm，【半径 2】为 0.3mm，【高度】为 20mm，如图 1-89 所示。

（16）此时几个模型的位置是分散的，分别在【左视图】、【前视图】中调整各模型的位置，并修改各模型的颜色，得到图 1-90 所示的效果。

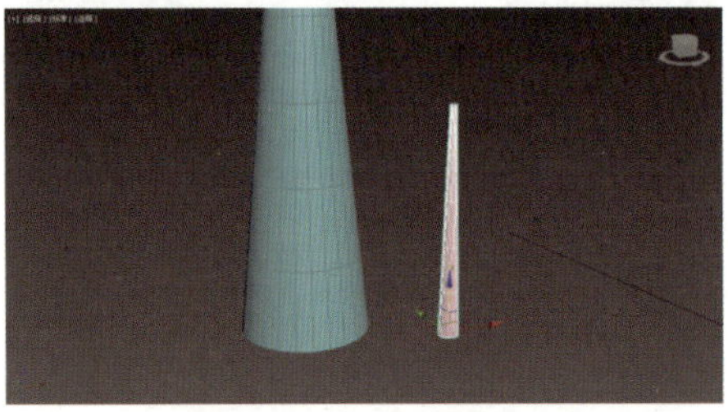

图 1-89　创建圆锥体

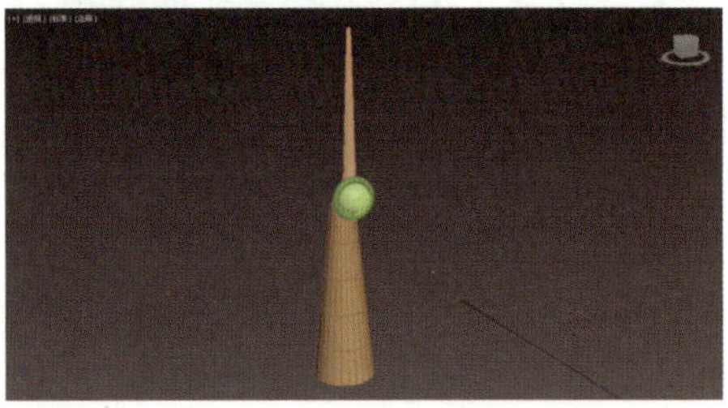

图 1-90　调整各模型的位置和颜色

（17）右击（【角度捕捉】按钮），设置【角度】为 40°，如图 1-91 所示。

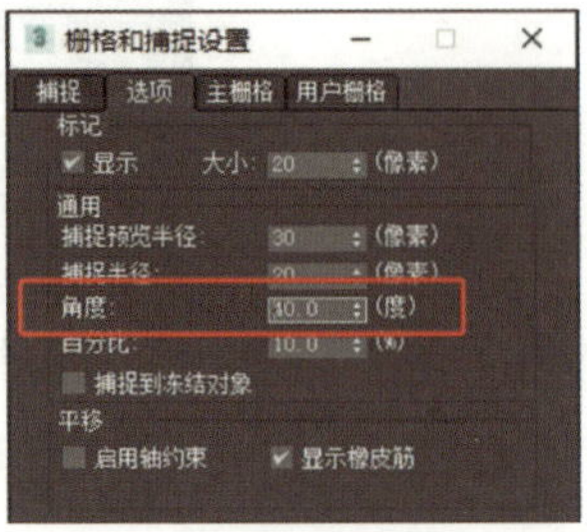

图 1-91　设置捕捉角度

（18）切换为（【选择并旋转】按钮），在【前视图】中选择圆锥体，按 Shift 键的同时沿轴旋转，如图 1-92 所示，此时旋转角度自动捕捉为 40°；松开鼠标后，弹出【克隆选项】对话框，设置【副本数】为 9，如图 1-93 所示；确定后，得到图 1-94 所示的效果。

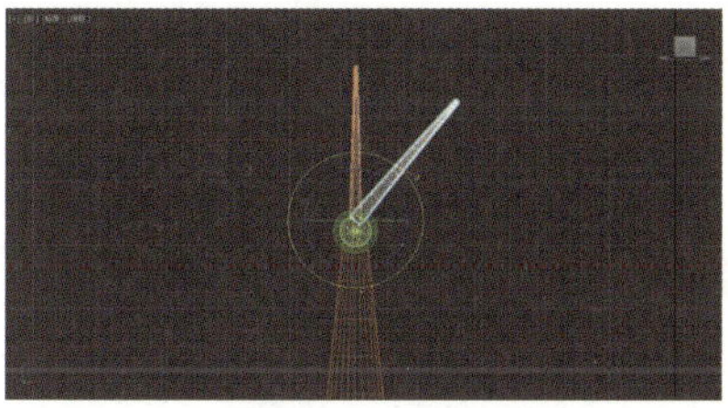
图 1-92　按 Shift 键的同时进行旋转

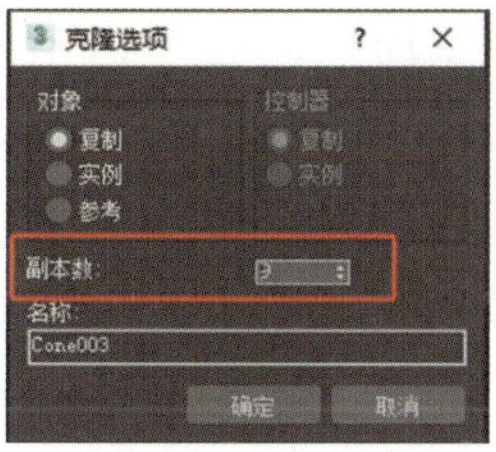

图 1-93　克隆选项并设置副本数

图 1-94　旋转并复制后的效果

（19）在【前视图】中再次创建【圆环】，其大小和位置根据上一步所得的圆锥体而定，如图 1-95 所示。

图 1-95　创建圆环并调整其大小和位置后的效果

（20）单击【标准基本体】的下拉列表，选择【扩展基本体】，如图 1-96 所示。

（21）创建【胶囊】，设置其【半径】为 3mm，【高度】为 10mm，调整其位置，如图 1-97 所示。

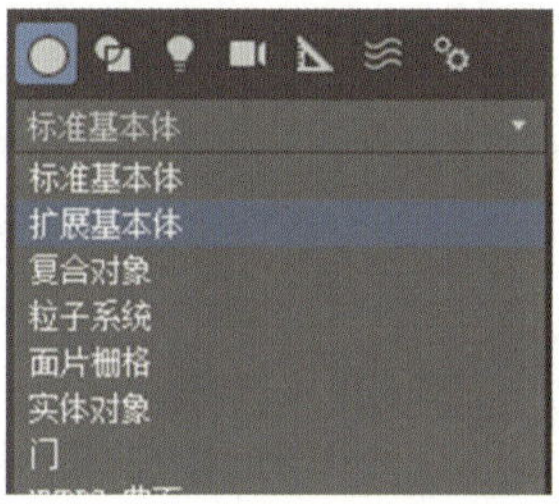

图 1-96　选择【扩展基本体】

图 1-97　创建胶囊模型

（22）在【前视图】中，使用【选择并移动】工具，将鼠标定位在 X 轴和 Y 轴形成的黄色方块上，按 Shift 键的同时移动模型，得到复制的效果，按此方法复制出所有装饰物，并分别修改它们的颜色，如图 1-98 所示；在【透视图】中右击，选择【结束隔离】，得到的最终效果如图 1-99 所示。

图 1-98　改变装饰物的颜色

图 1-99　制作主体建筑的最终效果

技术讲解

技术点一　标准基本体的创建

标准基本体的创建是构建复杂模型的基础。通过熟练掌握标准基本体的创建及参数修改方法，能够高效地搭建各种三维场景和模型。

标准基本体的创建

在 3ds Max 中，标准基本体的创建分为两种模式：自由创建和精准创建。

自由创建：通过鼠标拖动，在视图中快速生成基本体，适用于对尺寸精度要求不高的场景。

选择创建命令面板下的【几何体】，然后在【对象类型】卷展栏中选择需要的基本体，如球体、立方体、圆柱体等。在视图中按住鼠标左键拖动绘制基本体的基础形状，松开后移动鼠标调整高度、深度，单击【创建】。创建完成后，可以在右侧面板的【名称和颜色】、【参数】卷展栏中修改该基本体的相关参数，如图 1-100 所示。

精准创建：基于精确的数值输入来确定基本体的各项参数，包括尺寸、位置等，适用于对尺寸精度要求严格的场景。

选择创建命令面板下的【几何体】，然后在【对象类型】卷展栏中选择需要的基本体，如球体、立方体、圆柱体等。在右侧面板的【键盘输入】卷展栏中输入几何体的精确参数（如长度、宽度、半径等）。单击【创建】，基本体将按指定的参数生成在场景原点或指定的位置，如图 1-101 所示。

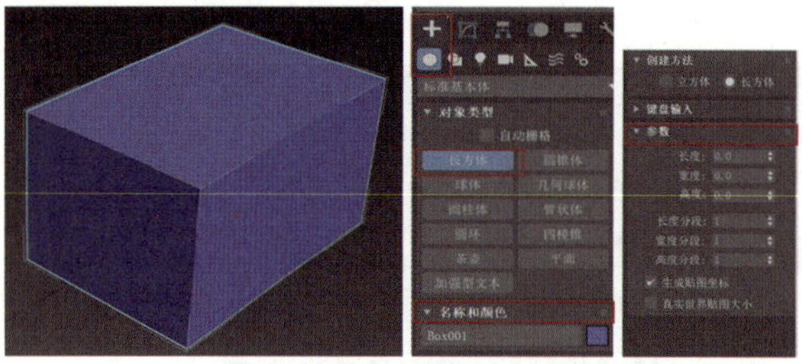

图 1-100　自由创建标准基本体

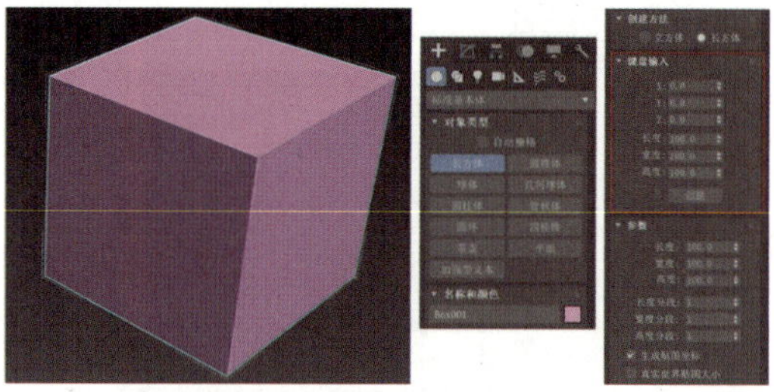

图 1-101　精准创建标准基本体

3ds Max 提供了 11 种标准基本体，每种基本体均有独特的参数设置，如图 1-102 所示。

1. 长方体

单击【长方体】，在视图中拖动鼠标绘制矩形底面，上下移动鼠标调整高度，在合适的位置再次单击，即可创建一个长方体，其右侧面板中的各卷展栏如图 1-103 所示，或者单击【修改】，在修改面板中也可显示长方体的参数，如图 1-104 所示。

【名称和颜色】：可以自定义长方体的名称和颜色，方便在场景中快速识别和选择该对象。

【创建方法】：控制基本体的初始生成方式。选择【立方体】，自动生成一个立方体；选择【长方体】，生成一个长、宽、高可以独立调整的长方体。

创建立方体的快捷操作： 在自由创建模式下，按住 Ctrl 键可以强制基本体的底面为正方形（即使选择的创建方法是长方体）。

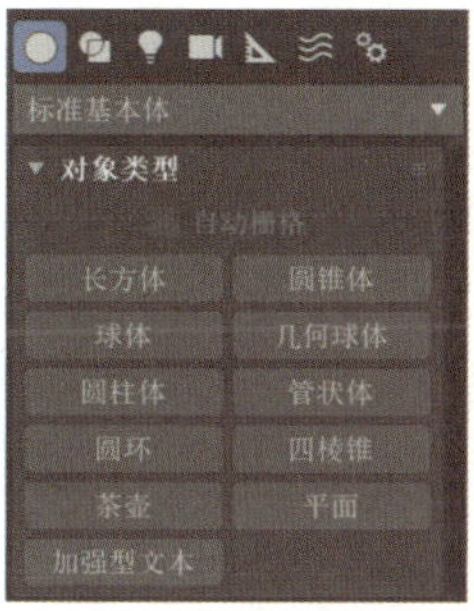

图 1-102　11 种标准基本体

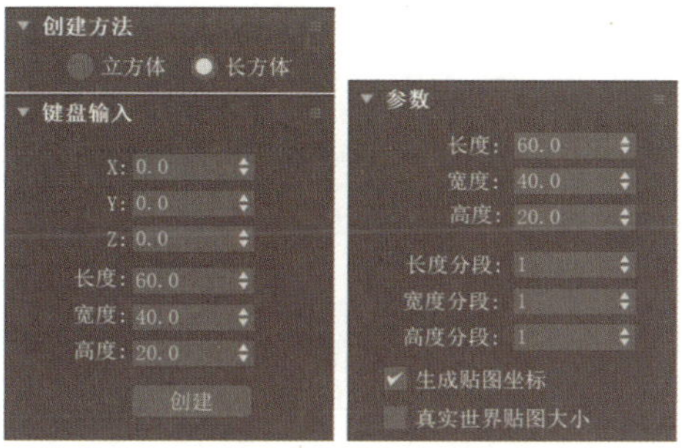

图 1-103　创建长方体的参数

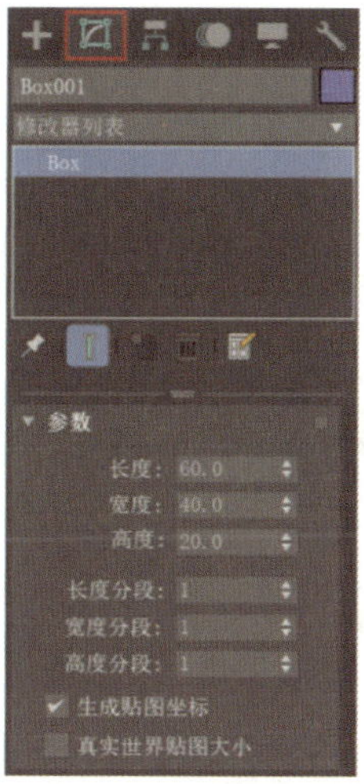

图 1-104　长方体修改面板中的参数

【键盘输入】：通过输入精确的尺寸参数，实现精准创建。

【参数】：【长度】、【宽度】、【高度】分别表示创建的长方体沿 X 轴、Y 轴、Z 轴方向的长度尺寸，可直接输入数值进行调整。分段数表示沿各轴的分段数量，分段数越多，模型在该轴方向上的曲面细分越精细，可用于模拟复杂的形状变化。【生成贴图坐标】表示自动生成 UV 坐标，便于贴图应用。【真实世界贴图大小】允许根据现实世界中的尺寸来指定贴图的尺寸。

切换视图显示模式的快捷操作：F3 键用于线框模式（模型只以线框形式显示，不显示任何材质或光照效果）和平滑高光模式（模型以实体形式显示，可以显示平滑的阴影效果和高光）之间的切换，如图 1-105 所示。F4 键是视图中切换边面显示的开关。透视图中，在平滑高光模式下，按 F4 键，模型的边缘线会以高亮显示，如图 1-106 所示。

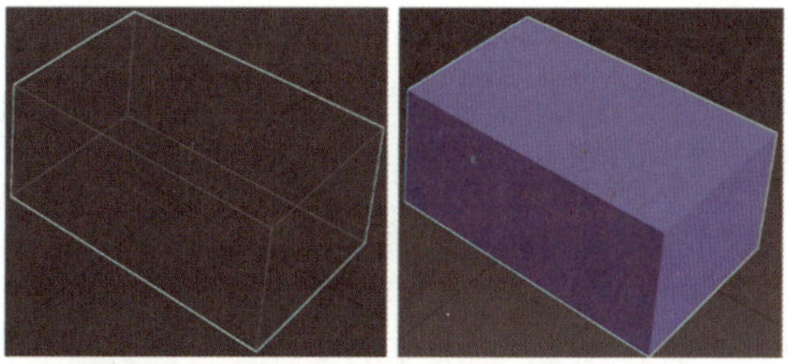

图 1-105　模型的线框模式和平滑高光模式

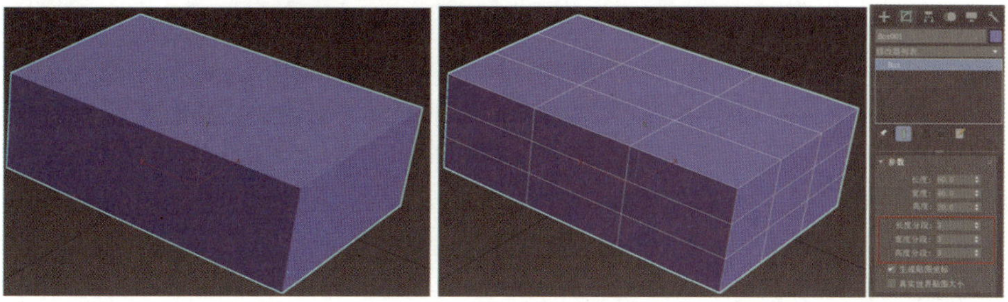

图 1-106　模型的边面显示

2. 球体

单击【球体】，在视图中拖动鼠标，在适当的位置释放鼠标后即可生成一个球体，其右侧面板中的参数卷展栏如图 1-107 所示。

【创建方法】：控制球体的初始生成方式。选择【边】，移动鼠标将改变球体的位置，同时通过拖动鼠标可以确定球体的半径大小；选择【中心】，按住鼠标左键由里向外拖动鼠标，可先确定球体的中心位置，然后根据后续的拖动操作来定义球体的半径大小。

【参数】：【半径】表示球体的半径大小，决定了球体的整体尺寸。【分段】表示球体表面的分段数，决定球体表面由多少个小的多边形面片组成。【平滑】表示是否对球体表面进行平滑处理，默认为开启状态。【半球】表示球体在垂直方向的完整程度，当值为 0.5 时，创建完整半球，【切除】和【挤压】是指半球的产生方式。【启用切片】表示是否对球体进行纵向切割，选中该选项后，可以通过下方的【切片起始位置】和【切片结束位置】来设置切割的起始角度和终止角度，从而将球体沿垂直方向切成两部分或多部分，如图 1-108 所示。【轴心在底部】设置球体的轴心点的位置在球体的底部，在默认状态下球体的轴心点位于球体的中心。

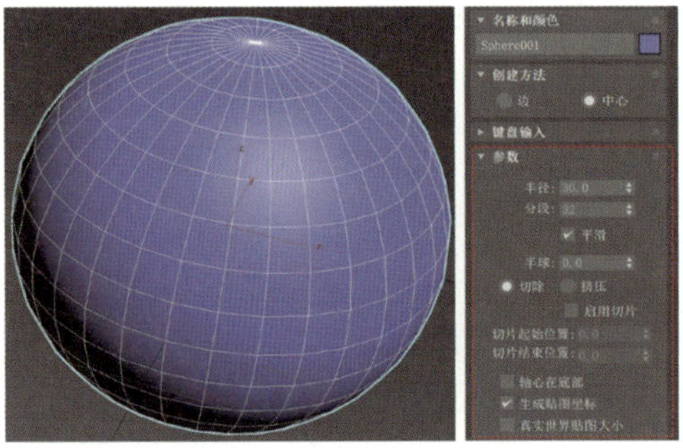

图 1-107　生成球体的参数

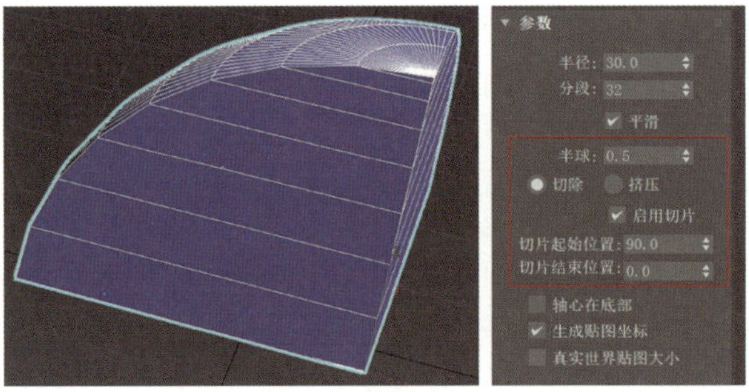

图 1-108　扇形半球及切片参数设置

3. 圆柱体

单击【圆柱体】，在视图中拖动鼠标绘制圆形底面，上下移动鼠标调整高度，在合适的位置再次单击即可创建一个圆柱体。其右侧面板中的参数卷展栏如图 1-109 所示。

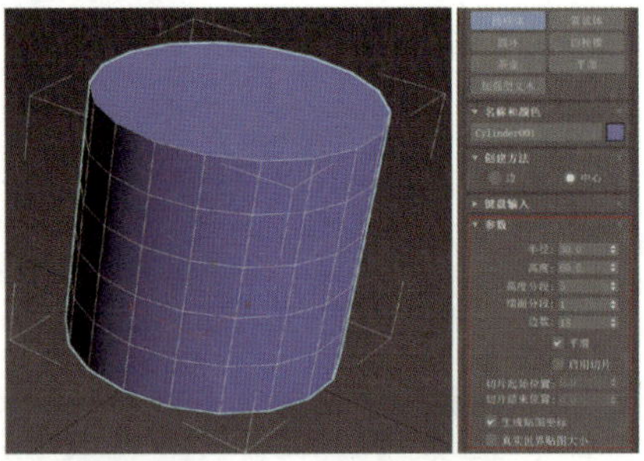
图 1-109　生成圆柱体的参数

【参数】：【半径】表示圆柱体底面的半径大小。【高度】表示圆柱体的高度。【高度分段】表示圆柱体在高度方向上的分段数。【端面分段】表示圆柱体顶面和底面的分段数。【边数】表示圆柱体侧面的边数，边数越多，圆柱体的侧面越接近真实的圆形。

4. 圆环

单击【圆环】，在视图中拖动鼠标确定圆环的主半径（或半径 1），在适当的位置单击【确定】，继续左右移动鼠标，调整圆环的次半径（或半径 2），确定位置后单击，即可创建一个圆环。其右侧面板中的参数卷展栏如图 1-110 所示。

【参数】:【半径 1】表示圆环中心到其截面中心的距离，也就是圆环的整体大小。【半径 2】表示圆环截面圆的半径。【旋转】表示圆环绕其中心轴的旋转角度。【扭曲】表示沿着圆环的路径添加旋转效果，若为正值，将沿顺时针方向扭曲；若为负值，将沿逆时针方向扭曲。【分段】表示圆环绕主半径的分段数。【边数】表示圆环截面圆的分段数。【平滑】表示控制圆环表面的平滑方式，即全部、侧面、无、分段四种。

5. 茶壶

单击【茶壶】，在视图中拖动鼠标，在适当的位置释放鼠标后即可生成一个茶壶，其右侧面板中的参数卷展栏如图 1-111 所示。

【参数】:【分段】表示茶壶表面的分段数。在【茶壶部件】组中可以选择茶壶的显示部件。

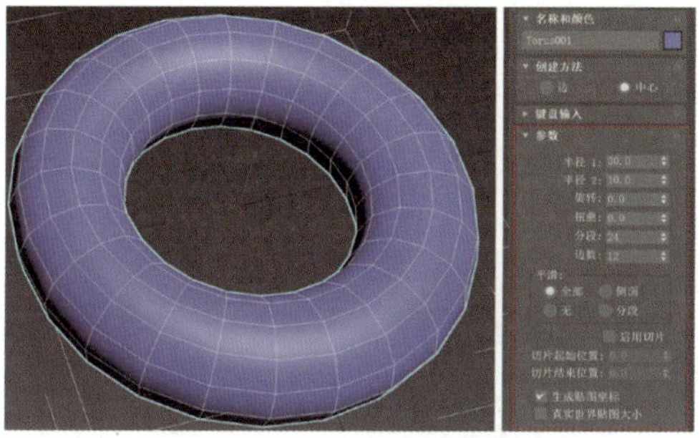

图 1-110　生成圆环的参数

图 1-111　生成茶壶的参数

6. 加强型文本

单击【加强型文本】，此时，光标变成“十”字形，在右侧参数的文本里确定文字内容后，在视图中单击确定位置，即可生成文本，其右侧面板中的各卷展栏如图 1-112 所示。

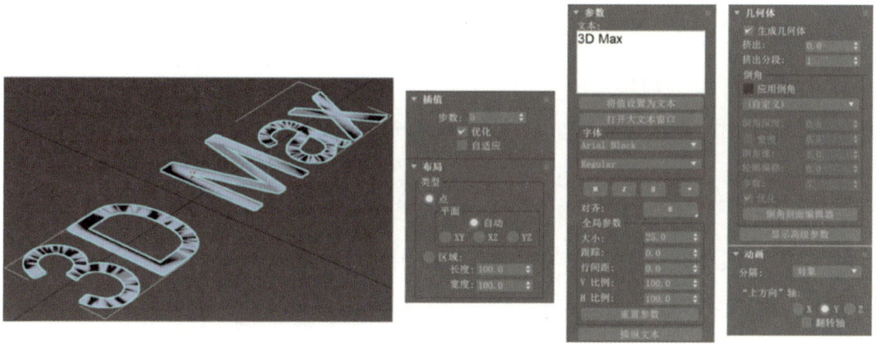

图 1-112　加强型文本的参数

【插值】：主要控制文本图形线段间的端点数和文本的平滑程度。【步数】表示文本图形线段间的端点数。选中【优化】后可使端点的连接处更加平缓（默认选中）。选中【自适应】后，3ds Max 会根据样条线的曲率自动调整步数。

【布局】:【点】表示根据选择的平面，放置文本。【区域】表示使用文本框来限制文字的范围，可以将文字限制在特定的区域内。选中此选项后，文本会根据文本框的大小进行自动换行或调整排列方式，以适应文本框的尺寸。

【参数】:【文本】、【字体】、【对齐】、【大小】、【行间距】均用于控制文本的显示效果。【V 比例】、【H 比例】用于控制文本在垂直方向和水平方向上的缩放比例。

【几何体】:【挤出】将面赋值，挤出高度形成体。通过挤出操作，可以将二维的文本图形转换为三维的立体模型。【倒角】是指在文本的边缘创建平滑的过渡效果，使其看起来更加立体。选中【应用倒角】后，可以对倒角进行更细致的设置。

【动画】: 用于设置文本的动画属性。

7. 圆锥体

单击【圆锥体】，在视图中拖动鼠标绘制圆形底面，向上移动鼠标调整高度，在适当的位置单击确定，向下移动鼠标，确定圆锥体顶面半径的大小，再次单击即可创建一个圆锥体。其右侧面板中的参数卷展栏如图 1-113 所示。

【参数】:【半径 1】表示圆锥体底面半径的大小。【半径 2】表示圆锥体顶面半径的大小，当值为 0 时，形成标准的圆锥体。

可以更改参数卷展栏中的值，创建圆柱体、圆台、棱锥、棱台等，如图 1-114 所示。

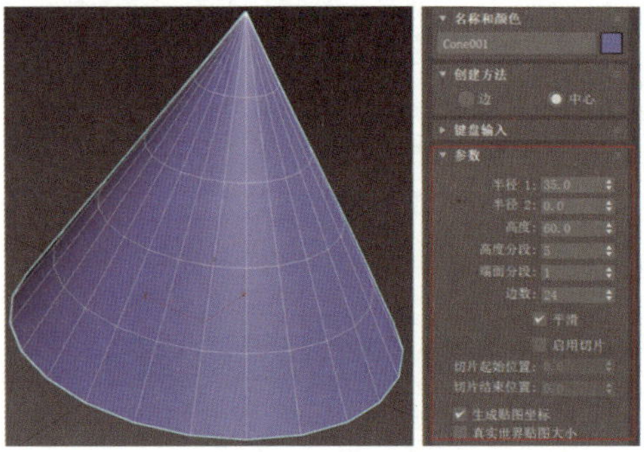

图 1-113　创建圆锥体的参数

图 1-114　圆柱体、圆台、棱锥、棱台

8. 几何球体

单击【几何球体】，在视图中拖动鼠标，在适当的位置释放鼠标后即可生成一个几何球体，其右侧面板中的参数卷展栏如图 1-115 所示。

【参数】:【基点面类型】表示生成球体的方法。【四面体】是基于四面的四面体来创建几何球体。【八面体】是基于八面的八面体来创建几何球体。【二十面体】是以二十面的二十面体为基础生成几何球体，其面都是完全相同的等边三角形。

9. 管状体

单击【管状体】，在视图中拖动鼠标确定管状体的半径（半径 1），在适当的位置单击确定，继续左右移动鼠标，调整管状体的壁厚（半径 2），确定位置后单击，继续上下移动鼠标，确定管状体的高，再次单击即可创建一个管状体。其右侧面板中的参数卷展栏如图 1-116 所示。

【参数】:【半径 1】表示外圆的半径，决定了管状体的整体尺寸。【半径 2】表示内圆的半径，决定了管状体的厚度。【边数】表示管状体沿其圆周方向上顶点的数量，边数越多，管状体的侧面越接近真实的圆形，表面越光滑。

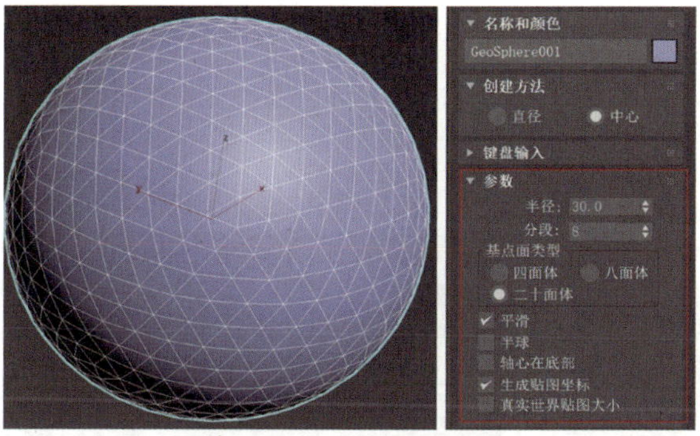

图 1-115　生成几何球体的参数

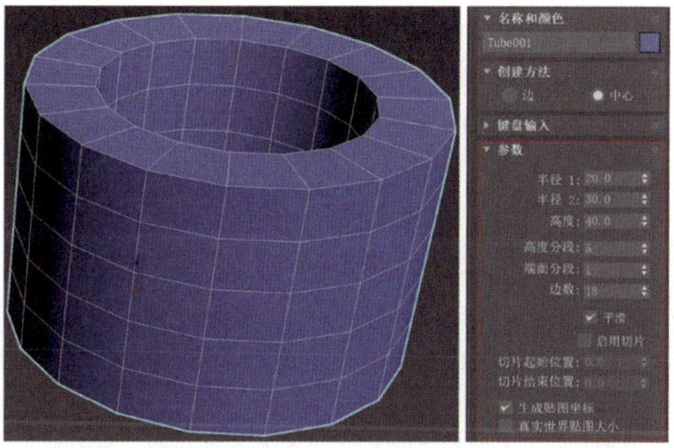

图 1-116　生成管状体的参数

10. 四棱锥

单击【四棱锥】，在视图中拖动鼠标绘制矩形底面，向上移动鼠标调整高度，在适当的位置单击确定，即可创建一个四棱锥。其右侧面板中的参数卷展栏如图 1-117 所示，参数比较简单，包含尺寸以及各方向上的分段数。

11. 平面

单击【平面】，在视图中拖动鼠标绘制矩形，即可创建一个平面。其右侧面板中的参数卷展栏如图 1-118 所示，其中【渲染倍增】用于控制平面的渲染效果。

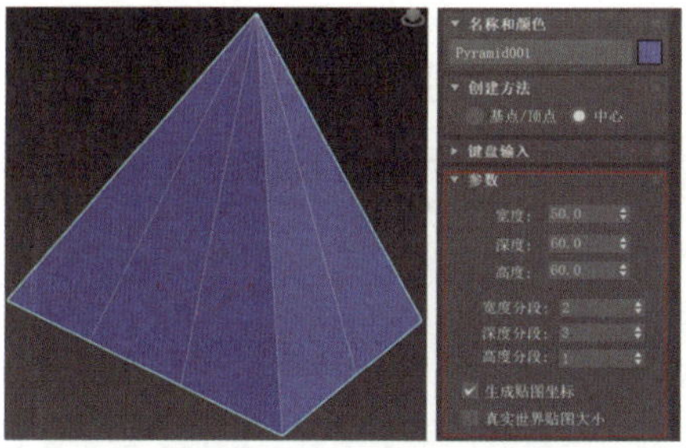

图 1-117　创建四棱锥的参数

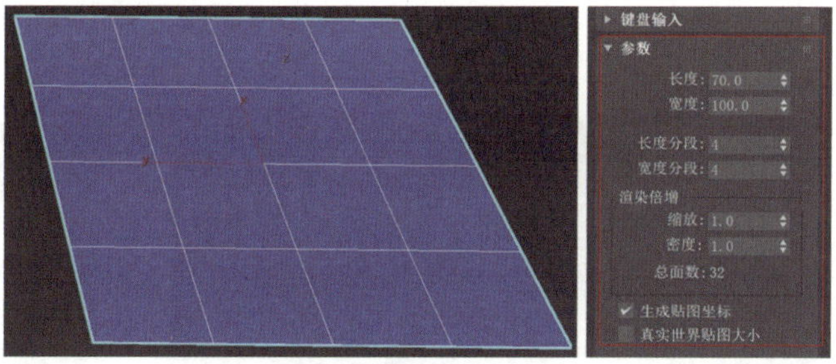

图 1-118　创建平面的参数

技术点二　扩展基本体的创建

扩展基本体的创建

扩展基本体是在标准基本体的基础上进行扩展和变形的三维几何形状，它们具有更丰富的形态和细节，能够满足多样化的设计需求。3ds Max 提供了 13 种扩展基本体，均有丰富的参数设置，如图 1-119 所示。

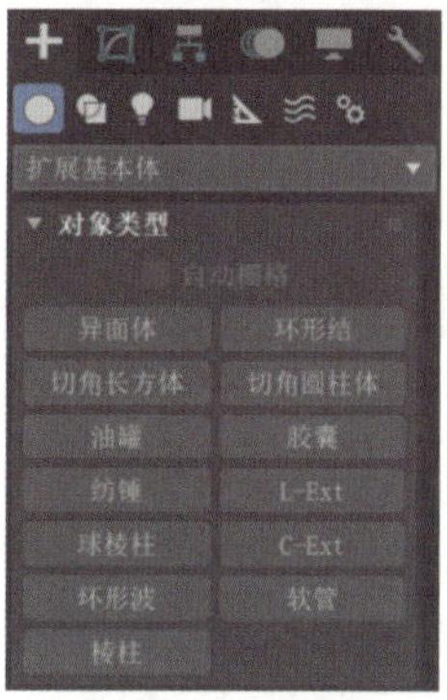

图 1-119　13 种扩展基本体

1. 异面体

单击【异面体】，在视图中拖动鼠标，在适当的位置释放鼠标后即可生成一个异面体，其右侧面板中的参数卷展栏如图 1-120 所示。

【参数】:【系列】表示异面体的类型，3ds Max 提供了四面体、立方体 / 八面体、十二面体 / 二十面体、星形 1、星形 2 选项，如

图 1-121 所示。【系列参数】中【P】可以控制异面体的形状过渡、星形的尖锐程度和凹凸效果;【Q】与【P】配合使用，可以进一步细化异面体的形状变化;【轴向比例】控制星形异面体在轴向上的比例关系;【顶点】表示异面体的顶点方式;【半径】表示异面体的半径大小。

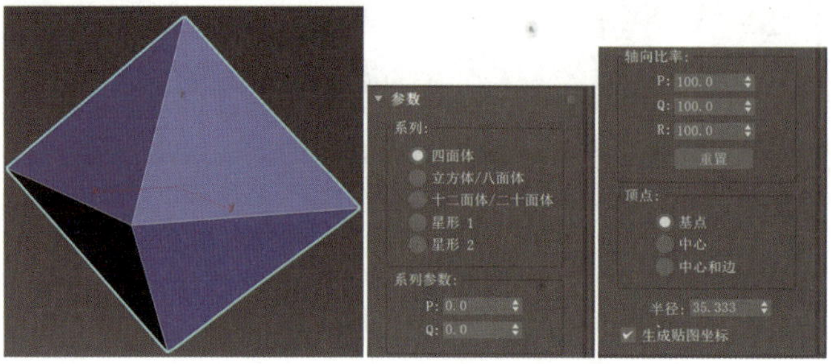

图 1-120 生成异面体的参数

图 1-121 异面体系列的形状

2. 切角长方体 / 切角圆柱体

单击【切角长方体 / 切角圆柱体】，在视图中拖动鼠标绘制矩形 / 圆形底面，向上移动鼠标调整高度，在适当的位置单击确定，向下移动鼠标，确定圆角效果，单击确定后即可创建一个切角长方体 / 切角圆柱体。其右侧面板中的参数卷展栏如图 1-122 和图 1-123 所示。

切角长方体和切角圆柱体的参数比较简单，包含尺寸以及分段数，还可以对切角圆柱体启动切片。

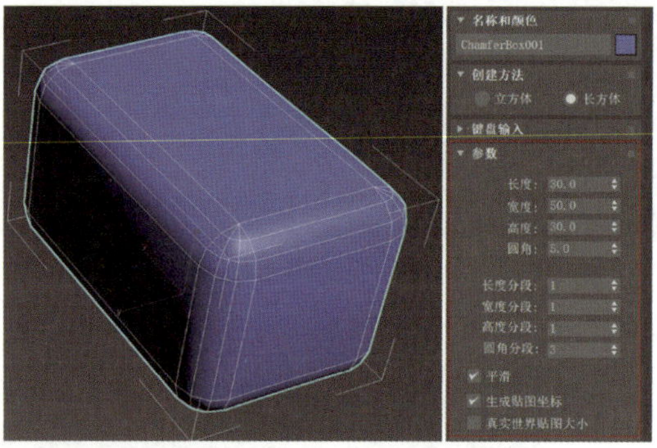

图 1-122 创建切角长方体的参数

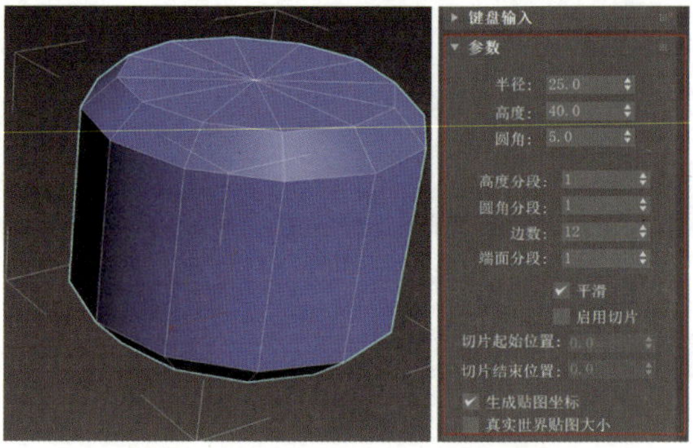

图 1-123 创建切角圆柱体的参数

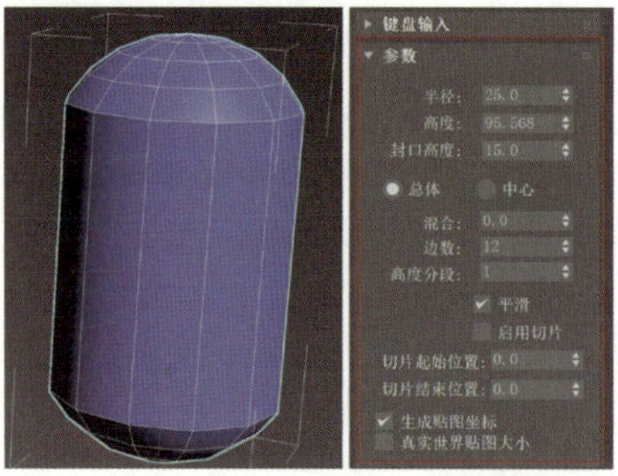

图 1-124 创建油罐的参数

3. 油罐 / 纺锤

单击【油罐 / 纺锤】，在视图中拖动鼠标绘制油罐 / 纺锤底面，确定半径，向上移动鼠标调整高度，在适当的位置单击确定，向下移动鼠标，确定封口高度，再次单击即可创建一个油罐 / 纺锤。其右侧面板中的参数卷展栏如图 1-124 和图 1-125 所示。

油罐的形状类似于圆柱体，其顶部和底部带有圆滑的封口。纺锤的形状类似于两端尖锐的纺锤体，其顶部和底部带有圆锥形的封口。二者的创建方式和步骤相似，参数设置方法也相似，包括半径、高度、封口高度、分段数和平滑等。

【参数】:【封口高度】控制油罐 / 纺锤顶部和底部的封口高度。【混合】控制封口与主体之间过渡的平滑度。选中【总体】后，表示参数【高度】将控制油罐 / 纺锤的总体高度，包括两端的封口高度。选中【中心】后，表示参数【高度】仅控制中间圆柱体部分的高度。

4. 球棱柱

单击【球棱柱】，在视图中拖动鼠标绘制多边形底面，确定半径，向上移动鼠标调整高度，在适当的位置单击确定，左右移动鼠标，确定圆角的效果，再次单击即可创建一个球棱柱。其右侧面板中的参数卷展栏如图 1-126 所示。

【参数】:【边数】表示球棱柱侧面的边数。【圆角】表示切角化的角的宽度，增加【圆角分段】将切角化的角变为圆角。

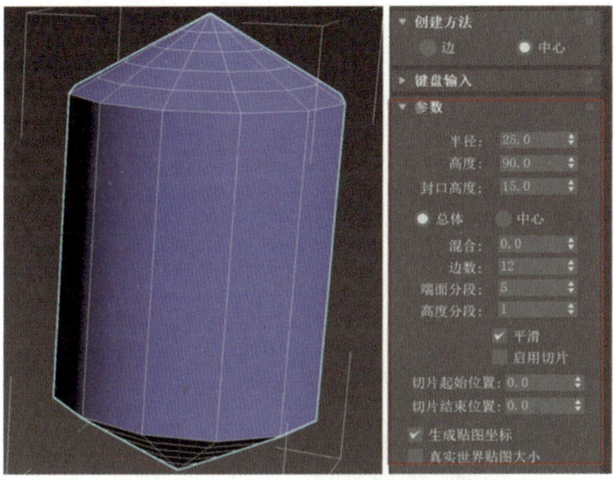

图 1-125　创建纺锤的参数

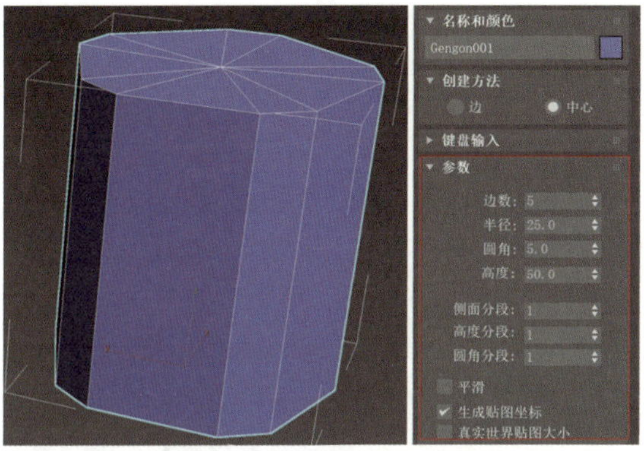

图 1-126　创建球棱柱的参数

5. 环形波

单击【环形波】，在视图中拖动鼠标绘制底面，确定半径，向上移动鼠标调整环形波的宽度，在适当的位置单击确定，即可创建一个环形波。其右侧面板中的参数卷展栏如图 1-127 所示。

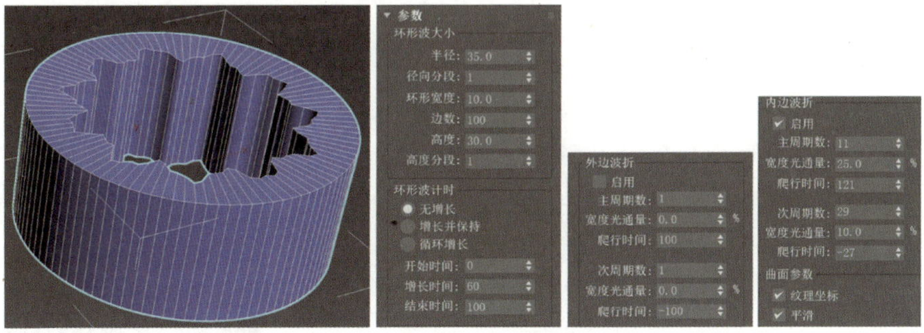

图 1-127　创建环形波的参数

【参数】:【环形波大小】包含与环形波形状相关的参数。【环形波计时】用来设置环形波的动画效果。【开始时间】表示环形波动画的起始帧，【增长时间】与【开始时间】一起定义了环形波增长到最大尺寸需要的时间，【结束时间】表示环形波动画的结束帧。【无增长】表示无动画;【增长并保持】和【循环增长】表示环形波的两种动画效果。选中【外边波折】后,可以激活外边波折功能,使环形波的外边缘产生波浪状的起伏。选中【内边波折】后,可以激活内边波折功能,使环形波的内边缘产生波浪状的起伏。

6. 棱柱

单击【棱柱】,在视图中拖动鼠标拉出一个三角形,确定侧面 1 的长度,继续移动鼠标在适当的位置单击,确定底面三角形的形状和大小,向上移动鼠标调整高度,在适当的位置单击,即可创建一个棱柱。其右侧面板中的参数卷展栏如图 1-128 所示,参数比较简单,包含尺寸以及各方向上的分段数。

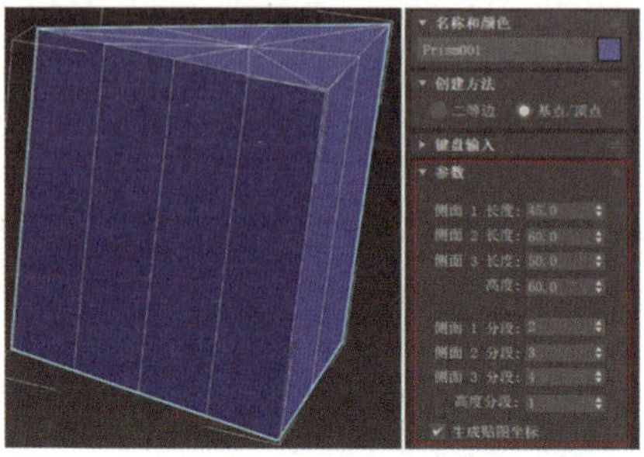

图 1-128　创建棱柱的参数

【创建方法】:选中【二等边】,表示创建的棱柱底面(多边形)将被限制为具有两条等长的边。选中【基点 / 顶点】,则无相关的限制条件。

7. 环形结

单击【环形结】,在视图中拖动鼠标确定环形结的基础半径,左右移动鼠标调整环形结的横截面半径,在适当的位置单击确定,即可创建一个环形结。其右侧面板中的参数卷展栏如图 1-129 所示。

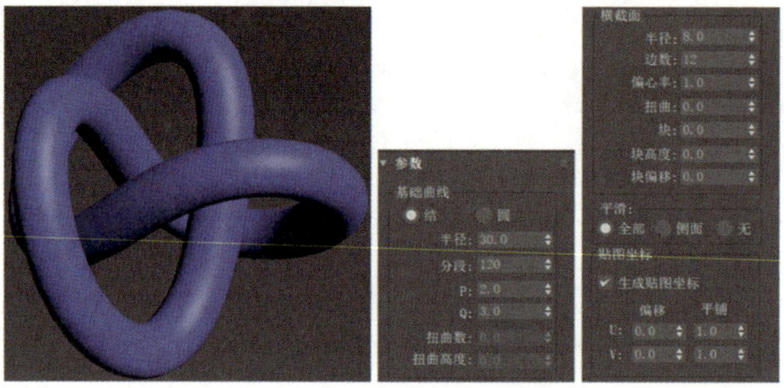

图 1-129　创建环形结的参数

【参数】:【基础曲线】提供了与环形结基础形状相关的参数设置。3ds Max 提供了【结】和【圆】两种基础曲线类型。其中【P】和【Q】分别控制环形结在水平方向和垂直方向上的缠绕圈数。【扭曲数】和【扭曲高度】控制环形结的扭曲效果。【横截面】与环形结的横截面的形状相关,其中【块】、【块高度】和【块偏移】控制环形结上的凸起效果。【平滑】表示环形结表面的平滑方式。

8. 胶囊

单击【胶囊】,在视图中拖动鼠标确定胶囊的半径,向上移动鼠标调整高度,在适当的位置单击确定,即可创建一个胶囊。其右侧面板中的参数卷展栏如图 1-130 所示,参数比较简单,包含尺寸、分段数以及切片的相关参数。

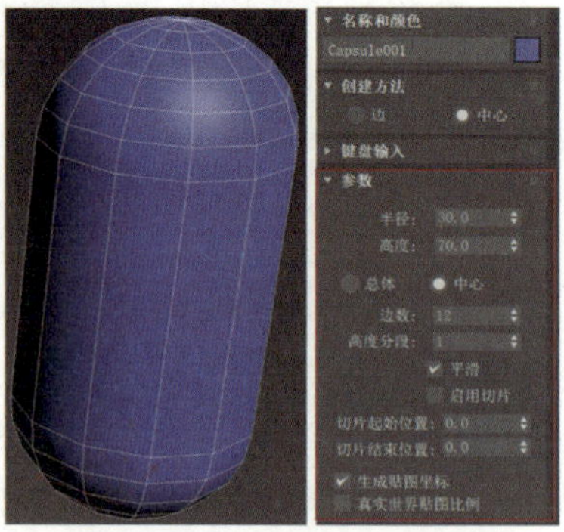

图 1-130　创建胶囊的参数

9. L-Ext/C-Ext

单击【L-Ext/C-Ext】，在视图中拖动鼠标绘制 L 形 /C 形底面，确定底部截面，向上移动鼠标调整高度，在适当的位置单击确定，向左移动鼠标，确定 L-Ext 的侧面长度、前面宽度，再次单击即可创建一个 L-Ext。确定 C-Ext 的背面宽度、侧面宽度、前面宽度，再次单击即可创建一个 C-Ext。其右侧面板中的参数卷展栏如图 1-131 和图 1-132 所示。

L-Ext 扩展基本体的底部截面的形状类似于字母“L”，它由两个相互垂直的矩形构成。C-Ext 扩展基本体的底部截面的形状类似于字母“C”，它由三个相连的矩形构成。二者常用于创建复杂的墙体结构，参数设置也类似，均为尺寸以及不同面的分段数。

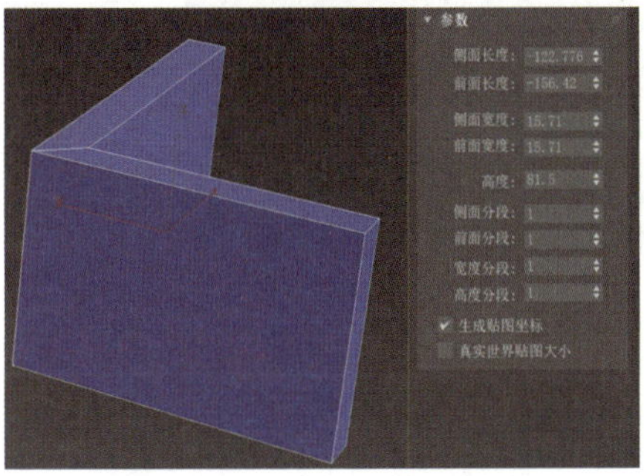

图 1-131　创建 L-Ext 的参数

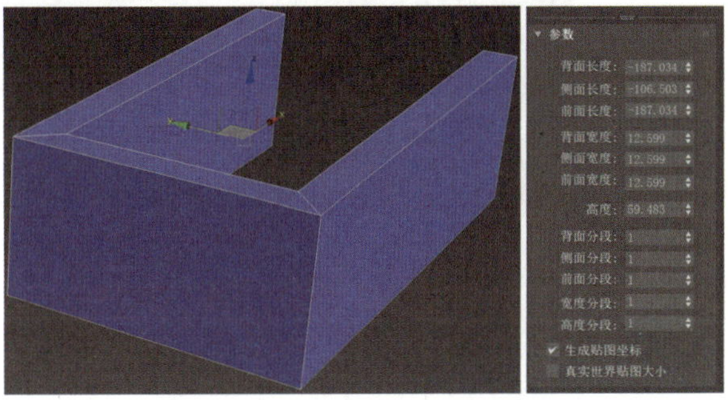

图 1-132　创建 C-Ext 的参数

10. 软管

单击【软管】，在视图中拖动鼠标确定软管的半径，向上移动鼠标调整高度，在适当的位置单击确定，即可创建一个软管。其右侧面板中的参数卷展栏如图 1-133 所示。

【参数】:【软管参数】中【端点方法】提供了两个选项,【自由软管】表示创建的软管是一个简单的独立对象,【绑定到对象轴】表示可以在场景中将软管的两端连接到两个不同的对象上。【柔体截面】的相关参数用于设置软管的柔软程度和状态。3ds Max 提供了【圆形软管】、【长方形软管】和【D 截面软管】三种形状，如图 1-134 所示，不同形状软管的相关参数可以在【软管形状】中设置。

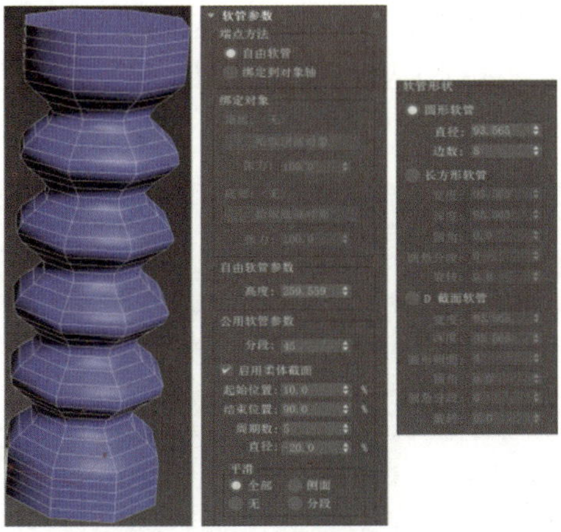

图 1-133　创建软管的参数

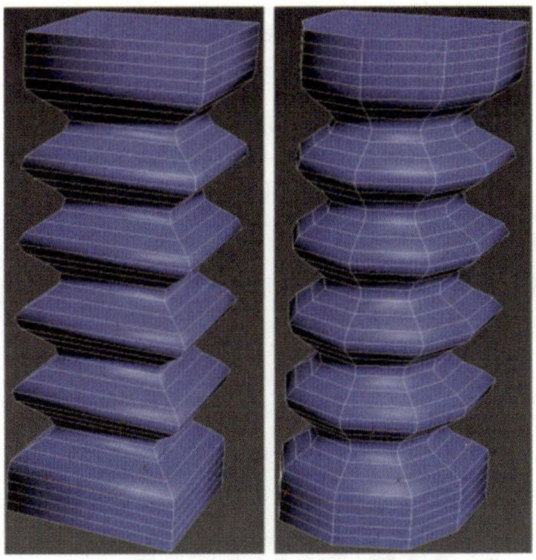

图 1-134　软管的其他形状

技术点三　AEC 扩展、窗、楼梯的创建

AEC 扩展、窗、楼梯的创建

在三维建模中，建筑信息模型（BIM）对于建筑设计至关重要。3ds Max 提供了强大的 AEC 扩展（用于建筑设计、工程和施工领域的一组工具集合）、窗、楼梯的创建功能，如图 1-135 所示，可以帮助用户精准构建复杂的建筑模型。

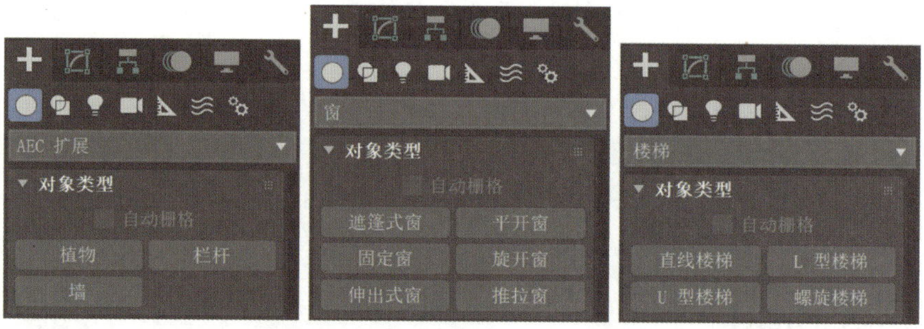

图 1-135　AEC 扩展、窗、楼梯

1. ACE 扩展——植物

单击【植物】，打开【收藏的植物】卷展栏，从植物列表中选择所需的植物类型，然后在视图中单击，即可创建相应的植物模型。其右侧面板中的参数卷展栏如图 1-136 所示，参数比较简单，包含尺寸以及显示效果。

ACE 扩展可用于创建不同类型的植物模型，如树木、花草等，这些植物模型可以广泛应用于建筑设计、景观设计以及电影制作等领域，让用户能够快速地为场景增添自然元素，使虚拟环境更加逼真。

2. ACE 扩展——栏杆

单击【栏杆】，在视图中合适的位置单击，确定栏杆的起点，然后拖动鼠标到另一个位置再次单击，确定栏杆的终点，初步确定栏杆的长度和方向。向上移动鼠标调整高度，在适当的位置单击确定，即可创建一个栏杆。其右侧面板中的参数卷展栏如图 1-137 所示，参数比较简单，包含栏杆各个部分的尺寸以及显示效果。

栏杆模型可模拟各种实际生活中的栏杆样式，如阳台栏杆、楼梯扶手、围墙栏杆等，方便用户在建筑模型中快速添加栏杆元素，提高建模效率。

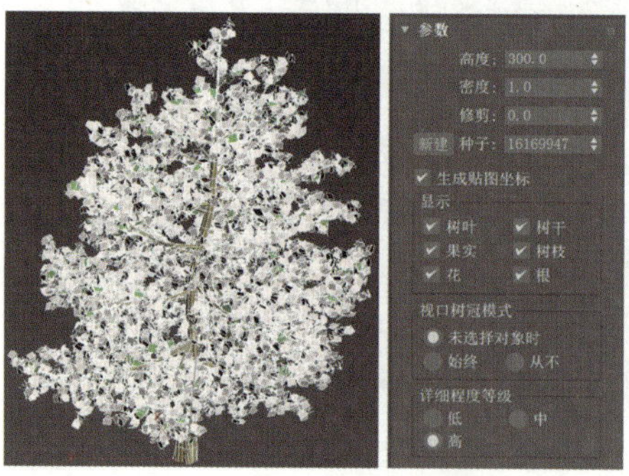

图 1-136　植物的参数

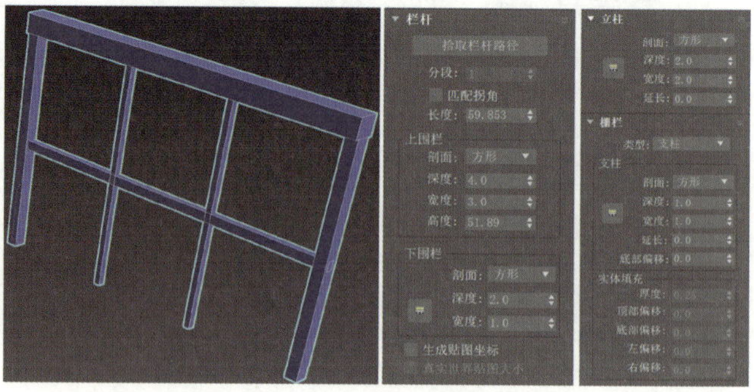

图 1-137　栏杆的参数

3. ACE 扩展——墙

单击【墙】，在视图中单击并拖动鼠标来确定墙体的位置和长度，在适当的位置单击确定，即可创建墙体，同时可以在参数设置中调整墙体的高度、宽度等属性，其右侧面板中的参数卷展栏如图 1-138 所示。

对于建筑设计来说，墙体是建筑结构的基础部分，通过 ACE 扩展可以快速、准确地构建出各种形状和尺寸的墙体，并且可以方便地进行编辑和修改，以满足不同的设计需求。

4. 窗

在【几何体】的下拉菜单中找到【窗】，在【窗】对象类型列表中，包含遮篷式、固定式、伸出式、平开式、旋开式和推拉式等预设类型。在视图中单击并拖动鼠标，定义窗的宽度，确定位置后继续移动鼠标，定义窗的深度，释放鼠标后向上移动，确定窗的高度，在适当的位置单击确定，即可创建窗。

在参数面板中可以设置窗、窗框、玻璃和窗格等细节。部分窗支持动态调整窗的打开角度，可模拟窗的开合效果，其右侧面板中的参数卷展栏如图 1-139 所示。

5. 楼梯

在【几何体】的下拉菜单中找到【楼梯】，在【楼梯】对象类型列表中，包含直线、L 型、U 型和螺旋四种基本的楼梯类型。在视图中单击并拖动鼠标，定义楼梯的基本形状（根据不同的楼梯类型，此步骤可能需拖动鼠标两次），确定位置后继续向上移动鼠标，确定楼梯的高度，单击确定，即可创建楼梯。

在参数面板中可以设置布局、梯级、台阶等细节，还可以调整扶手、支撑梁的样式和位置等，其右侧面板中的参数卷展栏如图 1-140 所示。

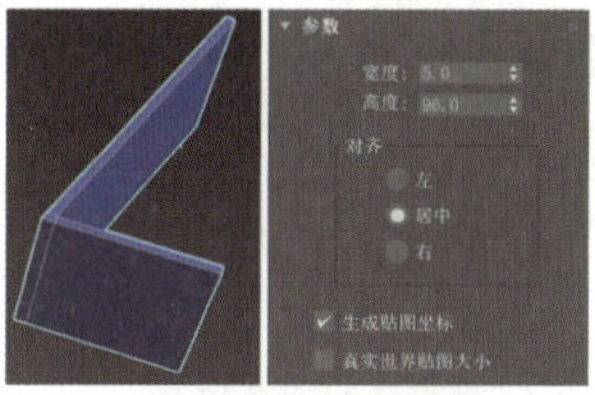

图 1-138　墙的参数

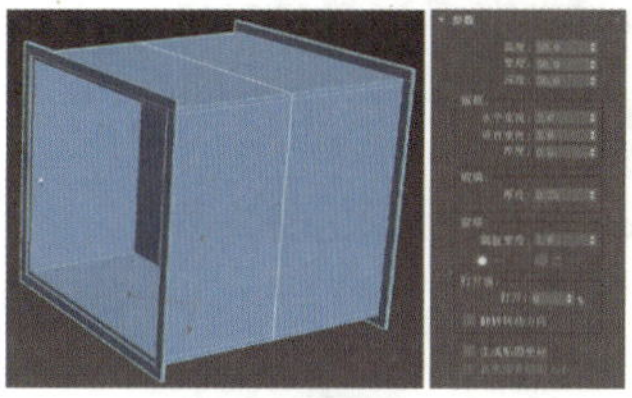

图 1-139　平开窗的参数

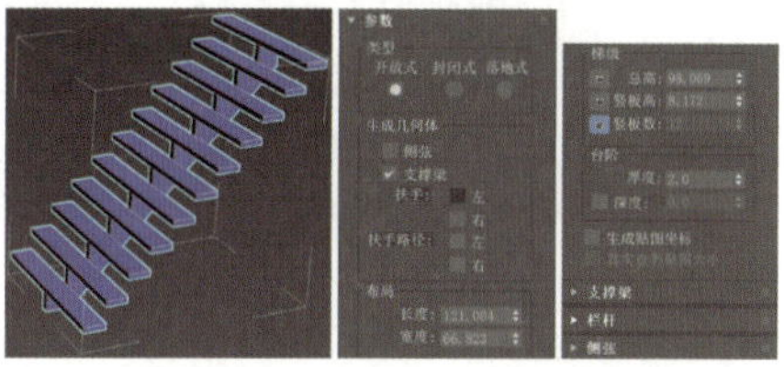

图 1-140　直线楼梯的参数

案例应用

运用标准基本体、扩展基本体和 ACE 扩展模型，制作图 1-141 所示的凉亭。

图 1-141　凉亭模型的效果图

1-1：凉亭

技术点四 对象的捕捉、镜像、对齐

对象的捕捉、镜像、对齐

1. 捕捉操作

采用捕捉操作，用户可通过设置不同的捕捉类型来捕捉活动视图中3D空间的控制范围，包括捕捉开关、角度捕捉、百分比捕捉、微调器捕捉。

（1）捕捉开关用于精确对齐对象的顶点、边、面、栅格点等元素，表示在三维空间中捕捉顶点、边、面等元素；表示捕捉到三维对象在当前视图平面上的投影（常用于对齐背景图或二维平面）；表示仅捕捉当前视图平面内的栅格点。

现需将桌子的另一部分桌腿置于当前半圆柱体的正下方，如果直接上下移动，桌腿与桌面底部未必精确接触，这时需使用三维捕捉。在捕捉之前首先须知捕捉元素是半圆柱体底部与桌腿顶部接触的那个面，如图1-142所示，右击，弹出【栅格和捕捉设置】对话框，选中【面】，如图1-143所示，选中目标对象，按W键激活，单击激活捕捉，找到桌腿顶部的面，出现样式，如图1-144（a）所示，在拖动该面的同时按Ctrl键与滚动锁定键旋转视图到桌面底部，出现，如图1-144（b）所示，切换到【顶视图】，上下移动对象到目标位置，如图1-144（c）所示，最后切换到【透视图】，观察变换效果，如图1-145所示。捕捉操作后，切记单击关闭捕捉，否则只要鼠标划过模型元素，其光标就会切换为对应的样式，应避免操作不便。

快捷操作： 捕捉对象元素为黄色，被捕捉对象元素为绿色。

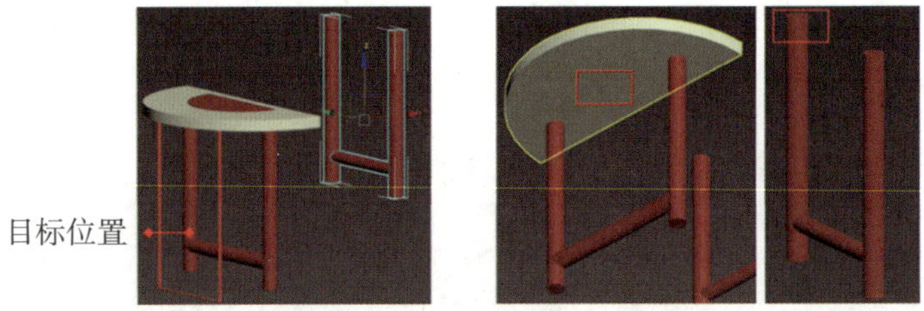

图1-142 三维捕捉的目标位置

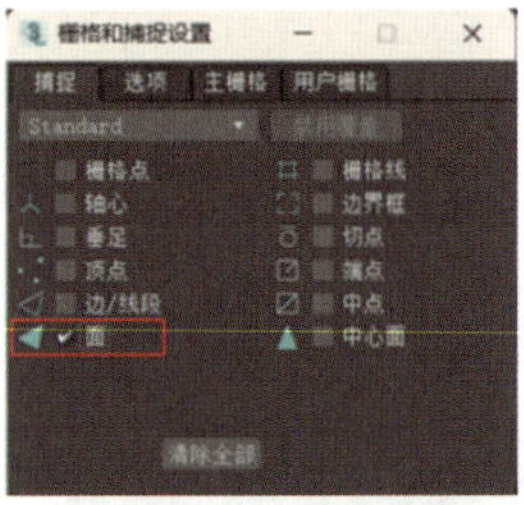

图1-143 【栅格和捕捉设置】对话框

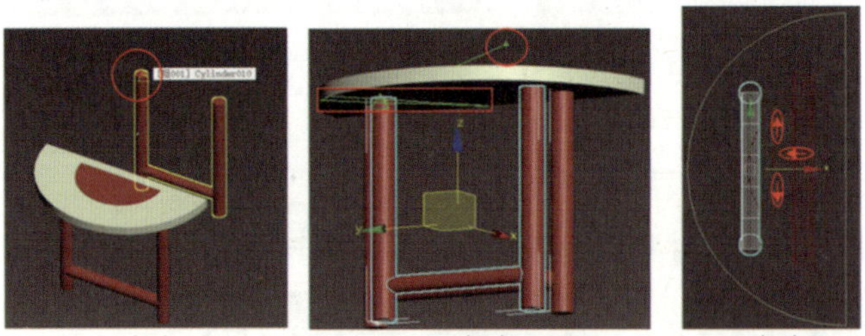

（a） （b） （c）

图1-144 三维捕捉中的移动操作

图1-145 三维捕捉变换后的效果

（2）为【角度捕捉】按钮，在旋转时可设置固定角度增量，从而精确旋转。

例如，将右侧的短圆柱体沿Z轴旋转14°与移动变换，置于指定的位置，增加桌腿的稳定性，如图1-146所示，旋转数值为精确时，应使用角度捕捉功能，快速且准确地完成任务。首先右击，弹出【栅格和捕捉设置】对话框，在【角度】中填入14，如图1-147

所示，代表旋转一次的角度为 14°，选中待变换的对象，按 E 键激活，单击，沿 Z 轴旋转一次，如图 1-148（a）所示，切换至【顶视图】，按 W 键激活，移动到合适的位置，如图 1-148（b）所示，最后切换到【透视图】，观察变换效果，如图 1-149 所示。在激活状态下，只要切换到（旋转变换），每次的旋转角度均为 14°。

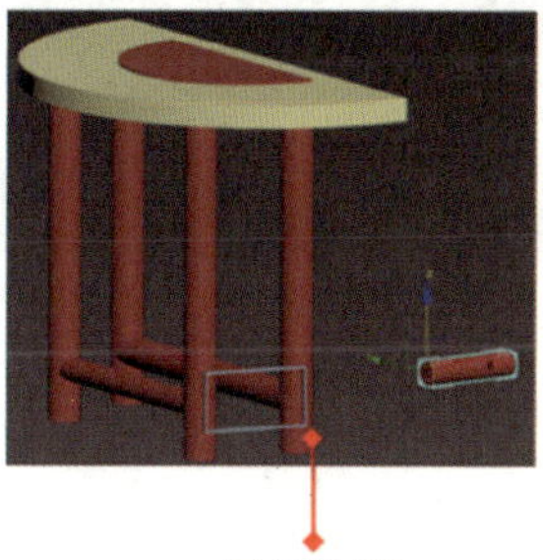

图 1-146 旋转与移动变换目标位置

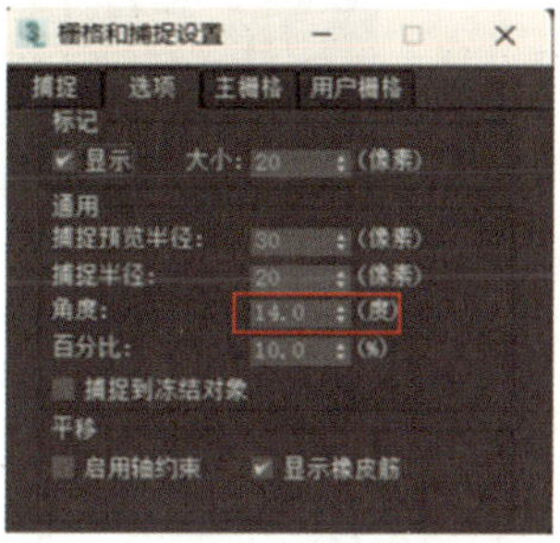

图 1-147 旋转一次的角度为 14°

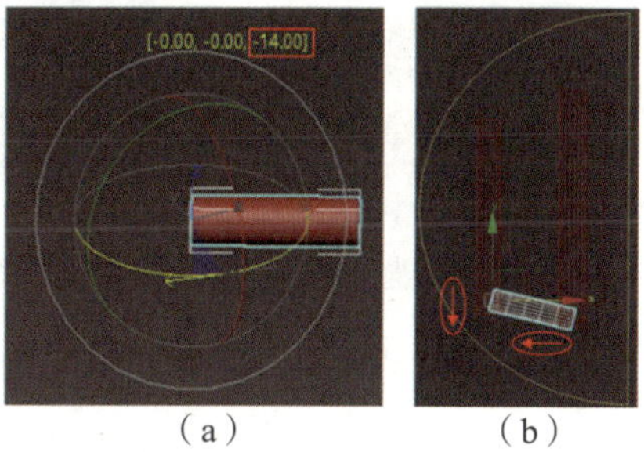

图 1-148 角度捕捉变换操作

（3）是【百分比捕捉】按钮，在缩放时可设置固定比例缩放。没有激活时，捕捉增值比例为 1%，激活后，可按照设定的比例进行缩放，如图 1-150 所示。

2. 镜像操作

（【镜像】按钮）：沿 X、Y、Z 轴复制或翻转对象，用于创建对称模型或调整方向。镜像是在原对象的基础上进行的变换操作，所以在使用之前需选中对象。镜像的模式有不克隆、复制、实例、参考，如图 1-151 所示，【不克隆】为沿指定轴向翻转对象，仅镜像；【复制】、【实例】、【参考】为沿指定轴向复制对象。【复制】镜像后，原对象与镜像对象没有任何关系，即独立复制，【实例】镜像后，修改原对象，镜像对象同步变化，即关联复制，【参考】镜像后，原对象影响镜像对象，即参考复制。

图 1-149 角度捕捉变换后的效果

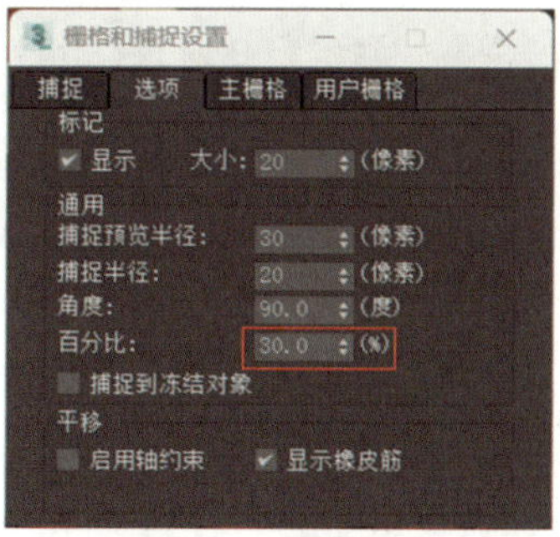

图 1-150 百分比捕捉设置

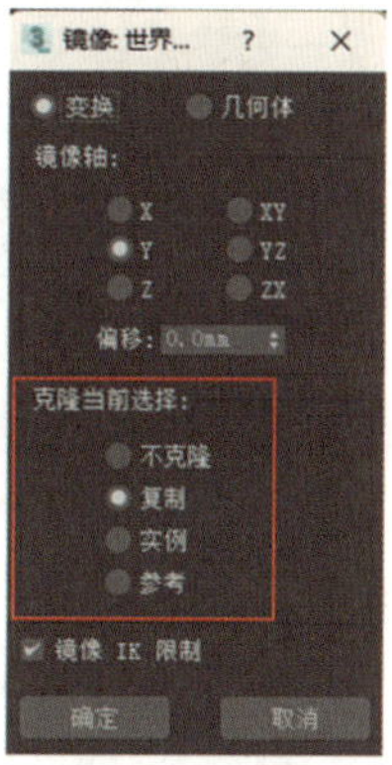

图 1-151 镜像对话框

例如，在指定位置创建与选中相同的对象，提升桌子的稳定性与完整性，如图 1-152 所示。切换至【顶视图】，可以发现选中的对象与指定位置关于对称轴对称，可以通过【镜像】来完成任务，如图 1-153 所示。选中待镜像复制的对象，单击激活，首先选择 Y 轴为镜像轴，选择实例模式，拖动偏移后的直到与目标位置重合，如图 1-154 所示，最后切换到【透视图】，观察变换效果，如图 1-155 所示。

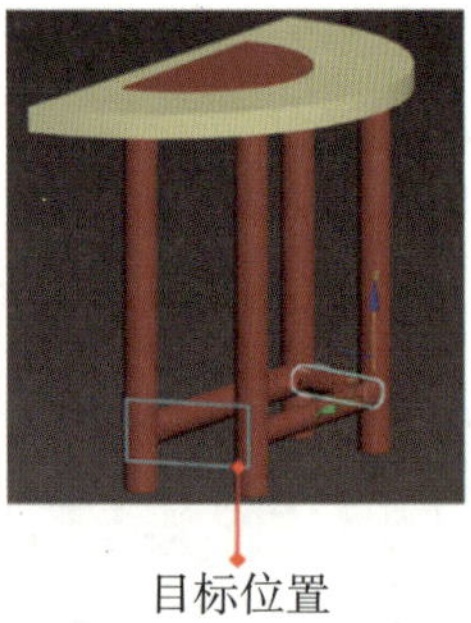

图 1-152　镜像的目标位置

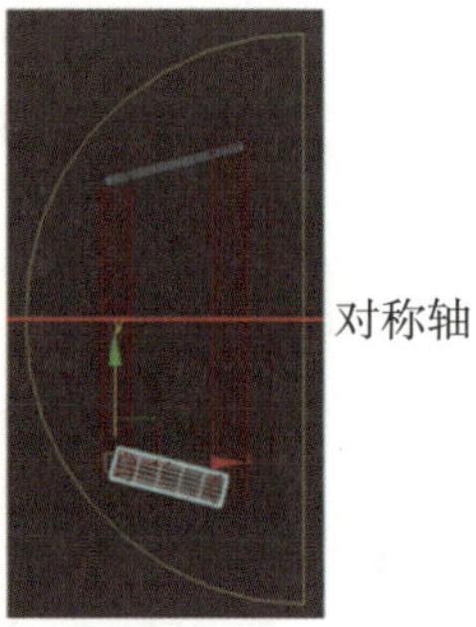

图 1-153　镜像的对称轴

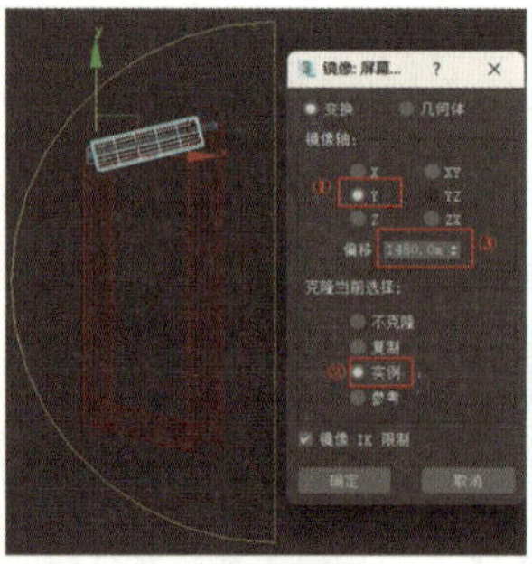
图 1-154　镜像对话框的具体设置

图 1-155　镜像变换后的效果

3. 对齐操作

为对齐按钮，在建模中非常重要，用于精确地将一个对象的位置、旋转、比例与另一个对象匹配；为快速对齐按钮，可将两个对象的中心对齐。对齐操作中有当前对象和目标对象，当前对象是将要操作的对象，目标对象是当前对象要对齐的对象，对齐可依据 X、Y、Z 轴向，也就是对齐的位置。两种对象可根据各自的元素进行对齐，对齐元素有最小、中心、轴点、最大，中心为基于对象的几何中心，轴点为基于对象的轴心位置，要强调的是最小和最大，我们可以根据轴向的箭头进行区分，箭头方向为最大，箭头反方向为最小，如图 1-156 所示。

例如，要将绿色正方体的红色面与蓝色长方体的红色面对齐，如图 1-157 所示，可以看出，二者是以 X 轴方向对齐的，当前对象要对齐的位置为 X 轴的箭头反方向，即最小，目标对象要对齐的位置为 X 轴的箭头方向，即最大，选中对应的选项后，单击【确定】，可以看到两对象已按照需求对齐。

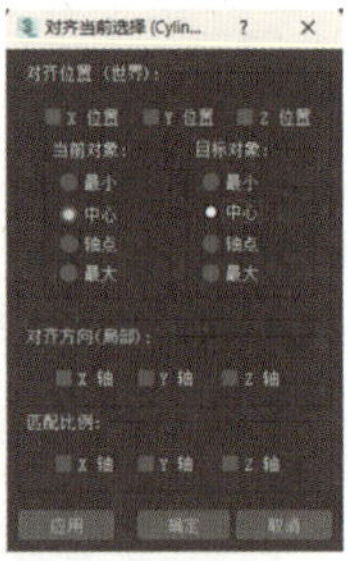
图 1-156 【对齐当前选择】对话框

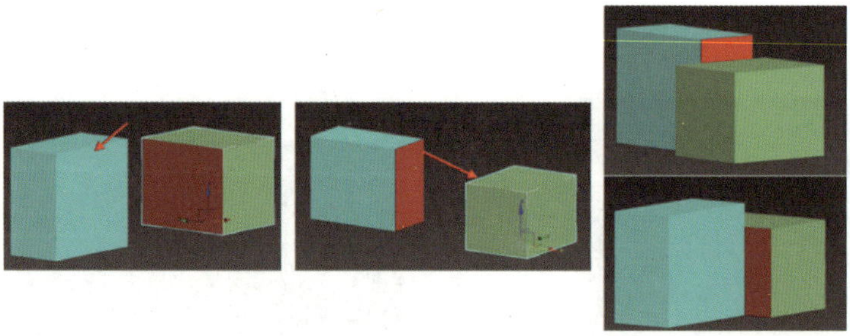
图 1-157　对齐的实例

例如，将两个半圆桌拼为一个正圆桌，如图 1-158 所示，首先分别对两对象在【层次命令面板】中的调整轴居中到对象，如图 1-159 所示，选中右侧的对象为当前对象，单击激活，弹出【对齐当前选择】对话框，第一次将两对象的中心对齐，选中【X 位置】，选中两对象的【中心】，单击【应用】，此时两对象在 X 轴方向的中心对齐，如图 1-160（a）所示；第二次以 X 轴为对齐轴，当前对象的最小与目标对象的最大对齐，如图 1-160（b）所示，单击【确定】，完成对齐变换。

快捷操作： 在对齐对话框单击【应用】后，对话框不会关闭，单击【确定】或【关闭】后，关闭对话框。

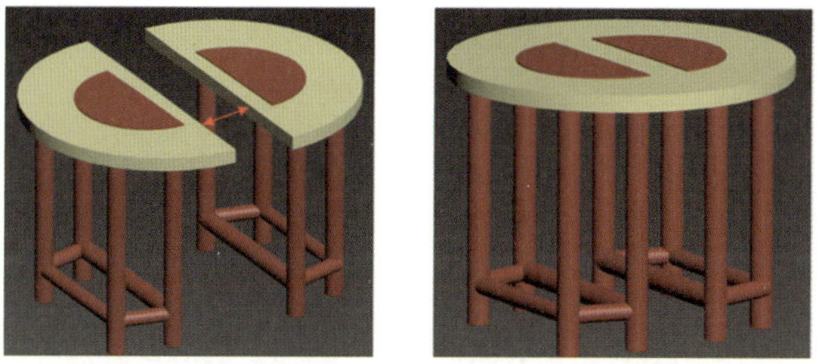

图 1-158　将两个半圆桌拼为一个正圆桌

图 1-159　调整对象轴

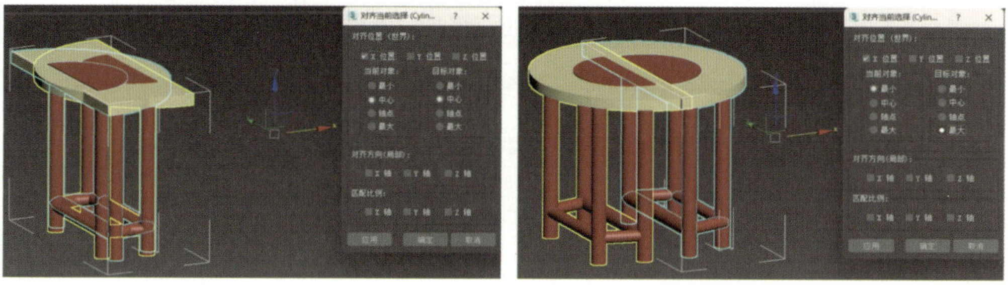

（a）　　（b）

图 1-160　对齐变换

本项目以充满童趣与奇幻色彩的“童年的梦幻小镇”为创意载体，系统、全面地介绍了三维软件的基础界面、基本操作以及重要的基础模型体等内容，让我们感受到了三维软件强大的创造力和无限的可能性，将我们引入了三维软件的奇妙世界，为后续进一步探索三维软件的高级功能和复杂建模技巧打下了坚实的基础。

项目自测题

核对答案（项目 1）

一、选择题

（1）在 3ds Max 中，创建圆柱体需要设置的参数是（　　）。

A. 半径、高度　　B. 长度、宽度、高度　　C. 半径、圆角　　D. 分段数、深度

（2）下列选项中，扩展基本体【切角圆柱体】的特殊参数是（　　）。

A. 高度分段　　B. 圆角半径　　C. 边数　　D. 端面分段

（3）扩展基本体【软管】常用于创建（　　）模型。

A. 桌子腿　　B. 弹簧　　C. 窗户　　D. 楼梯

（4）AEC 扩展中的【栏杆】工具无法直接生成（　　）元素。

A. 扶手　　B. 立柱　　C. 楼梯台阶　　D. 横杆

（5）3ds Max 中，【移动】工具的默认快捷键是（　　）。

A. W　　B. E　　C. R　　D. T

二、填空题

（1）标准基本体【茶壶】默认包含壶体、壶嘴、壶柄和＿＿＿＿＿＿。

（2）扩展基本体【油罐】的顶部形状是____________。

（3）【旋转】工具的快捷键是____________。

（4）按____________键可快速切换【缩放】工具。

三、判断题

（1）标准基本体【平面】的分段数不影响渲染效果。（　　）

（2）使用【捕捉】工具时，按 G 键可切换网格显示。（　　）

四维融合岗课赛证评价表

<table>
<tr><th rowspan="2">评价维度</th><th rowspan="2">“岗课赛证”评价标准</th><th colspan="3">评价等级</th></tr>
<tr><th>优秀</th><th>良好</th><th>待提高</th></tr>
<tr><td>基础操作规范</td><td rowspan="4">岗位要求：能够精准地分析本项目所需要的技术、技能点，正确地分解任务，合理分工。
课程要求：熟练掌握本项目涉及的技术、技能点，能够正确地设置参数，能够合理地调优各模型，空间布局得当，熟练地使用快捷键。
大赛要求：作品完成度高，体现一定的创新性，并具备较好的视觉效果。
取证要求：工程文件规范，操作界面整洁、无冗余，能独立排查空间布局不合理、模型异常、文件丢失等常见问题，并进行修复。</td><td></td><td></td><td></td></tr>
<tr><td>技术熟练程度</td><td></td><td></td><td></td></tr>
<tr><td>知识迁移能力</td><td></td><td></td><td></td></tr>
<tr><td>职业素养养成</td><td></td><td></td><td></td></tr>
</table>

项目 2

生活因运动而精彩

项目 2 的效果图如图 2-1 所示，项目 2 的知识结构如图 2-2 所示。

图 2-1　生活因运动而精彩效果图

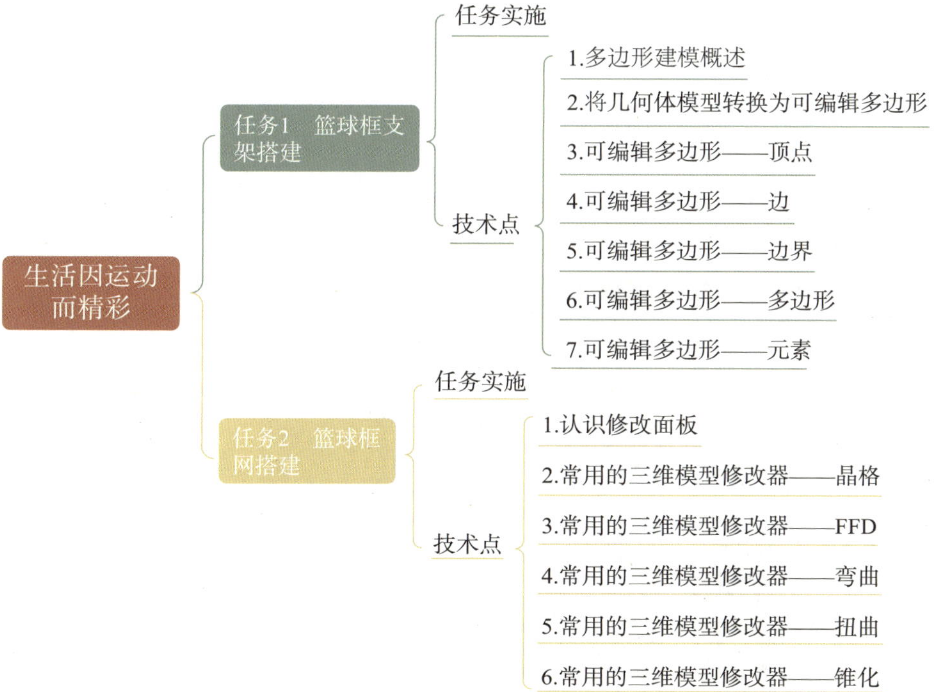

跟企业老师学习项目制作全过程（项目 2）

看原图（项目 2）

图 2-2　知识结构（项目 2）

知识目标

- 了解可编辑多边形与修改器建模工具的应用场景。
- 理解可编辑多边形与修改器建模工具的工作流程。

能力目标

- 理解可编辑多边形各级别工具的功能。
- 掌握可编辑多边形子层级之间的关联逻辑。
- 掌握修改器的核心特性及修改器堆栈的管理逻辑。
- 掌握各修改器的工作原理及应用场景。

素质目标

- 培养空间逻辑思维。
- 培养规范操作意识与行业标准意识。
- 培养抽象设计思维及创意表达能力。

在快节奏的现代社会中，久坐的工作模式、碎片化的娱乐方式正悄然改变着我们的生活状态。世界卫生组织研究表明，全球约 27% 的成年人缺乏运动，由此引发的亚健康问题成为威胁人类健康的重要因素。运动不仅是一项生理活动，还是一种生活态度——它能唤醒身体的活力，重塑心灵的韧性，让生命在每一次跃动中绽放光彩。

AI 互动导学

在元宇宙与 AI 技术快速发展的今天，三维运动场景设计从静态建模转向动态智能交互升级，当 AI 画笔融入三维空间，用户的创意都能自由实现。

1. 未来运动场入口（AI 生成概念图）

请用 AIGC 图像生成工具（如即梦 AI、堆友 AI、通义万相等），生成“赛博朋克风格的悬浮篮球场上，球员穿着发光战衣，地面上有全息投影的运动轨迹，观众席在旋转的灯光间”的图像，如图 2-3 所示。

图 2-3　用 AIGC 工具生成未来运动场的效果图

学习 AIGC
（项目 2）

2. 生成风格迥异的运动场景

生成三种风格迥异的运动场景（蒸汽朋克健身房 / 水下排球馆 / 太空登山赛道），在小组进行展示并讨论：“你会创造什么新玩法？”

任务 1　篮球框支架搭建

项目 2 任务 1
任务实施

任务实施

（1）在【透视图】中创建【长方体】，设置长、宽分段数均为 3，右击转换为【可编辑多边形】。

（2）切换至【顶视图】，进入【边】级别，将内部四圈线移动至合适的位置，如图 2-4 所示。

（3）切换至【透视图】，进入【多边形】级别，选中底部四角的面，单击【挤出】的设置按钮，挤出数量调整为 5mm，如图 2-5 所示。

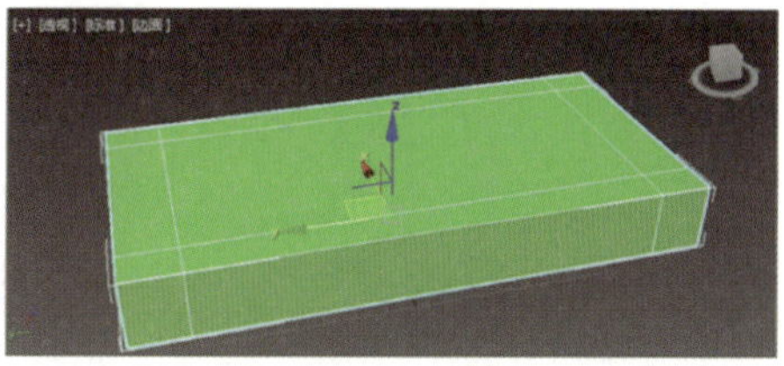

图 2-4　移动边

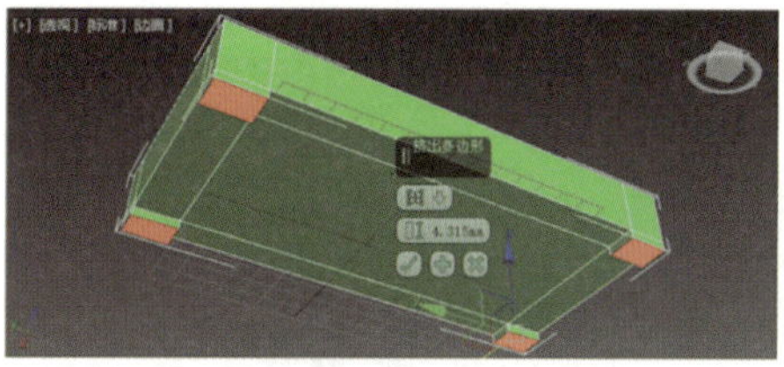

图 2-5　挤出面

（4）选择顶部前部分的面，单击【挤出】的设置按钮，挤出数量调整为 15mm；后部分的面，挤出数量为 30mm，如图 2-6 所示；同时选择后部分下侧的线，沿 Y 轴进行调整，如图 2-7 所示。

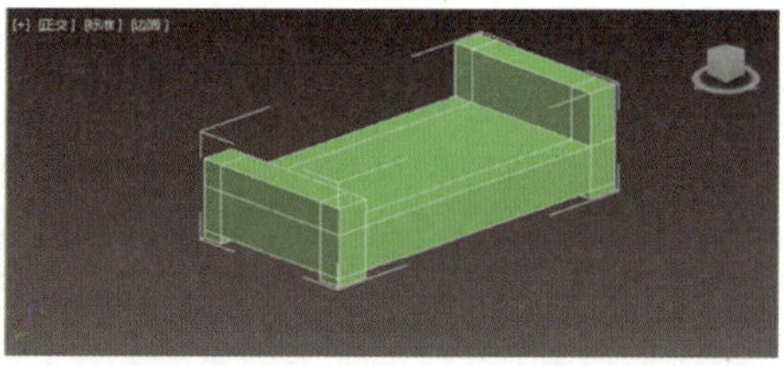

图 2-6　挤出后部分的面

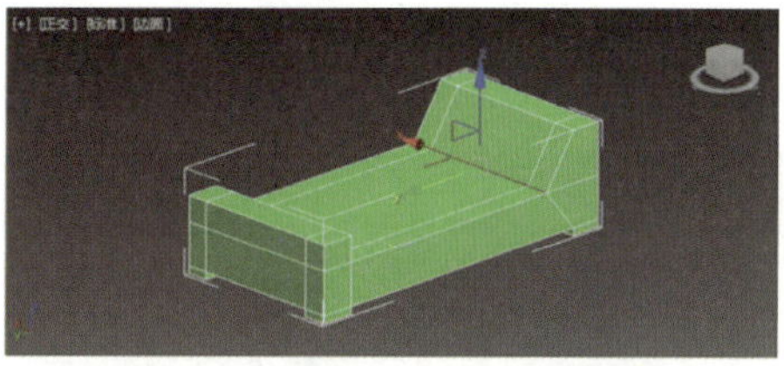

图 2-7　调整线的位置

（5）进入【顶点】级别，选择前部的四个点，沿 X 轴与 Z 轴方向进行缩放，如图 2-8 所示，进入【多边形】级别，沿 Z 轴向上移动，移动至高于后部，如图 2-9 所示，支架底部制作完成。

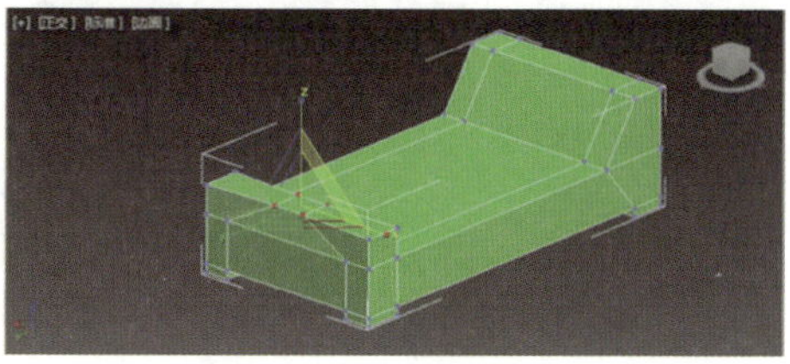

图 2-8　缩放顶点

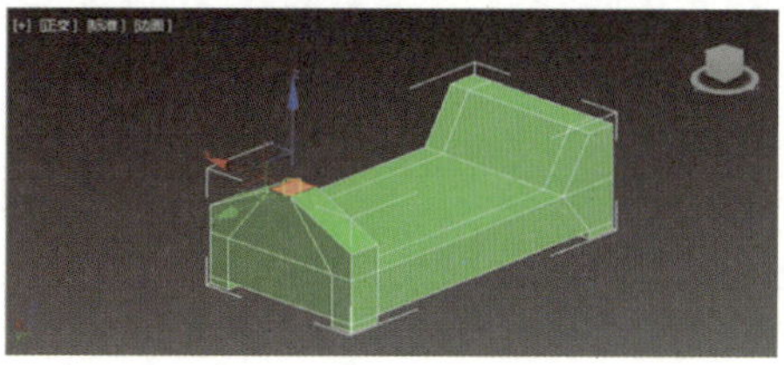

图 2-9　向上提高

（6）进入【多边形】级别，选择上方面，单击【倒角】的设置按钮，高度为 0mm，轮廓为负值（向内），按 R 键激活，缩放面到合适的位置，如图 2-10 所示；单击【挤出】的设置按钮，挤出数量调整为 180mm，如图 2-11 所示。

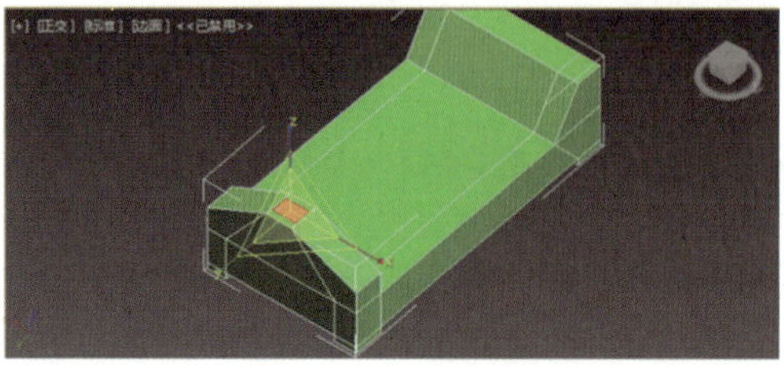
图 2-10　缩放面

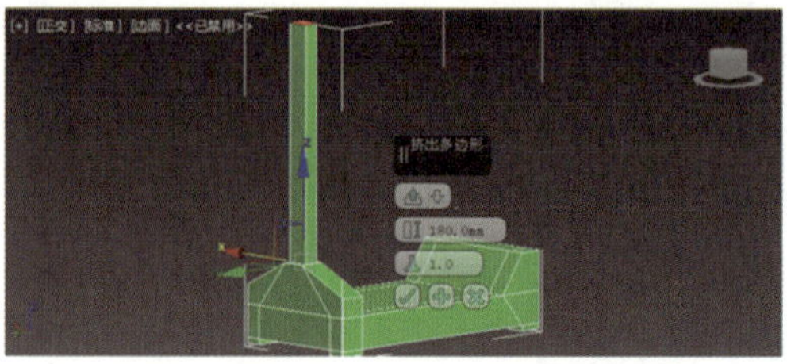
图 2-11　调整挤出数量

（7）在【顶视图】中创建【长方体】，长、宽均设置为 5mm，高设置为 130mm，高度分为两段，移动至支架对应的位置，右击转换为【可编辑多边形】，进入【顶点】级别，缩放中间点移动至两端的上部，如图 2-12 所示。

（8）进入【多边形】级别，选中长方体两端的侧面，单击【挤出】的设置按钮，挤出数量调整为 19mm，单击再次挤出 5mm，如图 2-13 所示。

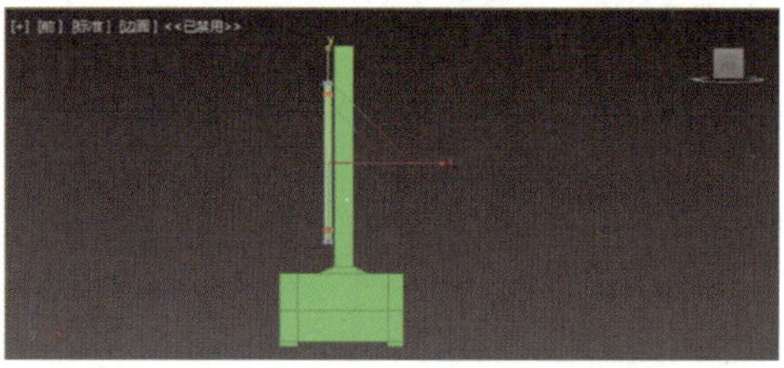
图 2-12　缩放中间点移动至两端的上部

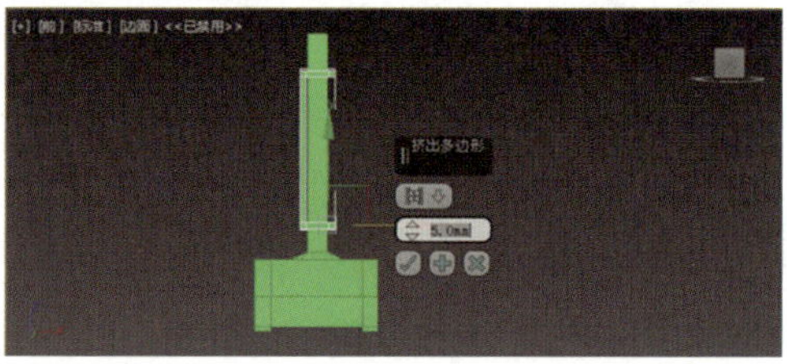
图 2-13　多边形再次挤出 5mm

（9）选择两个挤出面的对应部分，单击【桥】，桥接两个面，如图 2-14 所示。

（10）选择两面，挤出两次，第一次挤出数量为 28mm，第二次挤出数量为 5mm，如图 2-15 所示；选择另一面继续挤出，第二次挤出数量为 5mm，如图 2-16 所示。

（11）选择两个挤出面的对应部分，单击【桥】，桥接两个面，如图 2-17 所示。

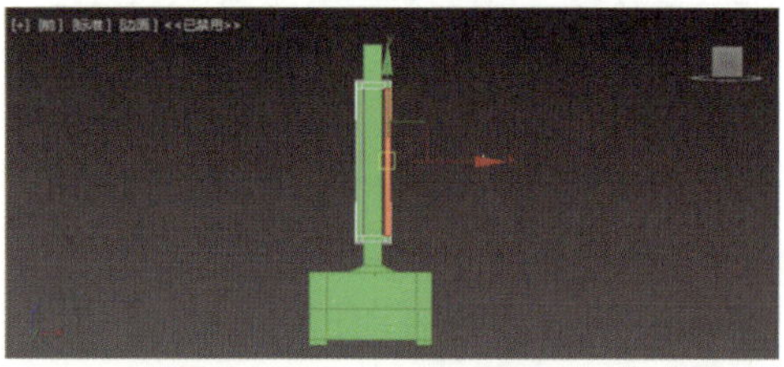
图 2-14　桥接两个面

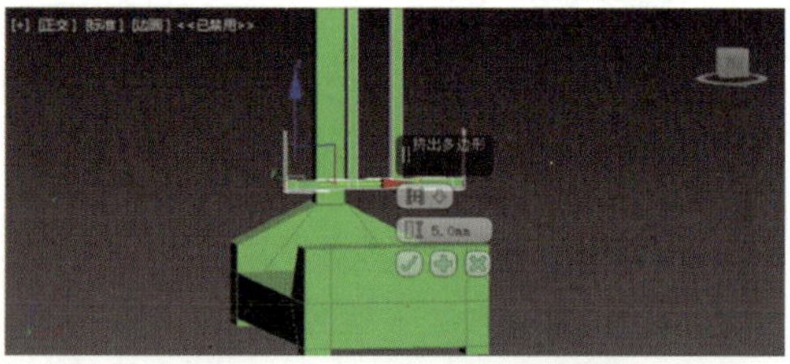
图 2-15　多边形挤出两次

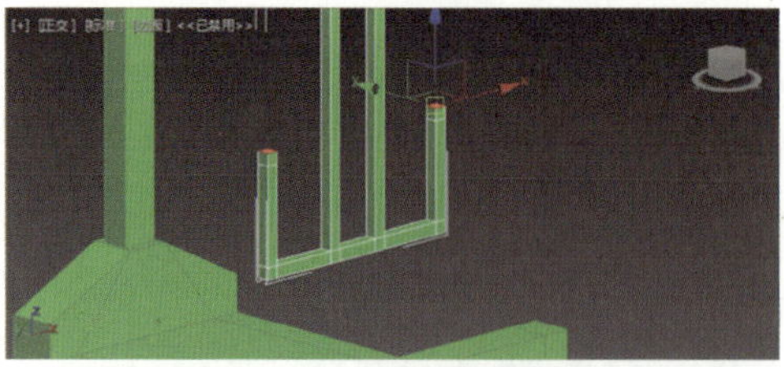
图 2-16　选择另一面继续挤出

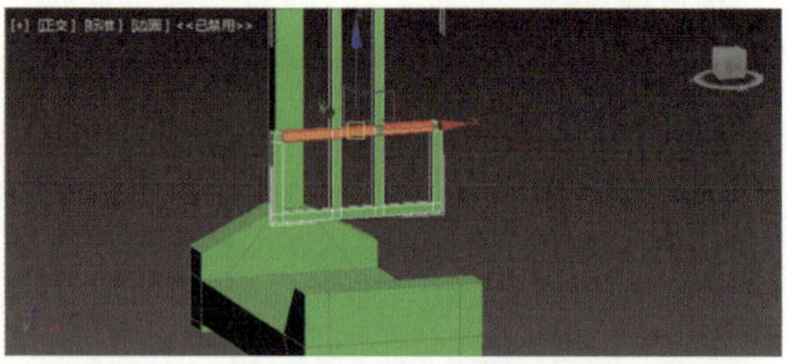
图 2-17　桥接面

（12）进入【顶点】级别，将两边的点分别移动至支架内部；将下部外侧的两点移动至合适的位置，如图 2-18 所示。

（13）在【顶视图】中创建【长方体】，长、宽均设置为 5mm，高设置为 15mm；按 S 键激活，移动捕捉到顶点；按住 Shift 键的同时沿 X 轴向右捕捉移动，如图 2-19 所示。将两个长方体转换为【可编辑多边形】，将三个对象【附加】为一个整体。

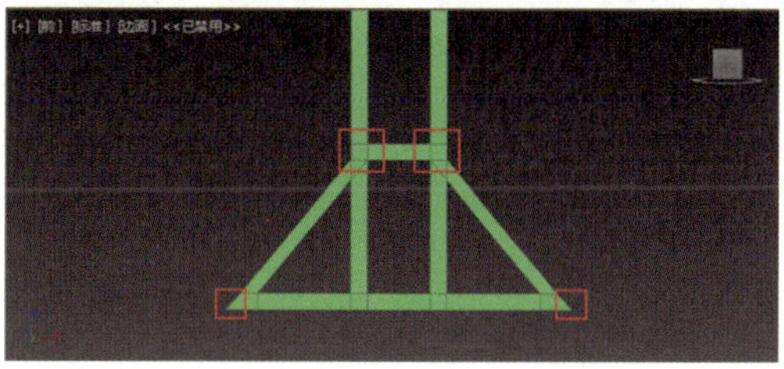

图 2-18 移动两边的点和下部外侧的点

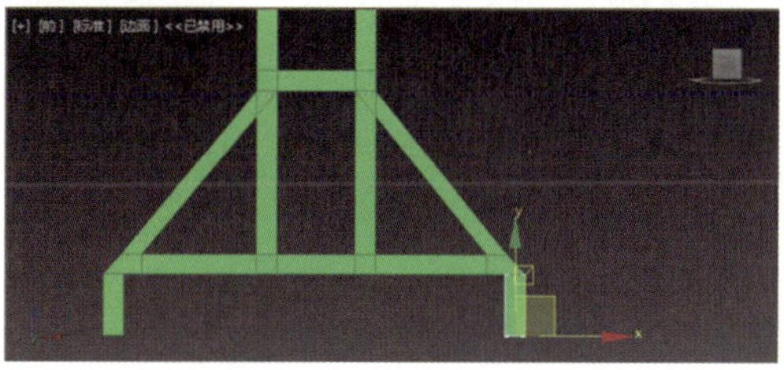

图 2-19 沿 X 轴向右捕捉移动

（14）在【顶视图】中创建【圆柱体】，半径设置为 2.5mm，高度设置为 20mm，端面分段设置为 2，右击转换为【可编辑多边形】，进入【多边形】级别，选择内部面，中心缩放，单击【挤出】的设置按钮，挤出数量调整为 15mm；将三个对象【附加】为一个整体，完成接触体制作，如图 2-20 所示。

（15）将该接触体移动至支架中合适的位置，并沿 X 轴旋转一定的角度，如图 2-21 所示。

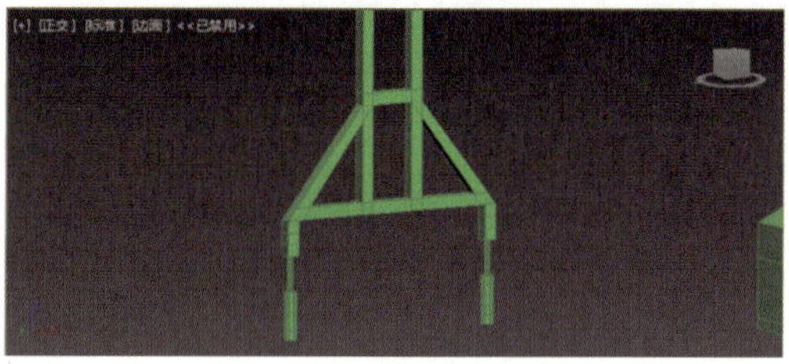

图 2-20 接触体制作

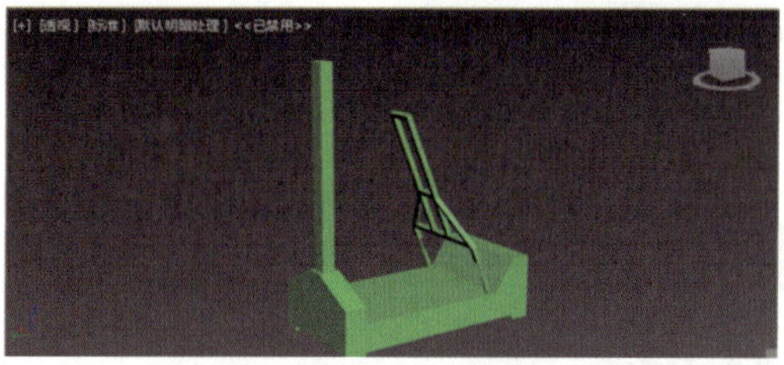

图 2-21 移动至合适的位置并旋转一定的角度

（16）在【前视图】中创建【长方体】，右击转换为【可编辑多边形】，进入【顶点】级别，调整点结构到指定的位置，完成支架制作，如图 2-22 所示。

（17）制作篮板，在【前视图】中创建【长方体】，长、宽分段设置为 3，右击转换为【可编辑多边形】，进入【顶点】级别，调整点结构；选择一圈面，单击【挤出】的设置按钮，以【局部法线】方式挤出面，如图 2-23 所示。

图 2-22 调整点结构到指定的位置

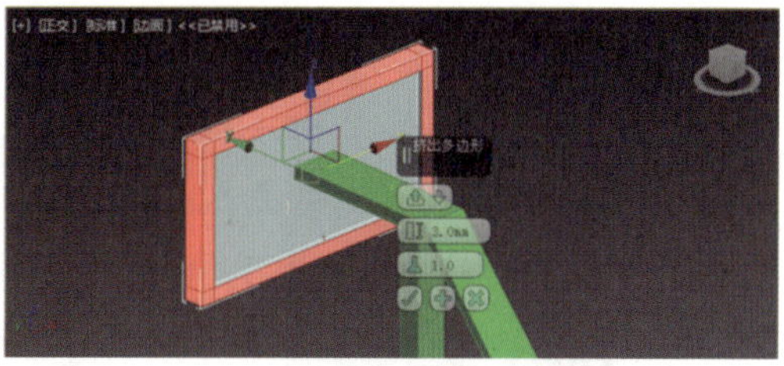

图 2-23 篮板挤出面

（18）进入【边】级别，选择左侧的四边，单击【连接】的设置按钮，调整参数；右侧使用上次的【连接】数据；选择一圈面，单击【挤出】的设置按钮，以【局部法线】方式挤出面，完成支架制作，如图 2-24 所示。

（19）在【前视图】中创建【长方体】，长、宽分段设置为 3，右击转换为【可编辑多边形】，进入【多边形】级别，按 Delete 键删除内部的两面；进入【边】级别，四周中各选择两边，单击【桥】，两边之间形成面，如图 2-25 所示；最后调整到篮板的合适位置。

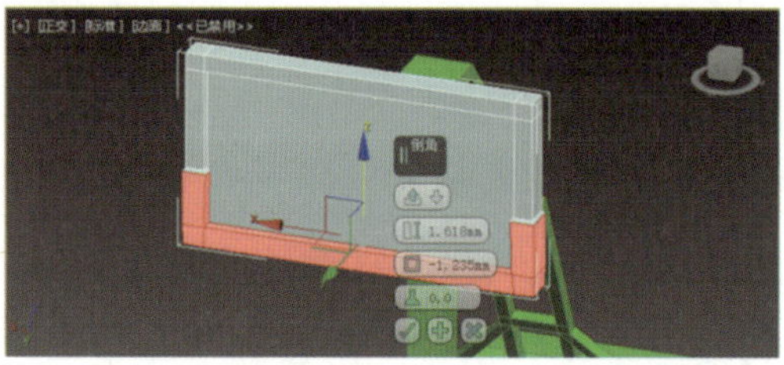

图 2-24　支架制作

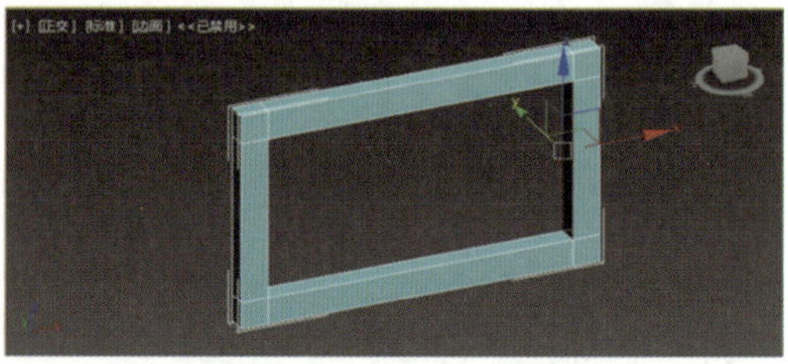

图 2-25　篮板挤出面的制作

（20）在【前视图】中创建【圆柱体】，端面数设置为 2，右击转换为【可编辑多边形】，进入【多边形】级别，选择两侧中间的端面，【挤出】两次；进入【顶点】级别，调整点结构，如图 2-26 所示；进行复制并调整位置，得到整个篮球支架，如图 2-27 所示。

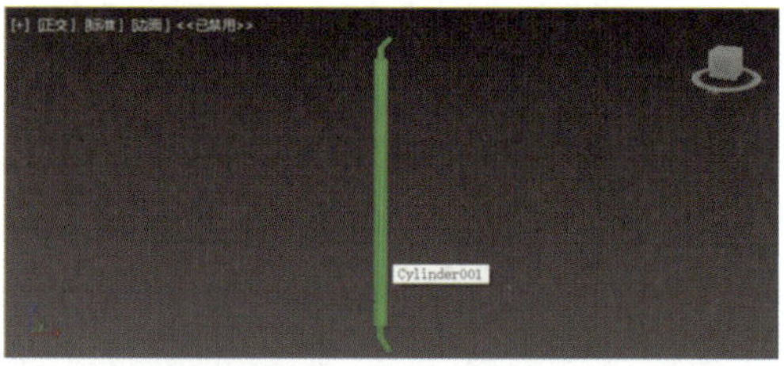

图 2-26　支架部分的制作

图 2-27　篮球框支架效果图

技术讲解

技术点一　多边形建模概述

多边形建模功能强大，可以进行较为复杂的模型制作，是 3ds Max 中常用的建模方式。可通过对多边形的点、边、边界、多边形和元素这五种子级别的操作，使模型产生变化，是对简单模型进行编辑更改，从而得到精细、复杂模型的过程。

多边形建模的基本流程：创建几何体模型→将模型转换为可编辑多边形→细化模型。

例如，图 2-28 所示为台灯的建模流程。

图 2-28　台灯的建模流程

技术点二　将几何体模型转换为可编辑多边形

将几何体模型转换为可编辑多边形

在透视图中创建任意大小的【长方体】，单击【修改】，在修改命令面板中显示的是该长方体的原始参数，包括长度、宽度、高度、长度分段、宽度分段、高度分段等，如图 2-29 所示。

将几何体模型转换为可编辑多边形，常用的方法有两种。

方法一：选择模型，右击，执行【转换为】→【转换为可编辑多边形】，如图 2-30 所示，转换后修改面板包含【选择】、【软选择】、【编辑几何体】、【细分曲面】、【细分置换】和【绘制变形】六个卷展栏，修改器列表中只有【可编辑多边形】修改器，几何体“Box”消失，如图 2-31 所示。用这种方法转换后，将无法再修改原始参数。

方法二：选择模型，在修改器面板中，添加【可编辑多边形】修改器，如图 2-32 所示。转换后修改面板包含【编辑多边形模式】、【选择】、【软选择】、【编辑几何体】和【绘制变形】五个卷展栏，修改器列表中不仅有【编辑多边形】修改器，还存在几何体“Box”，如图 2-33 所示。用这种方法转换后，单击【Box】即可再次修改原始参数，也可根据需求删除【编辑多边形】修改器。

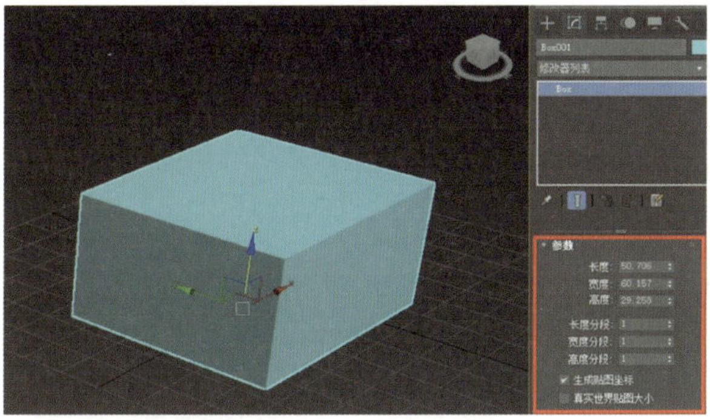

图 2-29　长方体的原始参数

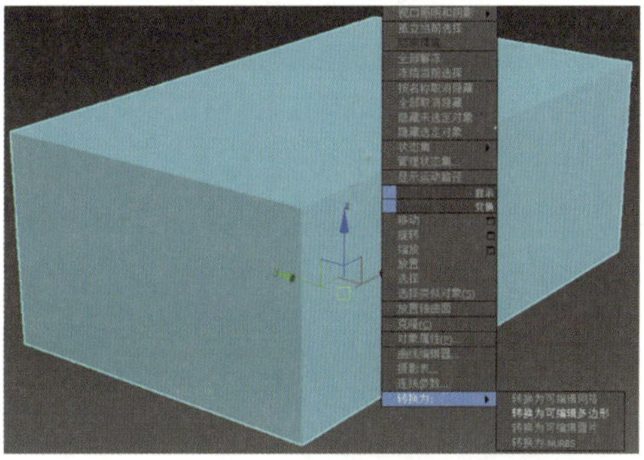

图 2-30　转换为可编辑多边形方法一

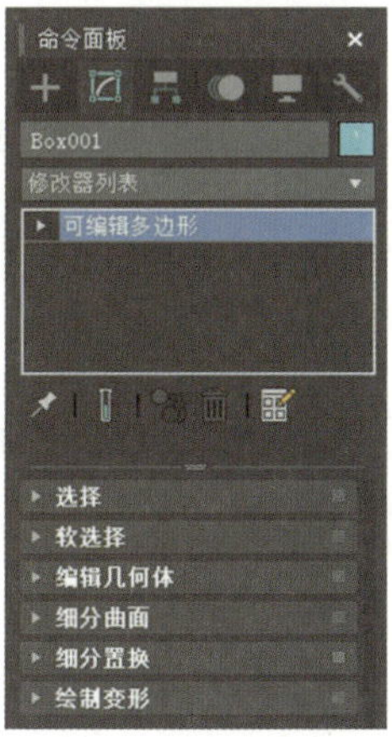

图 2-31　方法一修改面板

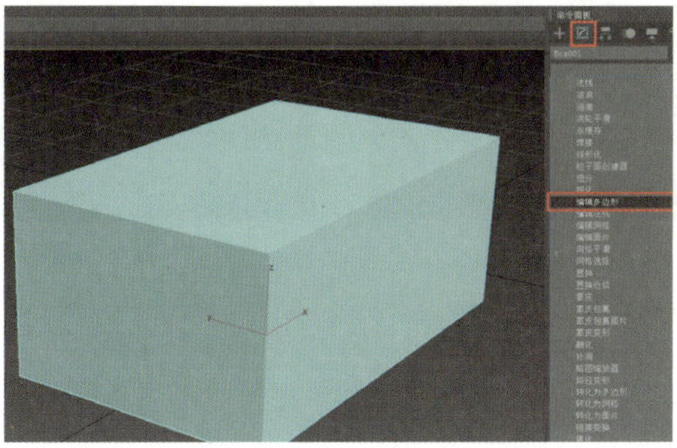

图 2-32　转换为可编辑多边形方法二

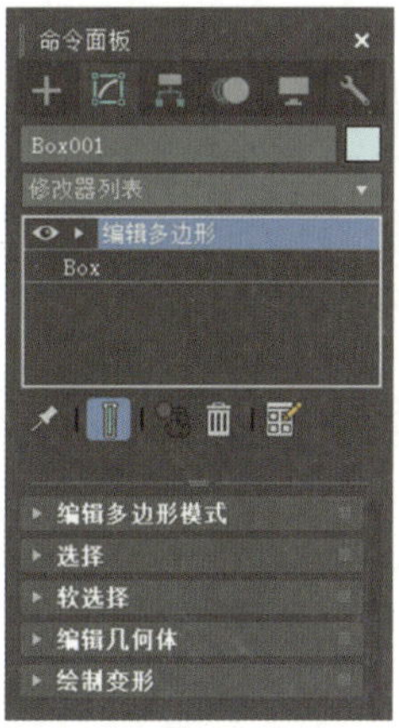

图 2-33　方法二修改面板

1.【选择】卷展栏

【选择】卷展栏的参数面板如图 2-34 所示，从上到下各按钮的功能如下。

【子级别类型】：即图 2-34 中五个蓝色的按钮，它们分别对应可编辑多边形的【顶点】、【边】、【边界】、【多边形】和【元素】五个级别，如图 2-35 所示。

选择或切换子级别的快捷操作： 在操作过程中，随时按键盘上的 1、2、3、4、5 键，即可快速选择或切换五个子级别。

【按顶点】：除了【顶点】级别，该选项可以在其他四个级别中使用。

【忽略背面】：启用该选项后，只能选中法线指向当前视图的子对象。

【按角度】：启用该选项后，可以根据面的转折度数来选择子对象。

【收缩】：单击该按钮，可以在当前选择的范围中向内减少一圈，如图 2-36 所示。

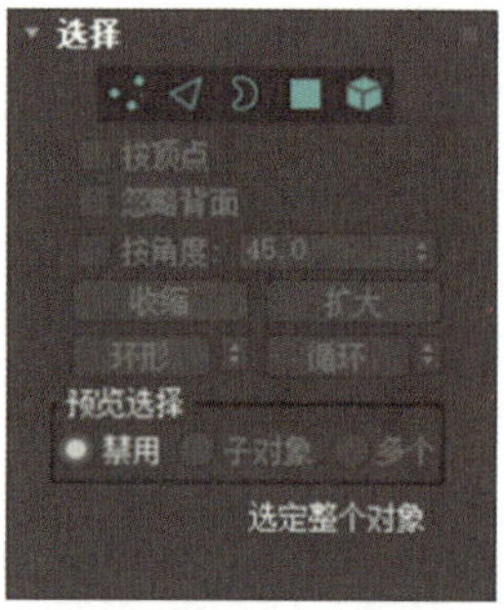

图 2-34 【选择】卷展栏

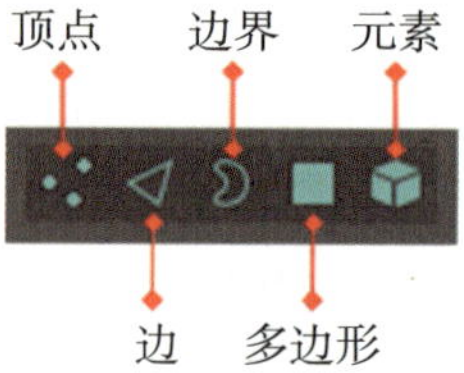

图 2-35 子级别类型

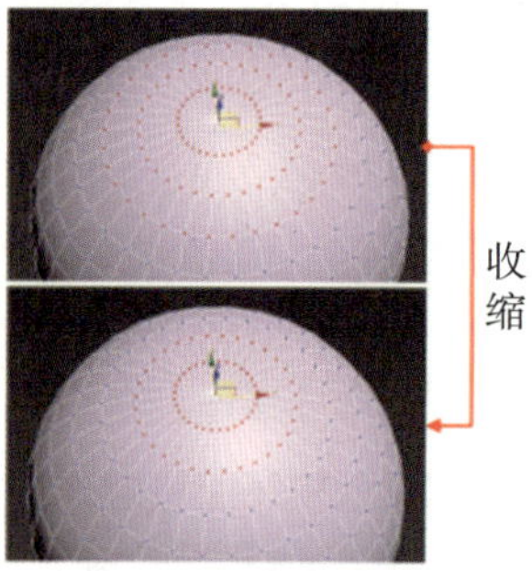

图 2-36 收缩的效果

【扩大】：与【收缩】相反，单击该按钮，可以在当前选择的范围中向外增加一圈。

【环形】：针对【边】级别，使用该工具可快速选择平行于当前选择的环形范围内的边，如图 2-37 所示。

环形操作的快捷方法： 选择当前边后，按住 Ctrl 键的同时，双击上方或下方相邻的平行边。

【循环】：针对【边】级别，使用该工具可快速选择当前对象循环一周的对象，如图 2-38 所示。

循环操作的快捷方法： 选择当前边后，按住 Ctrl 键的同时，双击左侧或右侧相邻的边。

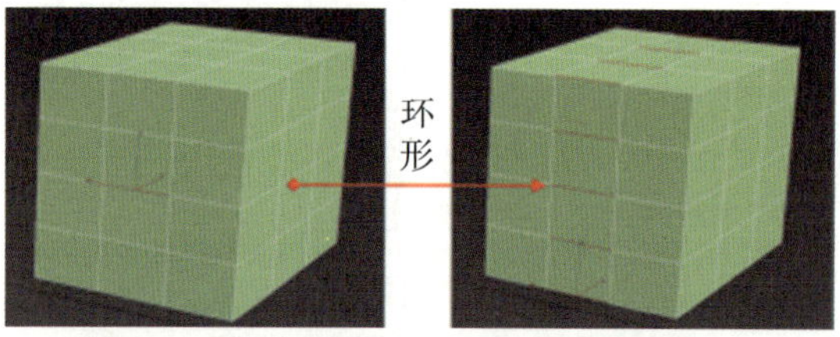

图 2-37 环形效果

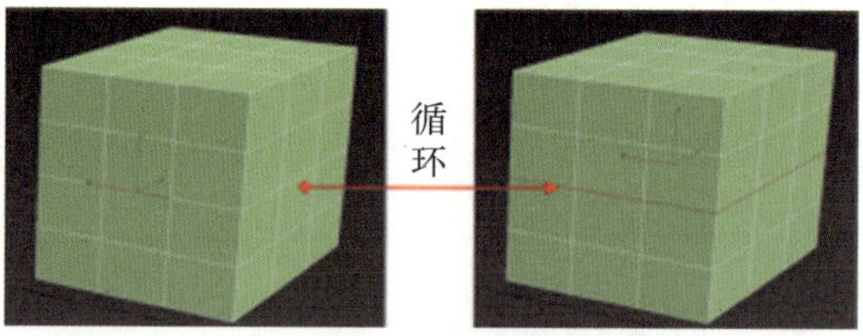

图 2-38 循环效果

【预览选择】：在选择对象之前，通过该选项可以预览光标滑过位置的子对象，有【禁用】、【子对象】和【多个】三个选项可供选择。

2.【软选择】卷展栏

以顶点为例，选择一个顶点，选中【使用软选择】，即可选择该点附近的多个点，如图 2-39 所示，在移动时会根据颜色影响移动的程度，颜色越红，影响越大，颜色越蓝，影响越小，如图 2-40 所示。

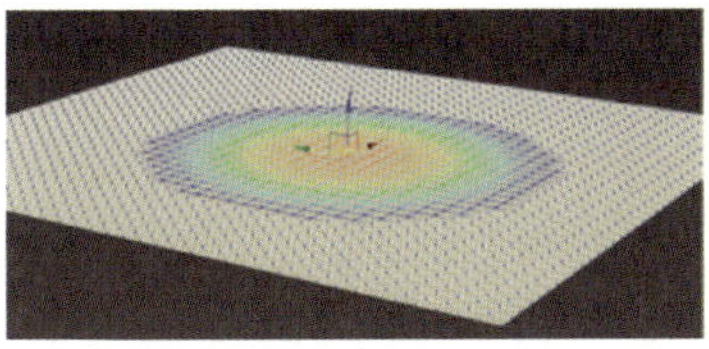

图 2-39　软选择顶点

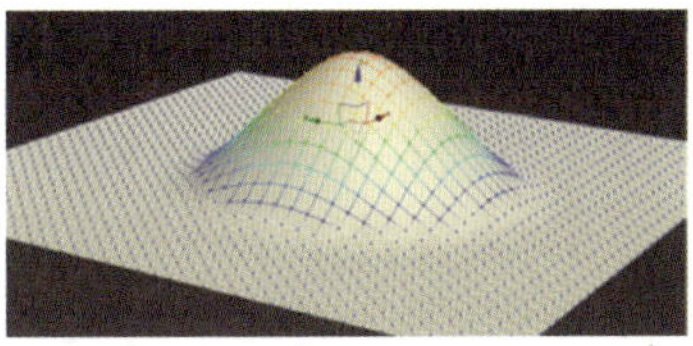

图 2-40　根据颜色影响移动的程度

【软选择】卷展栏的参数面板如图 2-41 所示，从上到下各按钮的功能如下。

【使用软选择】：选中该选项，即可开启软选择操作。

【边距离】：根据边距离显示颜色。

【影响背面】：选中该选项，软选择也将影响模型的背面。

【衰减】：控制软选择的影响范围，数值越大，范围越大。

【收缩】：数值越大，红色区域越小，但数值过大时蓝色区域也将变小。

【膨胀】：数值越大，红色区域越大，默认数值为 0，将其改为 2.5 左右时，膨胀效果如图 2-42 所示。

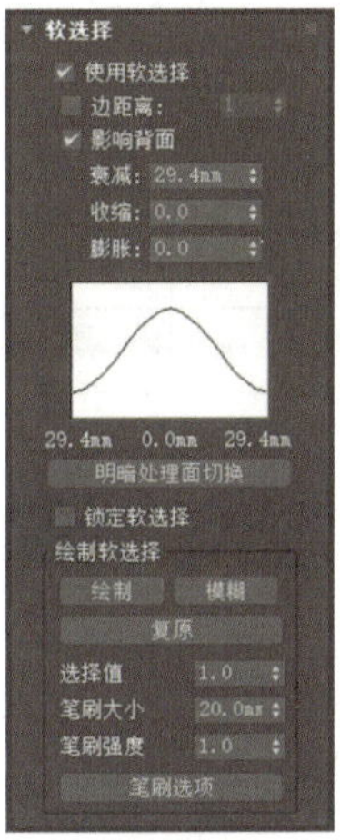

图 2-41 【软选择】卷展栏

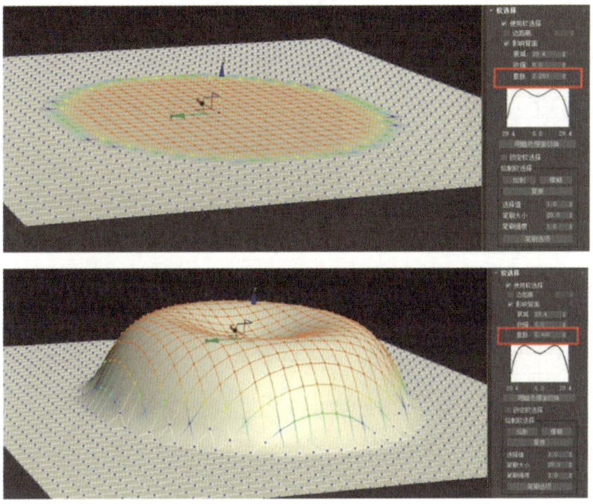

图 2-42　膨胀效果

【锁定软选择】：选中该选项后，边距离、影响背面、衰减、收缩、膨胀这些功能变为灰色，不可修改。

【绘制】：单击该按钮后，可在模型表面拖动鼠标选择区域，如图 2-43 所示。【选择值】、【笔刷大小】、【笔刷强度】分别用来控制绘制区域的红色范围、半径和蓝色范围的大小；【笔刷选项】用于设置绘制的多种参数。

【模糊】：单击该按钮并在模型的区域边缘绘制，可将顶点的颜色变柔和，如图 2-44 所示。

【复原】：该按钮的功能类似于橡皮擦，可取消已选择区域，如图 2-45 所示。

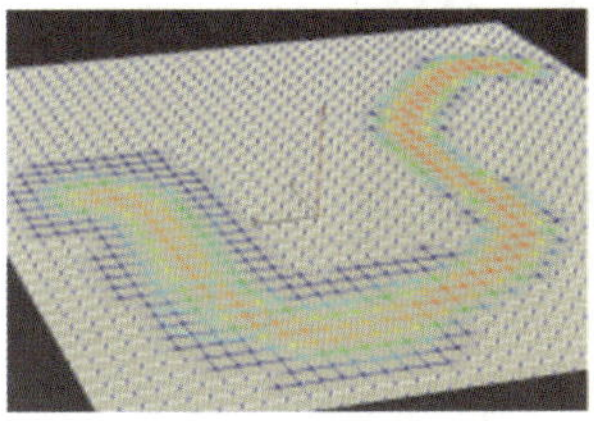

图 2-43　绘制效果

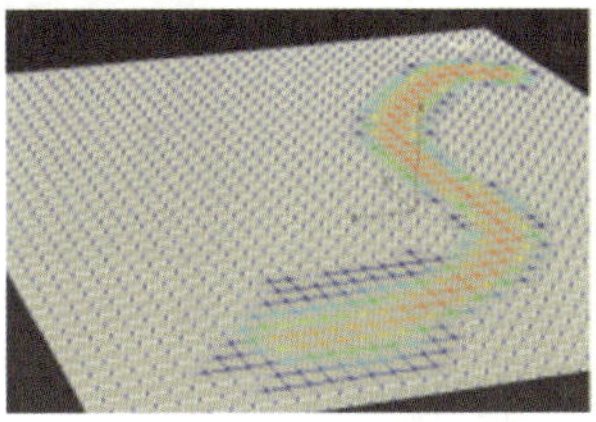

图 2-44　模糊边缘

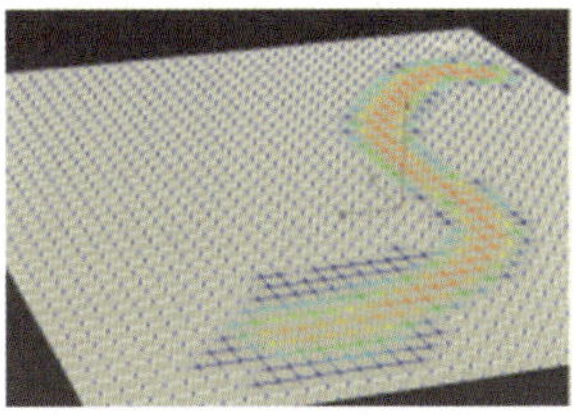

图 2-45　复原部分区域

3.【编辑几何体】卷展栏

【编辑几何体】卷展栏的参数面板如图 2-46 所示，从上到下各按钮的功能如下。

【重复上一个】：重复使用上一次应用的命令。

【约束】：使用现有的几何体来约束子对象的变换效果。

【保持 UV】：在编辑子对象的同时不影响该对象的 UV 贴图。

【创建】：创建新的几何体。

【塌陷】：在子级别状态下，可将两个对象塌陷在一起。例如，使用该按钮，可以将两个顶点合并为一个顶点，如图 2-47 所示。

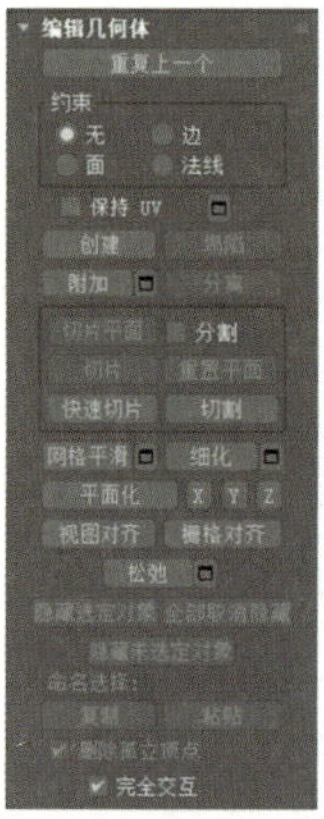

图 2-46 【编辑几何体】卷展栏

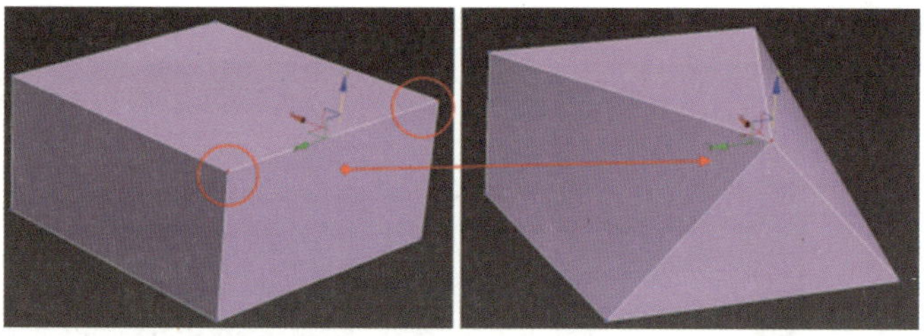

图 2-47 塌陷两个顶点

【附加】：将多个模型附加为一个模型，附加后模型的颜色统一为一种颜色。

快捷操作： 当模型转换为可编辑多边形后，右击对象，即可在快捷菜单的【工具 1】中快速使用【塌陷】和【附加】功能，如图 2-48 所示。

附加的操作方法：

（1）选择长方体，右击，选择【转换为】→【转换为可编辑多边形】。

（2）单击【编辑几何体】卷展栏中的【附加】，或在视图中右击，选择【附加】。

（3）单击圆锥体，效果如图 2-49 所示。

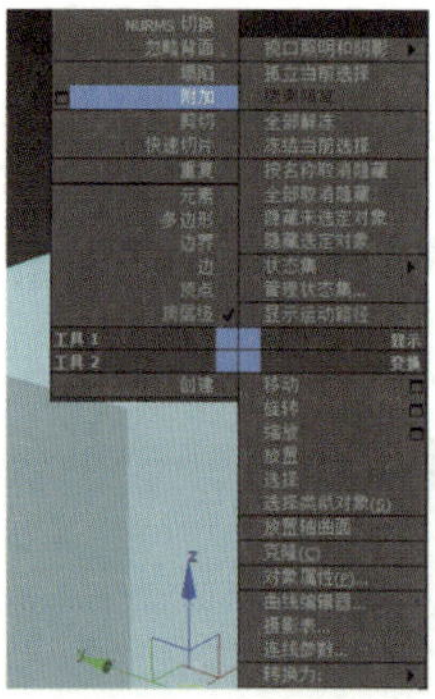

图 2-48 右击对象后弹出快捷菜单

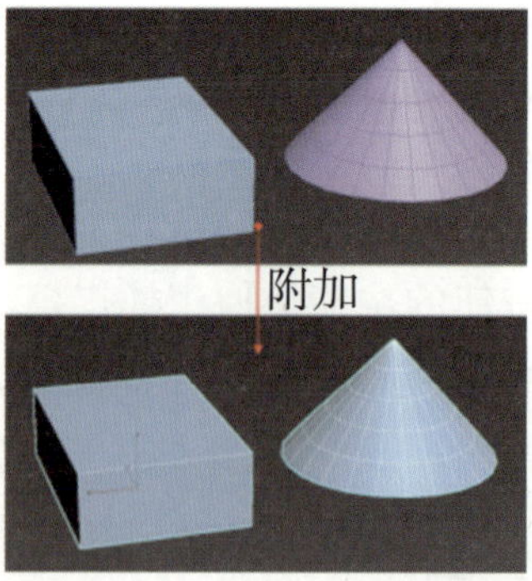

图 2-49 【附加】前后的效果

【分离】：将选定的子对象作为单独的对象或元素分离出来，分离后对象的颜色不变。

分离的操作方法：

选择圆锥体，切换为【元素】子级别，单击【编辑几何体】中的【分离】，弹出对话框，如图 2-50 所示，单击【确定】完成。

【切片平面】：沿某一平面分开网格对象。

【分割】：启动该选项后，可通过【快速切片】和【切割】在划分边的位置创建两个顶点集合。

【切片】：可以在切片平面的位置执行切割操作。

【重置平面】：将执行过【切片】的平面恢复到之前的状态。

【快速切片】：使用该工具可创建完整一圈的分段。

【切割】：可以在模型上创建新的边。

【网格平滑】：使选定的对象产生平滑效果，如图 2-51 所示。

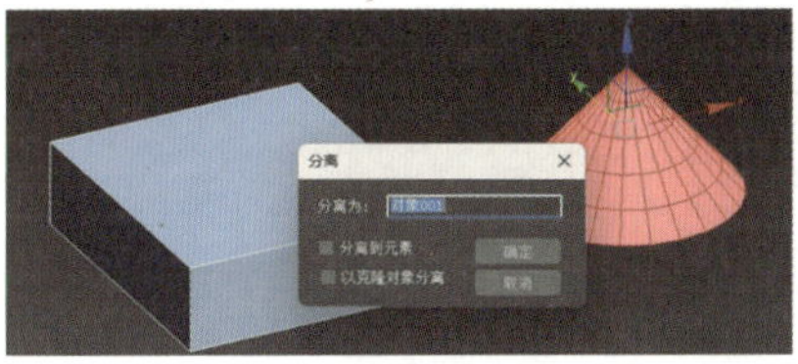

图 2-50 【分离】

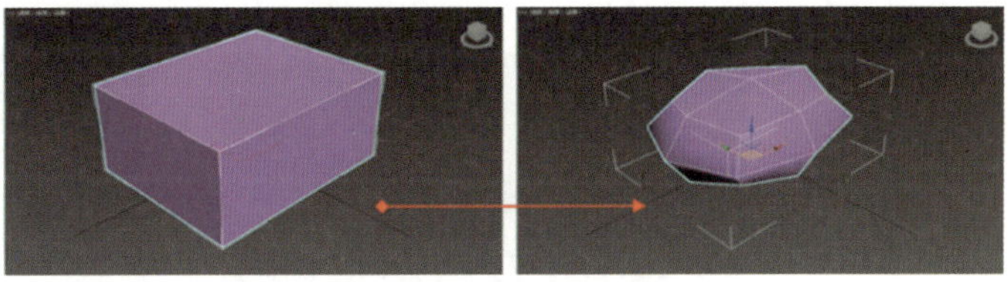

图 2-51 【网格平滑】

【细化】：增加局部网格的密度，方便处理对象的细节，多次执行可逐步细化模型，如图 2-52 所示。

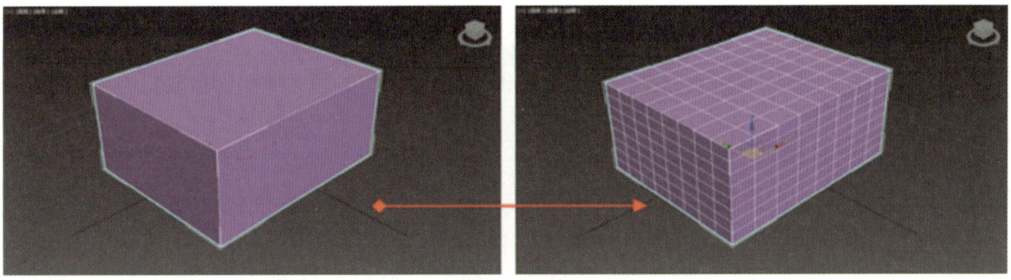

图 2-52 【细化】

【平面化】：强制所有选定的子对象成为共面。

【视图对齐】：使对象中的所有顶点与活动视图所在的平面对齐。

【栅格对齐】：使选定的对象中的所有顶点与活动视图所在的平面对齐。

【松弛】：使当前选定的对象产生松弛平缓的效果。

4.【细分曲面】卷展栏

优化模型表面平滑度和细节的工具有【网格平滑】、【涡轮平滑】等，还有一种是 NURMS 细分。在【细分曲面】卷展栏中有【使用 NURMS 细分】相关的设置工具，各工具的功能如下。

【使用 NURMS 细分】：选中该选项，可对模型进行平滑处理，如图 2-53（a）所示。

【平滑结果】：【使用 NURMS 细分】的模型已经是优化面的状态，若未选中【平滑结果】，则对模型细分后的面不平滑，如图 2-53（b）所示。

【等值线显示】：选中该选项后，仅显示细分前的原始边线，简化视图复杂度的显示模式，图 2-53（c）所示为选中【等值线显示】后的效果；图 2-53（d）所示为未选中【等值线显示】的效果，显示细分后的边线。

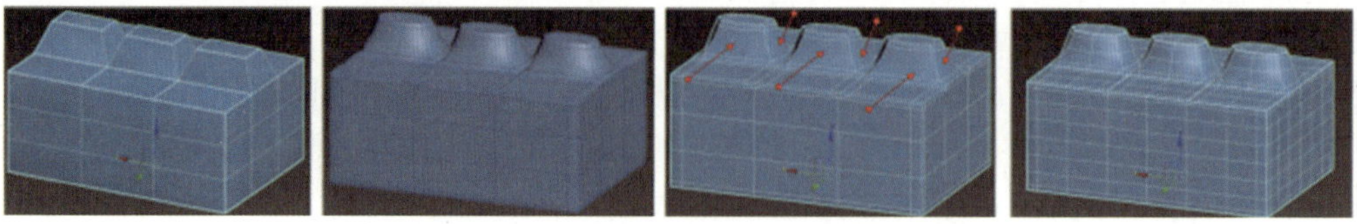

（a）（b）（c）（d）

图 2-53 【使用 NURMS 细分】

【显示线框】：细分后，进入【顶点】、【边】、【边界】、【多边形】级别操作时，显示细分前的线，如图 2-54（a）所示；取消选中【显示线框】后，可直接对细化后的对象点、线、面进行操作，如图 2-54（b）所示；可用于设置线框颜色。

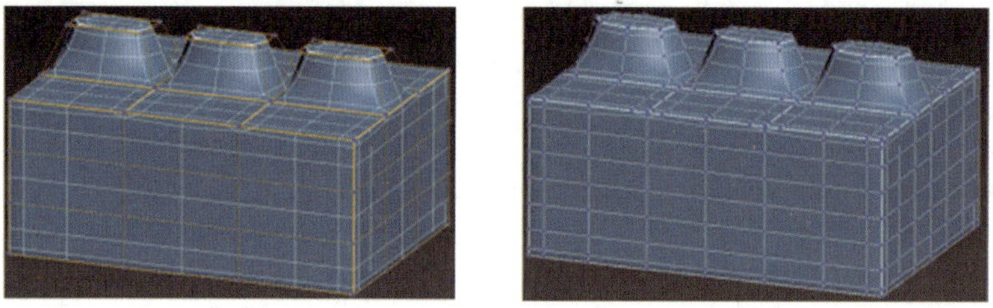

（a）（b）

图 2-54 【显示线框】

【迭代次数】：控制细分级别，数值越高，模型表面越平滑，细节越精细。

【平滑度】：控制平滑面的边数，范围为 0 ~ 1，平滑度为 1 时，形成的面是四边面。

5.【细分置换】卷展栏

细分置换是结合细分曲面和置换贴图的技术，用于在多边形模型上生成精细细节的几何模型。细分置换通过细分模型、增加面数，利用灰度贴图驱动顶点位移，模拟复杂的表面细节。

6.【绘制变形】卷展栏

绘制变形可通过笔刷直接推拉顶点，快速雕刻模型的细节，是角色建模、地形雕刻和有机体优化的核心工具。

【推拉】：将顶点沿法线方向向外推（正值）或向内拉（负值），塑造凹凸细节。如图 2-55（a）所示，左边的图形为凸，右边的图形为凹；如图 2-55（b）所示，可以看出图形凹凸的情况。

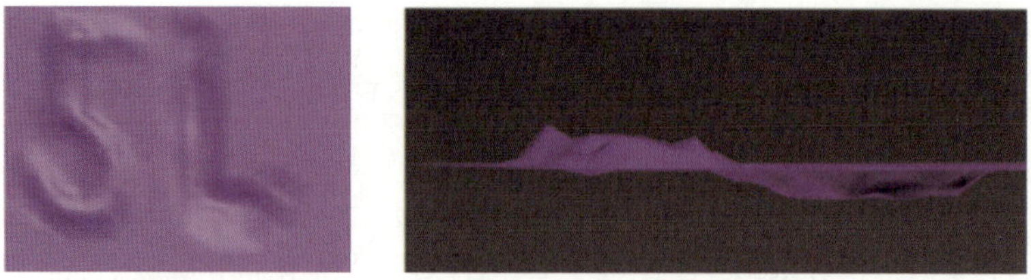

（a）（b）

图 2-55 【推拉】

快捷操作：用鼠标直接推拉为凸，按住 Alt 键推拉为凹。

【松弛】：平滑顶点分布，减少模型表面的不规则凹凸，优化拓扑。

【复原】：撤销已绘制的变形效果，恢复顶点到原始位置。

可编辑多边形——顶点

技术点三　可编辑多边形——顶点

在【顶点】级别中，除公共卷展栏外，增加【编辑顶点】和【顶点属性】卷展栏。【编辑顶点】卷展栏的参数面板如图 2-56 所示。从上到下各工具的功能如下。

【移除】：删除选中的顶点，并自动调整周围的拓扑结构。

快捷操作：单击【移除】与按 Delete 键删除顶点的效果不同。按 Delete 键会删除顶点及其连接的面，形成空洞；而单击【移除】仅删除顶点并缝合周围的边，如图 2-57 所示。

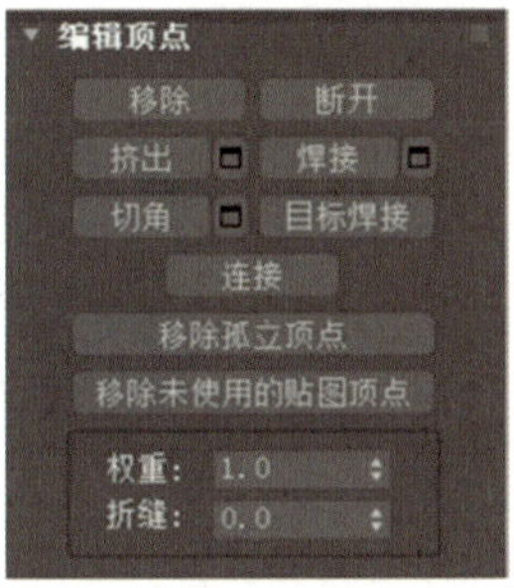

图 2-56　【编辑顶点】卷展栏

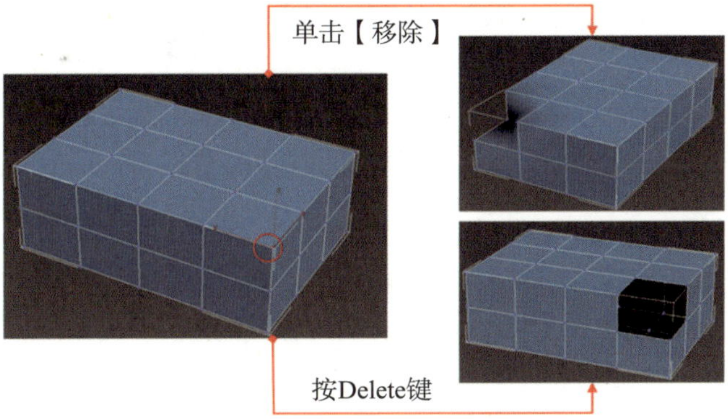

图 2-57　单击【移除】/ 按 Delete 键删除顶点

【断开】：将顶点分裂为多个独立的顶点，断开与其连接的边。选择顶点，沿 Z 轴向上移动，与该点相邻的线与面均移动，如图 2-58（a）所示；【断开】该点后，再沿 Z 轴向上移动，此时该点与部分边已断开，如图 2-58（b）所示。

【挤出】：沿法线方向挤出顶点，生成新的边和面；■为设置按钮，其中【高度】控制挤出的长度，【宽度】控制挤出后底部的宽度，如图 2-59 所示。

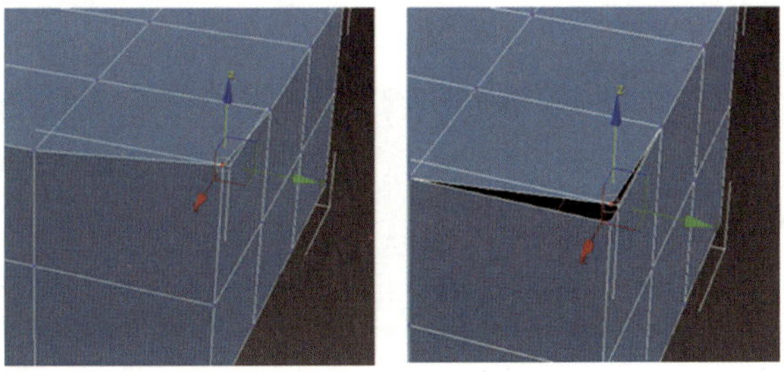
（a）　　（b）

图 2-58　【断开】顶点

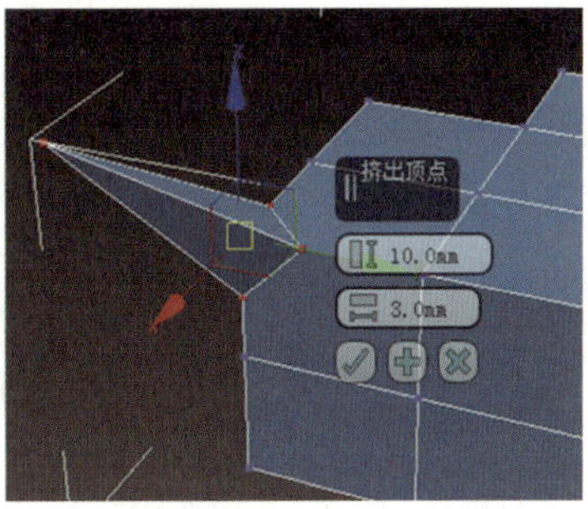

图 2-59　【挤出】顶点

【焊接】：合并两个或多个相邻的顶点为一个顶点；■为设置按钮，可设置【焊接阈值】，如果多个点之间的距离在阈值范围内，即合并为一个点，如在图 2-60（a）中设置阈值为 5mm，三个点并未合并，说明三个点之间的距离不在 0 ～ 5mm 内；当扩大阈值为 10mm 时，三个点自动合并为一个点，如图 2-60（b）所示。

【目标焊接】：手动拖动一个顶点到另一个顶点上且合并，适合精确控制。

【切角】：将顶点分裂为多个顶点，形成平滑的倒角或棱角；▣为设置按钮，其中【高度】可控制分裂后新顶点的距离，可设置【顶点切角分段】数及【顶点】深度，当深度为负数时，切角面呈凹状，当深度为正数时，切角面呈凸状，可通过▣切换打开 / 关闭切角。

【连接】：在选中的顶点之间创建新边，无法连接顶点之间已有的边。例如，选中两个对角顶点，单击【连接】后，出现新的边，如图 2-61 所示。

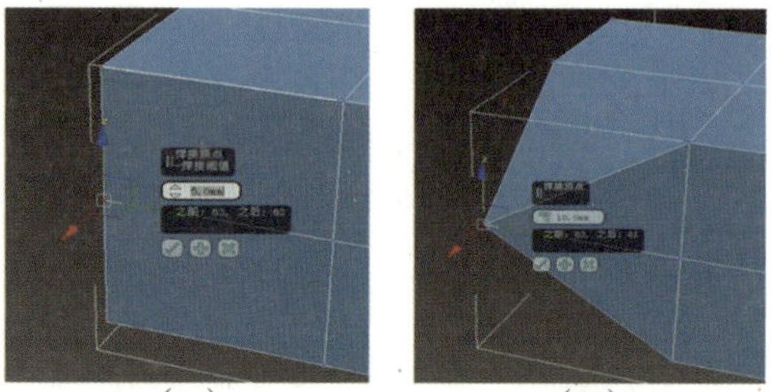

（a）　（b）

图 2-60　【焊接】顶点

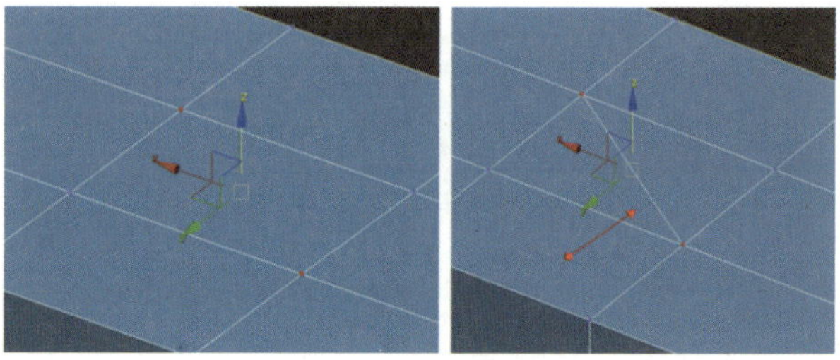

图 2-61　【连接】顶点

技术点四　可编辑多边形——边

可编辑多边形——边

在【边】级别中，除公共卷展栏外，增加【编辑边】卷展栏。【编辑边】卷展栏从上到下各工具的功能如下。

【插入顶点】：在选中的边上手动添加顶点，细化局部结构。激活【插入顶点】后，可在边上任意单击以添加顶点。

【移除】：删除选中的边，并自动缝合相邻的面。

> **快捷操作：** 单击【移除】与按 Delete 键删除边的效果不同。按 Delete 键会删除边所在的面，形成空洞；而单击【移除】仅删除边并自动缝合相邻的面，如图 2-62 所示。

【分割】：将选中的边与物体分割开。如图 2-63（a）所示，两条边向上移动时，边与面呈整体状；当应用【分割】后，物体上没有变化，但向上移动两条边时，边与面有切口，如图 2-63（b）所示。

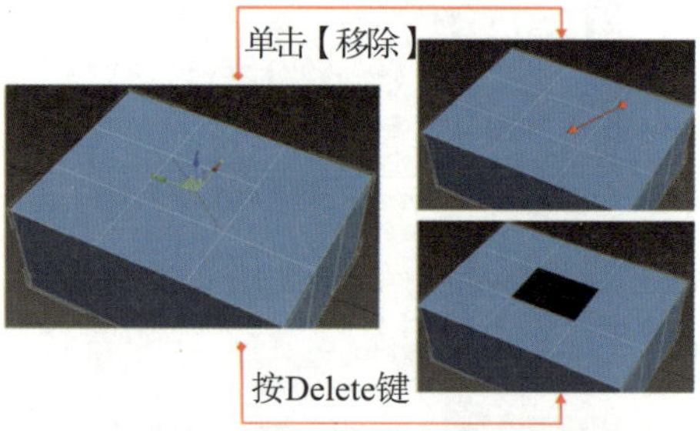

图 2-62　单击【移除】/ 按 Delete 键删除边

（a）　（b）

图 2-63　【分割】边

【挤出】：沿法线方向挤出边，生成新面；▣为设置按钮，其中【高度】控制挤出的长度，【宽度】控制挤出后底部的宽度，如图 2-64 所示。

【焊接】：当边与边之间没有相接的面时，可进行焊接；▣为设置按钮，在【焊接阈值】范围内的边可焊接，如图 2-65（a）所示。当两边之间存在面时，无法进行焊接，如

图 2-65（b）所示；把面去掉后，两边可进行焊接，如图 2-65（c）所示。

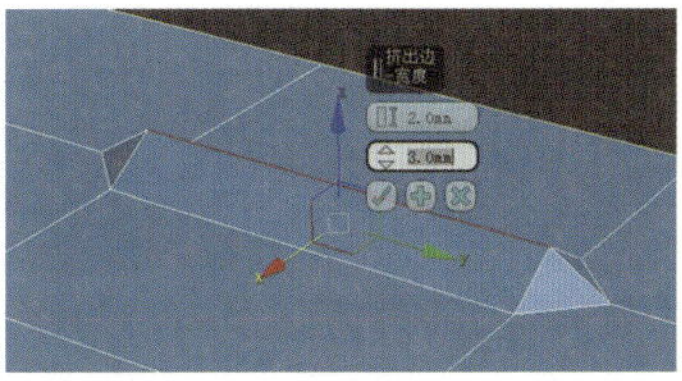

图 2-64 【挤出】边

（a）　（b）　（c）

图 2-65 【焊接】边

【目标焊接】：手动拖动空洞面上的一条边至另一条边，进行焊接，不能焊接已移除的面边界上相对的边。如图 2-66（a）所示，激活【目标焊接】后，把边界上的一条边拖动至相对的边时，无反应；如图 2-66（b）所示，当焊接的不是相对的边时，可以实现焊接，如图 2-66（c）所示。

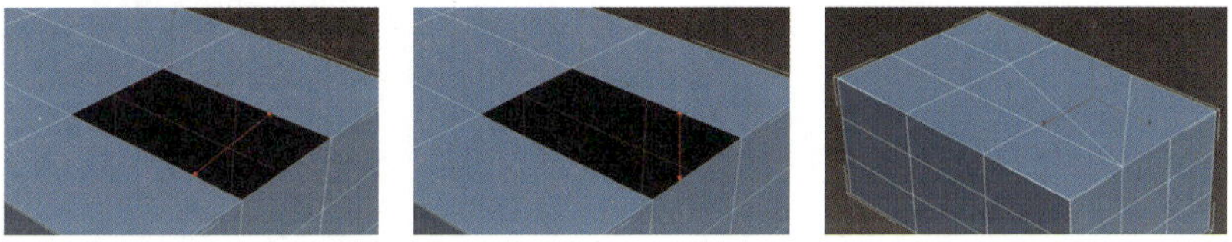

（a）　（b）　（c）

图 2-66 【目标焊接】边

【桥】：在边界上的边之间形成过渡面，如图 2-67 所示。

【连接】：在平行的边之间创建新边，增加分段数；▣为设置按钮，【分段】控制生成新边的数量；【收缩】调整新边的间距分布；【偏移量】显示边放置在面中的位置，如图 2-68 所示。

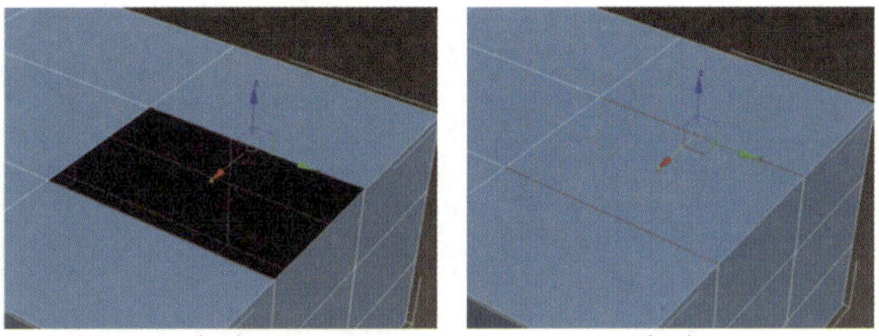

（a）　（b）

图 2-67 【桥接】边

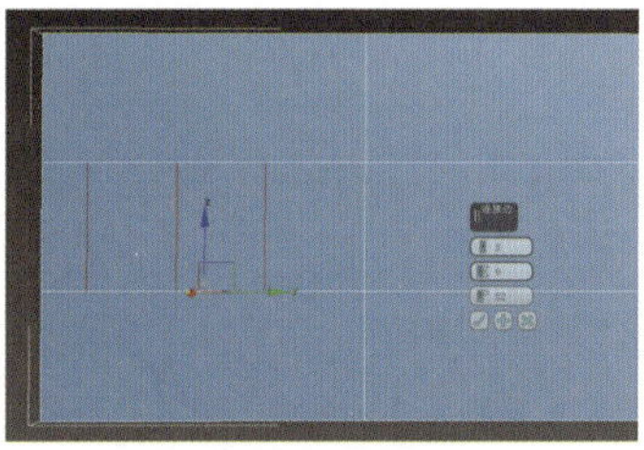

图 2-68 【连接】边

【利用所选内容创建图形】：将选中的边转换为独立的样条线，不影响选中的边；激活该工具后，可设置图形类别为【平滑】、【线性】。如图 2-69（a）所示，选择一圈边，创建新图形，当选择【平滑】时，图形中点的类型均为【Bezier】，如图 2-69（b）所示；当选择【线性】时，会将选中的边无修饰地创建为图形，如图 2-69（c）所示。

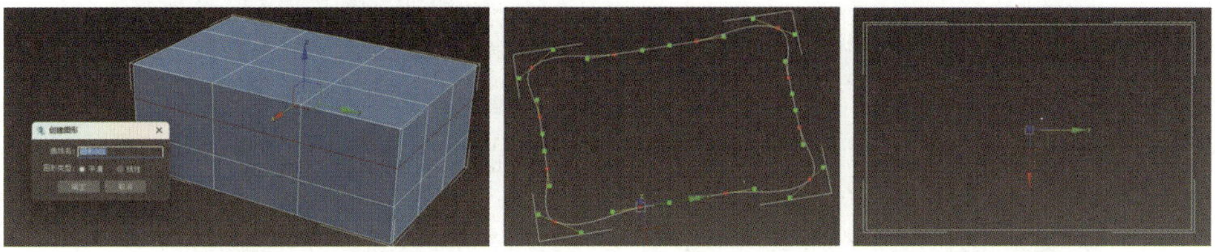

（a）　（b）　（c）

图 2-69 【利用所选内容创建图形】

技术点五　可编辑多边形——边界

可编辑多边形——边界

边界通常是删除面或导入模型时数据丢失，导致模型存在的未闭合的边环，如图 2-70 所示。关于边界的核心工具均在【编辑边界】卷展栏中，常用工具的功能如下。

【封口】：用多边形填充单个开放边界，快速闭合孔洞。如图 2-71 所示，快速填充长方体中的洞。若为球体或曲面中的边界，在进行封口处理时，还需配合二次处理才能完成，如图 2-72（a）所示，进行【封口】后，面不均匀，如图 2-72（b）所示，需要对点进行【连接】，如图 2-72（c）所示，连接后的面与其他面相比有明显的不同，如图 2-72（d）所示，再对它们进行自动平滑，如图 2-72（e）所示，此时球体所有的面呈现相同的平滑效果。

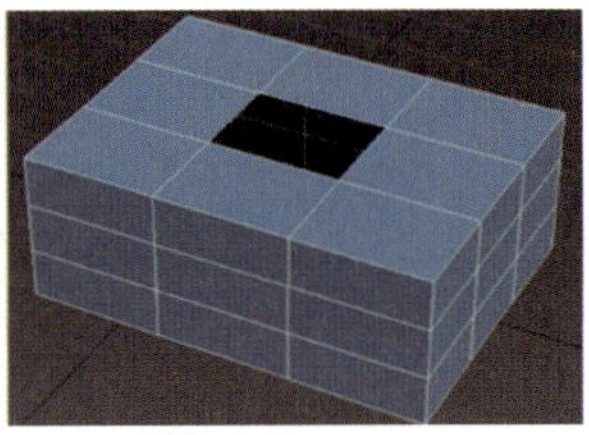

图 2-70　边界

图 2-71　【封口】

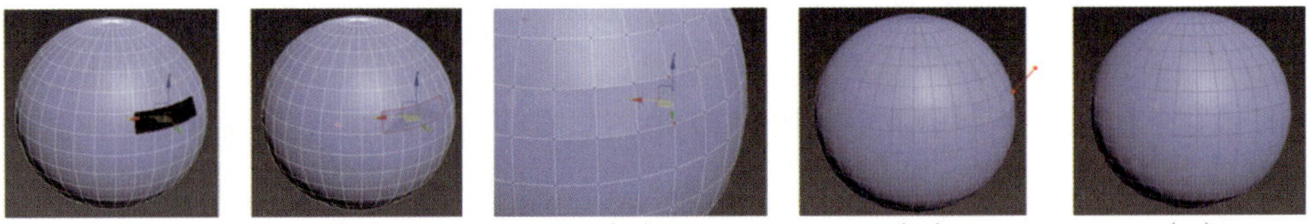

（a）　（b）　（c）　（d）　（e）

图 2-72　曲面【封口】

【挤出】：沿边界法线方向挤出，生成新面，扩展模型结构；▣为设置按钮，其中【高度】控制挤出的长度，【宽度】控制挤出后底部的宽度，如图 2-73 所示。

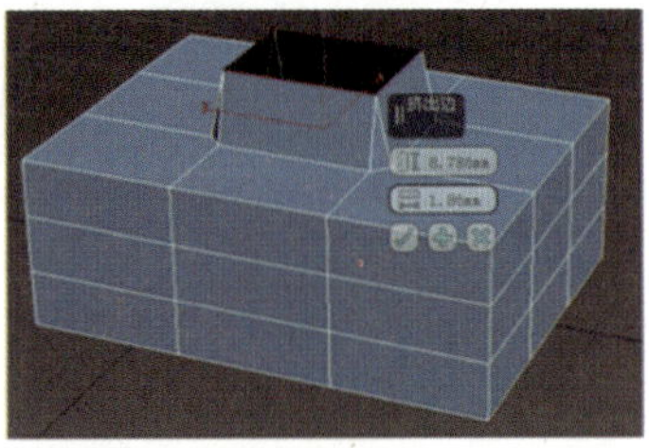

图 2-73　沿边界法线方向挤出

【插入顶点】：在边界的边任意插入顶点。

【连接】：基于边界创建新边，只对带有转折的边界有效果。如图 2-74（a）所示，对这个边界进行【连接】时，无效果；图 2-74（b）中的边界带有转折，对这个边界进行【连接】，与边界相邻的面出现线。

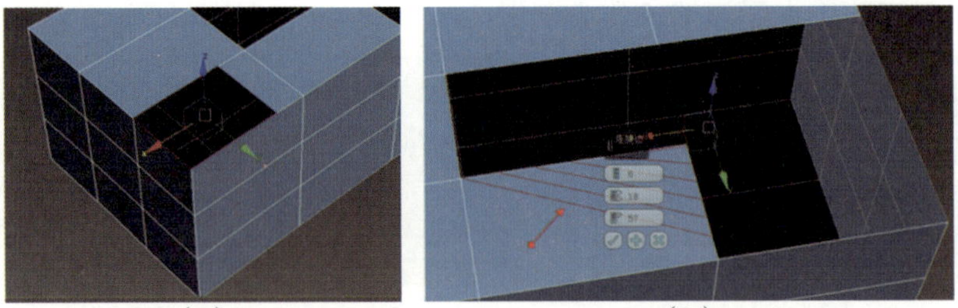

（a）　（b）

图 2-74　【连接】边界

【桥】：在两个开放的边界之间生成过渡面，形成平滑连接，桥接时自动处理对应点。桥接图 2-75（a）的中间面与图 2-75（b）的整个面，系统会根据点自动完成桥接，如图 2-75（c）所示。

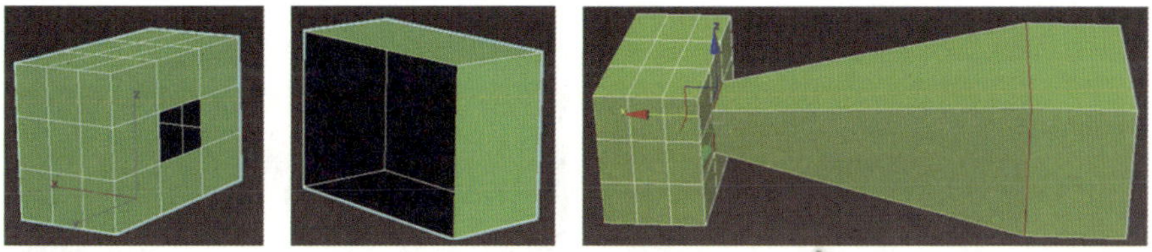

（a）　（b）　（c）

图 2-75　【桥】边界

技术点六　可编辑多边形——多边形

可编辑多边形——多边形

多边形是模型中的面，在【多边形】级别中，除公共卷展栏外，增加了【编辑多边形】卷展栏、【多边形：材质 ID】卷展栏、【多边形：平滑组】卷展栏、【多边形：顶点颜色】卷展栏。

（1）【编辑边】卷展栏从上到下各工具的功能如下。

【插入顶点】：在多边形中增加任意点，从而增加已有点与其他点的连接边，用于手动细分多边形。图 2-76（b）所示的效果是在图 2-76（a）所示的中间面上增加点，同时也增加该面中其他点与该点的连接边。

【轮廓】：缩放选中的面，扩展或收缩其边界；■为设置【轮廓数量】的按钮，如图 2-77 所示。

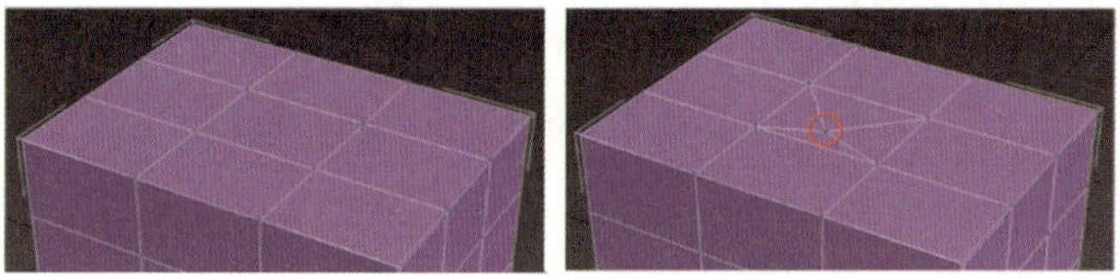

（a）　（b）

图 2-76　【插入顶点】

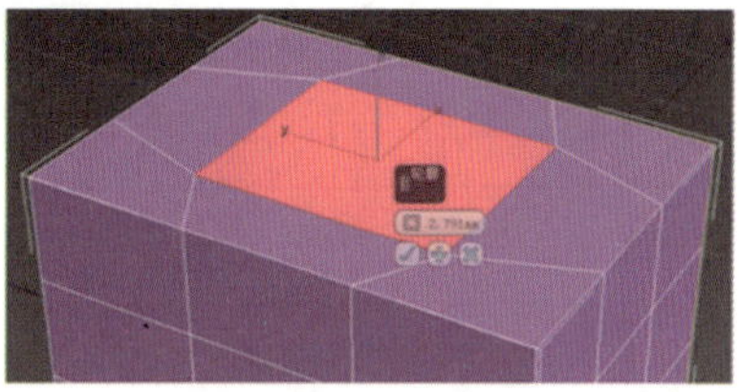

图 2-77　【轮廓】

【倒角】：挤出面并缩放，相当于同时叠加挤出与缩放效果；■为设置按钮，倒角有【组】、【局部法线】、【按多边形】三种模式；【组】模式，将选中的所有多边形视为一个整体，基于平均法线方向统一倒角，如图 2-78（a）所示；【高度】控制挤出的高度、【轮廓】控制所选面的缩放比例，【高度】为 0mm，【轮廓】为负值，形成缩小面，如图 2-78（b）所示；【轮廓】为正值，形成放大面，如图 2-78（c）所示。

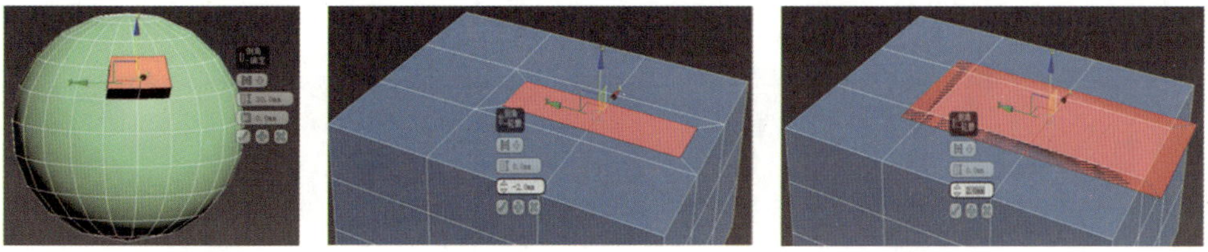

（a）　（b）　（c）

图 2-78　【组】模式

【局部法线】模式，基于每个面的法线方向独立计算倒角，允许不同角度的面生成自然过渡的斜面，如图 2-79（a）所示；【按多边形】模式，每个选中的多边形独立执行倒角操作，互不影响，如图 2-79（b）所示。

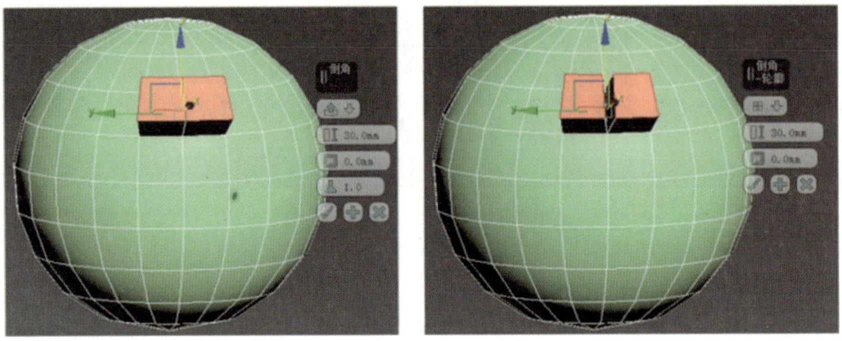

（a）　　　　（b）

图 2-79 【局部法线】模式与【按多边形】模式

【挤出】：沿法线方向挤出面，生成立体结构；■为设置按钮，有【组】、【局部法线】、【按多边形】三种模式。生成的面也进行变换操作，如图 2-80（a）所示，通过■设置【高度】进行挤出；对挤出后的面进行缩放，如图 2-80（b）所示；对放大后的面【挤出】，再沿 Z 轴向下移动，如图 2-80（c）所示。

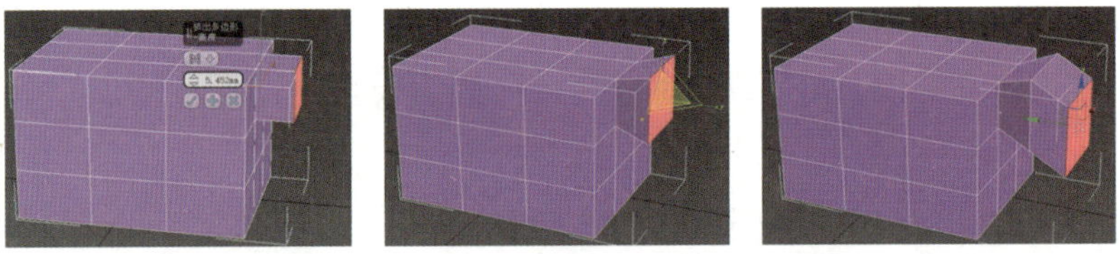

（a）　　　　（b）　　　　（c）

图 2-80 【挤出】面

【插入】：在面内部创建一个缩小的面，不改变模型的体积；■为设置按钮，有【组】、【按多边形】两种模式。如图 2-81（a）所示，采用【组】模式，以三个面整体为基插入面；如图 2-81（b）所示，以三个面各自为基插入各自的面。

【桥】：两个独立的面之间生成过渡面，连接空洞或分离的部分；■为设置按钮，包括【分段】（控制过度面的细分数量）、【扭曲】（控制过渡面的扭曲程度）等参数。

（2）【多边形：材质 ID】卷展栏可为各个面设置 ID，可按不同的 ID 为对象附材质，如图 2-82（a）所示，长方体中①处的面 ID 为 1，②处的面 ID 为 2，③处的面 ID 为 3；将材质球的材质设为多维 / 子对象，对不同的 ID 进行设置，如图 2-82（b）所示，①、②、③处对应的面的颜色各不相同。

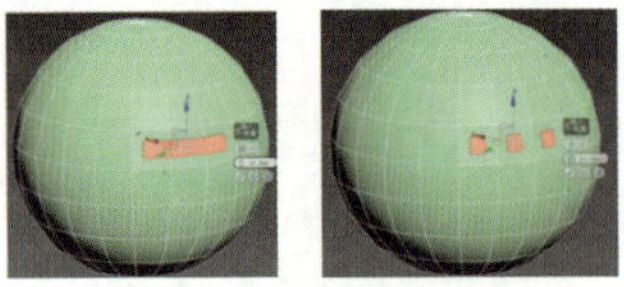

（a）　　　　（b）

图 2-81 【插入】面

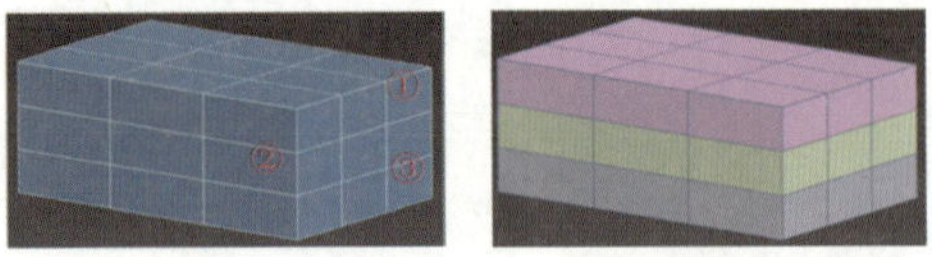

（a）　　　　（b）

图 2-82 【多边形：材质 ID】

技术点七　可编辑多边形——元素

可编辑多边形——元素

元素是模型中彼此独立且闭合的子对象。例如，多个对象模型经过【附加】后成为一个整体，如图 2-83（a）所示，进入【元素】级别，可以对各对象模型进行操作，如图 2-83（b）所示。

【分离】：把选中的元素拆分为独立的对象。如图 2-84（a）所示，选择【以克隆对象分离】，此时在圆柱体的位置已经克隆出副本，拖动即可看到，副本与其他对象没有关系，如图 2-84（b）所示，可对副本（可编辑多边形）进行独立操作。

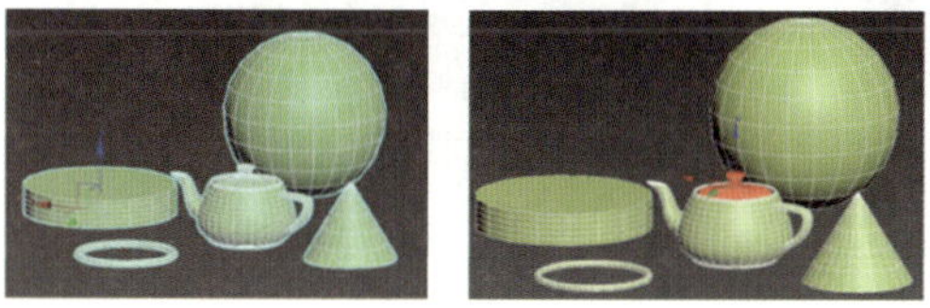

（a）　（b）

图 2-83　元素

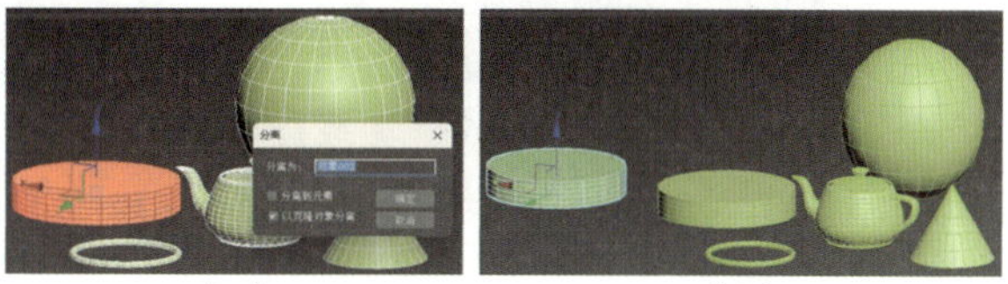

（a）　（b）

图 2-84　【分离】

任务 2　篮球框网搭建

项目 2 任务 2 任务实施

任务实施

（1）在【顶视图】中创建【圆柱体】，右击转换为【可编辑多边形】，进入【多边形】级别，按 Delete 键删除多余的面，如图 2-85（a）所示。

（2）对处理好的圆环增加【壳】修改器；再次转换为【可编辑多边形】，进入【多边形】级别，选中背部中间的三个面，单击【挤出】，挤出厚度；单击【倒角】的设置按钮▣，调整【高度】为 0mm，增加【轮廓】的值；对边使用【连接】增加线，进行卡边处理，如 2-85（b）所示。

（a）　（b）

图 2-85　篮球框网架底座的制作

（3）创建【环】，移动至与底座接触的位置，在【顶视图】中观察位置，若无包裹感，可对底座的点结构进行调整。

（4）制作网，在【顶视图】中创建【圆柱体】，增加高度分段与边数；右击转换为【可编辑多边形】，进入【多边形】级别，删除顶部与底部的面；单击【建模】选项卡下【多边形建模】面板中的【生成拓扑】，如图 2-86 所示，改变面的分段形状，如图 2-87 所示。

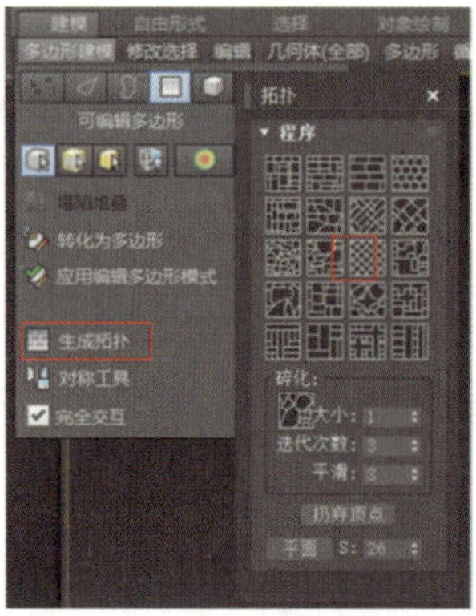

图 2-86 【生成拓扑】

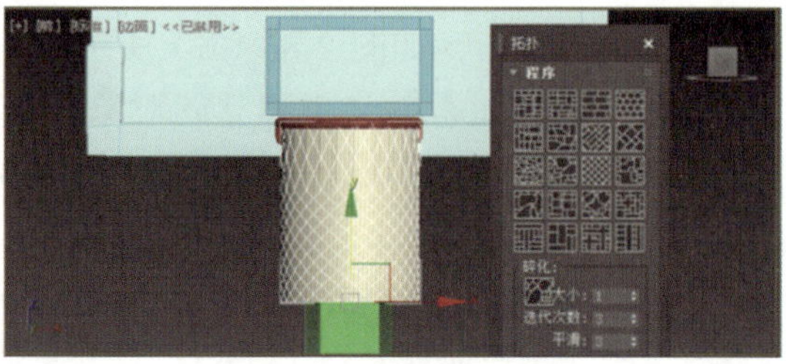

图 2-87 改变面的分段形状

（5）添加【晶格】修改器，选中【仅来自边的支柱】，支柱半径设置为 0.3mm，边数设置为 6，如图 2-88 所示。

（6）添加【FFD 4×4×4】修改器，打开【控制点】，调整到合适的位置，如图 2-89 所示，右击，再次转换为【可编辑多边形】。

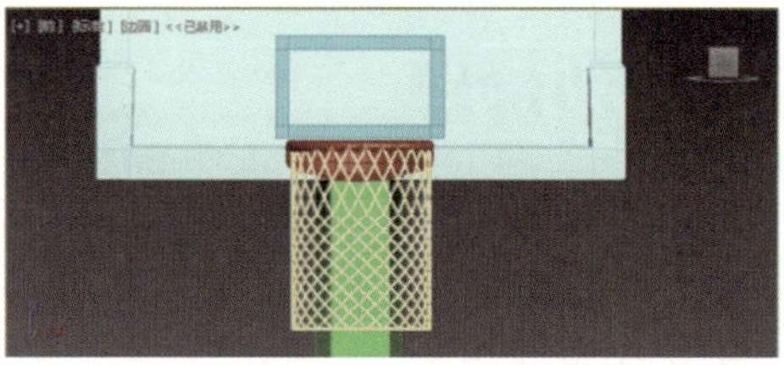

图 2-88 【晶格】效果

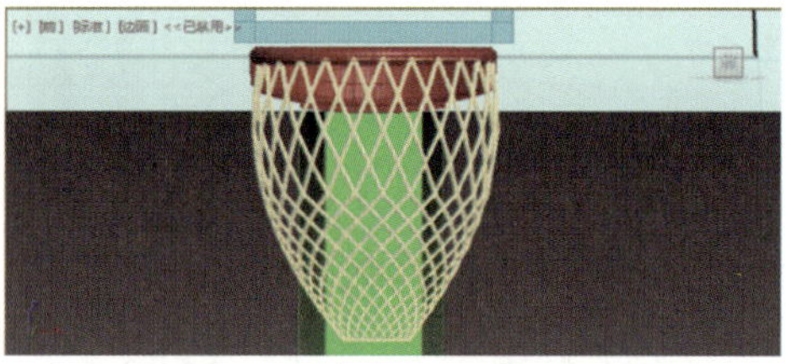

图 2-89 【FFD 4×4×4】效果

（7）进入【顶点】级别，打开【软选择】卷展栏，选中【使用软选择】，选择框网下部的点；为框网添加【噪波】修改器，调整 X、Y、Z 轴向噪波【强度】，如图 2-90 所示；右击框网再次转换为【可编辑多边形】后，添加【FFD 4×4×4】修改器，打开【控制点】，调整到合适的位置，篮球框网就做好了，如图 2-91 所示。

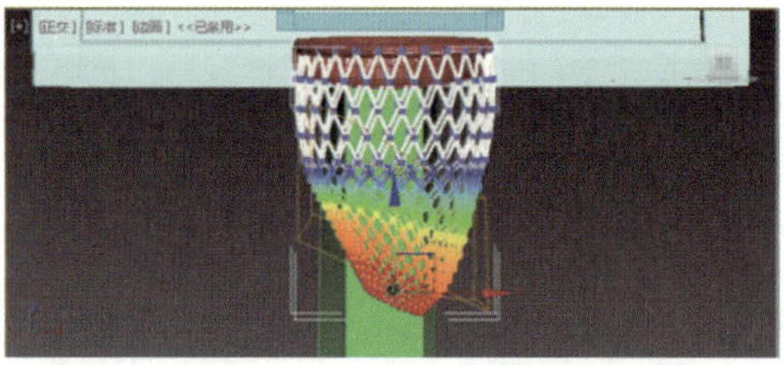

图 2-90 【噪波】效果

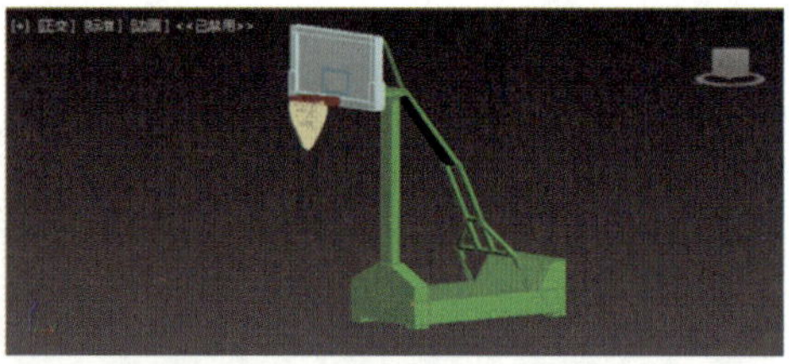

图 2-91 篮球框网的效果

技术点一 认识修改面板

修改器是为图形或模型添加效果，使其产生形态变化的工具，修改器位于【修改】面板的【修改器列表】。对象模型的类型不同，修改器列表中的内容也有所不同。

认识修改面板

1. 修改器面板

修改器面板如图 2-92 所示，其功能如下。

【修改器堆栈】：为模型添加的修改器，以列表的形式存放在此，方便各修改器的参数调整、子层级选择、复制和删除等。修改器前的“眼睛”按钮“睁开”时该修改器及其效果可见，“消失”时该修改器及其效果不可见，模型恢复到添加该修改器前的形态。

【锁定堆栈】：当场景中存在多个添加了修改器的模型时，按该按钮，则只能对当前选择的模型进行参数调整。

【显示最终结果】：激活该按钮，则选定的对象上显示添加修改器后的最终效果，默认为激活状态。

【使唯一】：激活该按钮，则将以【实例】方式复制的对象设置为独立对象。

【从堆栈中移除修改器】：删除已添加的修改器。

2. 配置修改器集

【配置修改器集】：该按钮的功能是将经常用到的修改器整理到一起，并放置在修改器堆栈的上方，具体方法如下。

（1）单击该按钮，在弹出的功能列表中选择【显示按钮】，在修改器堆栈的上方会显示系统默认的几个常用修改器，如图 2-93 所示。

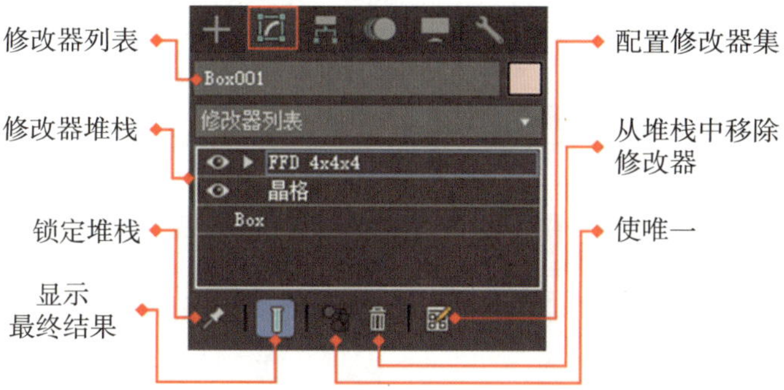

图 2-92　修改器面板

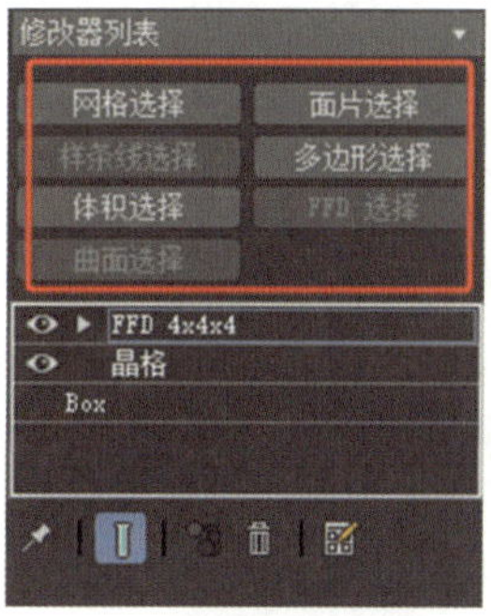

图 2-93　修改器列表

（2）再次单击【配置修改器集】，在弹出的功能列表中选择【配置修改器集】，弹出图 2-94 所示的对话框。

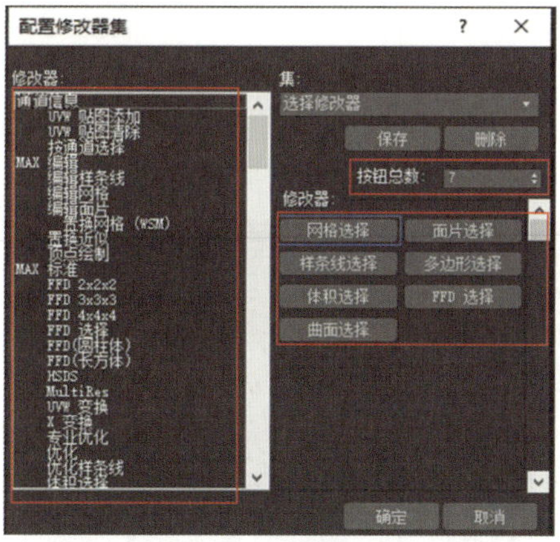

图 2-94　配置修改器集

（3）设置按钮总数。

（4）拖动右侧的修改器按钮到左侧列表，可删除不经常使用的修改器。

（5）拖动左侧的修改器名称到右侧的按钮上，可添加经常使用的修改器。

技术点二　常用的三维模型修改器——晶格

晶格修改器

晶格修改器可以将模型变成晶格结构，常用来制作水晶灯、吊灯等。晶格结构包括两部分：支柱和节点。支柱可以理解为框架，节点就是框架的交汇处。晶格修改器的参数面板如图 2-95 所示。

【应用于整个对象】：将晶格效果应用到模型的所有边或线段上。其子选项中，默认为【二者】，即同时应用节点和支柱的晶格效果，如图 2-96 所示。如果选择【仅来自顶点的节点】，则应用到模型上的只有节点的晶格效果，如图 2-97 所示；如果选择【仅来自边的支柱】，则应用到模型上的只有支柱的晶格效果，如图 2-98 所示。

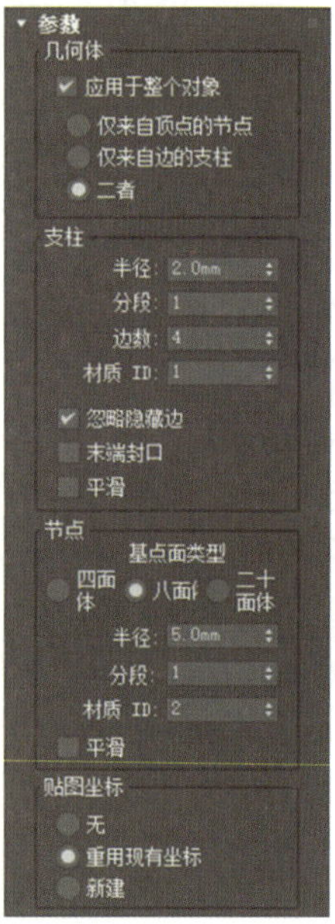

图 2-95　晶格修改器的参数面板

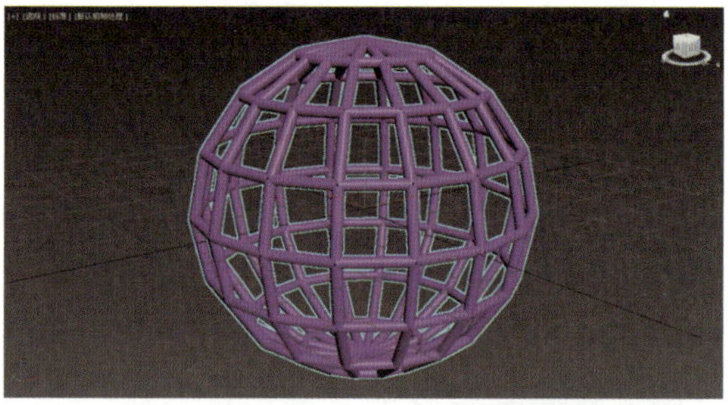

图 2-96　选择【二者】的效果

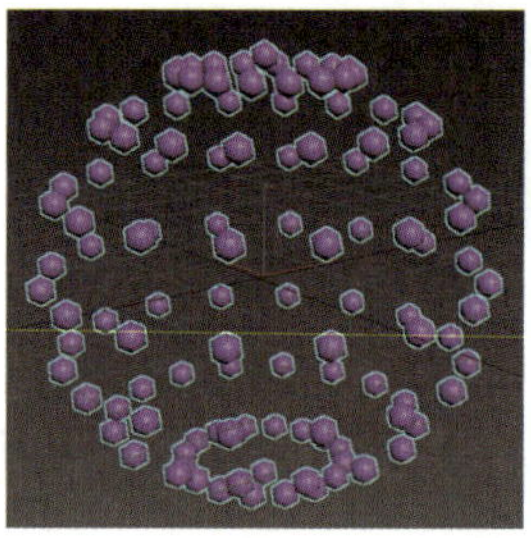

图 2-97　仅显示节点的晶格效果

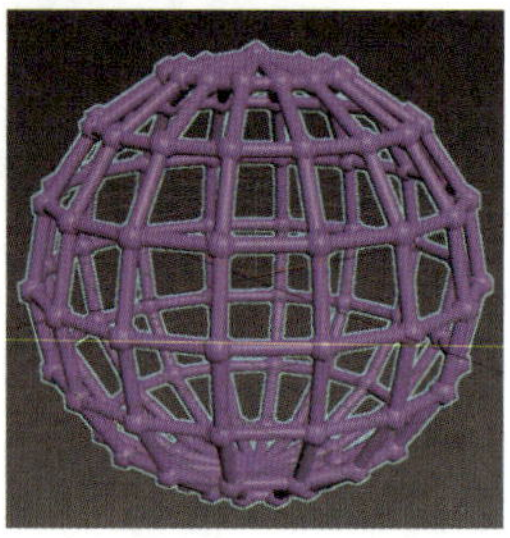

图 2-98　仅显示支柱的晶格效果

案例应用

使用晶格修改器制作水晶吊灯，效果如图 2-99 所示。

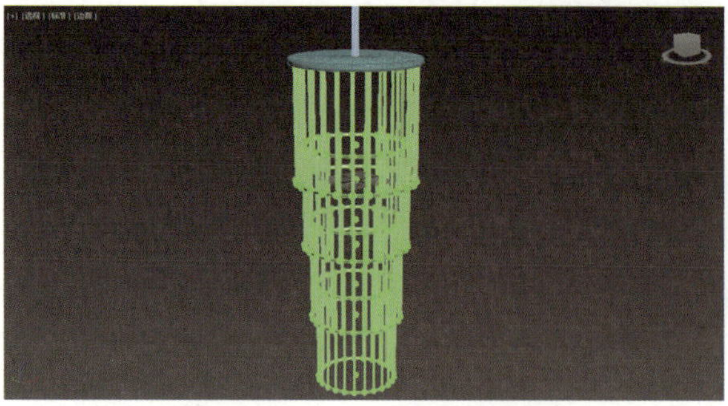

图 2-99　水晶吊灯的效果

2-1：
水晶吊灯

技术点三　常用的三维模型修改器——FFD

FFD 修改器

FFD 修改器可以通过调节【控制点】使模型的外观发生变化，常用来制作整体扭曲的模型。3ds Max 中有 5 种 FFD 修改器，分别是 FFD 2×2×2 修改器、FFD 3×3×3 修改器、FFD 4×4×4 修改器、FFD（圆柱体）修改器、FFD（长方体）修改器，它们的使用方法是相同的，区别在于控制点的数量不同。以 FFD 4×4×4 修改器为例，其参数面板如图 2-100 所示，作用到长方体模型上的 FFD 4×4×4 修改器控制点的分布如图 2-101 所示。

图 2-100　FFD 4×4×4 修改器的参数面板

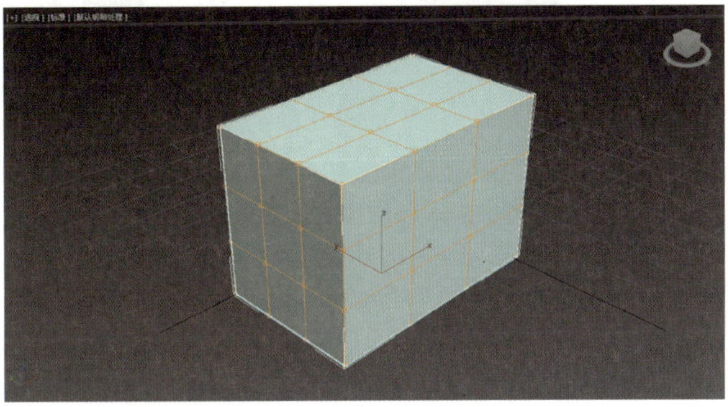

图 2-101　FFD 4×4×4 修改器控制点的分布

【晶格】：绘制连接控制点的线条，以形成栅格。

【源体积】：控制点和晶格会以未修改的状态显示。

【重置】：所有控制点恢复到原始位置。

【全部动画化】：将【点】控制器指定给所有的控制点，这样它在轨迹视图中立即可见。

【与图形一致】：在对象中心的控制点之间沿线段的延长线，将每一个 FFD 控制点移动到修改对象的交叉点上。【内部点】控制对象的内部点，【外部点】控制对象的外部点。

【偏移】：受【与图形一致】影响的控制点偏移对象曲面的距离。

案例应用

使用 FFD 4×4×4 修改器制作中间厚、四周薄的抱枕模型，效果如图 2-102 所示。

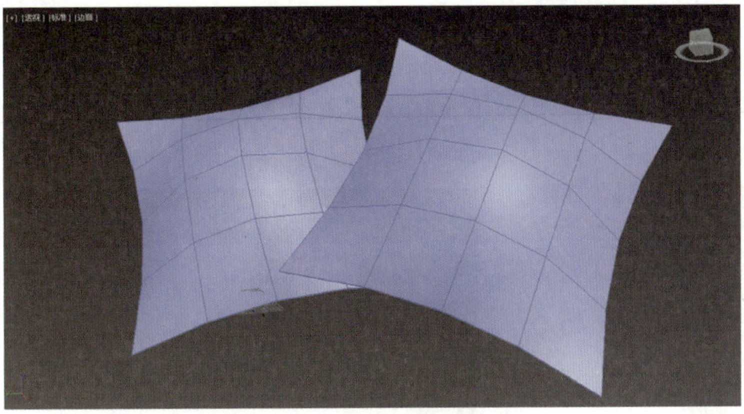

图 2-102　抱枕模型的效果

2-2：抱枕

技术点四　常用的三维模型修改器——弯曲

弯曲修改器

弯曲修改器可以控制模型的弯曲位置、角度和方向，常用来制作带有弯曲感的对象，如拱门、弧形顶棚等，其参数面板如图 2-103 所示。

【角度】：在顶点平面设置要弯曲的角度，图 2-104 所示为角度值分别设置为 0 和 90 的对比效果。

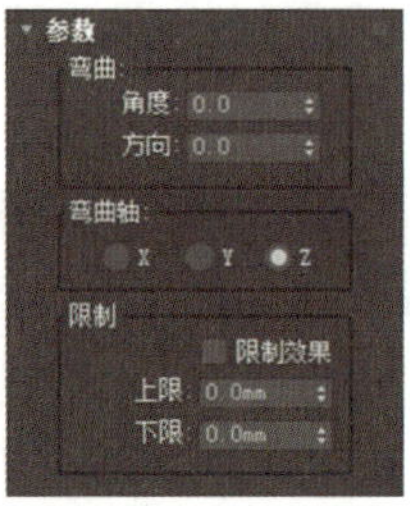

图 2-103　弯曲修改器的参数面板

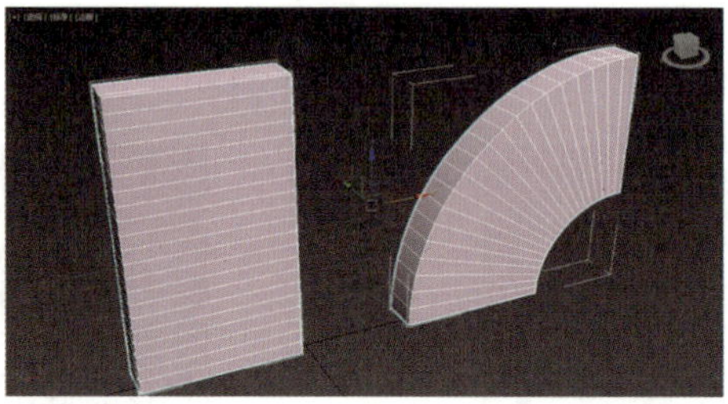

图 2-104　角度值分别设置为 0 和 90 的对比效果

注意： 弯曲的前提是设置了足够的分段数，以透视图为例，若沿 Z 轴弯曲，则模型的高度分段应设置为大于或等于 2。

【方向】：设置弯曲相对于水平面的方向，图 2-105 所示为方向值分别设置为 30 和 –30 的对比效果。

【弯曲轴】：控制弯曲的轴向。

【限制效果】：选中该选项，则按照【上限 / 下限】来约束弯曲的效果。【上限 / 下限】控制产生弯曲的上限位置和下限位置。图 2-106 所示为设置【上限】值为 30 的效果。

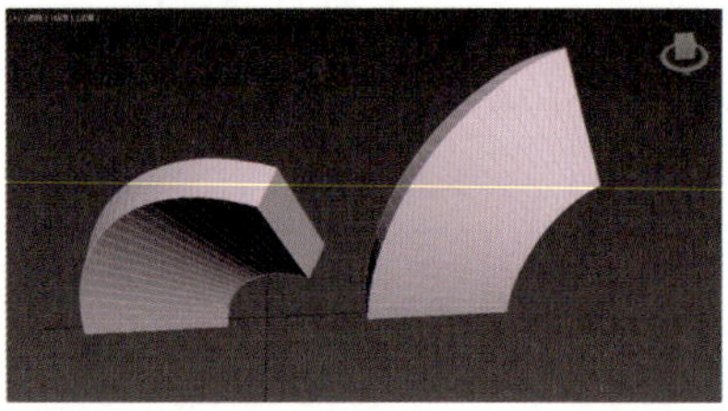

图 2-105　方向值分别设置为 30 和 –30 的对比效果

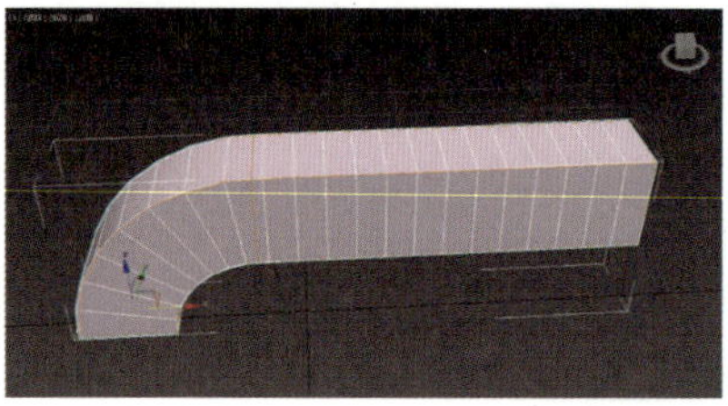

图 2-106　设置【上限】值为 30 的效果

技术点五　常用的三维模型修改器——扭曲

扭曲修改器

扭曲修改器可以让模型进行扭曲旋转，其参数面板如图 2-107 所示。

【角度】：设置扭曲的角度，图 2-108 所示为角度值分别设置为 0 和 90 的对比效果。

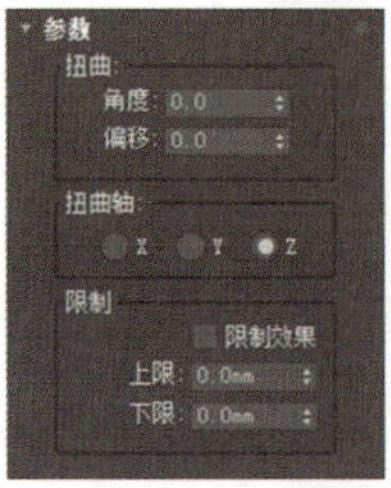

图 2-107　扭曲修改器的参数面板

图 2-108　角度值分别设置为 0 和 90 的对比效果

【偏移】：调整扭曲效果的“重心”，将扭曲效果沿着轴方向进行偏移。偏移值为 0 时，扭曲修改器会沿扭曲轴均匀地扭曲对象。偏移值为 100 时，扭曲效果会集中在轴的末端。偏移值的取值范围是 0 ～ 100，图 2-109 所示为偏移值分别设置为 0、50 和 100 的对比效果。

【扭曲轴】：控制扭曲的轴向。

技术点六　常用的三维模型修改器——锥化

锥化修改器

锥化修改器可让模型产生向外凸或向内凹的效果，其参数面板如图 2-110 所示。

【数量】：控制锥化的大小。

【曲线】：控制凹凸效果，正值为凸，负值为凹。

【锥化轴】：控制锥化的轴向。

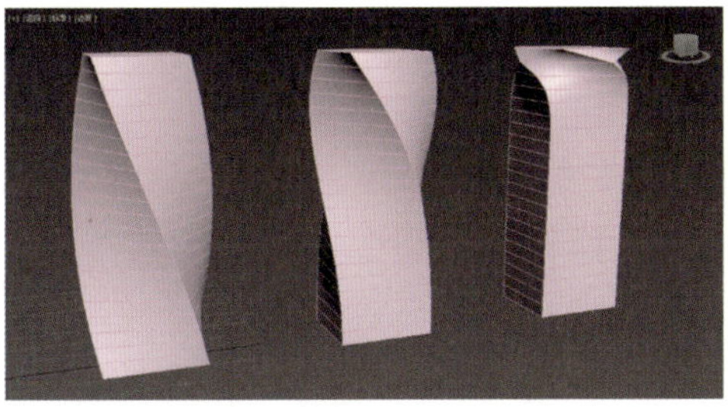

图 2-109　偏移值分别设置为 0、50 和 100 的对比效果

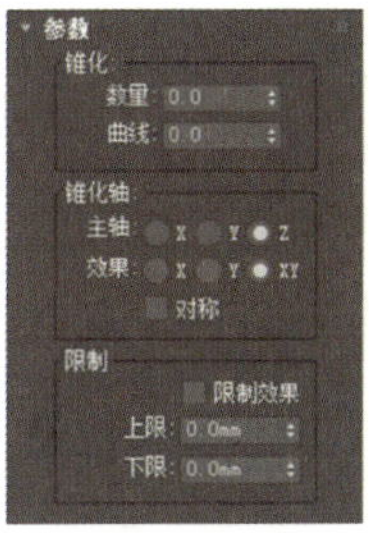

图 2-110　锥化修改器的参数面板

案例应用

使用弯曲修改器、扭曲修改器和锥化修改器制作创意装饰物模型，效果如图 2-111 所示。

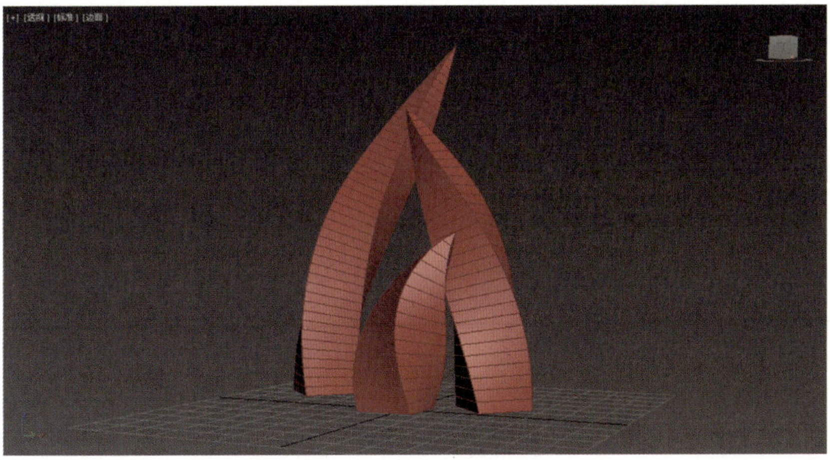

图 2-111　创意装饰物模型的效果

2-3：
创意装饰物

本项目以篮球场的制作为例，深入探索了多边形建模的奥秘。通过学习可编辑多边形，我们掌握了如何在点、边、面等子对象级别进行精细操作，实现模型的塑造与优化。同时，三维模型修改器的运用，为我们提供了更多的建模手段，让模型更加丰富多样。

项目 自测题

核对答案（项目2）

一、选择题

（1）多边形建模的核心元素是（　　）。

A. 点、线、面　　B. 顶点、边、多边形

C. 曲线、曲面　　D. NURBS 面片

（2）下列选项中，（　　）模型适合用多边形建模创建。

A. 光滑的球体　　B. 机械零件

C. 角色的毛发　　D. 玻璃材质的水杯

（3）将长方体转换为可编辑多边形后，原始参数会（　　）。

A. 保留　　B. 丢失

C. 部分保留　　D. 变为子对象层级

（4）可编辑多边形中，【边界】层级用于选择（　　）。

A. 模型内部的边　　B. 模型外部的连续边

C. 闭合的多边形面　　D. 孤立的顶点

（5）锥化修改器的作用是（　　）。

A. 使对象的边缘圆滑　　B. 使对象沿轴向逐渐变细

C. 自由变形对象　　D. 生成晶格结构

二、填空题

（1）将对象转换为可编辑多边形的快捷键是____________。

（2）可编辑多边形的五个子对象层级是顶点、边、边界、____________和元素。

（3）使用晶格修改器时，【边】参数可将边转换为____________形状。

（4）FFD $2\times2\times2$ 修改器的控制点的数量是____________个。

三、判断题

（1）多边形模型的面数越多，细节越丰富，但会增加计算机的负担。（　　）

（2）在【元素】层级可以选择整个独立的多边形组。（　　）

（3）弯曲修改器只能对长方体生效，不能弯曲球体。（　　）

四、简答题

简述弯曲修改器的使用步骤。

四维融合岗课赛证评价表

<table>
<tr><th rowspan="2">评价维度</th><th rowspan="2">“岗课赛证”评价标准</th><th colspan="3">评价等级</th></tr>
<tr><th>优秀</th><th>良好</th><th>待提高</th></tr>
<tr><td>基础操作规范</td><td rowspan="4">岗位要求：能够精准地分析本项目所需要的技术、技能点，正确地分解任务，合理分工。
课程要求：熟练掌握本项目涉及的技术、技能点，能够正确地设置参数，能够合理地调优各模型，空间布局得当，熟练地使用快捷键。
大赛要求：作品完成度高，体现一定的创新性，并具备较好的视觉效果。
取证要求：工程文件规范，操作界面整洁、无冗余，能独立排查空间布局不合理、模型异常、文件丢失等常见问题，并进行修复。</td><td></td><td></td><td></td></tr>
<tr><td>技术熟练程度</td><td></td><td></td><td></td></tr>
<tr><td>知识迁移能力</td><td></td><td></td><td></td></tr>
<tr><td>职业素养养成</td><td></td><td></td><td></td></tr>
</table>

项目 3

炫酷才是我的风格

项目 3 的效果图如图 3-1 所示，项目 3 的知识结构如图 3-2 所示。

图 3-1　酷炫工业文字效果图

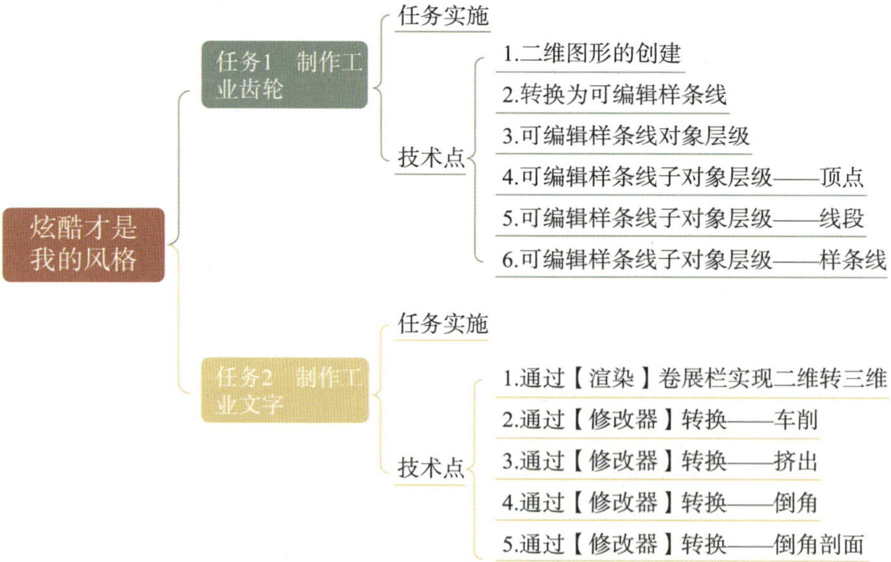

图 3-2　知识结构（项目 3）

跟企业老师学习项目制作全过程（项目 3）

看原图（项目 3）

知识目标

- 了解样条线建模的应用场景和行业案例。
- 理解样条线与三维模型实体之间的转换逻辑。
- 理解样条线的基础组成元素、各子层级的概念及相互关系。

能力目标

- 掌握样条线的创建、渲染等技法。
- 掌握运用样条线各层级的精细编辑技法。
- 掌握通过样条线挤出、车削、倒角等修改器生成三维模型的技法。

素质目标

- 培养在样条线建模中严谨构思、精确绘制的习惯。
- 培养遵守三维建模行业规范、遵循技术标准，保证模型质量的职业素养。

在三维建模的奇妙世界里，样条线建模是一项实用且基础的技能。图 3-1 展现了一个充满科技感与机械美感的场景，醒目的发光字母造型独特，周围环绕着齿轮、电线等机械元素。本项目将借助 3ds Max 中样条线建模的功能，尝试构建类似的模型，从绘制简单的样条线开始，逐步通过编辑、挤出等操作，将平面的线条转化为立体的模型。

AI 互动导学

数字技术与机械美学碰撞，不是简单的视觉冲击，也不是手工雕刻的精密机械与后期渲染形成的视觉奇观的简单叠加，而是 AI 算法与人类创意的深度对话，当齿轮遇见 AI，即将开启一场科技与艺术的共舞！

学习 AIGC
（项目 3）

1. 齿轮生成器：AI 帮你画齿轮

在 AIGC 图像生成工具中输入“齿轮时钟 + 赛博朋克”，生成三种齿轮组模型，如图 3-3 所示。

图 3-3　用 AIGC 工具生成“齿轮时钟 + 赛博朋克”效果图

2. 互动彩蛋：AI 评委打分

完成作品后，上传作品到 AI 工具（如豆包），让 AI 评委打分。按照“朋克指数”和“艺术价值”双维度评价，生成改进建议。

任务 1　制作工业齿轮

任务实施

项目 3 任务 1
任务实施

（1）在命令面板中打开【创建】→【样条线】面板，如图 3-4 所示。

（2）在【前视图】中创建一个任意大小的【星形】，在【参数】卷展栏中修改其【点】数为 20，【半径 1】为 100mm，【半径 2】为 70mm，如图 3-5 所示。

（3）选中【星形】，在右侧菜单中选择【转换为可编辑样条线】，如图 3-6 所示。在修改面板下的【选择】卷展栏中，单击，进入顶点子层级。

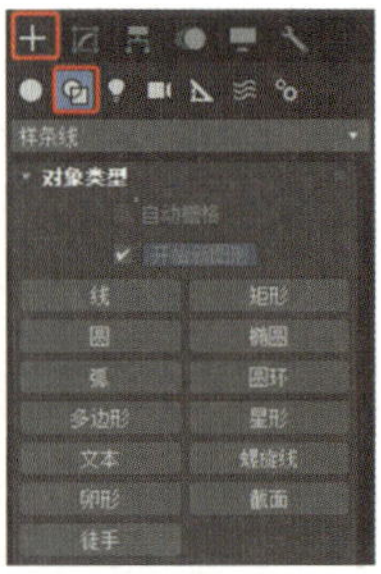

图 3-4　【样条线】面板

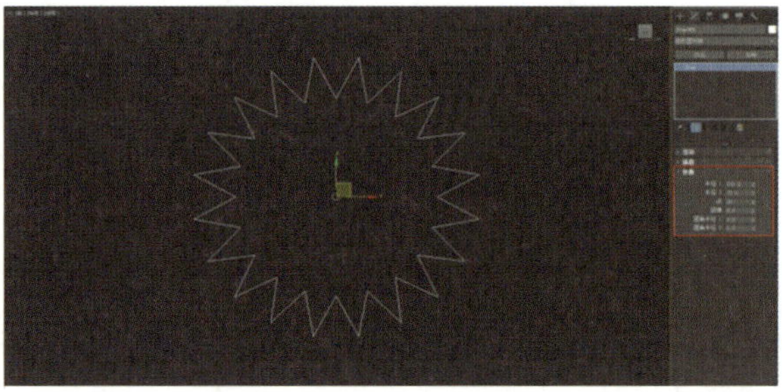

图 3-5　修改星形的参数

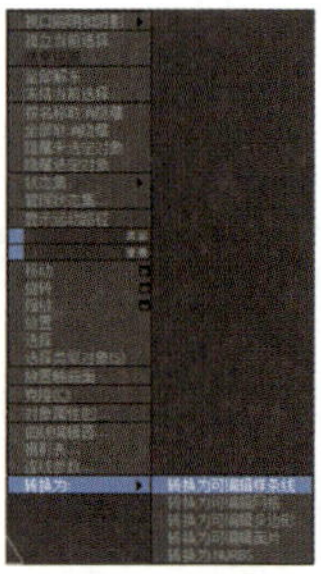

图 3-6　转换为可编辑样条线

（4）将【选择区域】调整为（圆形选择区域），从圆心开始拖动鼠标，选中星形的所有顶点，再按住 Alt 键，取消选中星形所有内侧的顶点，最终选中星形所有外侧的顶点，如图 3-7 所示。

（5）找到【几何体】卷展栏中的【圆角】按钮，右侧输入数值 10，对所有外侧的顶点完成圆角处理，如图 3-8 所示。

（6）同样从圆心开始拖动鼠标，选中星形所有内侧的顶点，找到【几何体】卷展栏中的【切角】按钮，右侧输入数值 15。

（7）再次选中星形所有内侧的顶点，输入【圆角】数值 3，效果如图 3-8 所示。

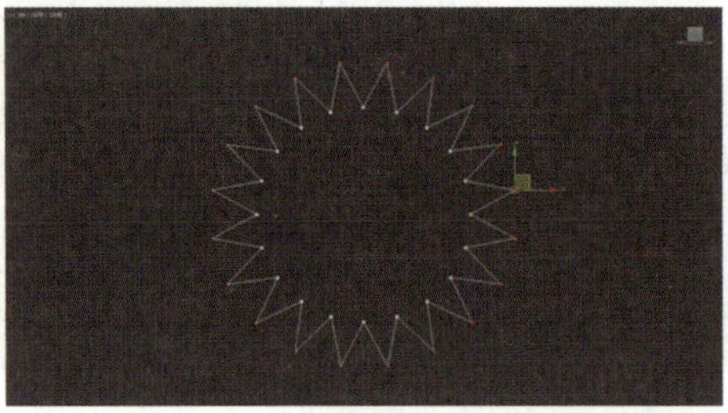

图 3-7　选中星形所有外侧的顶点

图 3-8　圆角、切角处理内外侧顶点的效果

（8）在【前视图】中，新建一个【圆形】，修改其半径为 70mm。将圆形 1 和星形的中心对齐。

（9）在圆形的边上，再创建一个半径为 50mm 的圆形 2。让圆形 2 的圆心落在圆形 1 上，如图 3-9 所示。

（10）右击，将圆形 1 转换为【可编辑样条线】，在修改面板的【几何体】卷展栏中，单击【附加】，选择圆形 2，将圆形 2 附加到圆形 1 中，再次单击【附加】，关闭附加状态。

（11）单击【选择】卷展栏中的，进入圆形 1 的样条线子层级。

（12）选中圆形 1，在【几何体】卷展栏的【布尔】中，选中（差集），单击【布尔】，选择圆形 2，得到二者差集后的图形 3，如图 3-10 所示。

图 3-9　创建圆形 1 和圆形 2

图 3-10　【布尔】后得到图形 3

（13）接下来，需要将图形 3 沿着星形的轴点进行旋转复制。选中图形 3，按快捷键 E，进入旋转状态，长按【使用轴点中心】按钮，向下拖动鼠标，直至选中【使用变换坐标中心】，释放鼠标。然后在左边的 视图 选项框中选择【拾取】，进入视口区，选中星形。此时，图形 3 的旋转轴点就暂时设置为星形的轴点了。对图形 3 旋转复制 120°，克隆 2 个副本，如图 3-11 所示。

（14）选中【星形】，【附加】三个图形 3。

（15）在修改面板中，单击【修改器列表】，选择添加【挤出】修改器，如图 3-12 所示。修改挤出的【数量】为 15mm，齿轮制作完成，如图 3-13 所示。

图 3-11　旋转复制图形 3

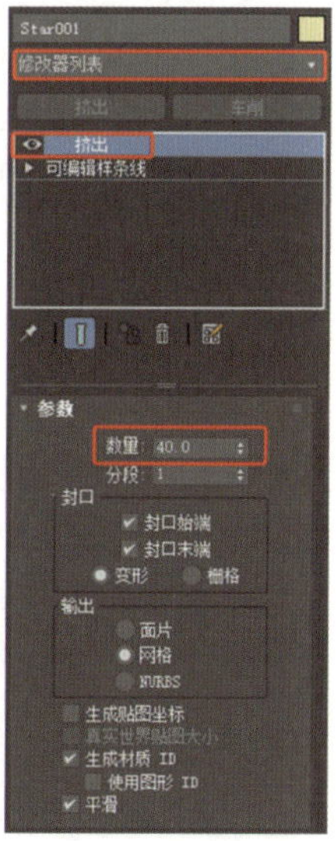

图 3-12　添加【挤出】修改器

技术讲解

技术点一　二维图形的创建

二维图形的创建

在 3ds Max 软件中，样条线是三维建模的重要基础元素，通过创建和编辑样条线，我们可以构建出各种复杂的模型轮廓，为后续生成三维实体模型奠定基础。

在创建面板中，选择（图形），即可看到常用的二维图形，如线、矩形、圆、弧等，如图 3-14 所示。

图 3-13　齿轮制作完成

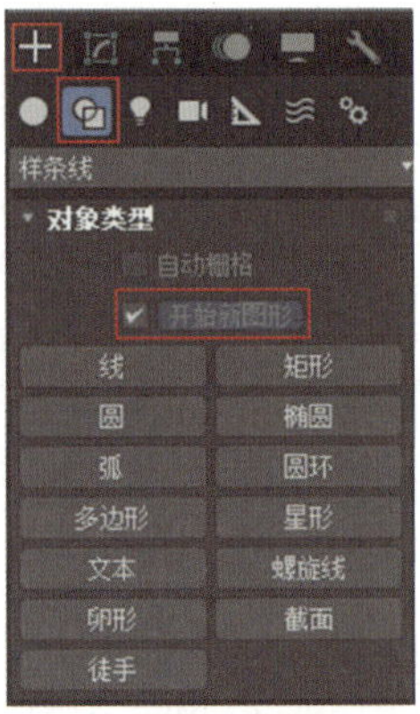

图 3-14　创建二维图形面板

在默认情况下，【开始新图形】处于选中状态，在此状态下，每当创建一个新的二维图形，该图形都会作为一个独立的对象存在于场景中，拥有独立的参数与编辑属性，便于对场景中的二维图形进行独立编辑，如图 3-15 所示。若取消选中【开始新图形】，则后续创建的所有图形将与前一个二维图形归属于同一个对象，它们共享参数和属性，便于整体编辑，如图 3-16 所示。

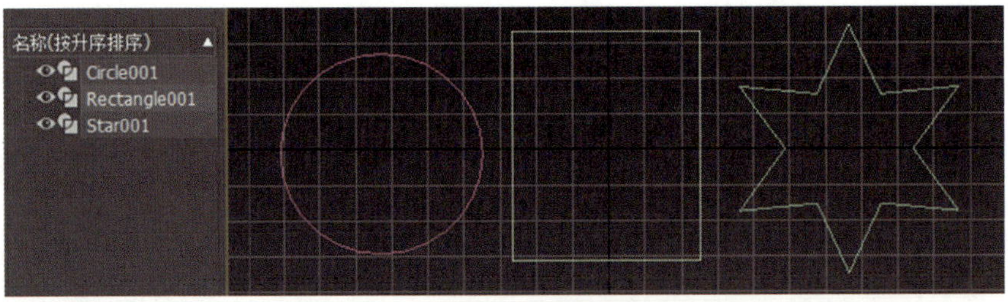

图 3-15　选中【开始新图形】

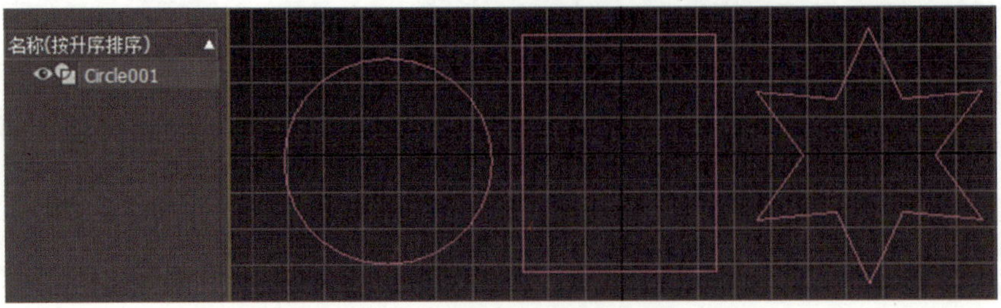

图 3-16　取消选中【开始新图形】

二维图形只有 X 轴和 Y 轴两个维度，因此在创建图形时所选择的视图决定了二维图形放置于哪个平面。透视图中，二维图形创建于 XY 轴所在的平面。而前视图、左视图和顶视图则分别将二维图形放置于透视图的 XZ 轴、YZ 轴和 XY 轴所在的平面。

1. 线

单击【线】，在前视图中，将鼠标移动至线的起点位置，单击，此时便绘制了【线】的第一个顶点，然后重复移动鼠标至新的顶点，依次单击，确定顶点的位置。全部顶点都绘制完毕后，右击退出【线】的创建状态，线创建完毕。

在绘制顶点时，单击创建的是线段，如图 3-17 所示；若想创建曲线段，则可以在绘制顶点时，按住鼠标左键拖动，此时线的一端会出现类似于手柄的效果，通过控制手柄可改变曲线的形状，如图 3-18 所示。

绘制水平或垂直直线的方法：在绘制直线时，如果想要绘制水平或垂直的直线，可在绘制顶点时，按住 Shift 键，则顶点只会落在水平或垂直方向上。

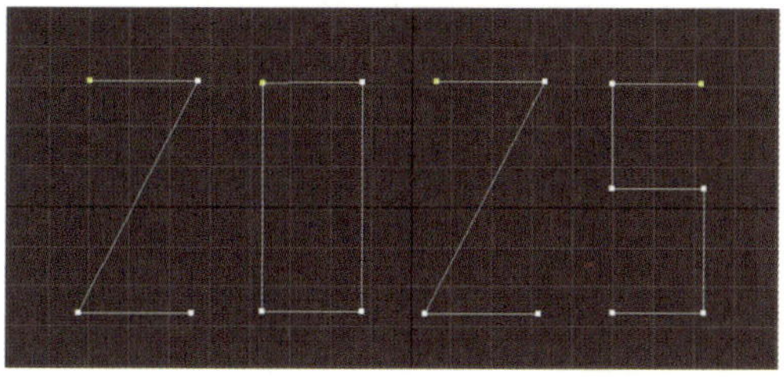

图 3-17　直线绘制样条线

图 3-18　曲线绘制样条线

线的属性面板相对复杂，除了对象层级，还具有顶点、线段和样条线三个子层级，实际上，这就是可编辑样条线的属性面板，即线对象本身就是可编辑样条线。关于可编辑样条线的编辑方法，将在本项目的技术点三中进行详细介绍。

2. 矩形

单击【矩形】，在前视图中，将鼠标移动到矩形的第一个对角顶点，按住鼠标左键拖动至矩形的另一个对角顶点的位置，释放鼠标，矩形创建完成。

矩形的属性如下。

【长度】和【宽度】：用于精确控制矩形的长度和宽度。

【角半径】：用于设置矩形四个角的圆角程度。当数值为 0 时，矩形为标准的直角矩形；当数值增大时，矩形的四个角将呈现圆角效果，数值越大，圆角程度越大。绘制的矩形（带圆角）及矩形的参数如图 3-19、图 3-20 所示。

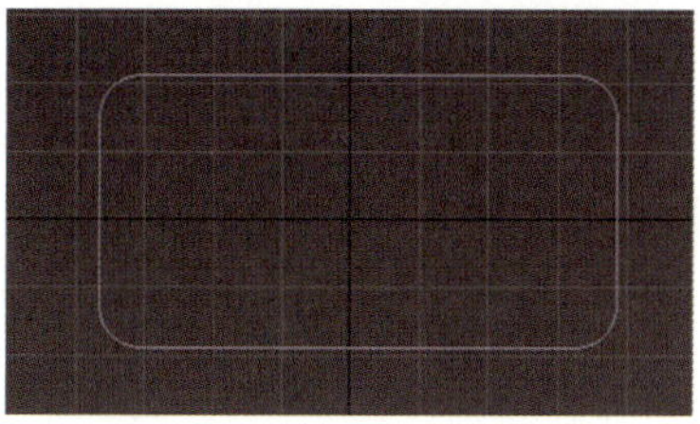

图 3-19　矩形（带圆角）

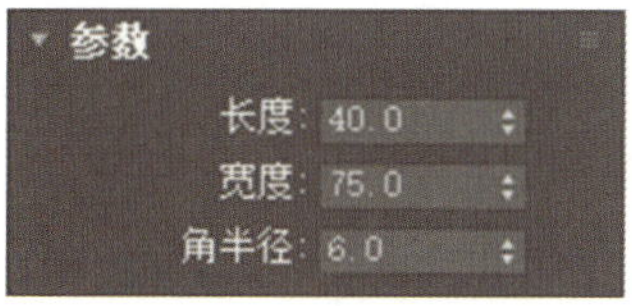

图 3-20　矩形的参数

3. 圆

单击【圆】，在前视图中，将鼠标移动到圆心的位置，按住鼠标左键拖动与圆的半径相同的距离，释放鼠标，圆创建完成。绘制的圆及圆的参数如图 3-21、图 3-22 所示。

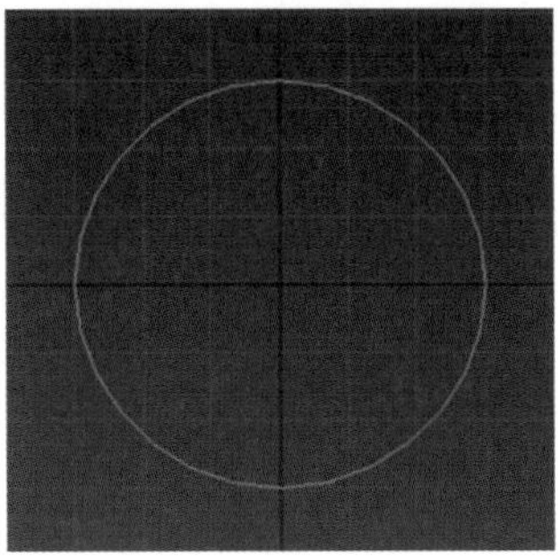

图 3-21　圆

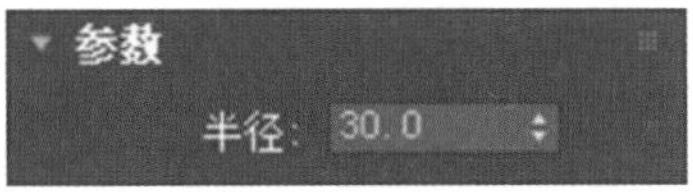

图 3-22　圆的参数

圆的属性如下。

【半径】：决定圆的大小，半径越大，圆越大。

4. 椭圆

单击【椭圆】，在前视图中，将鼠标移动到椭圆的长轴和短轴所构成的长方形的对角顶点的位置，按住鼠标左键拖动至长方形的另一个对角顶点，释放鼠标，椭圆创建完成。绘制的椭圆（带轮廓）及椭圆的参数如图 3-23、图 3-24 所示。

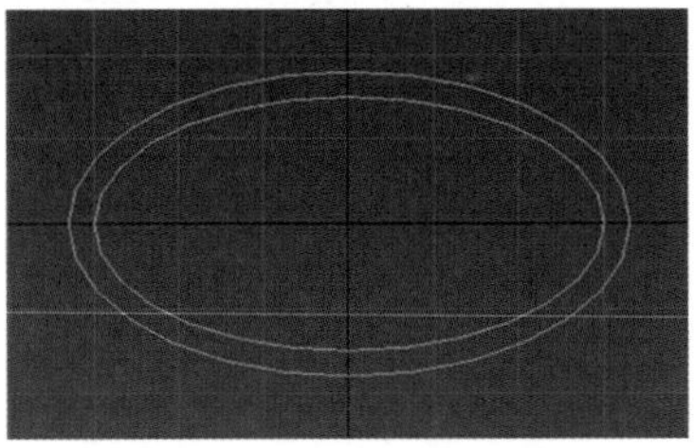

图 3-23　椭圆（带轮廓）

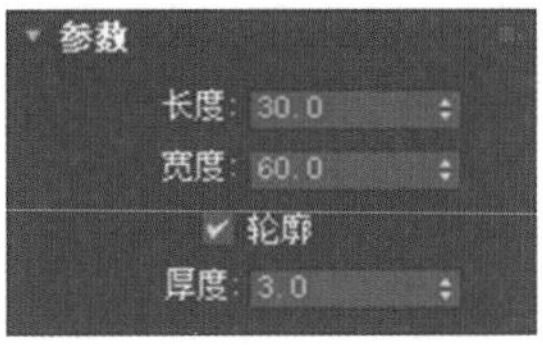

图 3-24　椭圆的参数

椭圆的属性如下。

【长度】和【宽度】：分别对应椭圆的长轴和短轴的长度，通过调整这两个数值，可以改变椭圆的形状，数值越大，对应轴的长度越长，椭圆的形状也会随之变化。

【轮廓】：启用轮廓时，【厚度】属性将发挥作用。

【厚度】：设置轮廓的厚度，数值为正值时，在椭圆的外部会生成一个更大的椭圆，作为轮廓；数值为负值时，则会在椭圆的内部生成一个更小的椭圆，作为轮廓。只有当【轮廓】为启用状态时，该属性才生效。

5. 弧

【弧】有两种创建方法，分别是“端点 – 端点 – 中央”和“中间 – 端点 – 端点”。

“端点 – 端点 – 中央”方法：单击【弧】，选择创建方法为【端点 – 端点 – 中央】，在前视图中，首先确定弧的第一个端点，按住鼠标左键拖动至弧的另一个端点，释放鼠标，再移动鼠标至弧的中心位置，单击，弧创建完毕。

“中间－端点－端点”方法：单击【弧】，选择创建方式为【中间－端点－端点】，在前视图中，首先确定弧的中心点，按住鼠标左键拖动至弧的第一个端点，释放鼠标，再移动鼠标至弧的另一个端点，单击，弧创建完毕。绘制的弧（带饼形切片）及弧的参数如图 3-25、图 3-26 所示。

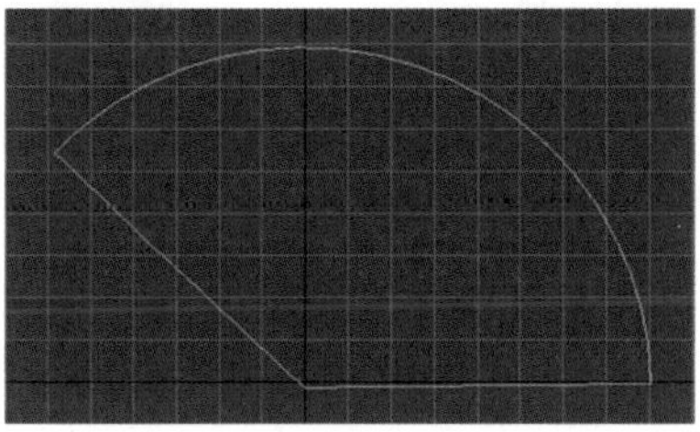

图 3-25　弧（带饼形切片）

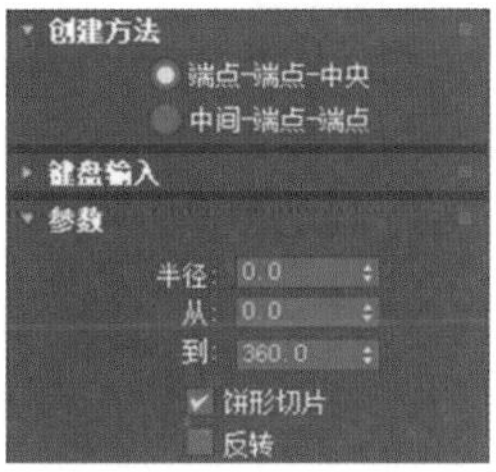

图 3-26　弧的参数

弧的属性如下。

【半径】：设置弧所在的圆的大小，半径越大，弧越大。

【从】和【到】：用于设置弧的起始和结束的角度，取值范围为 0 ～ 360，可精确控制弧的范围。

【饼形切片】：选中此选项，弧与圆心相连形成封闭的扇形区域。

【反转】：选中此选项，弧的端点位置互换，起点变为终点，终点变为起点。

6. 圆环

单击【圆环】，在前视图中，将鼠标移动到圆环的中心位置，按住鼠标左键拖动，确定第一个半径的大小，释放鼠标后，再次移动鼠标确定第二个半径的大小，单击，圆环创建完毕。绘制的圆环及圆环的参数如图 3-27、图 3-28 所示。

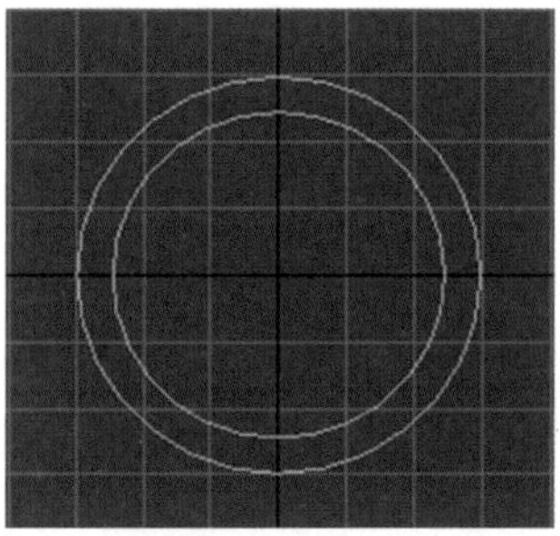

图 3-27　圆环

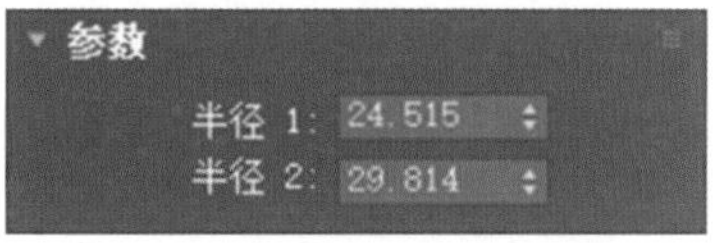

图 3-28　圆环的参数

圆环的属性如下。

【半径 1】和【半径 2】：【半径 1】是圆环的第一个半径，【半径 2】是圆环的第二个半径，二者的差值决定了圆环的宽度，二者数值越大，圆环越大，二者的差值越大，圆环越宽。

7. 多边形

多边形用于创建二维图形中的正多边形。单击【多边形】，在前视图中，将鼠标移动到多边形的中心位置，按住鼠标左键拖动，确定多边形的半径大小后释放鼠标。然后在修改面板的参数栏中设置【边数】，即可完成多边形的创建。绘制的多边形及多边形的参数如图 3-29 ～图 3-31 所示。

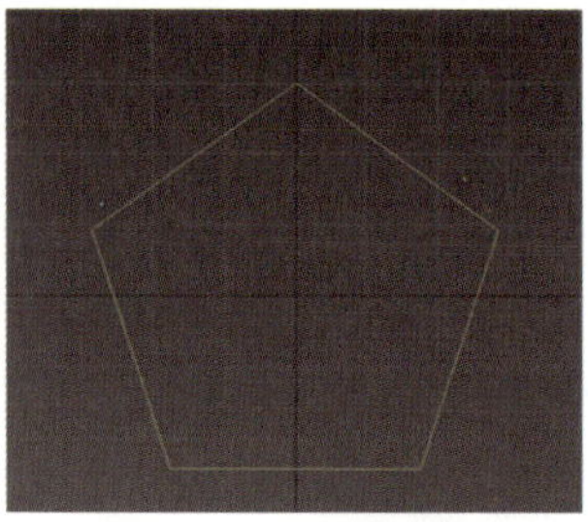

图 3-29　多边形

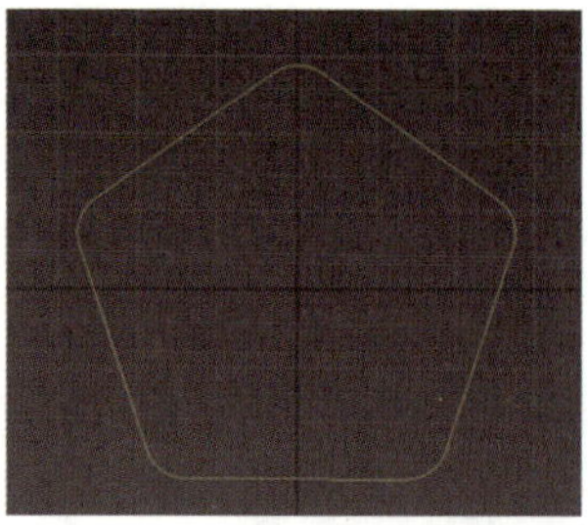

图 3-30　多边形（带圆角）

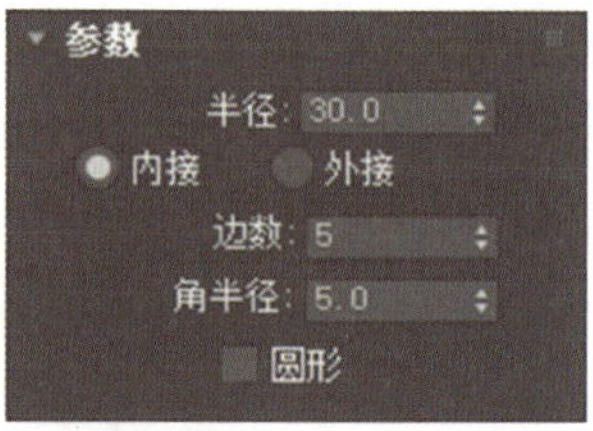

图 3-31　多边形的参数

多边形的属性如下。

【半径】：控制多边形从中心到顶点的距离，半径越大，多边形越大。

【内接 / 外接】：内接表示多边形的顶点内接于中心点和半径所构成的圆上，外接表示多边形外接于这个圆上。因此，内接多边形比外接多边形小。

【边数】：决定多边形的边的数量，输入不同的数值可创建边数不同的多边形，如 3 代表三角形、4 代表四边形等。

【角半径】：用于设置多边形的角的圆角程度，数值为 0 时是尖角，数值越大，角的圆角程度越大。

【圆形】：选中后，该多边形体现为圆形。

注意： 多边形所构成的圆形与圆是不同的，圆只有四个顶点，而多边形圆形则有多个顶点，其顶点的数量取决于该多边形的边数，如五边形构成的圆形有五个顶点，八边形构成的圆形有八个顶点。

8. 星形

单击【星形】，在前视图中，将鼠标移动到星形的中心位置，按住鼠标左键拖动，确定星形外半径的大小后释放鼠标。接着继续移动鼠标，确定星形内半径的大小后单击，星形创建完毕。绘制的星形及星形的参数如图 3-32、图 3-33 所示。

图 3-32　星形

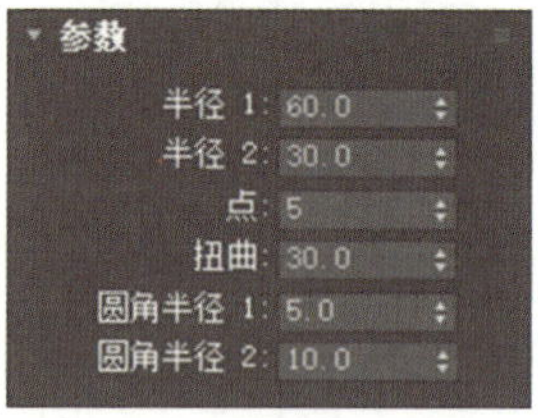

图 3-33　星形的参数

星形的属性如下。

【半径 1】和【半径 2】：【半径 1】为星形的外半径，【半径 2】为星形的内半径，调整这两个值可改变星形的形状和大小。

【点】：决定星形的角的数量，如 5 代表五角星。

【扭曲】：用于设置星形内半径顶点的旋转角度，数值越大，星形内半径的扭曲效果越显著，如图 3-34 所示。

【圆角半径 1】和【圆角半径 2】:【圆角半径 1】是对星形的外角进行圆角处理,【圆角半径 2】是对星形的内角进行圆角处理，数值越大，角越圆，如图 3-35 所示。

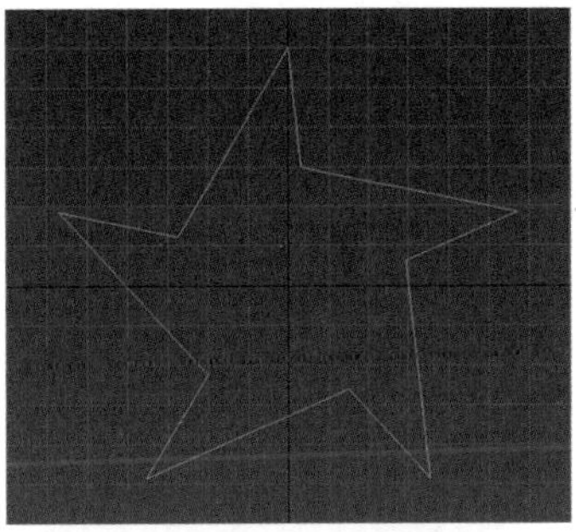

图 3-34　星形（带扭曲）

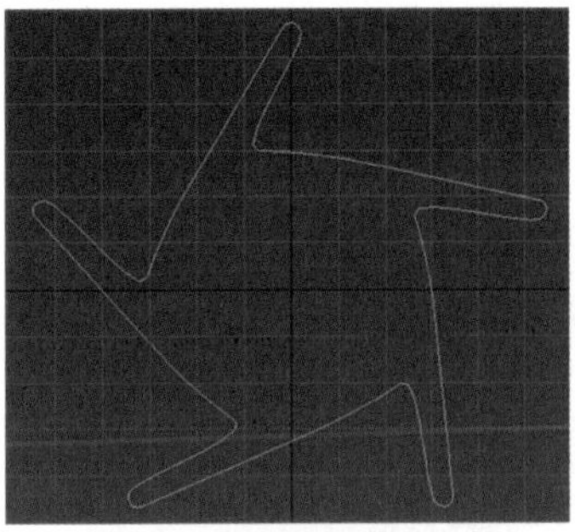

图 3-35　星形（带内外圆角）

9. 文本

单击【文本】，在修改面板的【参数】卷展栏中，输入要创建的文字内容，选择合适的【字体】，设置【大小】、【字间距】和【行间距】等参数。设置完成后，在前视图中单击，即可完成文本的创建。文本及文本的参数如图 3-36、图 3-37 所示。

图 3-36　文本

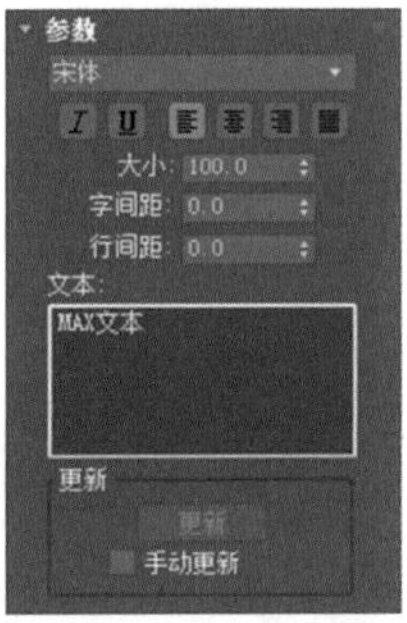

图 3-37　文本的参数

文本的属性如下。

【字体】：选择系统中已安装的字体，使用不同的字体可改变文本的外观风格。

【大小】：控制文本的尺寸，数值越大，文本越大。

【字间距】：调整文字之间的水平间距。

【行间距】：调整文本行之间的垂直间距。

10. 螺旋线

单击【螺旋线】，在透视图中，首先将鼠标移动到螺旋线的底面的中心位置，按住鼠标左键拖动，确定底面半径的大小后释放鼠标。然后沿着 Z 轴移动鼠标，确定螺旋线所需的高度，单击。最后继续移动鼠标，确定螺旋线的顶面半径的大小后单击，螺旋线创建完成。绘制的螺旋线及螺旋线的参数如图 3-38 ～图 3-41 所示。

螺旋线的属性如下。

【半径 1】和【半径 2】:【半径 1】是螺旋线的底面半径,【半径 2】是螺旋线的顶面半径，调整这两个值可创建不同形状的螺旋线。

【高度】：决定螺旋线的垂直高度，数值越大，螺旋线越高。

【圈数】：控制螺旋线完整的旋转圈数，默认为 1 圈，圈数越多，螺旋线的旋转次数越多，螺旋线越密。

【偏移】：调整螺旋线在高度方向上的疏密分布，数值越大，螺旋线越靠近顶部；数值越小，螺旋线越靠近底部。

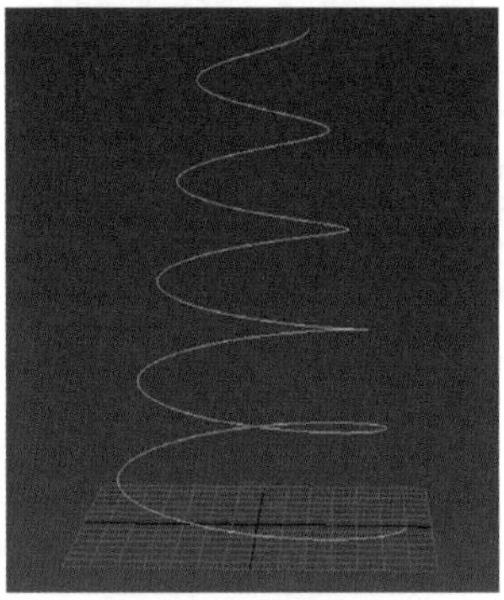

图 3-38　螺旋线

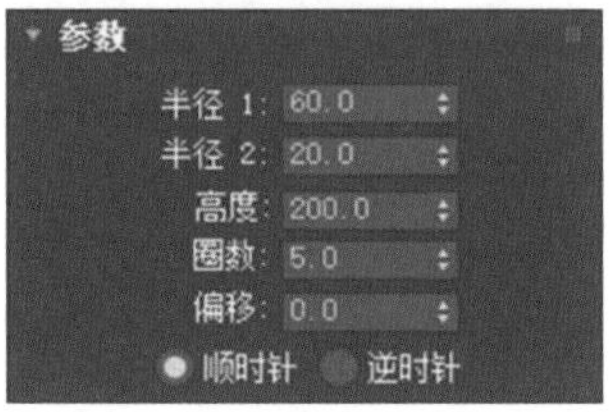

图 3-39　螺旋线的参数

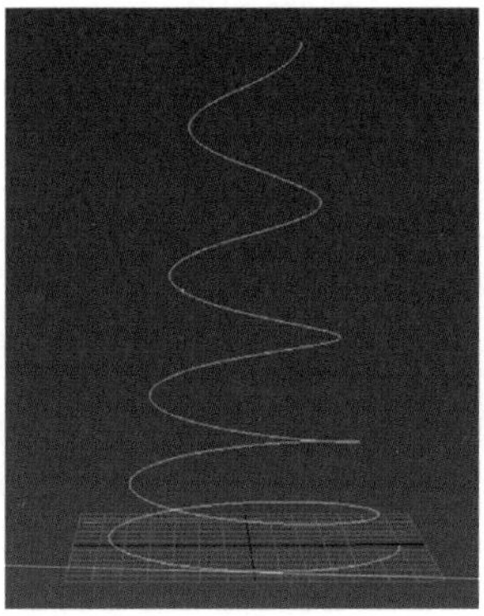

图 3-40　螺旋线（带偏移）

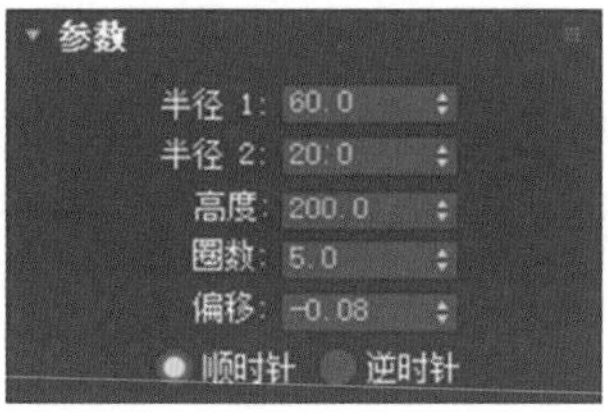

图 3-41　螺旋线（带偏移）的参数

11. 卵形

卵形是一种与椭圆相似的形状，它的一端是圆，另一端是椭圆。

单击【卵形】，在前视图中，将鼠标移动至卵形的短轴位置，按住鼠标左键拖动至长轴位置，释放鼠标，卵形创建完成。绘制的卵形及卵形的参数如图 3-42 ～图 3-45 所示。

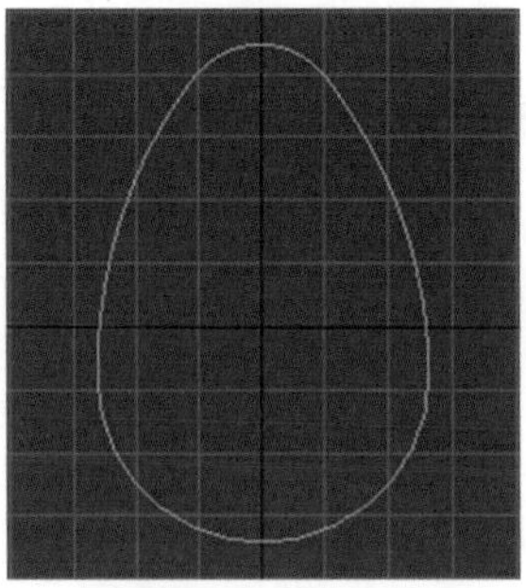

图 3-42　卵形

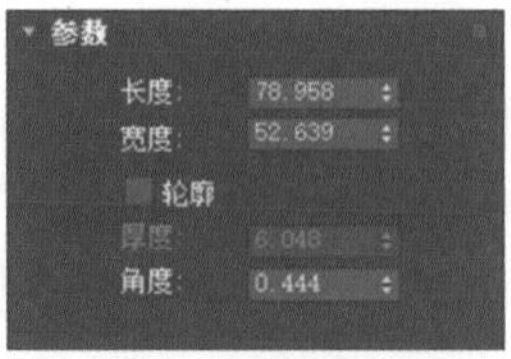

图 3-43　卵形的参数

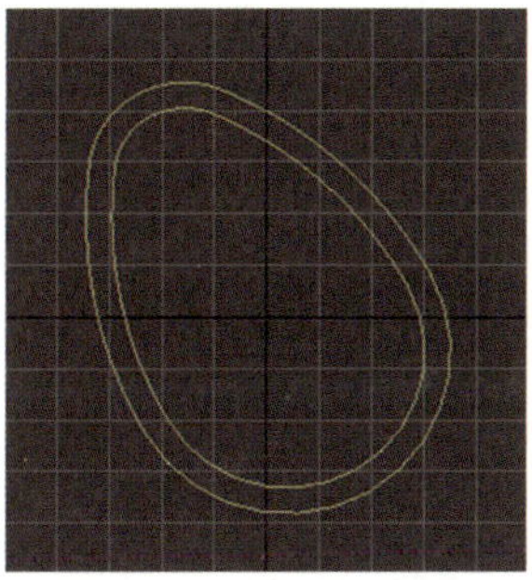

图 3-44　卵形（带轮廓）

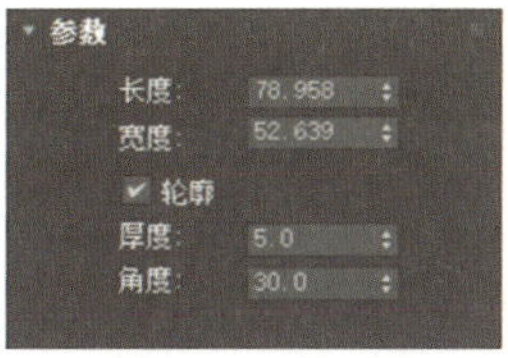

图 3-45　卵形（带轮廓）的参数

卵形的属性如下。

【长度】和【宽度】：分别对应卵形的长轴和短轴的长度，通过调整这两个数值，可以改变卵形的形状，数值越大，对应轴的长度越长。

【轮廓】：和圆环类似，卵形也有轮廓，选中轮廓后，【厚度】属性生效。

【厚度】：卵形轮廓的厚度。数值为正值时，轮廓在卵形的外部；数值为负值时，轮廓在卵形的内部。

【角度】：卵形长轴的旋转角度。

12. 截面

截面是一个虚拟的平面，它就像一把无形的“刀”，可以对三维模型进行切割操作，然后根据切割得到的交线，生成对应的截面二维图形。设置的截面及截面的参数如图 3-46 ～图 3-48 所示。

单击【截面】，在前视图中，将鼠标移动到截面中心点的位置，按住鼠标左键拖动至截面的对角顶点的位置，释放鼠标，截面创建完成。

截面主要用于对三维模型进行切割，生成截面二维图形。在透视图中创建一个茶壶，将【截面】穿过茶壶的中心位置，此时在茶壶与截面的交线处会显示相交的轮廓。单击【截面参数】面板中的【创建图形】，即可创建一个截面二维图形。

图 3-46　截面

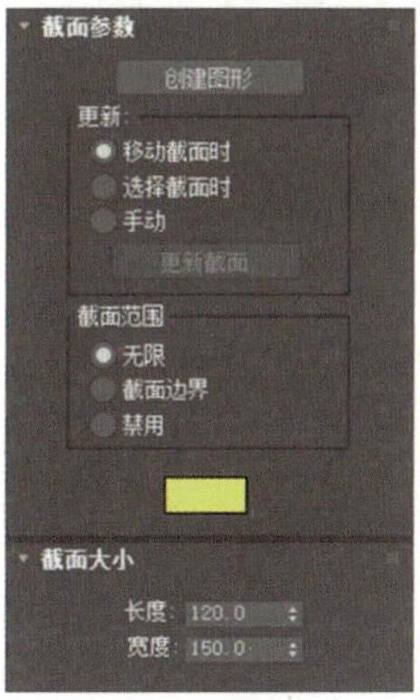

图 3-47　截面的参数

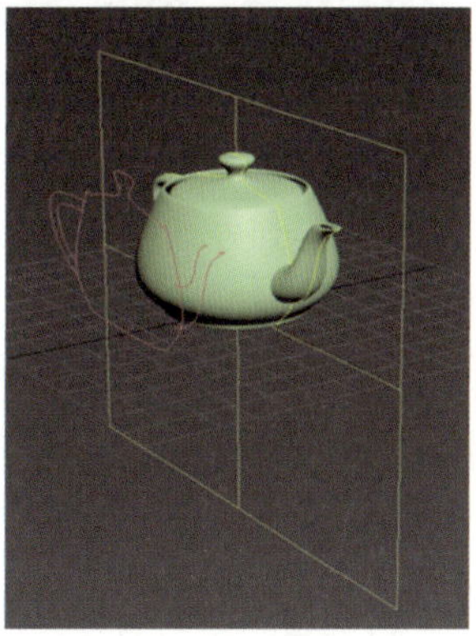

图 3-48　截面二维图形（粉色）

截面的属性如下。

【长度】和【宽度】：用于设置截面的大小。

【更新】：用于设置截面与三维模型相交时，截面轮廓的更新时间。

（1）【移动截面时】：移动截面时，同步更新截面轮廓。

（2）【选择截面时】：移动截面并不改变截面轮廓，选中要截面的物体或单击【更新截面】时，截面轮廓才更新。

（3）【手动】：只有单击【更新截面】时，截面轮廓才更新。

【截面范围】的属性如下。

（1）【无限】：将截面作为一个无限的平面，凡与其所在的平面有交集的三维模型，均进行截面操作，不受限于其本身的大小。

（2）【截面边界】：只有当三维模型与截面相交时，才会进行截面操作，即使三维模型只与截面的边界相交，也进行完整的截面操作。

（3）【禁用】：不进行截面操作。

13. 徒手

徒手是一种自由绘制的工具，其本质是由一定密度的顶点构成的线段或曲线段。

单击【徒手画】，在前视图中，按住鼠标左键并随意拖动，如同在纸上进行手绘，释放鼠标结束绘制，即可创建自由形状的线条图形。徒手画的图形及徒手的参数如图 3-49、图 3-50 所示。

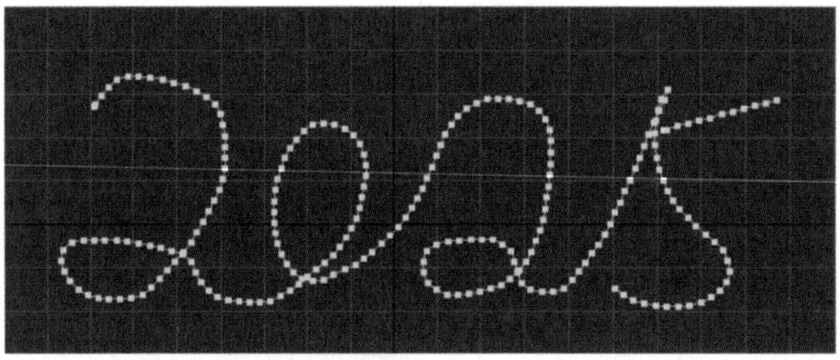

图 3-49　徒手画的图形

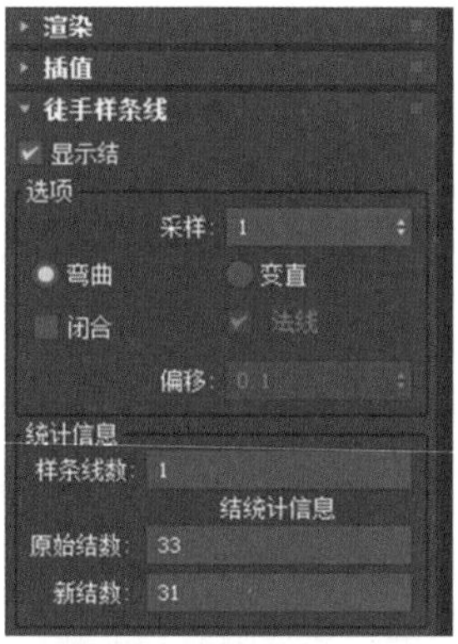

图 3-50　徒手的参数

徒手的属性如下。

【显示结】：显示样条线上的结。

【采样】：设置采样数量。如果值大于零，相邻的结将会逐渐减少，从而使效果平滑。

【弯曲 / 变直】：设置结之间的线段是弯曲线段或直线段。

【闭合】：在样条线的起点和终点之间绘制一条线，以将其闭合。

【偏移】：使绘制样条线的位置向远离约束对象曲面的方向偏移。

【样条线数】：显示图形中样条线的数量。

【原始结数】：显示绘制样条线时自动创建的结数（绘制之前为 0）。

【新结数】：显示新结数（绘制之前为 0）。

技术点二 转换为可编辑样条线

转换为可编辑样条线

在 3ds Max 中，创建样条线是建模旅程的起点，虽然可以通过参数对其进行简单的修改，但更多复杂的编辑操作，则需要将二维图形转换为可编辑样条线，进而通过顶点、线段、样条线三个子层级，对其进行细化编辑。

将二维图形转换为可编辑样条线，常用的方法有两种。

方法一：在透视图中创建一个任意大小的【多边形】，选中图形后右击，执行【转换为】→【转换为可编辑样条线】，如图 3-51 所示。转换后修改面板包含【渲染】、【插值】、【选择】、【软选择】和【几何体】五个卷展栏，修改器列表中只有【可编辑样条线】修改器，二维图形【NGon】消失，如图 3-52 所示。因此，一旦执行转换命令，二维图形将无法修改原始参数。

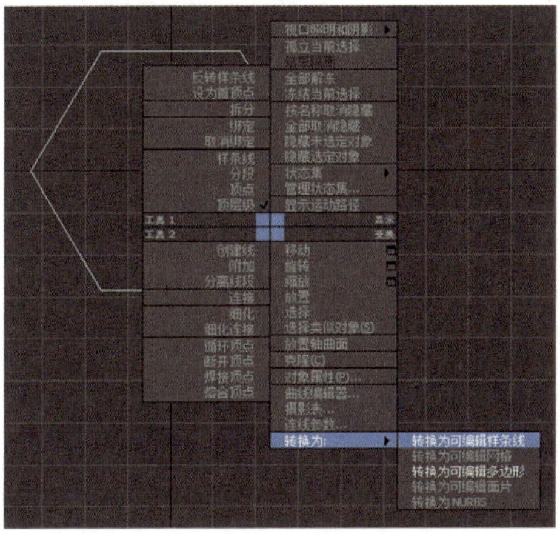

图 3-51 转换为可编辑样条线

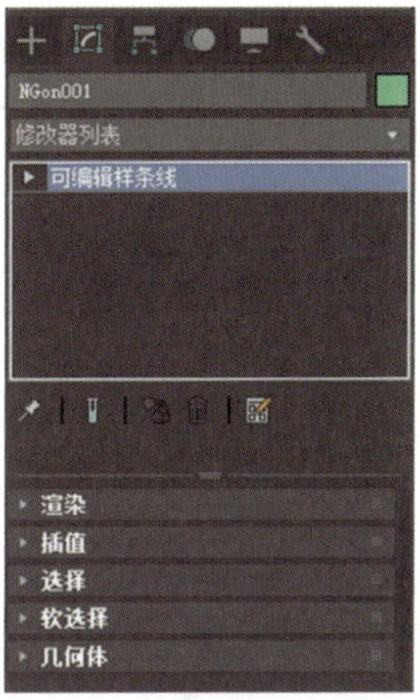

图 3-52 只有【可编辑样条线】修改器

方法二：在透视图中创建一个任意大小的【多边形】，选中【多边形】，在修改器命令面板中单击【修改器列表】，添加【编辑样条线】修改器。修改面板包含【选择】、【软选择】和【几何体】三个卷展栏。此时，修改器列表中不仅有【编辑样条线】修改器，还存在二维图形【NGon】，如图 3-53 所示。由这种方法转换后，单击【NGon】即可再次修改原始参数，也可根据需求删除修改器。

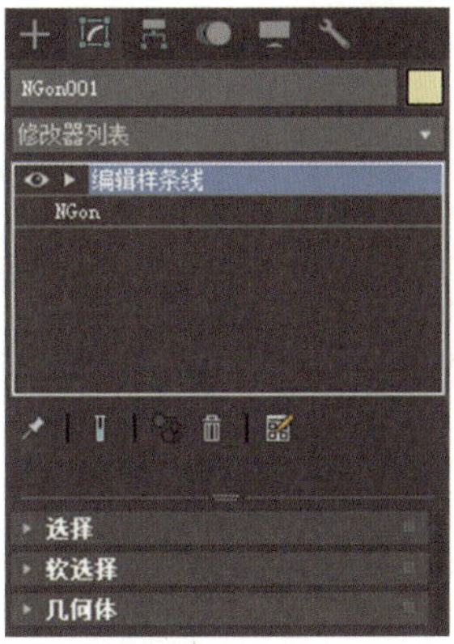

图 3-53 添加【编辑样条线】修改器

技术点三　可编辑样条线对象层级

可编辑样条线
对象层级

在 3ds Max 中，样条线的层级主要分为对象层级和子对象层级，其中子对象层级又包含顶点、线段和样条线三个子层级。

对象层级：在场景中，样条线作为一个整体对象存在于对象层级。在这个层级，可以像对待任何几何体那样对待样条线对象。例如，可以对样条线对象进行选择、移动、旋转、缩放等基本的变换操作，也可以为其添加各种修改器，如前文提到的【编辑样条线】修改器、【挤出】修改器等，以实现对样条线的整体编辑。图 3-54 所示为进入对象层级时，命令面板的显示效果。图 3-55 所示为进入线段子层级时，命令面板的显示效果。

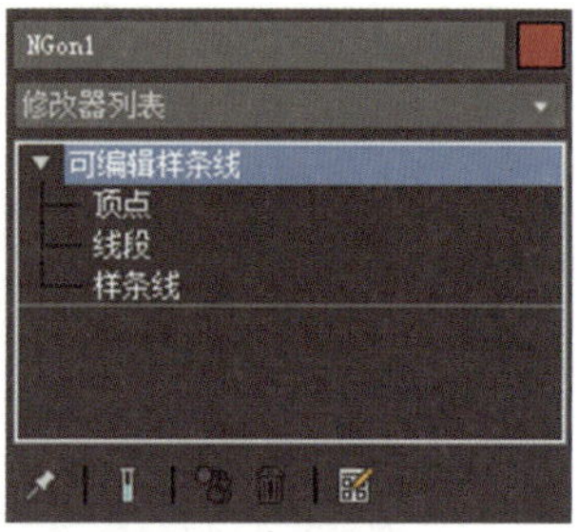

图 3-54　对象层级

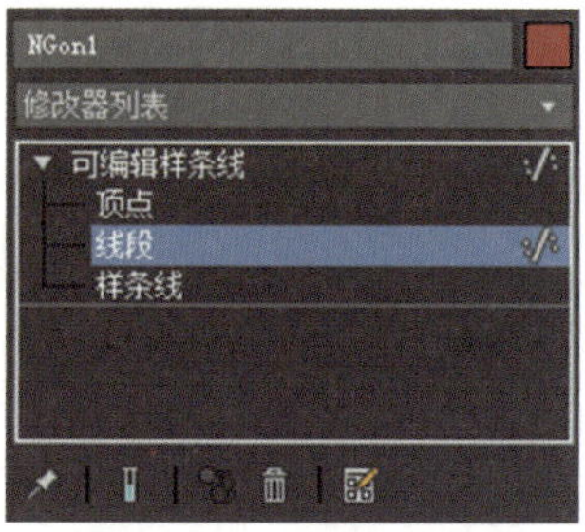

图 3-55　线段子层级

对象层级拥有【渲染】、【差值】、【选择】、【软选择】、【几何体】五个卷展栏，如图 3-56 所示，每个卷展栏中所包含的可用功能，在各个子层级也都可用，且作用完全相同。

1.【渲染】卷展栏

在 3ds Max 中，对象层级的【渲染】卷展栏提供了将二维样条线在渲染时转换为三维模型的功能，其面板如图 3-57 所示。

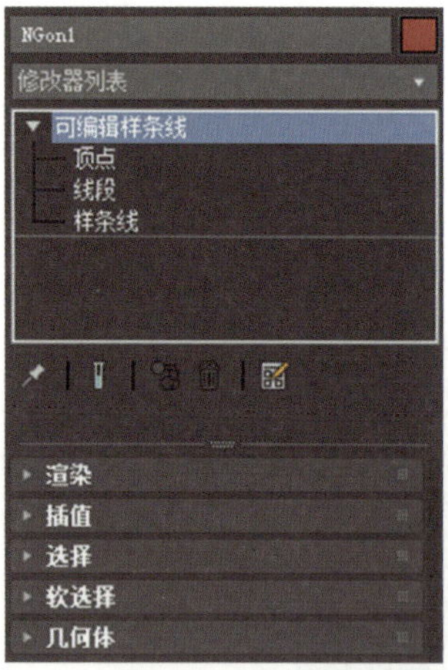

图 3-56　对象层级的五个卷展栏

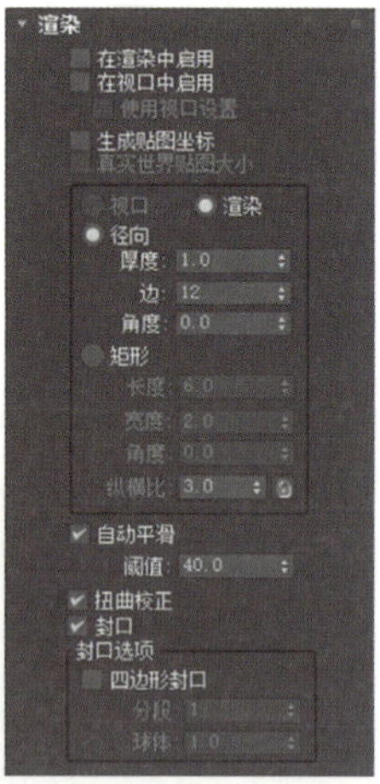

图 3-57　【渲染】卷展栏

【在渲染中启用】：使用【渲染】所设置的参数，将二维图形渲染为三维模型。

【在视口中启用】：使用【渲染】所设置的参数，在视口中将二维图形作为三维模型进行显示。

【使用视口设置】：使用【视口】设置的参数，在视口中将二维图形作为三维模型进行显示。

【生成贴图坐标】：在水平方向和垂直方向自动生成贴图坐标。在水平方向围绕样条线的厚度包裹一次；在垂直方向沿着样条线的长度进行一次贴图。默认设置为禁用状态。

【真实世界贴图大小】：控制应用于对象的纹理贴图材质所使用的缩放方法。缩放值由位于应用材质的【坐标】卷展栏中的【使用真实世界比例】设置及控制。默认设置为禁用状态。

【视口】和【渲染】：分别为视口和渲染设置【径向】或【矩形】参数，二者相互独立。

【径向】：将二维图形的第三维截面显示为圆形，如图 3-58 所示。【厚度】是指圆形的半径；【边】是指圆形的边数，边数越多，越圆润，面数也越多；【角度】用于调整圆形横截面的旋转角度。

【矩形】：将二维图形的第三维截面显示为矩形，如图 3-59 所示。【长度】和【宽度】分别设置矩形的长和宽；【角度】设置矩形横截面的旋转角度；【纵横比】设置长度和宽度的比率，此属性与长度链接。未锁定时，更改长度会改变纵横比，反之亦然；锁定时，纵横比保持不变，改变长度或宽度时，另一属性会随之改变，从而保持当前的纵横比。

图 3-58　渲染【径向】

图 3-59　渲染【矩形】

【自动平滑】：启用后，基于样条线分段之间的角度设置平滑效果。如果样条线分段之间的角度小于【阈值】角度，则将两个相接的分段放到同一个平滑组中，显示平滑效果。

2.【插值】卷展栏

【插值】卷展栏用来设置生成样条线的方式，如图 3-60 所示。样条线的曲线本质上是一组短小的直线。样条线上的相邻顶点之间的小短线的数量称为步数。使用的步数越多，显示的曲线越平滑，如图 3-61 ～图 3-63 所示。

图 3-60　【插值】卷展栏

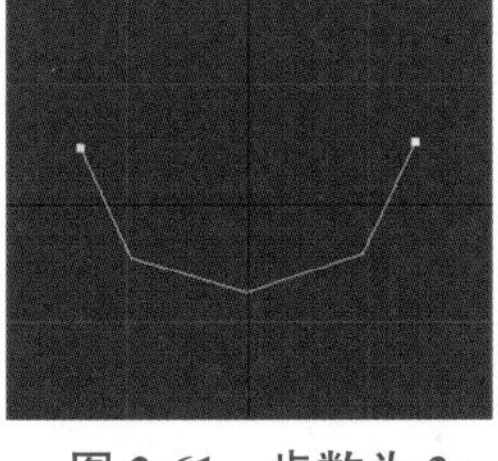

图 3-61　步数为 3

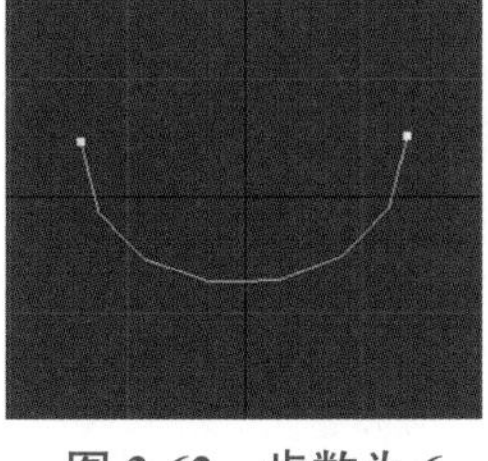

图 3-62　步数为 6

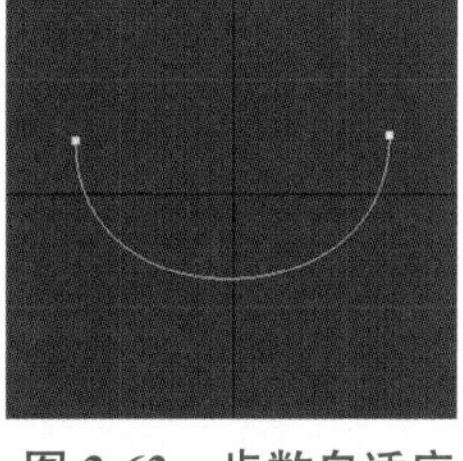

图 3-63　步数自适应

【步数】：二维图形中的曲线段，实际上是由一定数量的直线段构成的。两个顶点之间所插入的直线段顶点的数量称为步数。顶点之间设置的步数越多，曲线看起来就越平滑。

【优化】：启用后，可以从样条线的直线段中删除不需要的步数。默认为启用状态。

【自适应】：步数自适应，无须手动设置。

注意： 启用【自适应】后，【优化】不再可用。

3.【选择】卷展栏

【选择】卷展栏主要用于选择进入不同的样条线子层级，并对相关的显示功能进行设置，如图 3-64、图 3-65 所示。

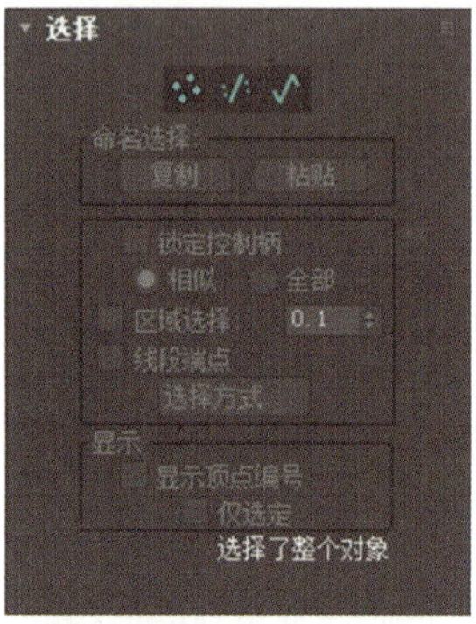

图 3-64　对象层级的【选择】卷展栏

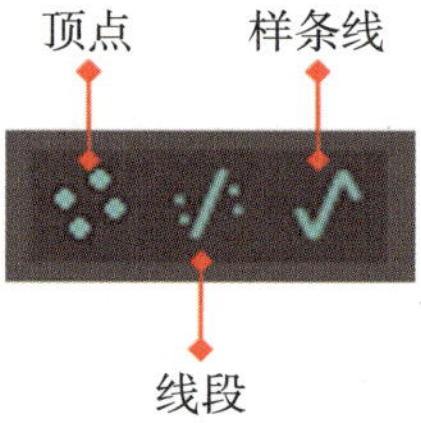

图 3-65　选择进入不同的样条线子层级

单击、和，分别进入样条线的【顶点】、【线段】和【样条线】子层级。

快捷操作： 随时按键盘上的 1、2、3 键，即可快速切换三个子层级。

在每个子层级下，可用的功能按钮不同，如图 3-66 ～图 3-68 所示。

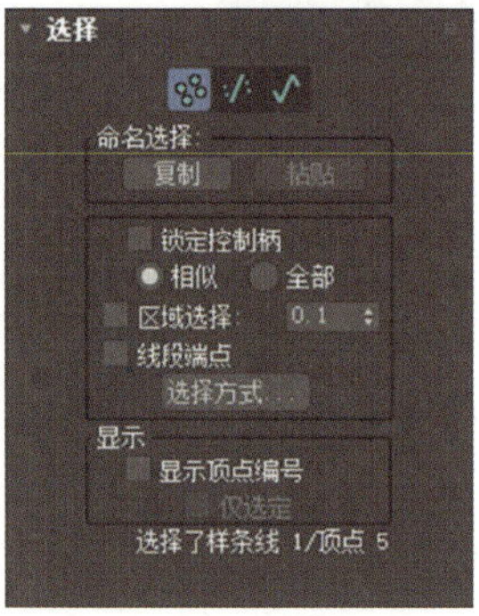

图 3-66　【顶点】子层级

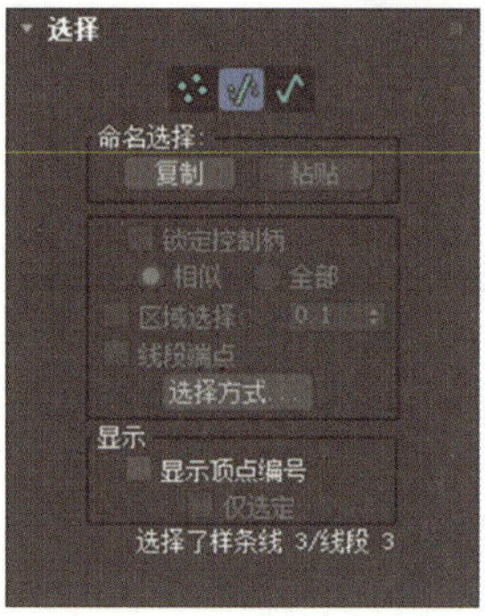

图 3-67　【线段】子层级

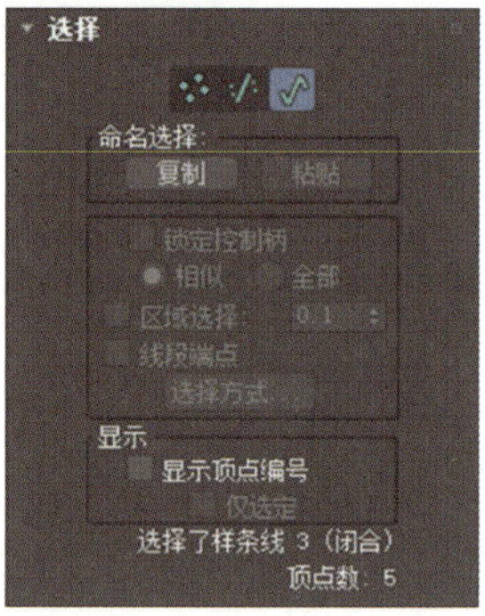

图 3-68　【样条线】子层级

（1）【命名选择】组。

【复制】：将命名选择放置到复制缓冲区。

【粘贴】：从复制缓冲区中粘贴命名选择。

（2）【锁定控制柄】：仅在【顶点】子层级可用。通常，对顶点进行调整时，只能对一个顶点的控制柄进行操作，即便选择了多个顶点。但选中该选项后，可以同时控制多个 Bezier 和 Bezier 角点的控制柄。

【相似】：移动控制柄时，在所有顶点的相似位置控制柄同步受到控制。

【全部】：移动控制柄时，所有顶点的所有控制柄同步受到控制。

更多操作： 按住 Shift 键并选中锁定控制柄，可以断裂切线并独立地移动每个控制柄。要断裂切线，必须选择【相似】。

【区域选择】：仅在【顶点】子层级可用。选中该选项后，在单击顶点时，会自动选定半径范围内所有的顶点。半径范围可在右侧的微调器中设置。

【线段端点】：选中该选项后，可以选中线段或样条线上的所有顶点，【选择方式】可选择目标是线段还是样条线。

使用方法：首先在线段或样条线子层级中选择一个对象，然后在顶点或线段子层级中单击【选择方式】，选择【样条线】或【线段】，此时所选样条线或线段上的所有顶点即被选中。

提示： 如果有大量重叠的顶点并且想要选择特定线段上的顶点时，可以使用此选项。如图 3-69 所示，这是一个由星形、多边形和圆构成的二维图形，若要选中星形的所有顶点，可以使用【线段端点】、【选择方式】为样条线的方法，选中所有目标顶点。

（3）【显示】组。

【显示顶点编号】：启用后，3ds Max 在所有样条线的顶点旁边显示顶点编号，如图 3-70 所示。顶点编号默认为逆时针增序。

【显示】组底部的信息主要用于展示目前选定的顶点、线段、样条线子对象的信息，如图 3-66 ～图 3-68 所示。

【仅选定】：启用后，仅在所选顶点的旁边显示顶点编号。

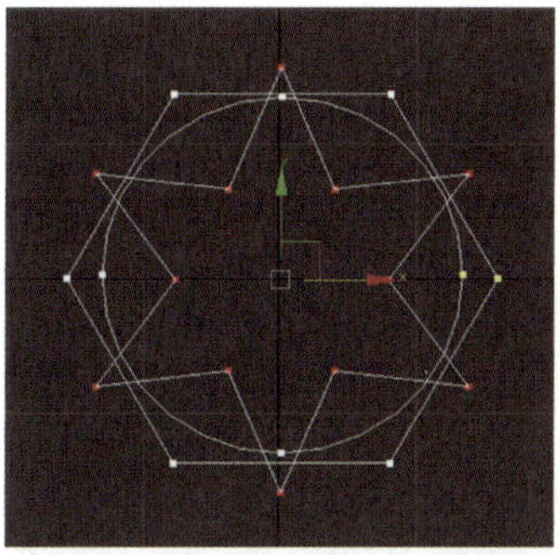

图 3-69　选中星形样条线顶点

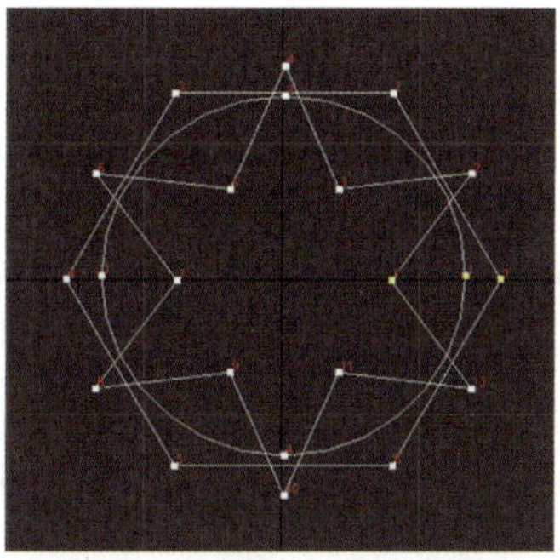

图 3-70　显示所有顶点编号

4.【软选择】卷展栏

此处的【软选择】卷展栏与【多边形建模】修改面板中的【软选择】卷展栏的功能高度相似，如图 3-71 所示，主要用于区域性选择顶点、线段、样条线子对象，此处不再赘述。

5.【几何体】卷展栏

【几何体】卷展栏提供了编辑样条线对象和子对象的功能。对象层级下主要放置各个子层级都可用且功能相同的按钮，如图 3-72 所示。

【新顶点类型】组：用于设定在按住 Shift 键克隆线段或样条线时，新顶点的类型。

3ds Max 中顶点的类型有四种，阐述如下。

（1）线性：线性顶点又称为角点，是具有尖锐转角且角度不可调整的顶点，如图 3-73 所示。

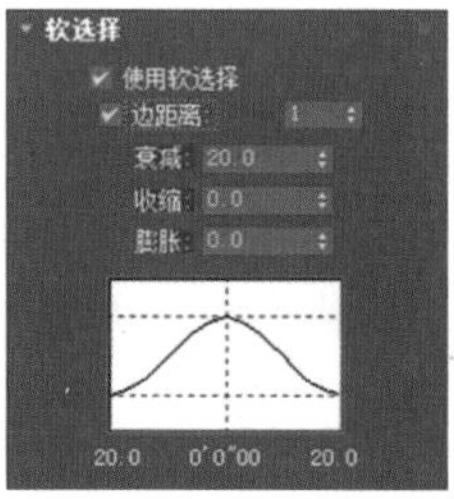

图 3-71 【软选择】卷展栏

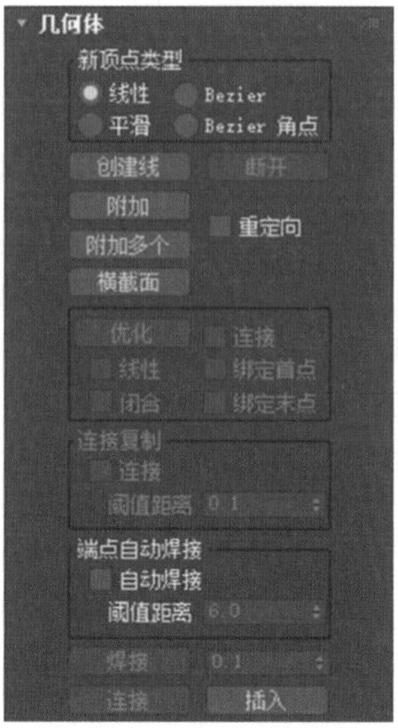

图 3-72 对象层级的【几何体】卷展栏

（2）平滑：平滑顶点又称为平滑点，是平滑、连续、没有尖锐角度的顶点。平滑顶点处的曲率是由相邻顶点的间距决定的，如图 3-74 所示。

（3）Bezier：Bezier 顶点又称为 Bezier 点，是带有切线控制柄的平滑顶点。顶点的曲率由切线控制柄的方向和量级确定。切线控制柄左右相互锁定，不可单独调整，如图 3-75 所示。

（4）Bezier 角点：带有不连续的切线控制柄的顶点，用于创建锐角转角。线段离开转角时的曲率是由切线控制柄的方向和量级确定的。其左右控制柄相互独立，可以单独调整，如图 3-76 所示。

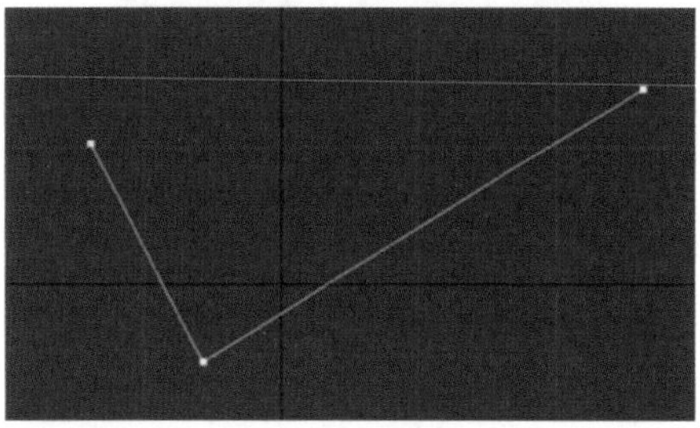

图 3-73 线性

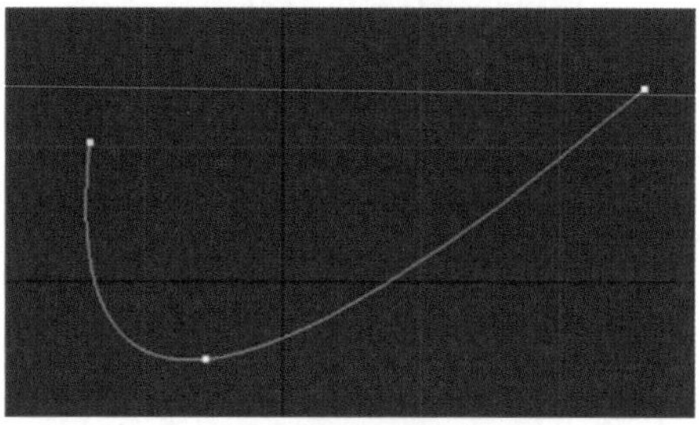

图 3-74 平滑

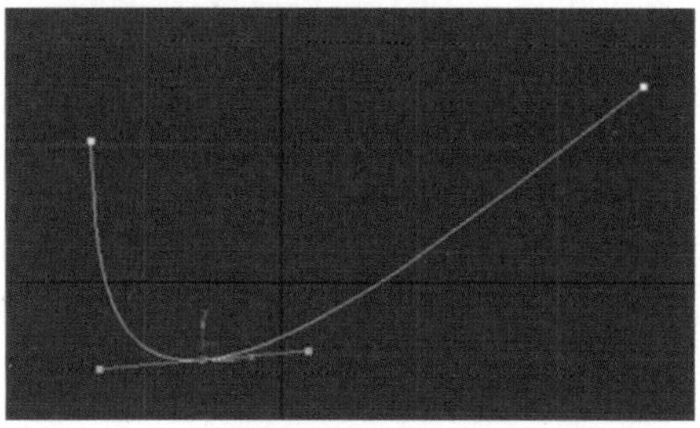

图 3-75 Bezier

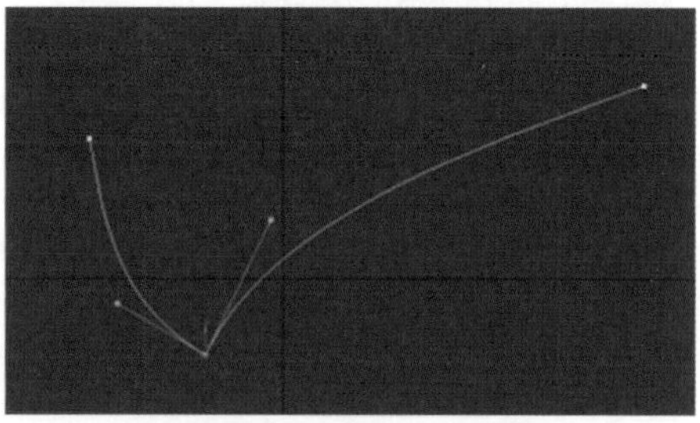

图 3-76 Bezier 角点

如果需要对任意顶点进行类型调整，可以在选中顶点后右击，选择顶点类型，如图 3-77 所示。不同类型的顶点，可以有效地对二维图形进行细化。

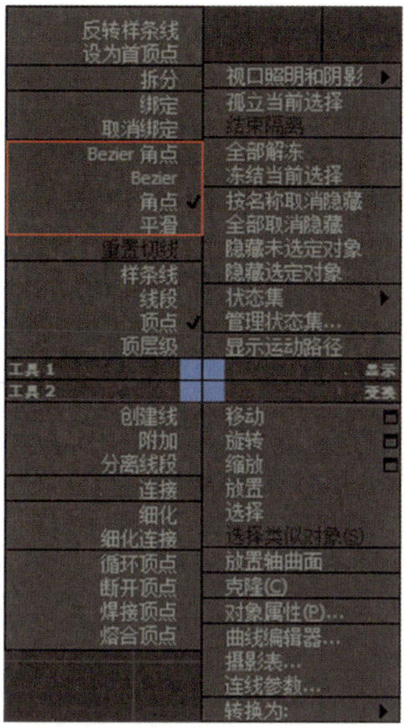

图 3-77　选择顶点类型

【创建线】：为本样条线对象添加更多样条线子对象，【创建线】相当于取消选中【开始新图形】后创建【线】的方法，其所添加的每一条样条线都是独立的样条线子对象。创建结束后，需右击退出创建状态。

【附加】：将场景中的其他二维图形对象附加到本样条线对象中，成为本样条线对象的样条线子对象（注意：原二维图形对象将在场景中消失），如图 3-78 所示。

使用方法：单击启用【附加】，单击要附加的其他二维图形对象，即可完成附加，附加完毕后，需右击退出附加状态。

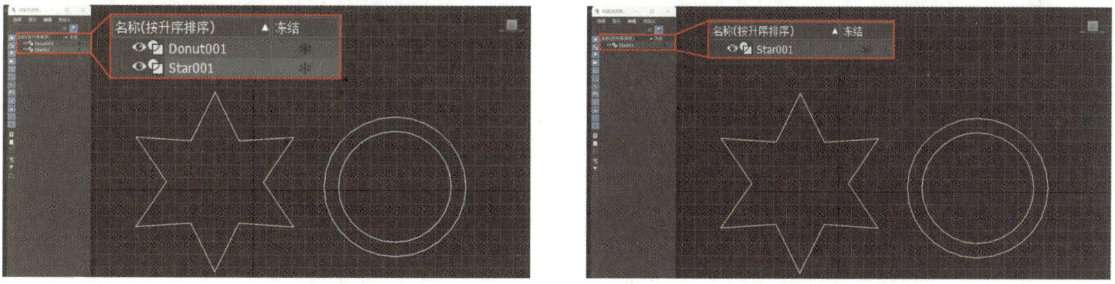

图 3-78　将圆环附加到星形，圆环从场景中消失，成为星形的子对象

【附加多个】：单击此选项后，会弹出【附加多个】对话框，其中包含场景中所有其他图形对象的名称列表，选择需要附加的多个二维图形对象，单击【确定】，即可批量完成附加操作。附加后，被附加的原二维图形对象将在场景中消失，因为它已经成为本样条线对象的样条线子对象。

【重定向】：选中此选项后，将重定向新附加样条线的坐标位置，使新附加的样条线的局部坐标系与原二维图形的局部坐标系对齐。

【横截面】：单击【横截面】，依次选择两个样条线子对象，将创建连接这两个样条线子对象的样条线。

【端点自动焊接】组如图 3-79 所示。

图 3-79 【端点自动焊接】组

（1）【自动焊接】：启用后，会自动焊接同一样条线中【阈值距离】范围内移动的端点。

注意： *首先，必须是同一样条线中的端点才能自动焊接，而非所有端点。其次，端点需要移动，才会进行自动焊接。*

（2）【插入】：插入一个或多个顶点，从而创建新的线段。插入顶点会改变原线段的曲率，如图 3-80 所示。

使用方法：单击线段中的任意一处，即可插入一个顶点，此时这个顶点附着在光标上，移动光标即将顶点移动到新的位置，单击，将顶点插入这个位置，顶点的插入操作便完成了。重复移动光标，单击添加新的顶点，即可完成多个顶点的插入操作。单击时，新添加的顶点的类型为角点；单击并拖动鼠标时，新添加的顶点的类型为 Bezier 点。插入顶点完毕后，右击退出本次【插入】操作，但还没有完全退出【插入】模式，需再次右击才能退出。

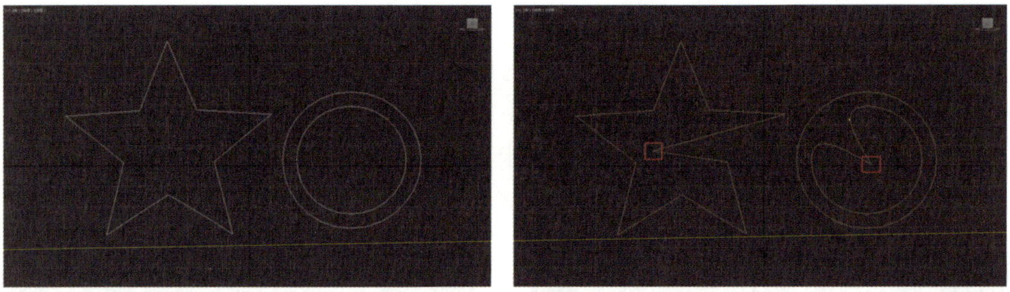

图 3-80 插入顶点

技术点四 可编辑样条线子对象层级——顶点

可编辑样条线——顶点

子对象层级主要用于从顶点、线段、样条线三个层次对样条线进行精细化编辑。

顶点子层级：在顶点子层级，可以对样条线中的单个或多个顶点进行操作。例如，移动顶点，从而改变样条线的形状；改变顶点的类型，用调整顶点的控制柄来改变曲线的曲率；对顶点进行焊接、切角、圆角等处理，实现对样条线更精细的编辑。

顶点子层级主要对样条线对象中的单个或多个顶点进行操作，包含五个卷展栏：【渲染】、【差值】、【选择】、【软选择】、【几何体】，其中只有【几何体】卷展栏的功能选项与对象层级不同，因此着重介绍顶点子层级下的【几何体】卷展栏，如图 3-81 所示。

【断开】：选定一个或多个顶点，将顶点断裂为两个端点，从而拆分样条线。拆分后，如果形成新的样条线子对象，则这些样条线子对象之间相互独立，如图 3-82 所示。

【优化】组如图 3-83 所示。

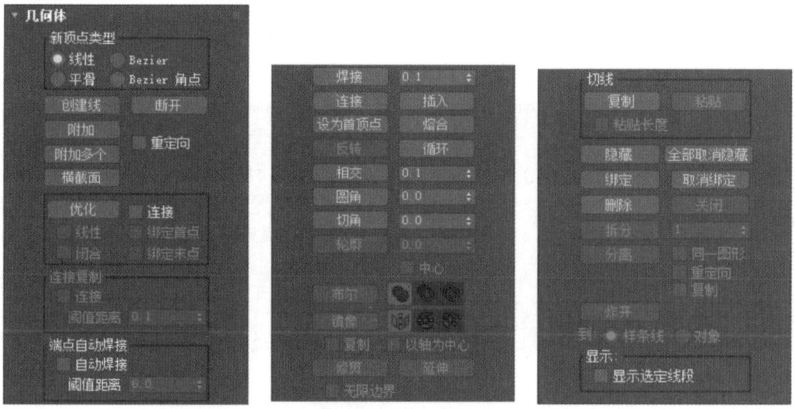

图 3-81　顶点子层级的【几何体】卷展栏

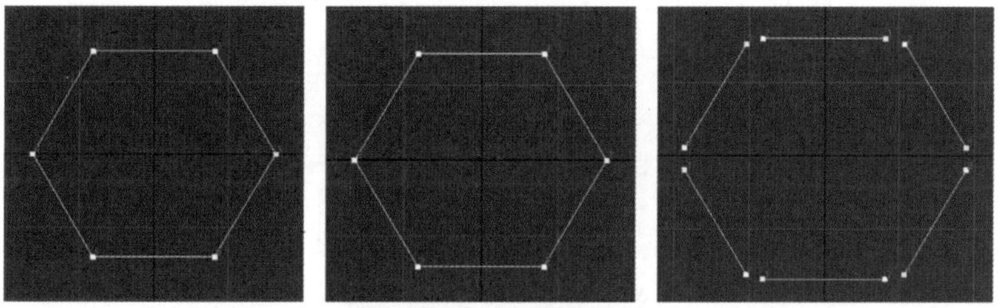

图 3-82　断开全部顶点，形成六个样条线子对象

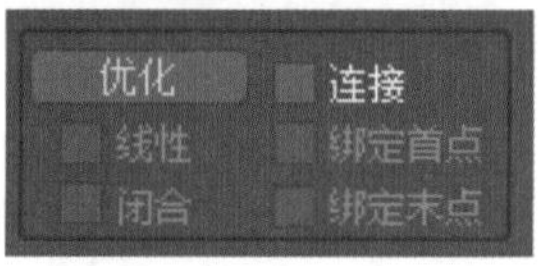

图 3-83　【优化】组

（1）【优化】：用于在不改变样条线曲率的情况下添加顶点（这一点与【插入】不同）。单击【优化】，当光标靠近样条线时，会变为“+”符号），在样条线上单击，即可添加新的顶点。添加完毕后，需右击退出优化状态。

（2）【连接】：启用时，【优化】创建的新顶点会在原地复制一个副本，新顶点之间按顺序连接，形成一个新的样条线子对象；不启用时，【优化】添加的新顶点则插入原样条线子对象中。

在启用【连接】之后、开始【优化】之前，可以启用以下任意选项组合。

①【线性】：启用后，【连接】创建的新样条线中的顶点都为线性顶点（即角点）。禁用时，新样条线中的顶点都是平滑顶点。

②【绑定首点】：启用后，会在优化操作中将第一个顶点默认绑定到所选线段的中心。

③【闭合】：启用后，连接新样条线中的第一个顶点和最后一个顶点，形成闭合的样条线。默认为禁用状态，即【连接】创建一个开口的样条线子对象。

④【绑定末点】：启用后，会在优化操作中将最后一个顶点绑定到所选线段的中心。

【焊接】：将两个端点或同一样条线中的两个相邻的顶点转化为一个顶点。

使用方法：先选择两个端点，将它们移近，然后单击【焊接】，如图 3-84 所示。旁边的微调器为【焊接阈值】，所选的两个端点之间的距离必须在阈值范围内才可以完成焊接操作，否则无法完成。另外，也可以选择一组相邻的顶点进行焊接，只要相邻的顶点在阈值范围内即可，如图 3-85 所示。

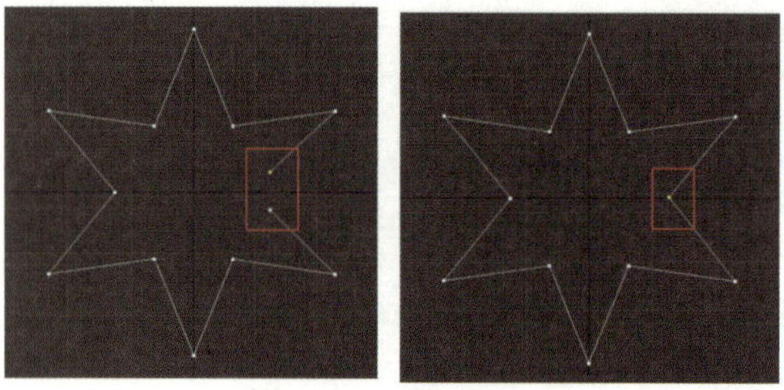

图 3-84　焊接两个端点

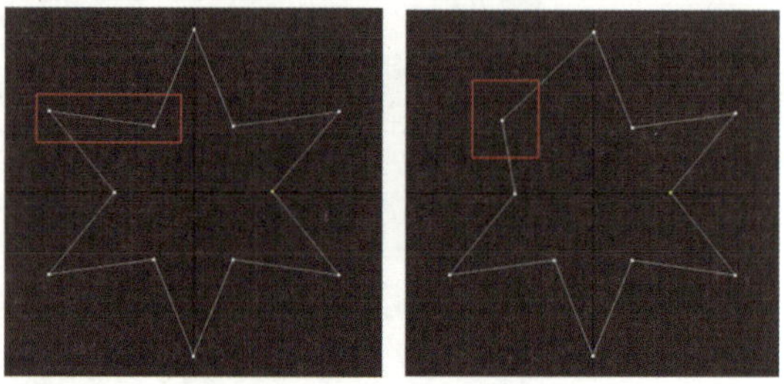

图 3-85　焊接两个相邻的顶点

【连接】：连接两个端点，生成一条新的线段，如图 3-86 所示。

使用方法：单击【连接】，将光标移动到某个端点，此时光标会变成“+”符号，按住鼠标左键拖动，从这个端点拖动到另一个端点，连接完成。

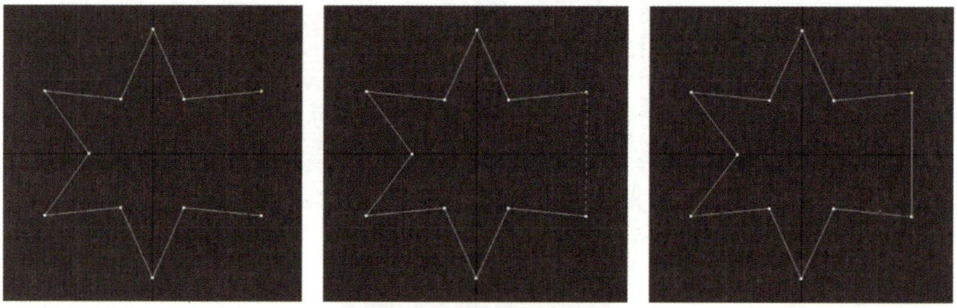

图 3-86　连接两个端点

【设为首顶点】：指定某个顶点是该图形的第一个顶点。在开口样条线中，首顶点必须是一个端点，在闭合样条线中，它可以是任何顶点。

【熔合】：将所有选中的顶点移动至它们的平均位置中心。此操作只是移动顶点的位置，不会对顶点进行焊接操作。

【循环】：按逆时针顺序逐一选择顶点。选择同一样条线中的某个顶点，重复单击【循环】，最终选中所需要的顶点。

提示：查看【选择】卷展栏中【显示】组的信息，可以确定选到了哪个顶点。

【相交】：在两条样条线子对象的相交处添加新的顶点。

使用方法：单击【相交】，然后单击两条样条线之间的相交处，则在两条样条线的该位置处均添加一个顶点。【相交】旁边的阈值微调器，用于设置相交的阈值范围。

注意：【相交】不会连接两条样条线，而是在它们的相交处添加一个新的顶点。

【圆角】：对相邻线段交汇处的顶点进行圆角处理，将顶点替换为一条圆弧线段，与原相邻线段相接，如图 3-87 所示。圆弧的大小取决于【圆角】微调器所设置的数值。

快捷操作：除了通过微调器设置圆角量，还可以在单击【圆角】后，在视口中对目标顶点进行拖动设置。拖动设置圆角时，【圆角】微调器也会随时更新，指示当前的圆角量。

【切角】：对相邻线段交汇处的顶点进行切角处理，将顶点替换为一条直线线段，与原相邻线段相接，如图 3-88 所示，【切角】的原理和用法与【圆角】完全相同。

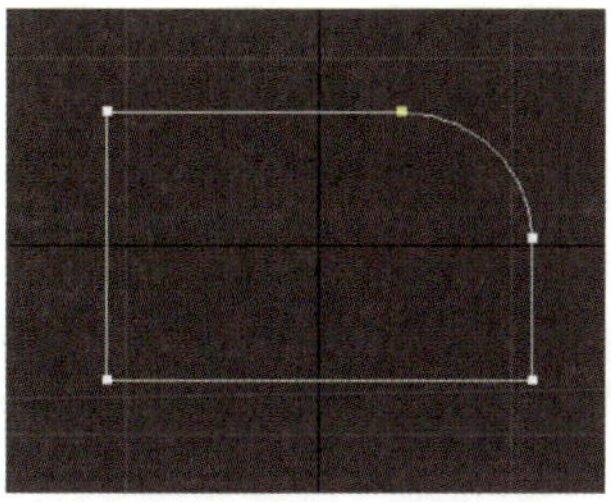
图 3-87　圆角

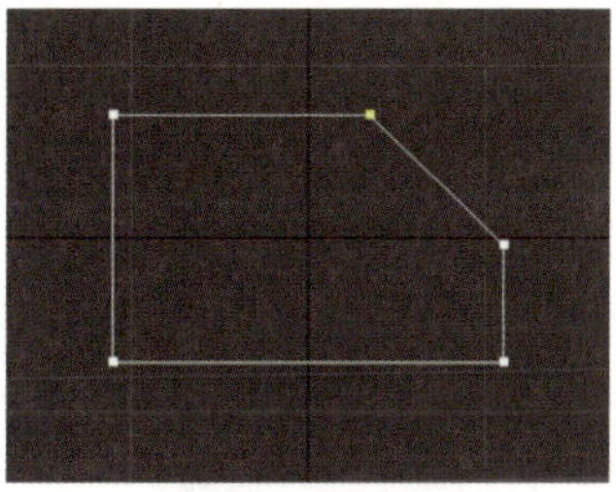
图 3-88　切角

注意：【圆角】和【切角】可以应用于任何类型的顶点，而不只是角点或 Bezier 点，相邻线段也不必是线性的。

【切线】组：用于将一个顶点的控制柄复制并粘贴到另一个顶点，如图 3-89 所示。

图 3-89 【切线】组

使用方法：首先，启用【复制】，选择一个控制柄，此操作是对所选的控制柄进行复制。其次，启用【粘贴】，单击一个或多个控制柄，即可将复制的控制柄粘贴到此处，这些控制柄的方向便与复制的控制柄完全一致。选中【粘贴长度】后，还会复制控制柄的长度。

【隐藏】：隐藏所选的顶点和任何相连的线段。

使用方法：选择一个或多个顶点，然后单击【隐藏】。

【全部取消隐藏】：显示所有隐藏的子对象。

【绑定】：绑定顶点到线段。

使用方法：单击【绑定】，选择任意端点，拖动到任意与该端点不相连的线段处，在拖动过程中，会出现一条虚线连接顶点和当前鼠标的位置，释放鼠标，顶点会跳至该线段的中心，并绑定到该中心。

【取消绑定】：断开绑定。可以选择一个或多个绑定顶点，进行【取消绑定】操作。

【删除】：删除所选的一个或多个顶点，以及每条与顶点相连的线段。

【显示】组如图 3-90 所示。

图 3-90 【显示】组

【显示选定线段】：启用后，顶点子层级会高亮显示线段子层级中选中的线段。默认为禁用状态，即仅在线段子层级中高亮显示选中的线段。此功能主要用于查看相对复杂的曲线。

技术点五　可编辑样条线子对象层级——线段

线段子层级：在线段子层级，主要是对单条或多条线段进行操作。例如，移动或删除线段；对线段进行分离操作，使其从原来的样条线中独立出来，成为一个新的样条线对象。

通过线段子层级，可以对样条线中的一条或多条线段进行细化编辑和操作。线段子层级包含六个卷展栏：【渲染】、【曲面属性】、【插值】、【选择】、【软选择】和【几何体】。

可编辑样条线——线段

其中，【曲面属性】卷展栏主要对线段的材质贴图进行编号设置，如图 3-91 所示。下面重点介绍线段子层级下的【几何体】卷展栏，如图 3-92 所示。

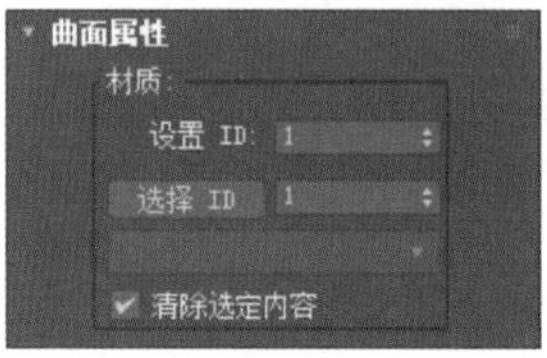

图 3-91 【曲面属性】卷展栏

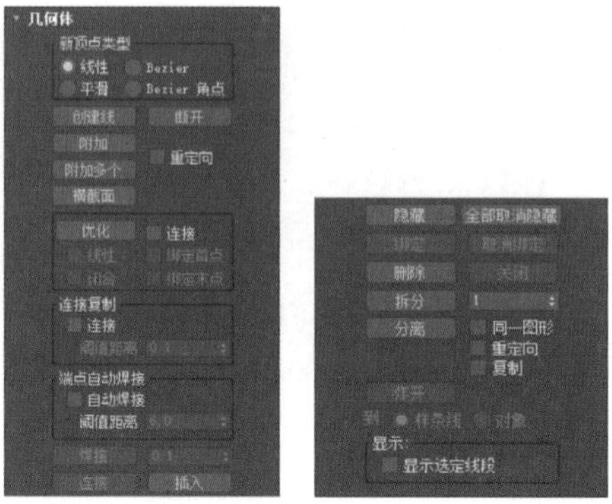

图 3-92 线段子层级下的【几何体】卷展栏

【断开】：用于在线段上插入断裂点。启用时，光标靠近任意线段会变成“X”符号，单击线段上的任意一处，即可在该处插入两个重叠的端点，将该线段拆分成两条线段。

【优化】组：该组的功能与顶点子层级中的【优化】组完全相同，不再赘述。

图 3-93 【连接复制】组

【连接复制】组如图 3-93 所示。

（1）【连接】：不启用时，按住 Shift 键克隆线段，新克隆的线段会成为一个独立的样条线子对象，且新克隆的线段不会与原线段相连接，如图 3-94 所示。启用时，按住 Shift 键克隆线段，新克隆的线段会与原线段相连接，且新克隆的线段与连接线都是独立的样条线子对象，如图 3-95 所示。

（2）【阈值距离】：设置【连接复制】时将连接的顶点的距离。

图 3-94 未选中【连接】复制（线段）

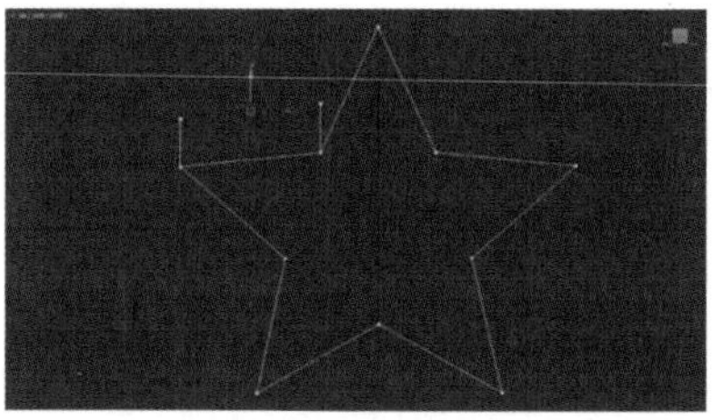

图 3-95 选中【连接】复制（线段）

【隐藏】：隐藏选定的线段。

【全部取消隐藏】：显示所有隐藏的子对象。

【删除】：删除选中的线段。

【拆分】：将一条线段拆分成多条，右侧的微调器用于设置拆分需要插入的顶点数量，如图 3-96 所示。

【分离】：将选中的一条或多条线段，从当前的样条线对象中分离，成为独立的样条线对象或样条线子对象。这里包含以下三个选项。

（1）【同一图形】：选中后，分离的线段将独立成为本样条线对象的一个样条线子对象；不选中时，分离的线段将独立成为一个新样条线对象，创建新样条线对象时会弹出一个窗口，用于确定新样条线对象的名称，如图 3-97 所示。

图 3-96 拆分（插入五个顶点）

（2）【重定向】：选中【同一图形】时，本选项不可用，因此只有当分离为新样条线对象时，本选项才可用。选中时，分离的样条线将复制原对象创建的局部坐标系。

（3）【复制】：分离时，先创建线段的副本，将副本分离为独立的样条线对象或样条线子对象，原样条线保持不变。

图 3-97 分离（不选中【同一图形】）

技术点六 可编辑样条线子对象层级——样条线

可编辑样条线——样条线

样条线子层级：在样条线层级，对一个或多个样条线子对象进行整体的编辑操作，如设置样条线的轮廓，使其产生双线效果；对样条线进行布尔运算，与其他样条线进行合并、相交或相减等操作，以创建复杂的形状；此外，还可以进行镜像、复制等操作。

在样条线子层级，可以对一个或多个样条线子对象进行细化编辑和操作。样条线子层级包含六个卷展栏：【渲染】、【曲面属性】、【插值】、【选择】、【软选择】和【几何体】，其中，【曲面属性】卷展栏主要对样条线子对象的材质贴图进行编号设置。样条线子层级的【几何体】卷展栏如图 3-98 所示。

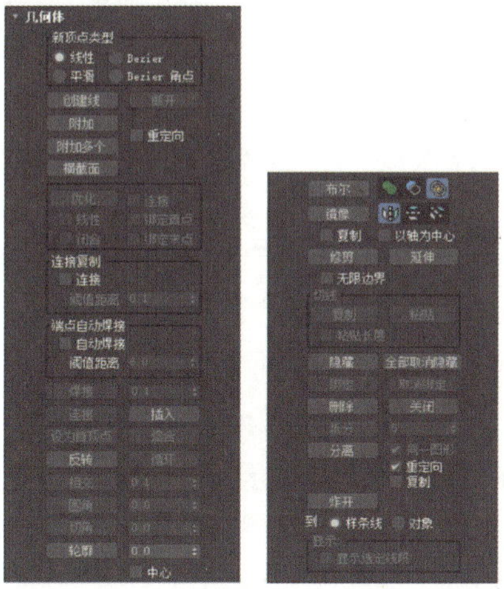

图 3-98 样条线子层级的【几何体】卷展栏

【连接复制】组。

（1）【连接】：启用后，按住 Shift 键克隆样条线子对象时，新样条线的顶点会与原样条线对应的顶点相连接，且新样条线与连接线都是独立的样条线子对象，图 3-99 所示为未选中【连接】时克隆样条线子对象的效果，图 3-100 所示为选中【连接】后克隆样条线子对象的效果。

（2）【阈值距离】：设置【连接复制】时将连接的顶点的距离。

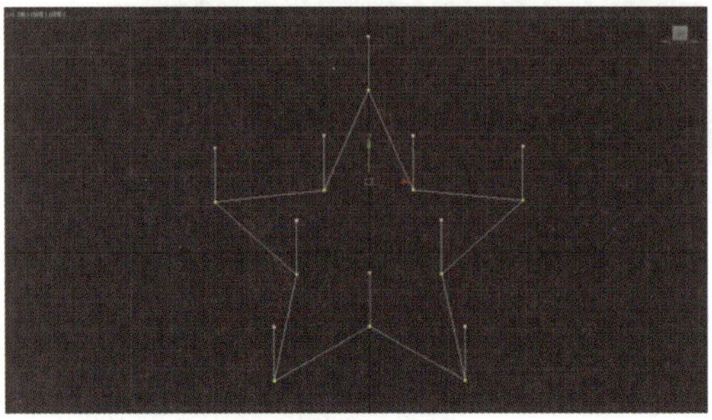

图 3-99　未选中【连接】复制（样条线）

图 3-100　选中【连接】复制（样条线）

【反转】：反转所选样条线的方向。在默认情况下，顶点的编号顺序是逆时针，反转后将编号顺序改为顺时针。

【轮廓】：制作样条线的副本，副本向内收缩或向外扩张，偏移量由右侧的微调器设置。

使用方法：可以使用微调器动态地调整轮廓偏移量，也可以单击【轮廓】，拖动样条线，动态调整偏移量。如果样条线本身是开口的，生成的轮廓会将样条线闭合，如图 3-101、图 3-102 所示。

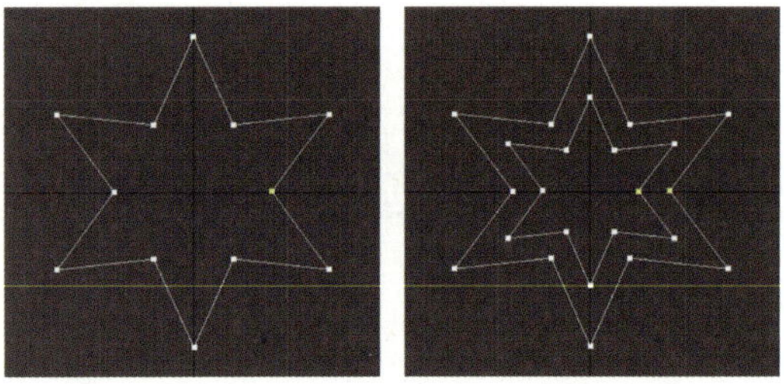

图 3-101　为星形添加轮廓（闭合样条线）

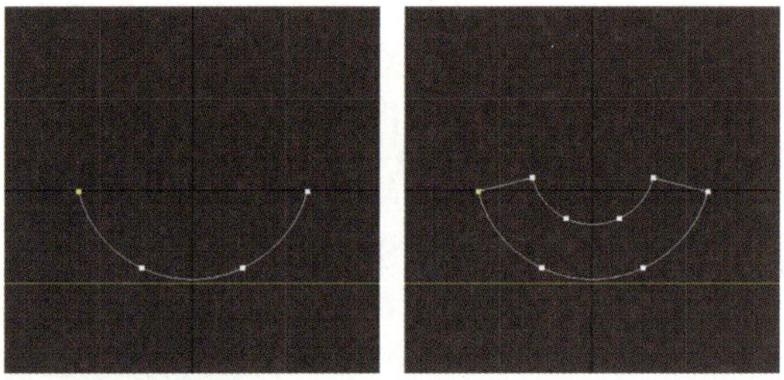

图 3-102　为弧添加轮廓（开口样条线）

【中心】：禁用时，保持原样条线的位置不变，只对轮廓偏移指定的距离。如果启用，原样条线和轮廓共同偏移，一个向内，一个向外，共同达到指定的偏移量。

【布尔】：二维样条线可以进行布尔操作，将两个闭合的样条线子对象组合在一起，进行交集、并集和差集操作，以下为使用方法。

（1）选中第一个样条线子对象。

（2）选择布尔操作的类型（并集、差集和交集），单击【布尔】。

（3）选择第二个样条线子对象，完成布尔操作。

布尔操作前的圆和星形如图 3-103 所示。布尔操作的类型如下。

（1）并集：将两个重叠的样条线子对象组合为一个样条线子对象，将重叠的部分删除，只保留不重叠的部分，如图 3-104 所示。

（2）交集：只保留两个样条线子对象之间的重叠部分，删除其余不重叠的部分，如图 3-105 所示。

（3）差集：从第一个样条线子对象中减去与第二个样条线子对象重叠的部分，并删除第二个样条线中的剩余部分，如图 3-106、图 3-107 所示。

注意：样条线【布尔】运算只能在同一平面中的 2D 样条线上使用。

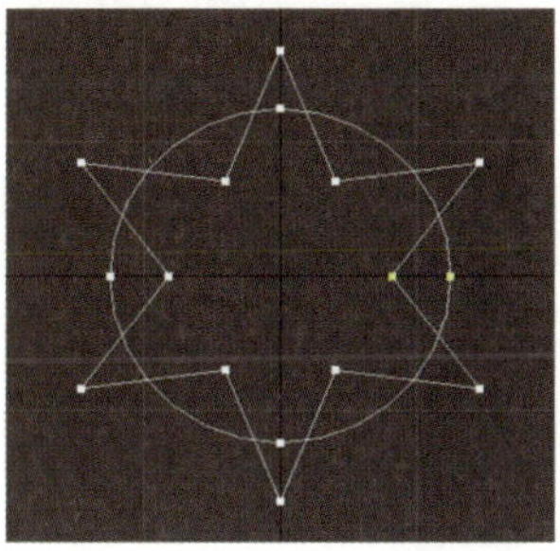

图 3-103　圆和星形

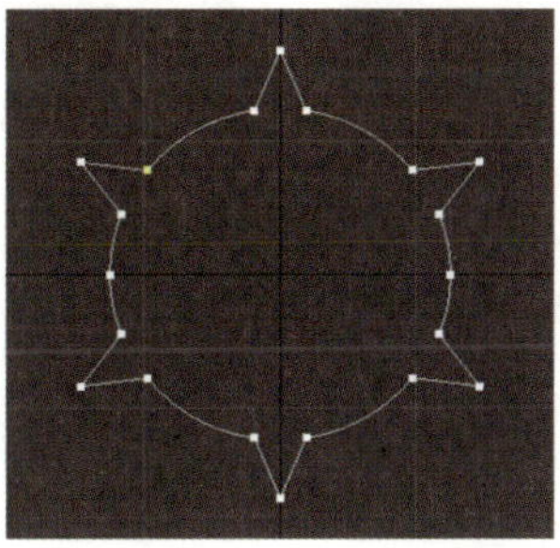

图 3-104　并集

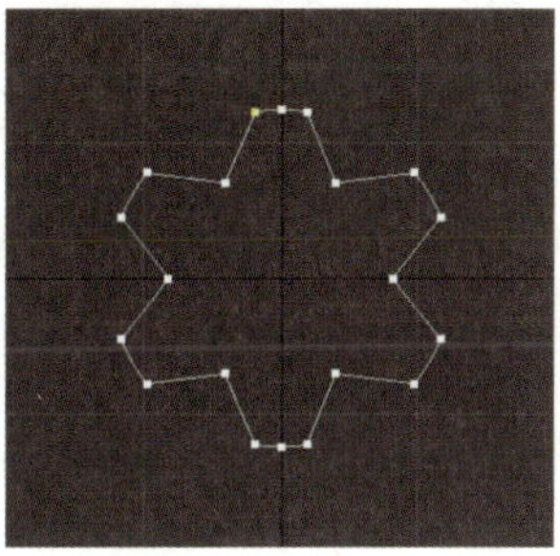

图 3-105　交集

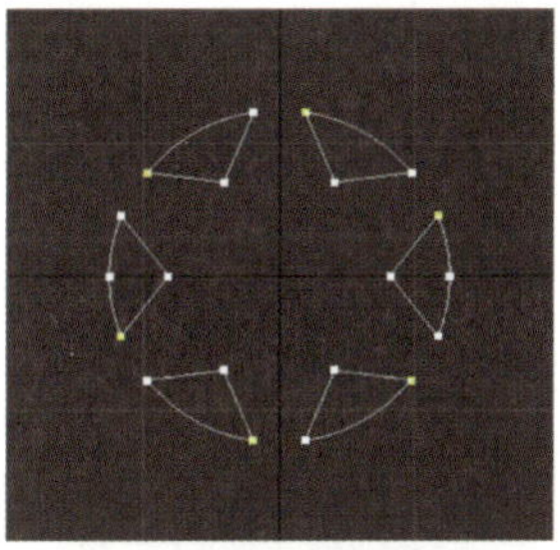

图 3-106　差集（圆 – 星形）

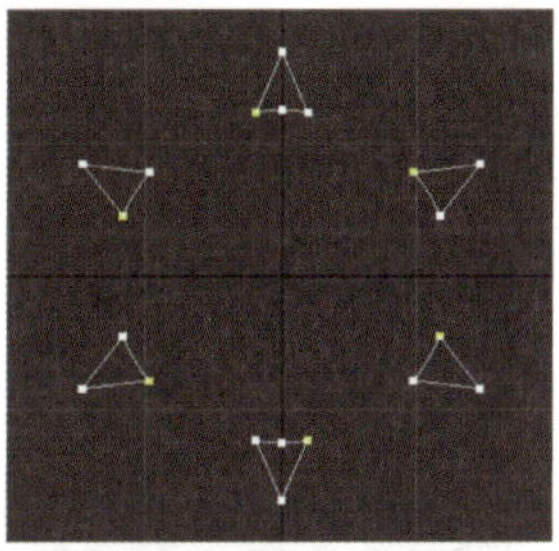

图 3-107　差集（星形 – 圆）

【镜像】：沿（水平）、（垂直）、（对角）方向，镜像复制样条线子对象。

使用方法：首先选中样条线子对象，选择要镜像的方向，然后单击【镜像】，即可得到镜像后的样条线子对象。

（1）【复制】：选中后，复制样条线子对象，并对副本进行【镜像】操作，保留原样条线子对象不变。

（2）【以轴为中心】：选中后，以样条线对象的轴点为中心进行【镜像】操作。禁用后，以样条线对象的几何体中心为中心进行【镜像】操作。

【修剪】：清理样条线子对象之间的重叠部分，并使产生的端点接合在相交的线段上，形成新的顶点。若要进行修剪，需要确保样条线子对象之间存在相交区域，如图 3-108 所示。

使用方法：启动【修剪】，单击要删除的线段，3ds Max 会沿着该线段进行搜索，找到与之相交的线段，删除该线段至二者的交点位置，如图 3-109、图 3-110 所示。

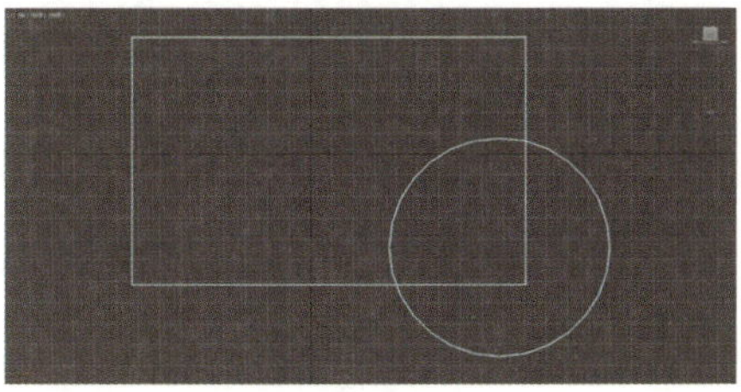

图 3-108　矩形和圆

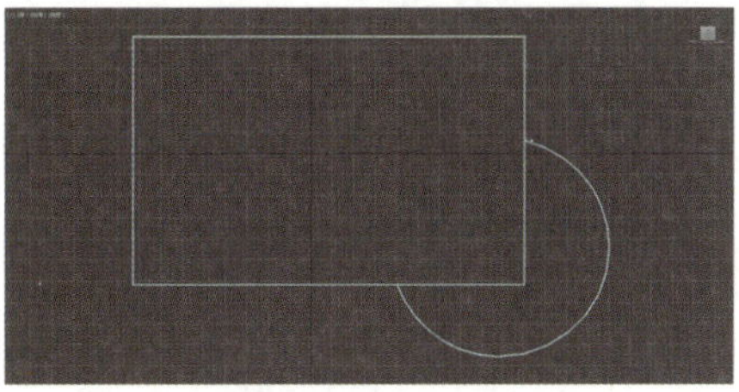

图 3-109　修剪圆

【延伸】：将样条线中开口的端点延伸，使其接合到一条可以相交的线段上。开启【延伸】后，单击端点，如果有可以相交的线段，端点会延伸出一条直线段至该线段上，如果没有可以相交的线段，则不会发生任何情况，如图 3-111 所示。

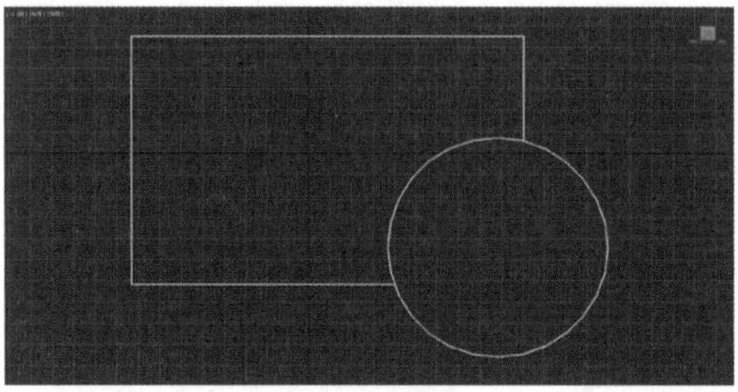

图 3-110　修剪矩形

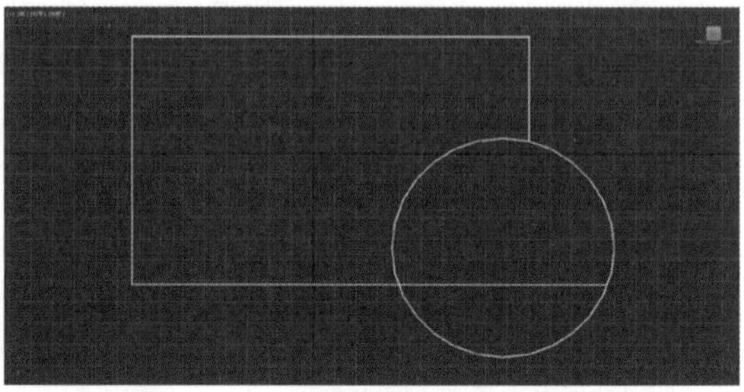

图 3-111　延伸矩形的底边线段

（3）【无限边界】：启用此选项后，将开口线段视为无限长，只要端点与开口线段的延长线有相交的可能，就可以创建【延伸】线段。

【隐藏】：隐藏选定的一个或多个样条线子对象。

【全部取消隐藏】：显示所有隐藏的子对象。

【删除】：删除选中的样条线。

【关闭】：将开口的样条线子对象的端点相连接，从而闭合该样条线，如图 3-112 所示。

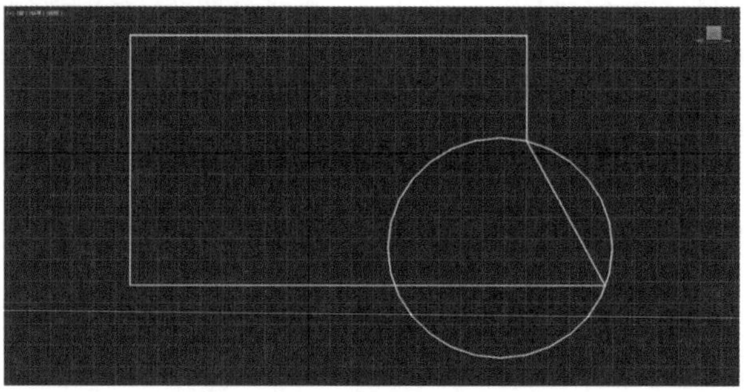

图 3-112　关闭矩形样条线

【分离】：将选中的样条线子对象从当前的样条线对象中分离，使其成为新的样条线对象。这里包含两个选项，具体如下。

（1）【重定向】：选中时，分离的样条线对象将复制原样条线对象所创建的局部坐标系。

（2）【复制】：分离时，创建样条线的副本，并将其分离为独立的样条线对象，原样条线保持不变。

【炸开】：将样条线子对象中的每一条线段分离为独立的样条线子对象或样条线对象。该功能与【分离】样条线中的每条线段的效果相同，但更节约时间。通过选择“到【样条线】”和“到【对象】”，可以确定分离后的对象是样条线子对象还是样条线对象。

任务 2 制作工业文字

项目 3 任务 2
任务实施

任务实施

制作工业文字的效果，如图 3-113 所示。

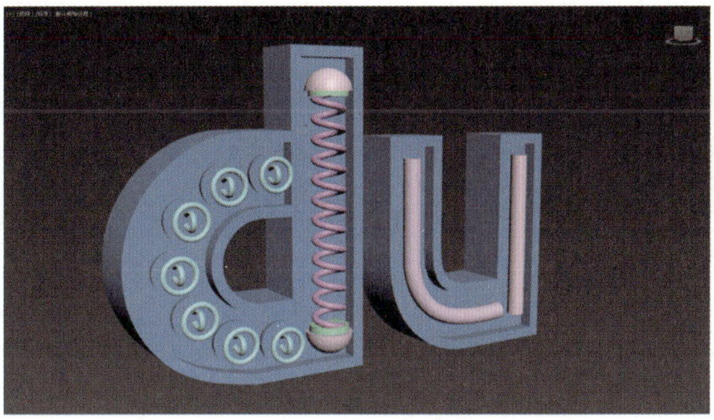

图 3-113 制作工业文字的效果图

（1）在【前视图】中，创建一个文本，修改其文字内容为【du】，字体为【Bauhaus 93】，将其转换为可编辑样条线，进入顶点子层级，在【选择】卷展栏中选中【显示顶点编号】，效果如图 3-114 所示。

（2）修改 12 号顶点的类型为角点，向上移动，使其在 Y 轴上与 13 号顶点对齐。修改 13 号顶点的类型为平滑点。选中 11、12 号顶点，向右移动，使它们与 1 号和 18 号顶点之间的线段对齐，如图 3-115 所示。

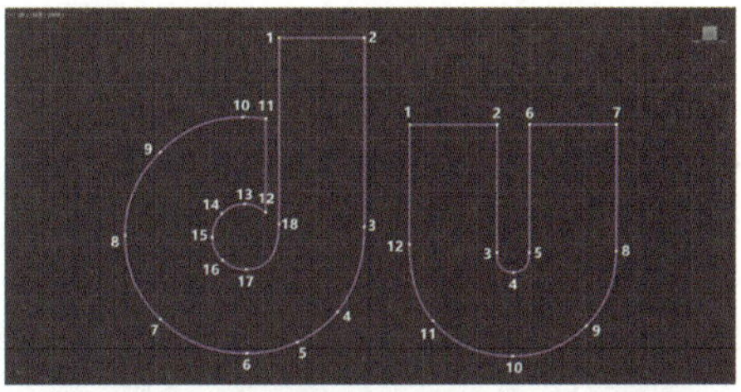

图 3-114 将文字转换为可编辑样条线

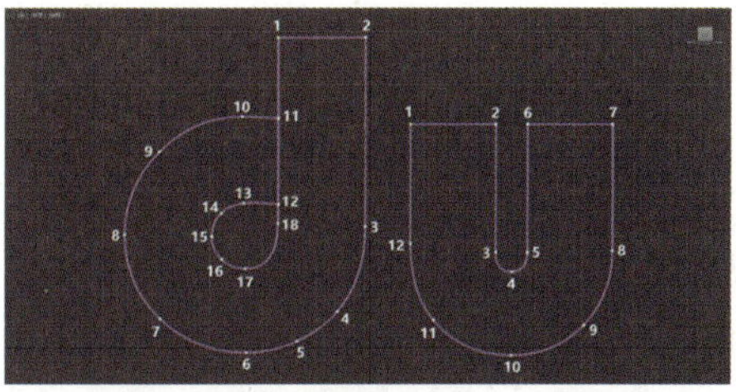

图 3-115 右移 11、12 号顶点

（3）进入线段子层级，删除 17、18 号顶点和 4 ～ 7 号顶点之间的线段，如图 3-116 所示。

（4）进入样条线子层级，选中【无限边界】，单击【延伸】，对 1 号和 2 号、3 号和 4 号顶点之间的线段进行延伸，必要时延伸两次，使线段延伸至字母 d 的底部，如图 3-117 所示。

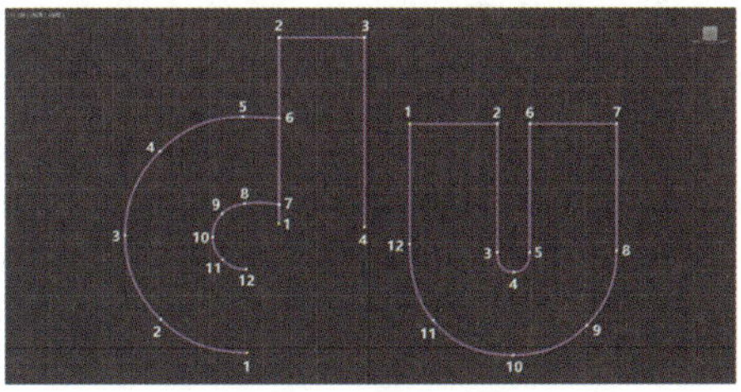

图 3-116 删除线段

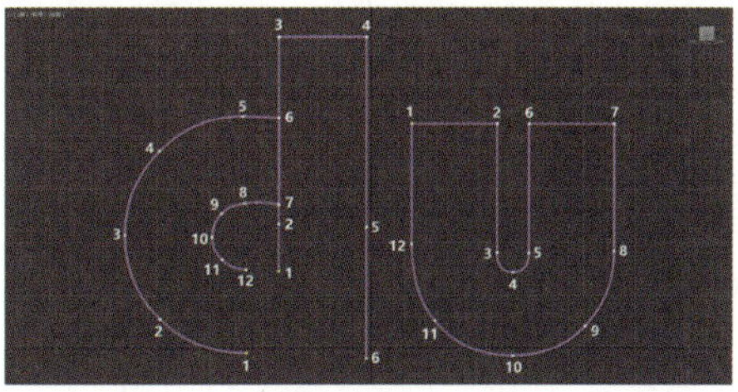

图 3-117 使线段延伸至字母 d 的底部

（5）用同样的方法，延伸字母 d 左侧部分的 1、2 号顶点和 11、12 号顶点之间的线段，使它们与右侧的线段相连接，如图 3-118 所示。

（6）此时，字母 d 存在 4 个顶点的位置重叠，分别是 1 号和 14 号顶点、1 号和 6 号顶点，它们分别属于两个样条线子对象，且都是端点，因此，可以对它们进行【焊接】操作。选中这 4 个顶点，调整【焊接阈值】至合适的大小，单击【焊接】，位置重叠的两个顶点便合二为一。此时，字母 d 的整个样条线闭合，成为一个样条线子对象，一共包含 18 个顶点，如图 3-119 所示。

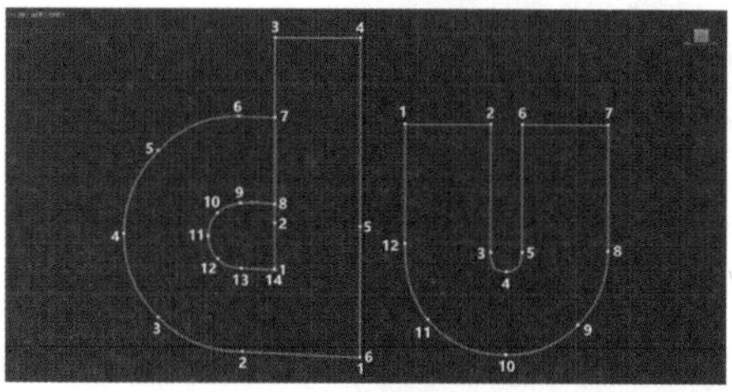

图 3-118　延伸线段

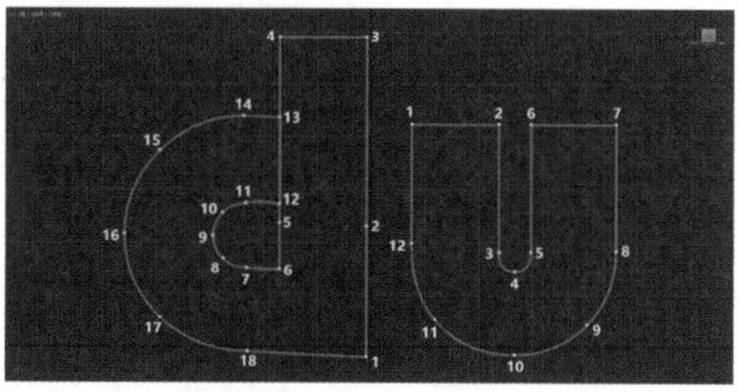

图 3-119　焊接顶点

（7）微调字母 d 中顶点的位置和类型，使其贴近工业场景模型。例如，修改 6 号顶点为角点类型，向上平移至与 7 号顶点平齐；修改 18 号顶点为平滑点，最终效果如图 3-120 所示。

（8）用同样的方法将字母 u 调整为图 3-120 所示的效果。

（9）为样条线对象添加【挤出】修改器，将挤出数量设置为 7。

（10）按 Ctrl+V 键克隆当前对象，选择【复制】对象，此时场景中便存在两个完全相同的对象。选中其中一个对象，右击选择【隐藏】，对剩下的对象进行以下操作。

（11）在修改面板中，右击【挤出】修改器并删除。

（12）进入可编辑样条线的样条线子层级，选中两个样条线子对象，单击【轮廓】，在右侧的微调器中输入【3】，效果如图 3-121 所示。

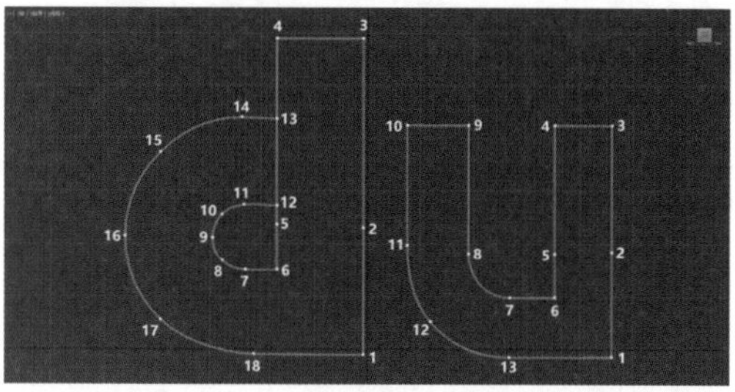

图 3-120　样条线 1 的最终效果

图 3-121　为样条线子对象添加【轮廓】

（13）进入线段子层级，选中字母 d 内侧 12、13 号顶点之间的线段，向右平移至外侧 12、13 号顶点之间的线段，注意不要超过外侧的线段，无限接近即可。

（14）再次添加【挤出】修改器，将挤出数量设置为 4，效果如图 3-122 所示。

（15）在场景中的任意位置，右击选择【全部取消隐藏】，调整轮廓对象和原对象的位置，使轮廓对象放置于原对象的前面。调整两个对象的颜色为蓝色，效果如图 3-123 所示。将二者设置为【组】。

（16）在【前视图】中创建一个球体，设置【颜色】为蓝色，修改其【半径】为 3.5，【半球值】为 0.5，沿 X 轴旋转 180°，作为灯泡的底座，移动到合适的位置。

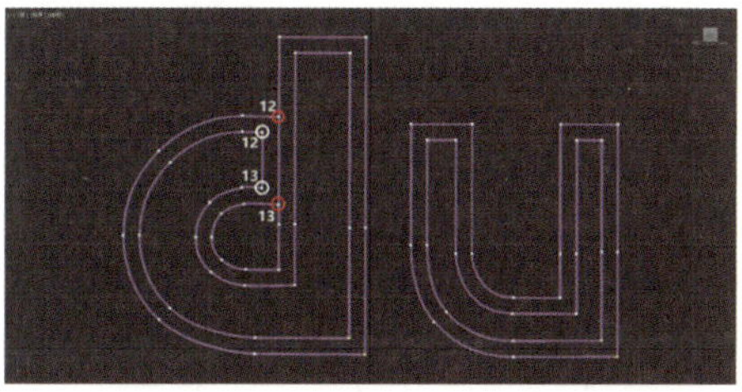

图 3-122　再次添加【挤出】修改器

图 3-123　调整两个对象的颜色为蓝色

（17）在【左视图】创建一个卵形（取消选中【轮廓】)，设置【长度】为 3.75，【宽度】为 2.5，【渲染】选择【径向】，【厚度】为 0.9，选中【在渲染中启用】和【在视口中启用】，设置【颜色】为淡蓝色。

（18）在【前视图】创建一个圆，设置【半径】为 2.5，【渲染】选择【径向】，【厚度】为 1.0，选中【在渲染中启用】和【在视口中启用】，设置【颜色】为淡蓝色。

（19）将球体、卵形和圆设置为【组】，移动复制组，达到图 3-124 所示的效果。

（20）在【顶视图】中创建一个球体，设置其【半径】为 4，【半球值】为 0.5，移动至字母 d 的顶端。

（21）在【顶视图】中创建一个圆柱体，设置其【半径】为 3.5，【高度】为 1.2，移动至球体的下方，如图 3-125 所示。

图 3-124　移动复制组

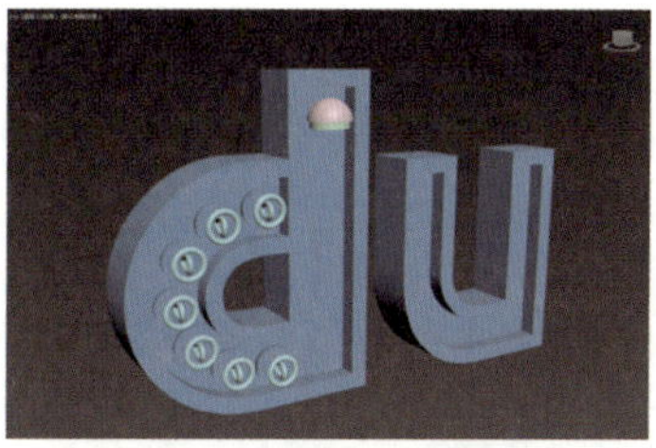

图 3-125　绘制灯管顶部

（22）沿 Z 轴镜像复制（实例）球体和圆柱体，将复制的对象移动到字母 d 的底端，如图 3-126 所示。

（23）在【顶视图】中创建螺旋线，设置【半径 1】和【半径 2】均为 2.5，【高度】为 40，【圈数】为 12.5，【渲染】选择【径向】，【厚度】为 1。将螺旋线移动至上下球体的中间，效果如图 3-127 所示。

图 3-126　镜像复制灯管顶部

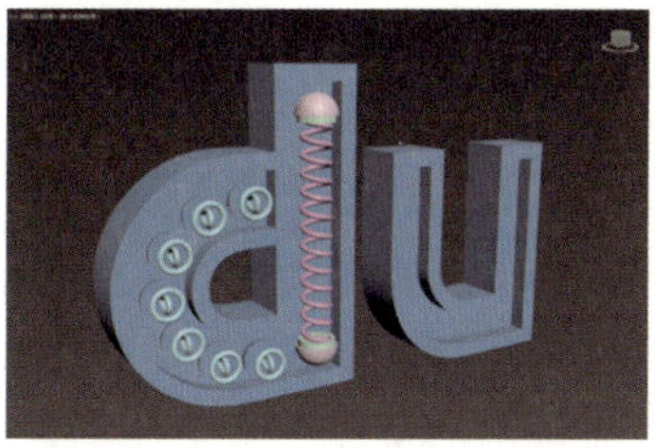

图 3-127　绘制灯丝（螺旋线）

（24）在【前视图】中绘制【线】，调整线中顶点的类型和控制柄，使其如图 3-128 所示。

（25）打开线对象的【渲染】卷展栏，选择【径向】，设置【厚度】为 3，选中【在渲染中启用】和【在视口中启用】，最终效果如图 1-129 所示。

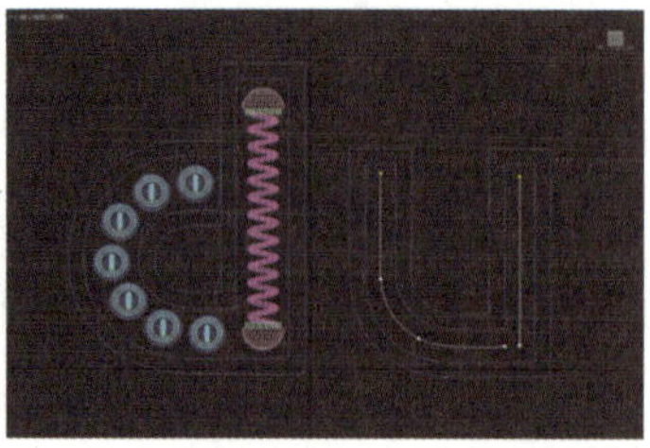

图 3-128　绘制字母 u 上的灯管

图 3-129　工业文字的效果

技术讲解

技术点一　通过【渲染】卷展栏实现二维转三维

将二维图形转换为三维模型的常用方法有两种：第一种是利用样条线的【渲染】卷展栏；第二种是利用修改器。【渲染】卷展栏已在本项目的任务 1 中讲解，下面通过案例运用该功能。

案例应用

使用线并通过设置其【渲染】卷展栏的参数，制作创意椅子，效果如图 3-130 所示。

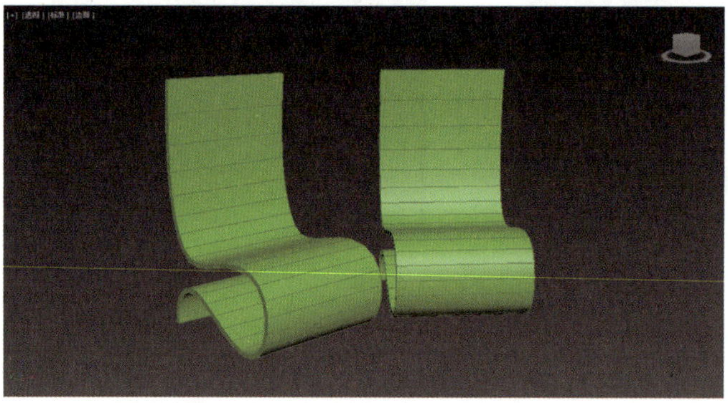

图 3-130　创意椅子的效果图

3-1：创意椅子

车削修改器

技术点二　通过【修改器】转换——车削

常用于二维图形的修改器有挤出、车削、倒角、放样等，为二维图形对象添加修改器的方法：打开二维图形的修改面板，单击【修改器列表】，找到对应的修改器，单击【添加】。添加后，可以在修改器堆栈中看到该修改器，如图 3-131 所示。

车削修改器通过绕轴旋转一个图形或曲线来创建三维模型，如高脚杯、红酒瓶等，可以通过创建二维图形的截面来建模，如图 3-132 所示。

车削修改器的子层级只有一个——轴，在此子层级上，可以进行设置、移动和旋转轴，如图 3-131 所示。车削修改器的参数面板如图 3-133 所示。

【度数】：确定对象绕轴旋转的度数，范围为 0°～360°，默认值为 360°。

【焊接内核】：通过将旋转轴中的顶点焊接来简化模型网格，常用于消除车削时旋转轴处出现的异常面。

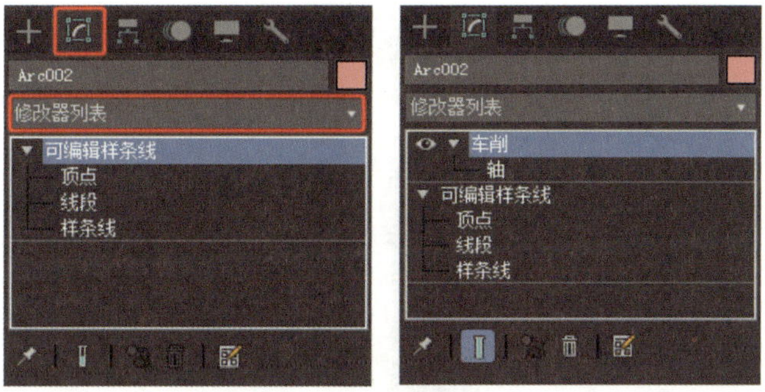

图 3-131　添加【车削】修改器

图 3-132　红酒瓶

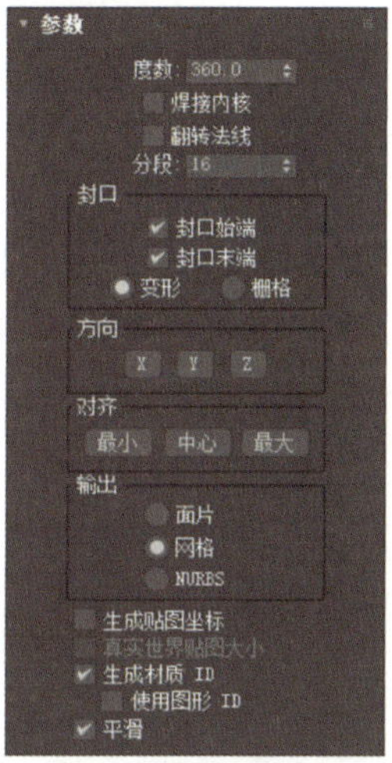

图 3-133　车削修改器的参数面板

【翻转法线】：车削时，对象可能会内外翻转，通过切换【翻转法线】可以解决内外翻转的问题。

【分段】：确定在旋转过程中，分多少条线段完成旋转。分段数越多，旋转曲面越圆滑，但面数过多，会导致程序运行负担加重，建议使用【平滑】组或【平滑】修改器达到同样的效果。

【封口】组：如果设置的车削对象的【度数】小于 360°，【封口】组控制是否在车削对象内部创建封口平面。

（1）【封口始端】：车削的起始面是否创建封口平面。

（2）【封口末端】：车削的末端面是否创建封口平面。

【方向】组：相对于对象坐标系，设置轴的旋转方向，可选 X、Y、Z 轴。

【对齐】组：将旋转轴与对象坐标系中轴向上的最小值、中心值或最大值对齐。

【平滑】：对车削图形进行平滑处理。

案例应用

使用线和车削修改器制作红酒瓶和高脚杯，效果如图 3-134 所示。

图 3-134　红酒瓶和高脚杯的效果图

3-2：
红酒瓶和高脚杯

技术点三　通过【修改器】转换——挤出

挤出修改器的作用是为二维图形对象添加【深度】属性，使其立体化，效果如图 3-135 所示。挤出修改器的参数面板如图 3-136 所示。

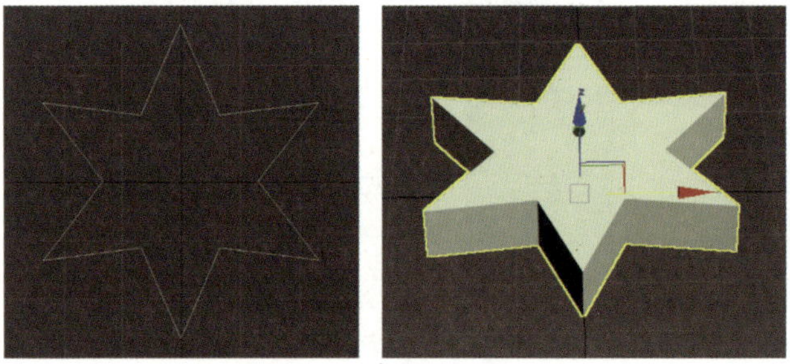

图 3-135　星形挤出的效果

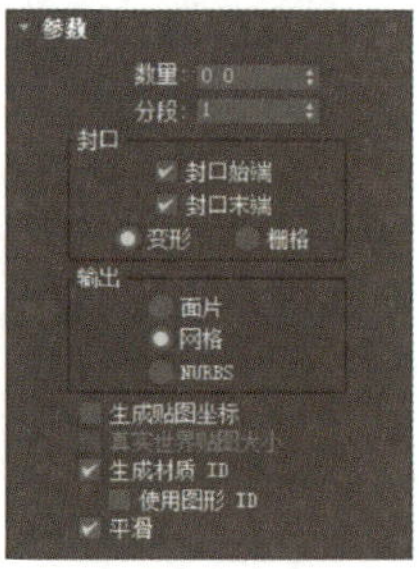

图 3-136　挤出修改器的参数面板

【数量】：设置挤出的深度。

【分段】：设置挤出深度中的分段数量。

【封口】组：对挤出对象的始端和末端进行平面封口。

【平滑】：对挤出图形进行平滑处理。

案例应用

通过创建图形并应用挤出修改器，制作创意凳子，效果如图 3-137 所示。

图 3-137　创意凳子的效果图

3-3：
创意凳子

技术点四　通过【修改器】转换——倒角

倒角修改器可将二维图形挤出最多三个级别，通过设置各级别的挤出高度、轮廓和平滑效果，对模型的边缘进行圆角或切角处理，效果如图 3-138 所示，其参数面板如图 3-139 所示。

倒角修改器

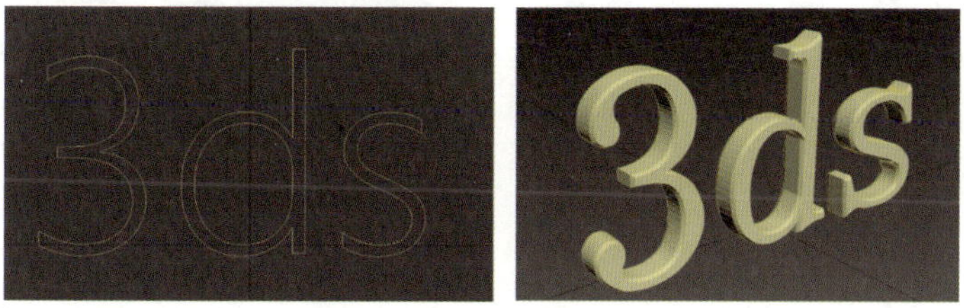

图 3-138　文字倒角的效果

倒角修改器参数的使用方法如下。

（1）创建要挤出的二维图形，如文本。

（2）添加【倒角】修改器。

（3）修改【倒角值】面板：启用级别 2 和级别 3，为级别 1、级别 2 和级别 3 分别设置高度和轮廓值。

（4）修改【参数】面板：选中【级间平滑】，即可完成对文本的【倒角】处理。

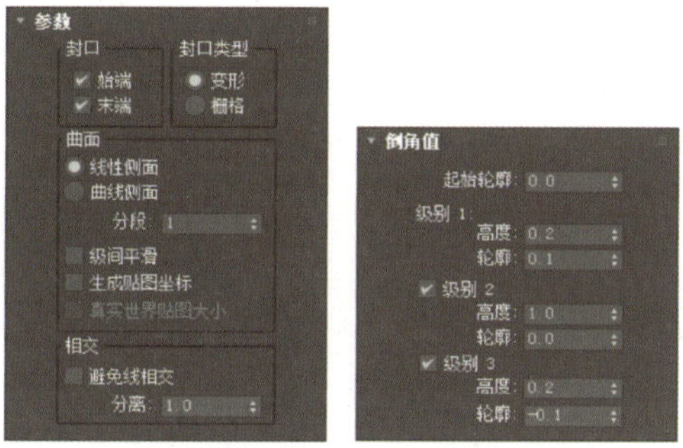

图 3-139　倒角修改器的参数面板

【封口】组：选择对始端和末端是否插入封口平面。

【封口类型】组：使用【变形】或【栅格】方法对封口进行封装。

【曲面】组：【线性侧面】将分段之间的插值线设为直线，【曲线侧面】将分段之间的插值线设为 Bezier 曲线。

【分段】：设置每个级别中的分段数量，如图 3-140、图 3-141 所示。

图 3-140　三个级别，分段均为 1

图 3-141　三个级别，分段均为 2

【级间平滑】：在各级别之间进行平滑处理，效果如图 3-142 所示。图 3-143 所示为未进行级间平滑处理的效果。

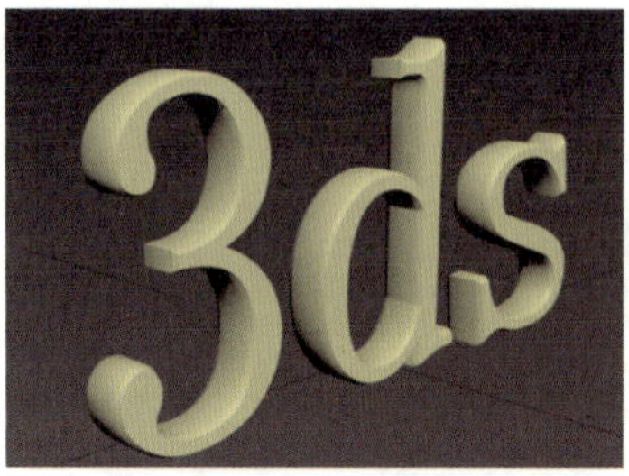

图 3-142　级间平滑处理的效果

图 3-143　未进行级间平滑处理的效果

【相交】组：【避免线相交】用来防止轮廓彼此相交，通过在轮廓中插入额外的顶点并用一条直线段来覆盖相交过程中形成的锐角以实现这个目的。【分离】设置边之间保持的距离。

技术点五　通过【修改器】转换——倒角剖面

倒角剖面

倒角剖面修改器是用一个图形作为剖面（即挤出路径）来挤出另一个图形，一般用于挤出文本，其参数面板如图 3-144 所示。

倒角剖面有两种使用方式，分别是【经典】方法（见图 3-145）和【改进】方法。

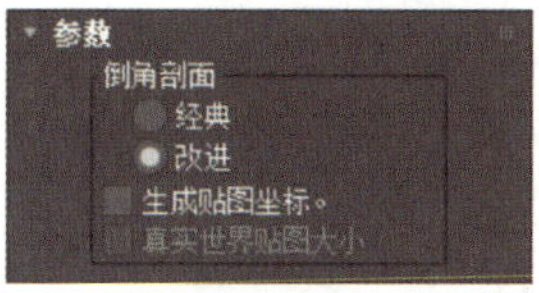

图 3-144　倒角剖面修改器的参数面板

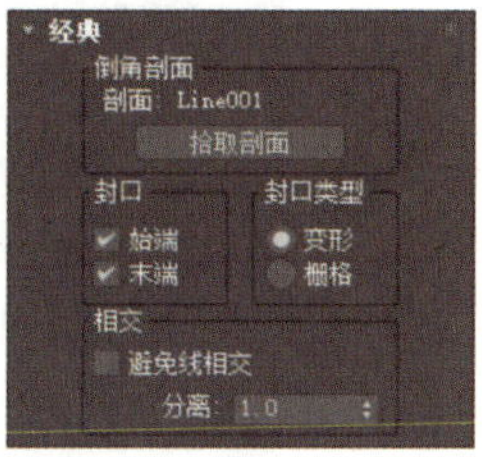

图 3-145　经典方法的参数

方法一：经典方法。

（1）为了更好地观察效果，首先在前视图中创建要进行倒角剖面的二维图形，如文本。

（2）在顶视图中创建剖面图形（开口图形和闭口图形创建的效果有所不同，如图 3-146 所示）。

（3）选中文本对象，添加【倒角剖面】修改器，在【参数】卷展栏中，选择【经典】方法。

（4）在【经典】卷展栏中，选择【拾取剖面】，然后单击剖面图形，操作完成。图 3-147 所示为剖面图形为闭合样条线的效果，图 3-148 所示为剖面图形为开口样条线的效果。

图 3-146　创建剖面图形

图 3-147　剖面图形为闭合样条线的效果

图 3-148　剖面图形为开口样条线的效果

方法二：改进方式。

（1）在前视图中创建要进行倒角剖面的二维图形，如文本。

（2）选中二维图形对象，添加【倒角剖面】修改器，在【参数】卷展栏中，选择【改进】方法。

（3）在【改进】卷展栏中，设置【挤出】深度为大于 0 的值，如图 3-149 所示。

（4）在【倒角】组中，从列表中选择预设的倒角剖面，或选择【自定义】。

（5）在【封口】组和【材质 ID】组中，可以对倒角剖面的封口范围、封口类型、材质范围等进行设置。

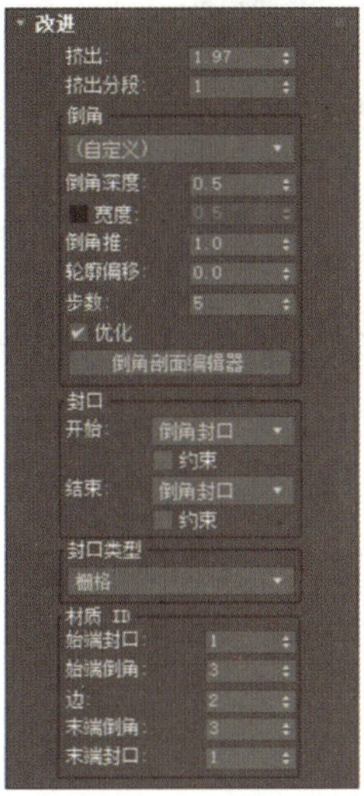

图 3-149　改进方法的参数

在改进方式中，如果要修改预设或创建一个新剖面，则需要通过【倒角剖面编辑器】进行。单击【倒角剖面编辑器】，弹出其对话框，如图 3-150 所示。

倒角剖面编辑器左下角的区域为预设剖面列表，可以选择不同的剖面形状，如凹面、凸面、S 形、线性等，如图 3-151 所示。对于这些预设的剖面，可以进行编辑，方法如下。

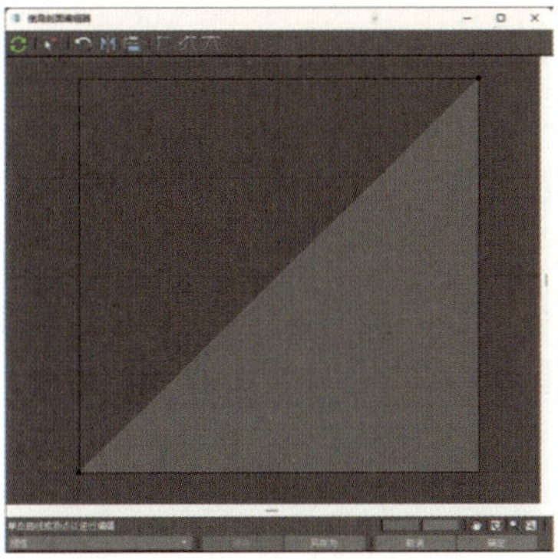

图 3-150　倒角剖面编辑器

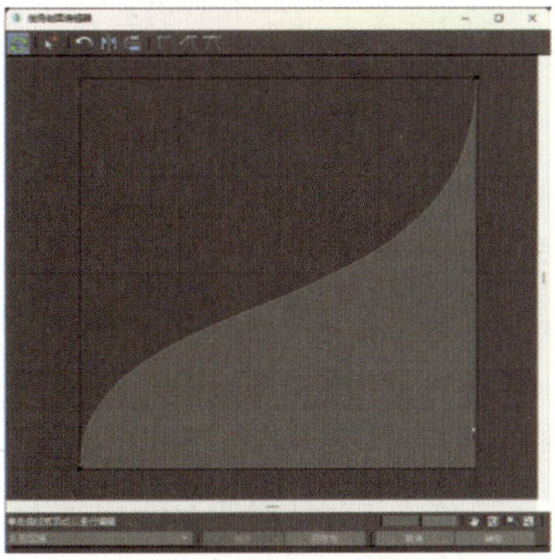

图 3-151　S 形剖面

（1）单击曲线即可添加顶点，可以对顶点的类型进行设置，进而调整曲线的曲率，也可以删除顶点。

（2）单击倒角剖面编辑器左上角的【自动更新】按钮，可以实时预览剖面效果。

（3）可以根据需要对曲线进行【镜像】、【翻转】等操作，也可以重置曲线。

（4）对于自定义的剖面曲线，可以单击【另存为】，存至本地，也可以不保存，只单击【确定】，完成本次剖面设计。图 3-152 所示为本次自定义的倒角剖面，图 3-153 所示为倒角剖面的效果。

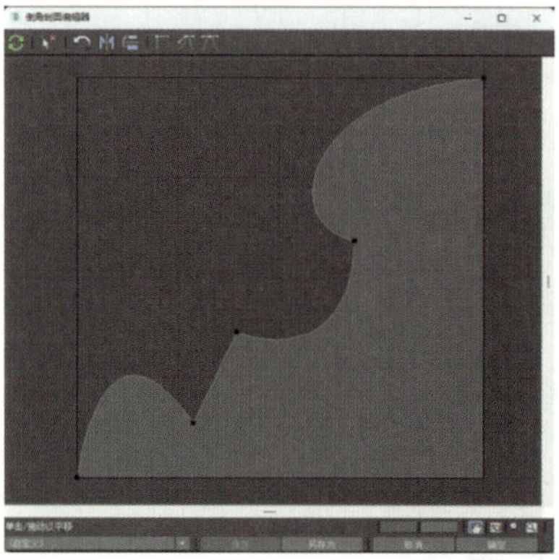

图 3-152　本次自定义的倒角剖面

图 3-153　倒角剖面的效果

本项目以炫酷的文字模型为例，深入讲解图形建模的方法。通过学习样条线的创建与参数修改，我们掌握了构建流畅曲线的关键技巧。借助二维图形转换为三维模型的多种方法，我们不仅领略了从平面到立体的神奇变化，还拓宽了创作思路，提升了对空间的感知能力。

项目自测题

核对答案（项目 3）

一、选择题

（1）在 3ds Max 中，创建二维图形的默认工具是（　　）。

A. 矩形　B. 圆　C. 线　D. 文本

（2）将二维图形转换为可编辑样条线的方法是（　　）。

A. 右击【菜单】→【转换为】→【转换为可编辑样条线】

B. 添加【可编辑样条线】修改器

C. 按 Ctrl+Shift+C 键

D. A 和 B 均可

（3）可编辑样条线的子对象层级不包括（　　）。

A. 顶点　B. 线段　C. 样条线　D. 多边形

（4）可将二维图形转换为三维模型的方法是（　　）。

A. 启用【渲染】面板中的【在渲染中启用】

B. 添加【车削】修改器

C. 添加【挤出】修改器

D. 以上都是

（5）使用【车削】修改器时，默认的旋转轴是（　　）。

A. X 轴　　B. Y 轴　　C. Z 轴　　D. 自定义轴

二、填空题

（1）创建矩形的快捷键是____________。

（2）可编辑样条线的子对象层级包括顶点、线段、____________。

（3）【挤出】修改器的【数量】参数控制三维模型的____________。

三、判断题

（1）二维图形转换为可编辑样条线后，原始参数仍然可以修改。（　　）

（2）使用【倒角】修改器可以为二维图形添加圆角效果。（　　）

四维融合岗课赛证评价表

<table>
<tr><th rowspan="2">评价维度</th><th rowspan="2">“岗课赛证”评价标准</th><th colspan="3">评价等级</th></tr>
<tr><th>优秀</th><th>良好</th><th>待提高</th></tr>
<tr><td>基础操作规范</td><td rowspan="4">岗位要求：能够精准地分析本项目所需要的技术、技能点，正确地分解任务，合理分工。
课程要求：熟练掌握本项目涉及的技术、技能点，能够正确地设置参数，能够合理地调优各模型，空间布局得当，熟练地使用快捷键。
大赛要求：作品完成度高，体现一定的创新性，并具备较好的视觉效果。
取证要求：工程文件规范，操作界面整洁、无冗余，能独立排查空间布局不合理、模型异常、文件丢失等常见问题，并进行修复。</td><td></td><td></td><td></td></tr>
<tr><td>技术熟练程度</td><td></td><td></td><td></td></tr>
<tr><td>知识迁移能力</td><td></td><td></td><td></td></tr>
<tr><td>职业素养养成</td><td></td><td></td><td></td></tr>
</table>

项目 4

重现古建筑之美

项目 4 的效果图如图 4-1 所示，项目 4 的知识结构如图 4-2 所示。

图 4-1　古建筑的效果图

图 4-2　知识结构（项目 4）

跟企业老师学习项目制作全过程（项目 4）

看原图（项目 4）

知识目标

- 理解复制建模的基本概念。
- 掌握 3ds Max 中复制建模的方法。

能力目标

- 掌握变换复制的操作技法。
- 掌握间隔、阵列、镜像复制的操作技法。

素质目标

- 培养严谨细致的工作态度。
- 培养创新思维与审美能力。
- 培养团队协作与沟通能力。

古建筑以其独特的美学和结构吸引了无数建筑爱好者。在古建筑中，屋檐是最具代表性的元素之一，其既是建筑结构的重要组成部分，也是古建筑美学的集中体现。屋檐的设计不仅体现了古人的智慧和匠心，还承载着深厚的文化内涵。本项目将以古建筑的屋檐为例，利用 3ds Max 的复制建模功能，快速而精准地建模出古建筑的屋檐。

AI 互动导学

用 AI 生成建筑结构参考图，智能匹配古建筑材质库，自动优化光影效果，让复杂的古建筑建模更高效，理解 AI 在文化遗产保护中的创新应用。

1. 光影知识盲盒

在 AI 平台（DeepSeek）输入“檐下阴影过浅怎么办?”，生成三个解决方案，如增加聚光灯、调整环境光的强度等，选择最优解。按照解决方案在 3ds Max 中完善效果图，验证效果。

学习 AIGC
（项目 4）

2. 用 AI 打造视觉盛宴

如图 4-3 所示，在堆友 AI 平台生成创意古建筑图像，在小组展示并讨论：“如何让千年古建筑在数字世界焕发新生?”

图 4-3　堆友 AI 平台生成创意古建筑的效果图

任务 1 古建筑斗拱建模

项目 4 任务 1
任务实施

任务实施

在古建筑中，斗是一种方形或矩形的承重构件，它通常位于柱顶，用于支撑和传递上部结构的荷载。斗有一个凸起的部分，可以用来放置和固定其他构件，如梁、枋、拱。拱是一种弯曲的承重构件，通常用于建筑中的拱门、拱窗及拱形天花板。在古代木构建筑中，拱作为一种装饰性结构元素使用，它能够增强建筑的稳定性和美观性，拱的结构如图 4-4 所示。

（1）在【透视图】中创建一个长方体，在【参数】卷展栏中设置其长度为 4mm，宽度为 35mm，高度为 5mm，并转换为【可编辑多边形】，如图 4-5 所示。

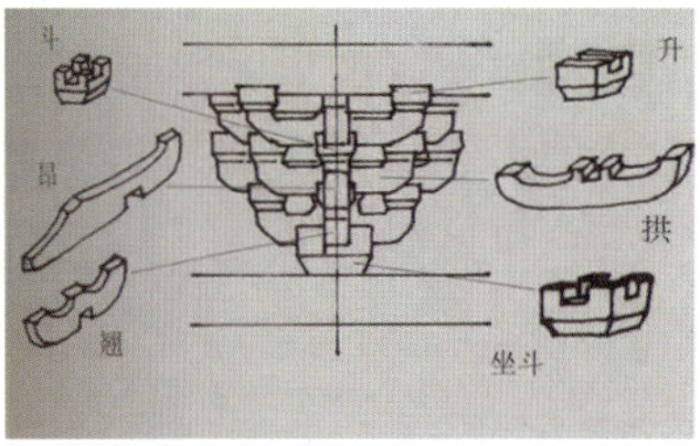

图 4-4　拱的结构示意图

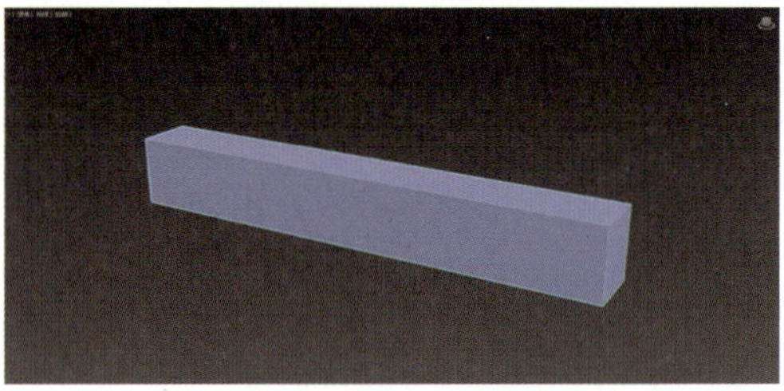
图 4-5　创建长方体并转换为【可编辑多边形】

（2）在右侧的修改面板中，进入【可编辑多边形】的【边】子层级，选中长方体所有水平方向的侧边，如图 4-6 所示。单击【编辑边】卷展栏中的【连接】，在弹出的对话框中设置连接边的【数量】为 2，并通过调整其位置，使得长方体的两端被分割成正方体形状，单击【确定】，如图 4-7 所示。

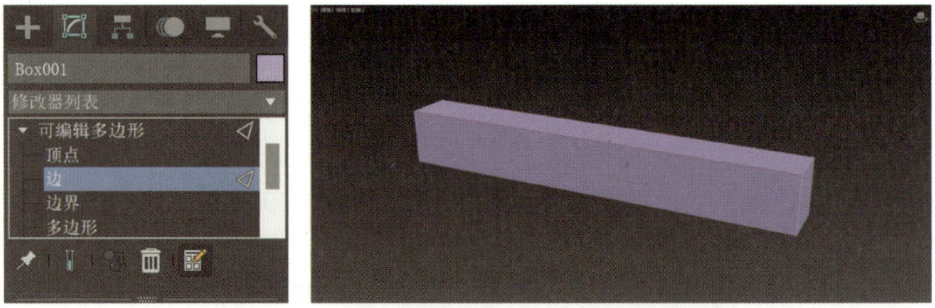

图 4-6　选中长方体所有水平方向的侧边

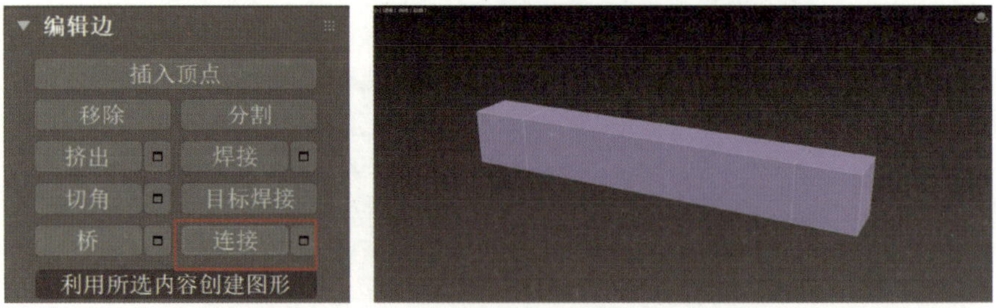

图 4-7　使长方体的两端被分割成正方体形状

（3）保持【边】子层级的选择，选中该长方体底部两端的边，使用【切角】工具，输入适当的切角距离，切出一个斜角，并将【连接边分段】设置为 0，单击【确定】，如图 4-8 所示。

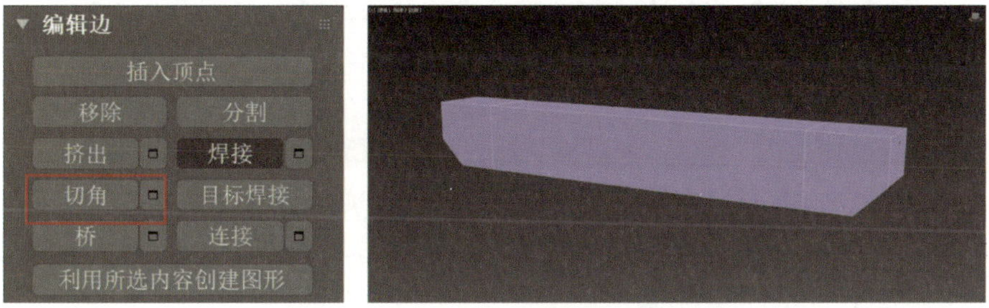

图 4-8　长方体底部两端边的切角效果

（4）选中该长方体中间水平方向的侧边，利用【连接】工具，增加一条边，如图 4-9 所示。

（5）双击新生成的边，单击【切角】，切出和长方体两端差不多的正方体，如图 4-10 所示。

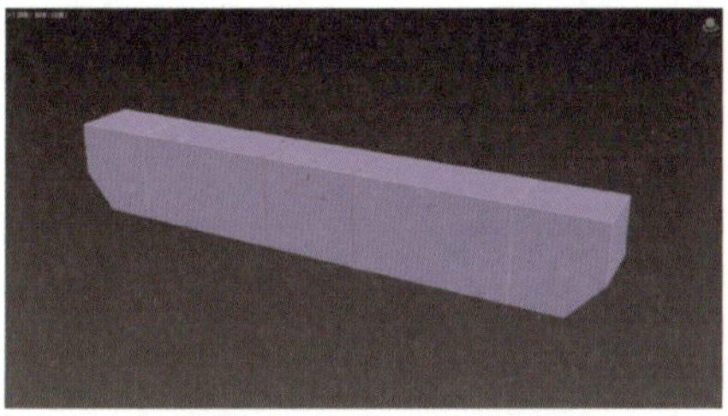
图 4-9　长方体中间部分增加一条边

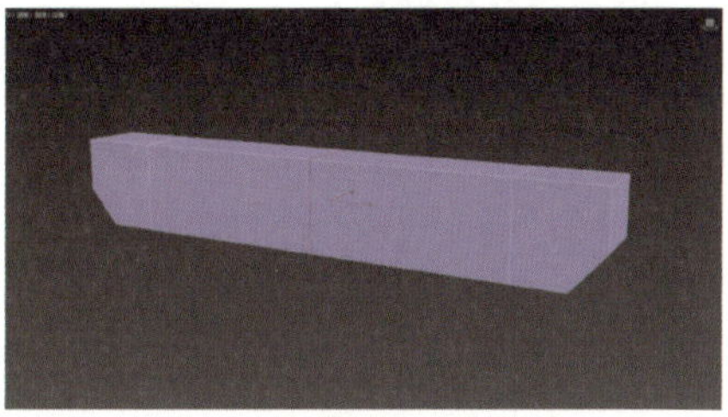
图 4-10　边的切角效果

（6）在右侧的修改面板中，进入【可编辑多边形】的【多边形】子层级，选中长方体顶部两端和中间的正方形面，使用【倒角】工具，进行多次倒角，其中第一次倒角设置【高度】为 3mm，【轮廓】为 0mm；第二次倒角设置【高度】为 0.5mm，【轮廓】为 1mm；第三次倒角设置【高度】为 3mm，【轮廓】为 0mm，斗制作完成，如图 4-11 所示。

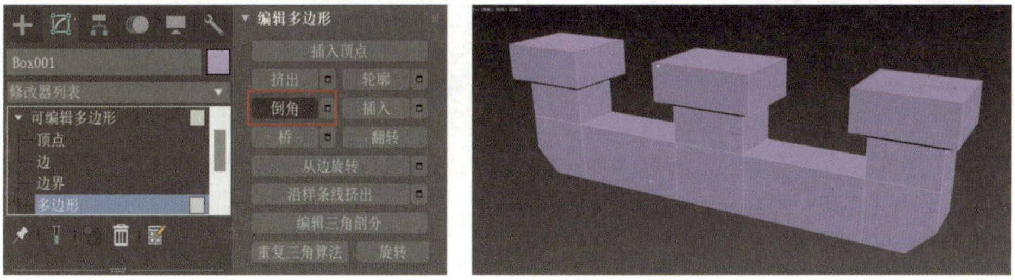

图 4-11　多边形多次倒角的效果

（7）在右侧的层次面板中单击【轴】，打开【调整轴】卷展栏，选择【仅影响轴】，在保持长方体选择的状态下，单击【对齐】卷展栏下的【居中到对象】，也可以利用【移动】工具，将轴移动到斗的中间，如图 4-12 所示。

（8）右击【角度捕捉】按钮，设置【角度】为 90°，如图 4-13 所示。选择上一步制作好的斗，按 Shift 键的同时沿 X 轴进行旋转复制，如图 4-14 所示，此时旋转角度自动

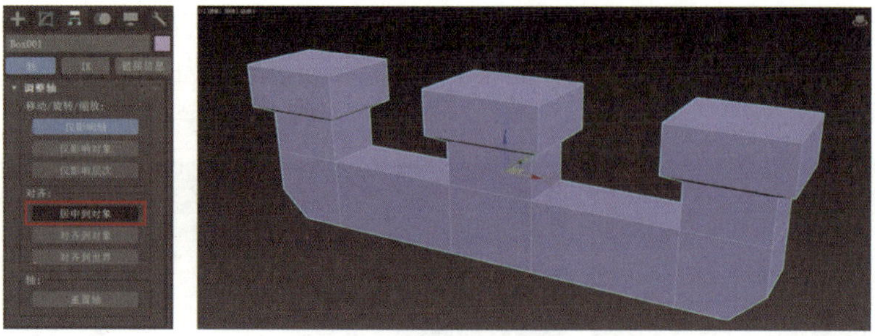

图 4-12　移动轴至斗的中间

捕捉为 90°；释放鼠标后，弹出【克隆选项】对话框，选择【复制】方式，并设置【副本数】为 1，单击【确定】，如图 4-15 所示。

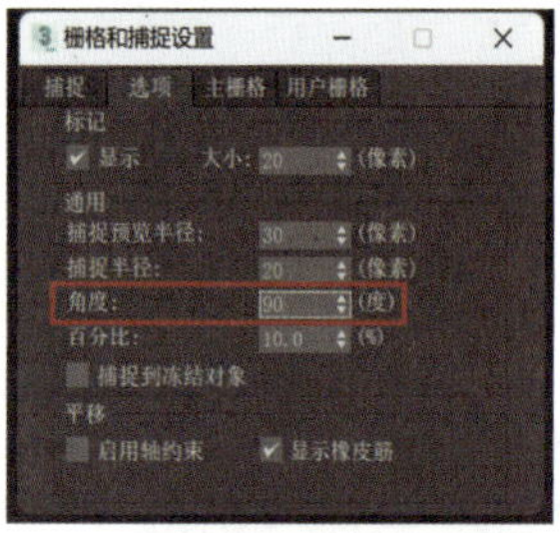

图 4-13　设置捕捉角度为 90°

图 4-14　按 Shift 键进行旋转复制

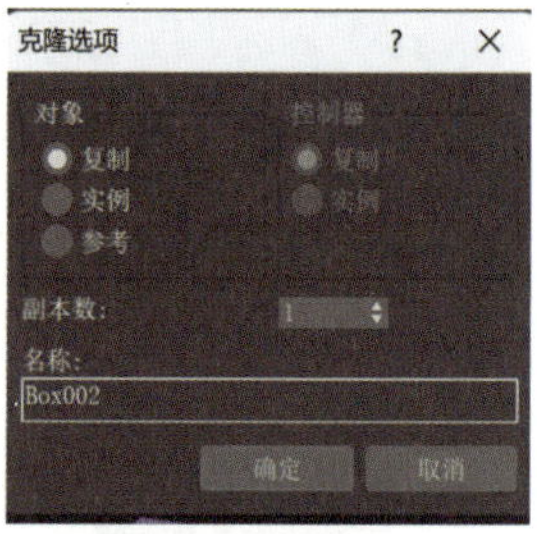

图 4-15　克隆选项

（9）此时会发现创建的模型中间凸起的部分有重叠的现象，选择任一长方体，右击，选择【孤立当前选择】，如图 4-16 所示。

（10）在右侧的修改面板中，进入【可编辑多边形】的【多边形】子层级，删除该长方体中间的凸起部分，如图 4-17 所示。

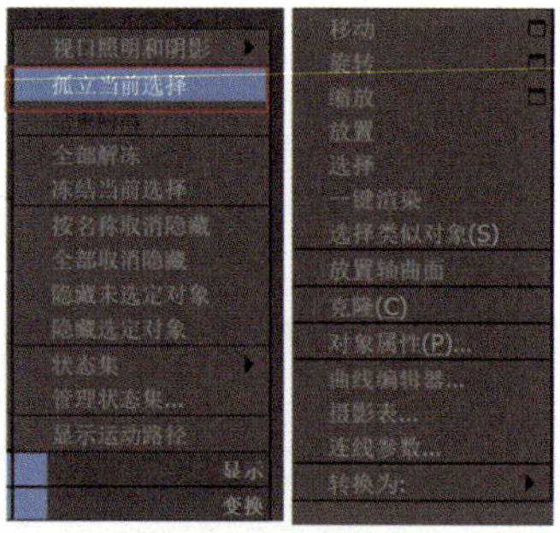

图 4-16　在菜单中选择【孤立当前选择】

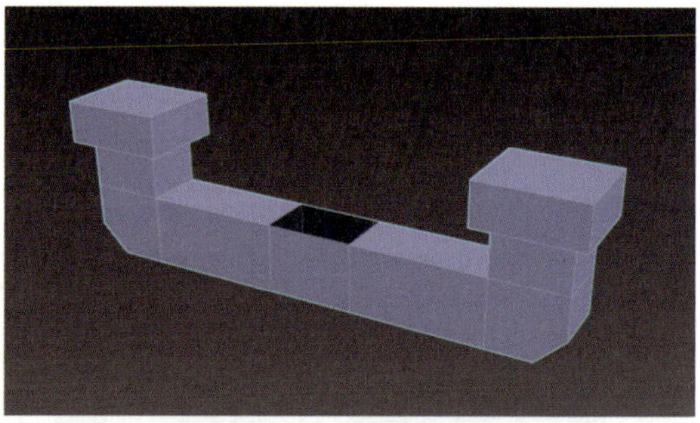

图 4-17　删除长方体中间的凸起部分的效果

（11）进入【边界】子层级，选择长方体的洞口边界，如图 4-18 所示。在【编辑边界】卷展栏中单击【封口】，填补长方体的洞口，如图 4-19 所示。在【透视图】中右击，选择【结束隔离】，利用【组】命令将两个长方体成组，如图 4-20 所示，一层斗拱制作完成，如图 4-21 所示。

（12）在【前视图】中选择成组的一层斗拱模型，按 Shift 键的同时沿 Y 轴向上移动复制出一个副本，如图 4-22 所示。

（13）回到【透视图】，将复制后得到的一层斗拱模型转换为【可编辑多边形】，进入【顶点】层级，选择斗拱顶端的点，沿着 Y 轴向远离模型的方向移动，如图 4-23 所示。

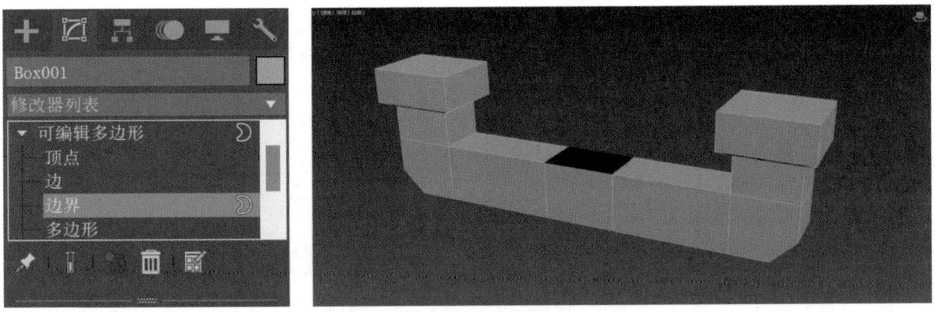

图 4-18　选择长方体的洞口边界

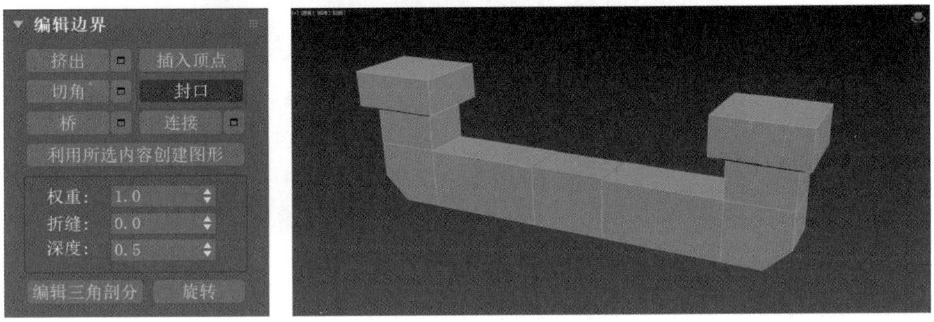

图 4-19　填补长方体的洞口

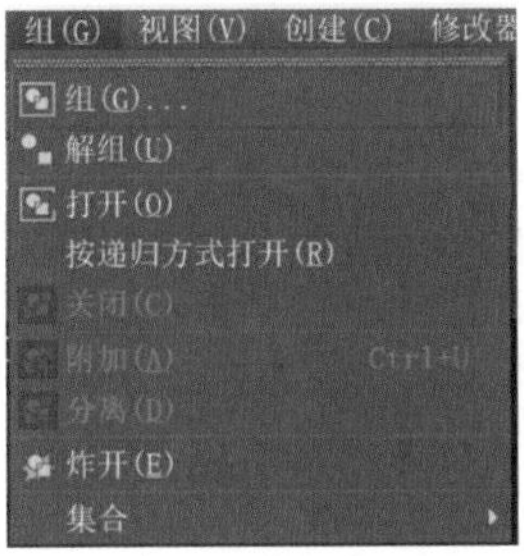

图 4-20　利用【组】命令

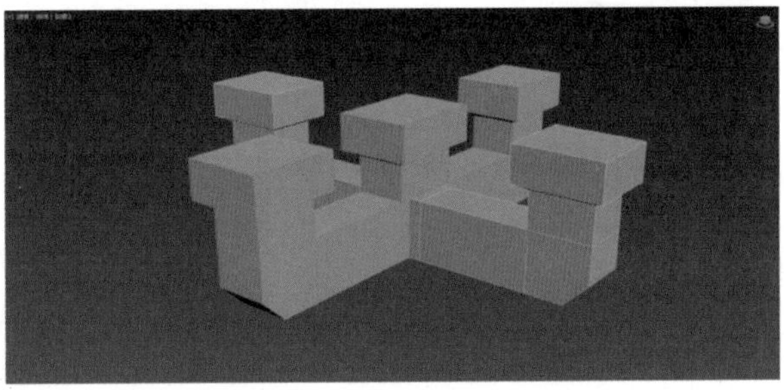
图 4-21　一层斗拱的效果图

利用同样的方法移动斗拱的四个顶端的点，移动后的效果如图 4-24 所示，完成二层斗拱模型的制作。

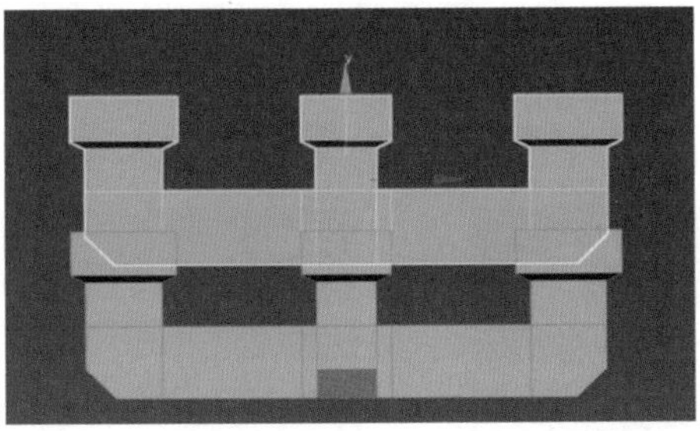
图 4-22　移动复制一层斗拱

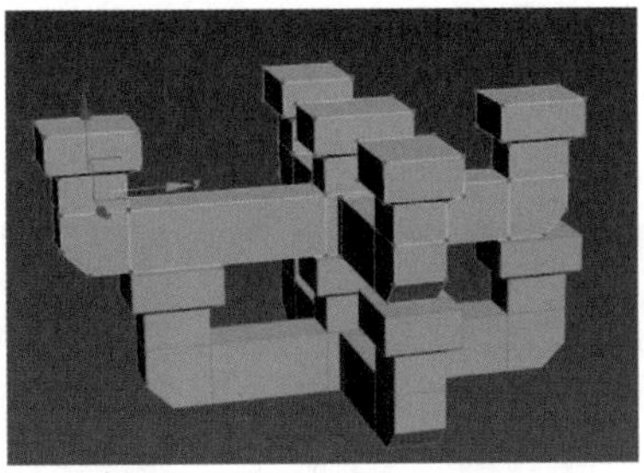
图 4-23　移动一层斗拱顶端的点

（14）利用同样的方式，制作三层斗拱模型，如图 4-25 所示。

（15）保持选中第三层斗拱模型的状态，进入【多边形】层级，选择斗拱中部顶端的面，利用【选择】卷展栏的【扩大】工具，选择斗拱中部所有凸起的面，如图 4-26 所示。

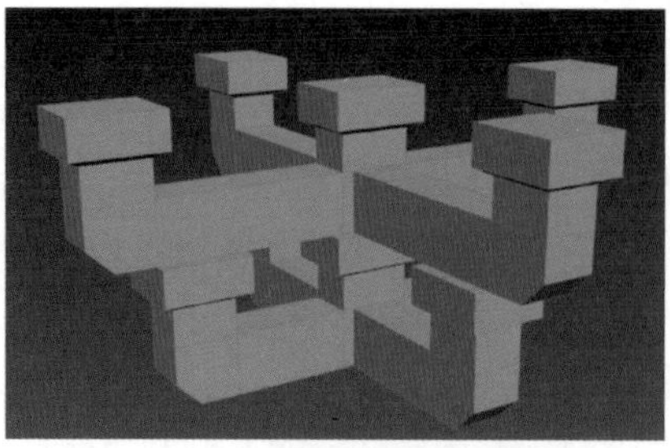

图 4-24　二层斗拱的效果图

图 4-25　三层斗拱的效果图

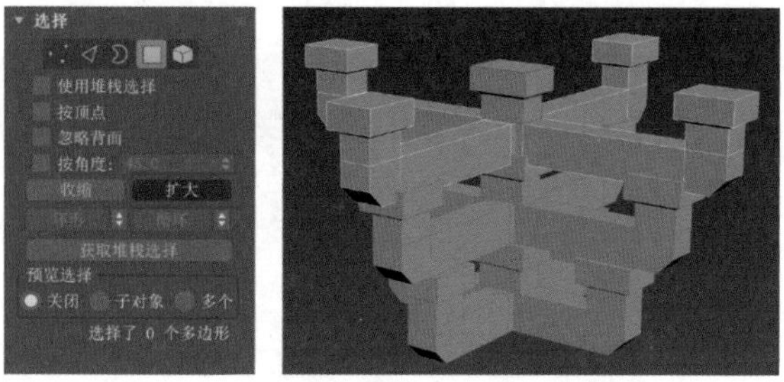

图 4-26　选择斗拱中部所有凸起的面

（16）在右侧的修改面板中，选择【编辑几何体】卷展栏中的【分离】，在弹出的【分离】对话框中，选中【分离为克隆】，单击【确定】，如图 4-27 所示。

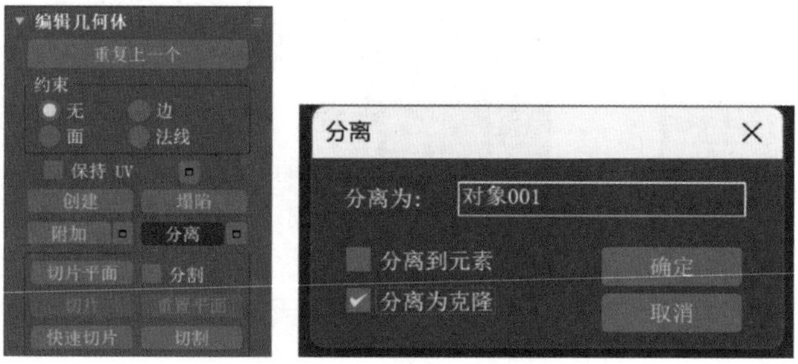

图 4-27　分离为克隆

（17）在透视图中，按 Shift 键的同时将上一步分离出来的对象沿 Y 轴移动至合适的位置，如图 4-28 所示，最后使得三层斗拱在 Y 轴方向共移动复制出两个副本。

（18）选中分离对象，按 Shift 键的同时沿 X 轴移动至合适的位置，并利用【选择并旋转】工具，沿轴向旋转 90°，如图 4-29 所示，最后使得三层斗拱在 X 轴方向共移动复制出两个副本。至此，古建筑屋檐的斗拱模型制作完成，如图 4-30 所示。

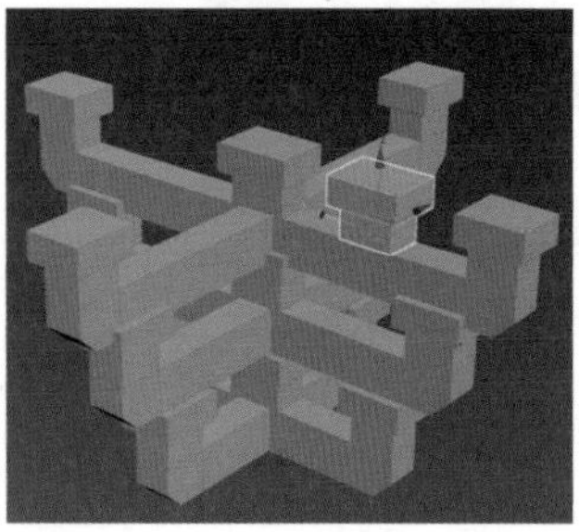

图 4-28　移动复制出两个副本

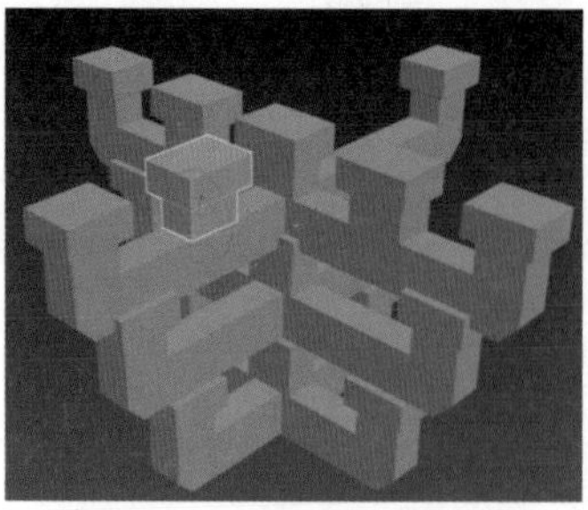

图 4-29　旋转分离对象

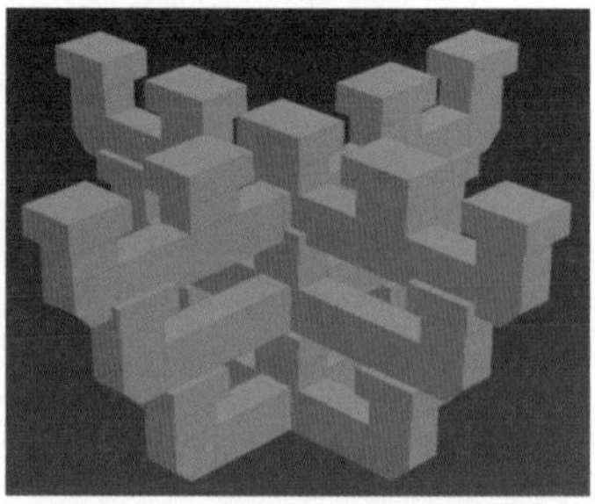

图 4-30　斗拱模型的效果图

技术讲解

复制建模是一种常用且高效的建模技术，它允许用户通过复制和变换现有的几何体快速创建复杂的模型，从而节省大量的建模时间，还能确保模型的一致性和精确性。3ds Max 提供了多种复制建模的方法。

技术点　变换复制

变换复制是指在复制对象的同时进行变换操作（移动、旋转、缩放），适用于需要对副本进行位置、方向、大小调整的情况。

变换复制

在视图中选择需要复制的对象，按住 Shift 键，同时使用移动工具（W 键 / 单击【选择并移动】按钮）、旋转工具（E 键 / 单击【选择并旋转】按钮）、缩放工具（R 键 / 单击【选择并缩放】按钮）对对象进行拖动操作。释放鼠标后，弹出【克隆选项】对话框，如图 4-31 所示，在对话框中选择【对象】复制类型（复制、实例、参考），并设置副本数。单击【确定】完成复制。若对【茶壶】进行【移动】的变换复制，效果如图 4-32 所示。

在变换复制的过程中，3ds Max 提供了三种复制类型，每种类型有不同的特点和应用场景。

（1）复制：生成与原对象完全独立的副本。其适用于需要创建独立对象的场景，如复制多个相同但需要单独编辑的模型。

（2）实例：生成与原对象关联的副本，修改其中一个对象时，其他实例对象也会同步更新。其适用于需要创建多个相同且同步更新对象的场景。

（3）参考：生成与原对象部分关联的副本，修改原对象时会影响参考对象，但修改参考对象时不会影响原对象。其适用于需要基于原对象创建部分关联副本的场景。

克隆快捷操作：3ds Max 提供了克隆功能，在视图中选择要克隆的物体，按 Ctrl+V 快捷键，弹出“克隆选项”对话框，设置相关的参数后单击【确定】，可生成一个相同的对象副本。

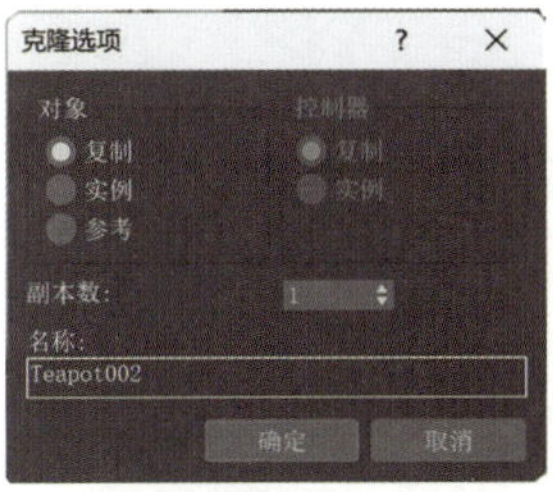

图 4-31 【克隆选项】对话框

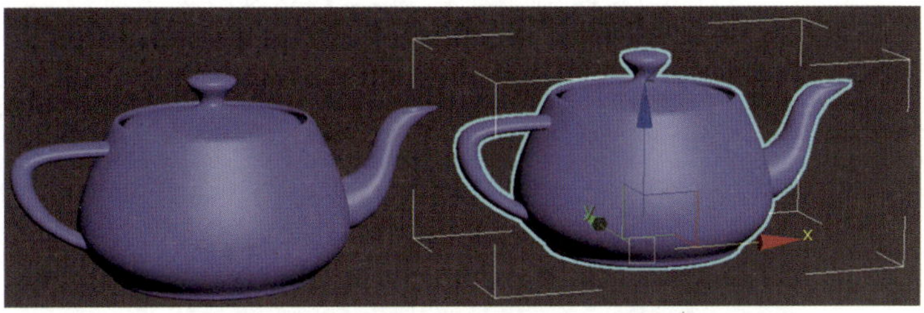

图 4-32　茶壶“变换复制”的效果

任务 2　古建筑屋檐建模

任务实施

项目 4 任务 2
任务实施

在古建筑模型的建模过程中，屋顶是展现建筑风格和艺术魅力的重要部分。重檐歇山顶是中国传统古建筑中常见的一种屋顶形式，常见于宫殿、庙宇等建筑。它由两层屋檐构成，上层屋檐较短，下层屋檐较长，整体呈现出层次感。其核心是“歇山”设计，即屋顶的两端略微上翘，形成优美的弧线，体现中国古建筑“天圆地方”的设计思想。

本任务将逐步完成下层屋檐、围脊和角脊的建模工作。通过详细的步骤说明和操作演示，读者将掌握利用复制建模技术构建复杂屋檐结构的方法，为进一步巩固所学知识，鼓励读者自主探索并实践上层屋檐的建模过程，从而全面理解和掌握重檐歇山顶的三维建模技巧。

（1）在【透视图】中创建一个【长方体】，设置【长度】为 680mm，【宽度】为 1100mm，【高度】为 120mm，其他参数默认设置，并转换为【可编辑多边形】，如图 4-33 所示。

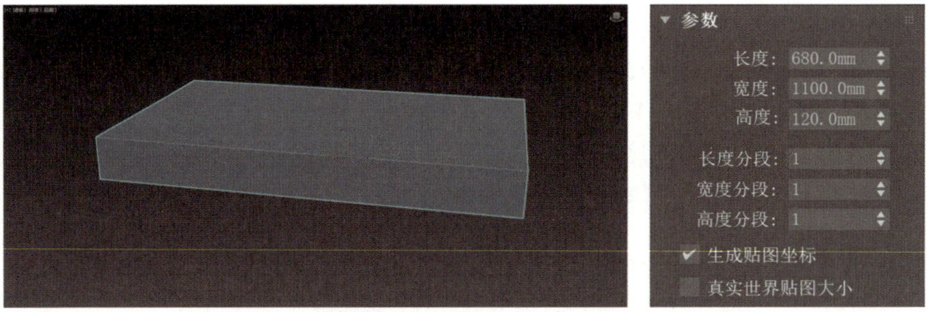

图 4-33　创建长方体并转换为【可编辑多边形】

（2）在右侧的修改面板中，进入【多边形】子层级，使用【选择并缩放】工具将长方体顶部的面缩小至合适的大小，如图 4-34 所示。

图 4-34　缩小长方体顶部的面

（3）进入【边】子层级，利用【选择】卷展栏中的【环形】工具，将长方体侧面竖直方向的边都选中，如图 4-35 所示。

图 4-35　用【环形】工具选择边

（4）在右侧修改面板的【编辑边】卷展栏中，利用【连接】工具生成一条边，如图 4-36 所示。通过【选择并缩放】工具将这条边向内收缩，再使用【选择并移动】工具向下移动，尽量让这条边保持在长方体侧面的中间位置，如图 4-37 所示。

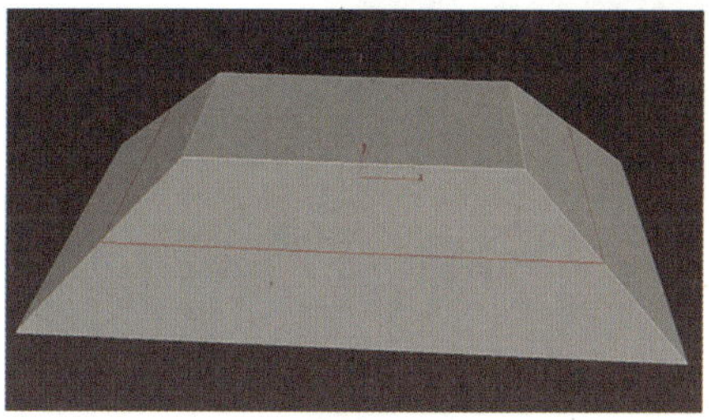

图 4-36　利用【连接】工具生成一条边

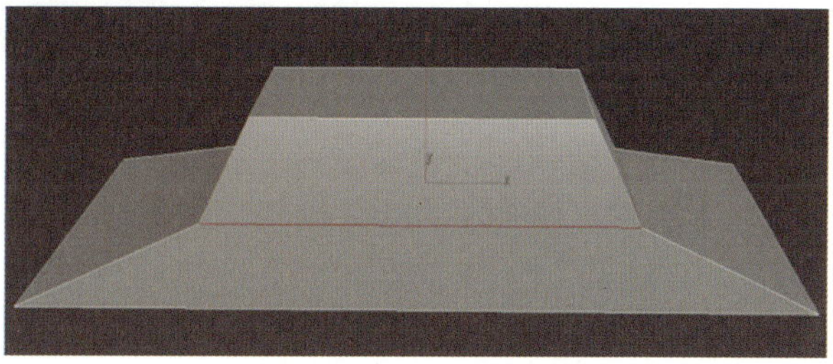

图 4-37　缩放、移动边的效果

（5）保持这条边的选中状态，单击【切角】，设置【边切角量】为 130mm，设置【连接边分段】为 3，单击【确定】，如图 4-38 所示。

（6）进入【多边形】子层级，删除长方体的上下顶面。再进入【边】子层级，利用【环形】工具，选择长方体前后侧面所有水平方向的边，单击【连接】，设置【连接边分段】为 40，如图 4-39 所示。

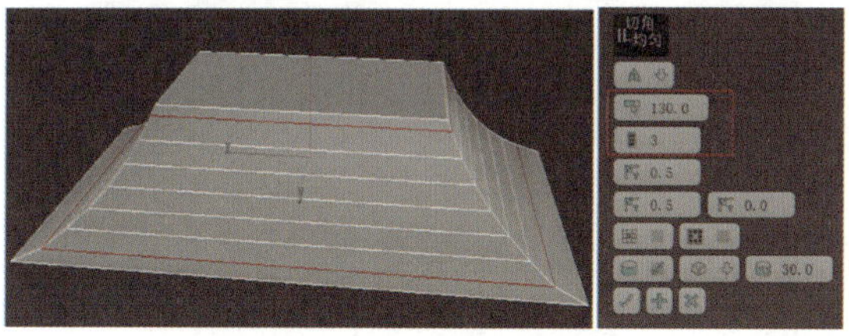

图 4-38　设置边切角的效果

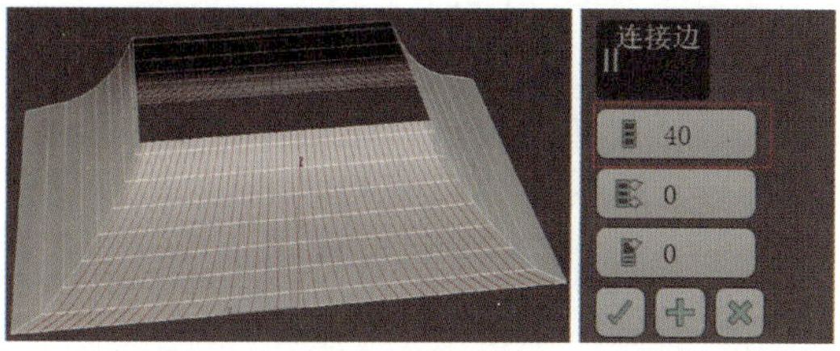

图 4-39　前后侧面连接边的效果

（7）以同样的步骤选择长方体左右侧面所有的边，单击【连接】，设置【连接边分段】为 30，如图 4-40 所示。

（8）再次利用【选择】卷展栏中的【环形】工具，选择所有新生成的边，单击右侧修改面板的【编辑边】卷展栏中的【利用所选内容创建图形】，在弹出的【创建图形】对话框中选择【线性】，单击【确定】，如图 4-41 所示。

（9）选择创建的图形，在右侧修改面板的【渲染】卷展栏中，同时选中【在渲染中启用】和【在视口中启用】，且选择【矩形】渲染，设置【长度】为 6mm，【宽度】为 8mm，如图 4-42 所示。

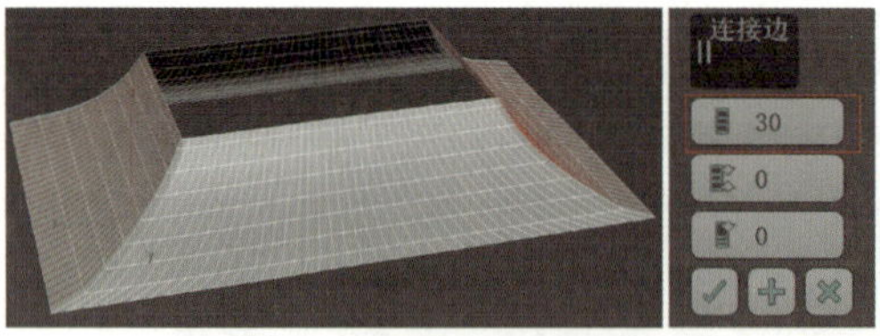

图 4-40　左右侧面连接边的效果

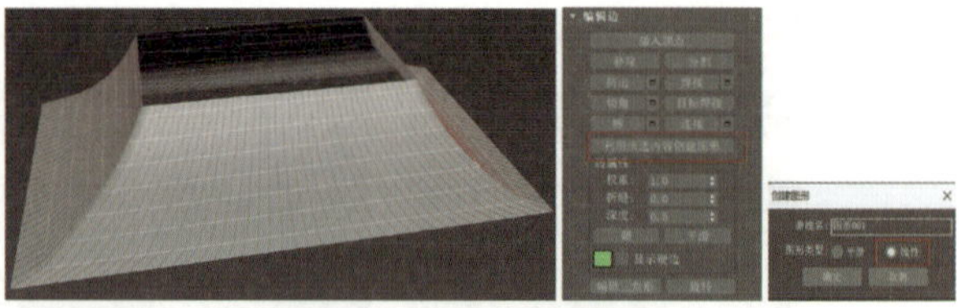

图 4-41　在【创建图形】对话框中选择【线性】

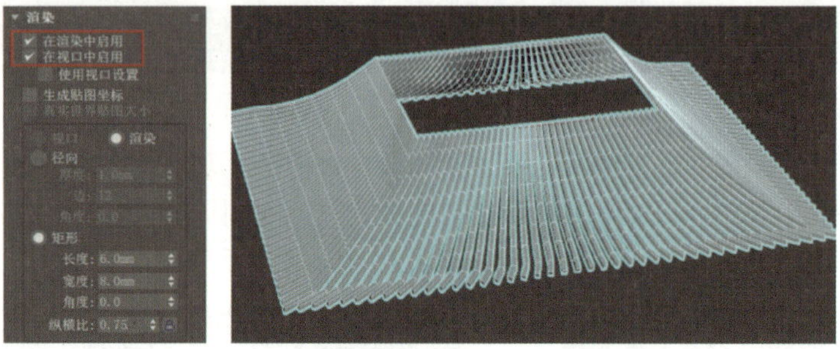

图 4-42　图形渲染的效果

（10）在【前视图】中创建一个【圆柱体】，设置【半径】为 10mm，【高度】为 80mm，【高度分段】为 2，其他参数默认设置，并转换为【可编辑多边形】。

（11）进入【边】子层级，选中圆柱体侧面的边，并利用【移动】工具，向右移动至合适的位置，如图 4-43 所示。

（12）进入【多边形】子层级，在左视图中，将圆柱体一半的侧面和一个底面删除，如图 4-44 所示。

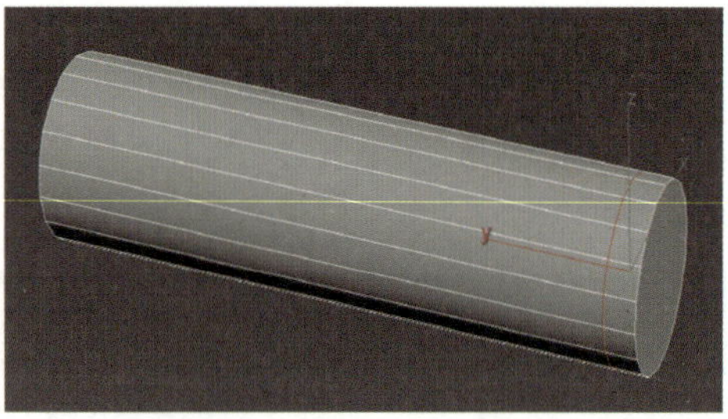

图 4-43　移动圆柱体侧面的边

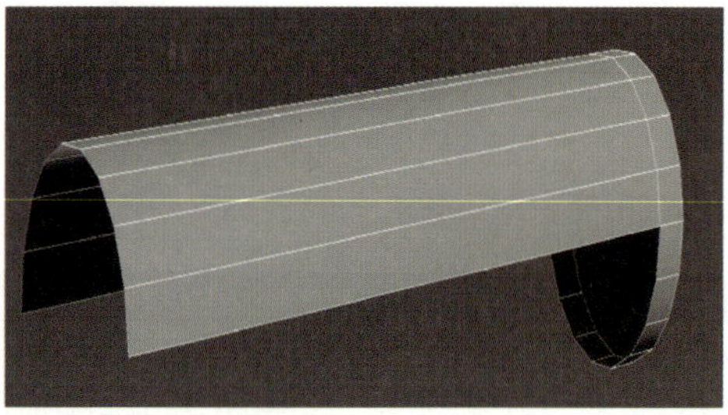

图 4-44　删除圆柱体一半的侧面和一个底面

（13）对圆柱体的另外一个底面进行【插入】操作，设置【数量】为 1.5mm，并对新生成的面进行【挤出】操作，挤出的高度为 –1mm，单击【确定】，如图 4-45 所示。

（14）在【前视图】创建一个【长方体】，设置【长度】为 3mm，【宽度】为 35mm，【高度】为 80mm，【宽度分段】为 2，其他参数默认设置，并转换为【可编辑多边形】。

（15）进入【边】子层级，利用【循环】工具或者双击长方体侧面中间的边，将长方体中间的一圈边都选中，向下移动至合适的位置。单击【编辑边】卷展栏中的【切角】，选择【三角形】模式，设置【边切角量】为 16mm，【连接边分段】为 4，单击【确定】，如图 4-46 所示。

（16）进入【顶点】子层级，利用【选择并移动】工具对长方体的形状进行微调，将一侧的点与圆柱体的分段处对齐，如图 4-47 所示。利用【组】工具将该长方体与圆柱体成组，筒瓦制作完成。

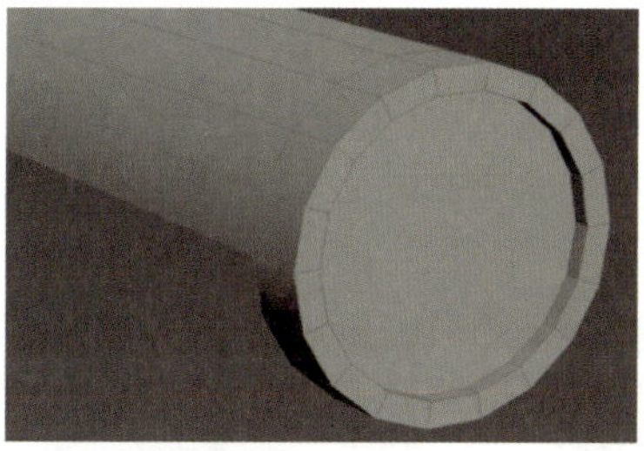

图 4-45　圆柱体底面插入、挤出

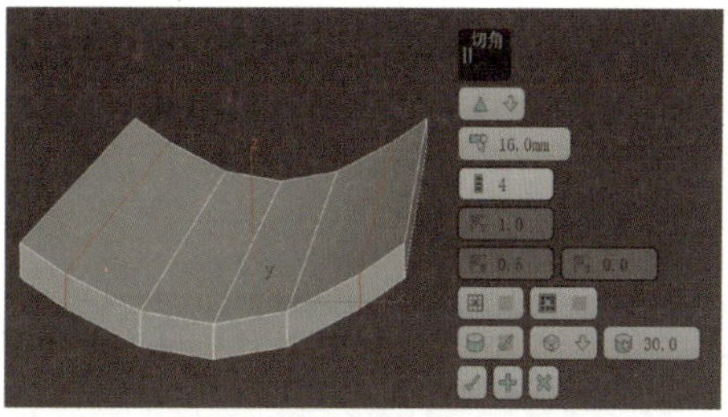

图 4-46　长方体的边的切角效果

（17）在【透视图】中，选中制作好的筒瓦，单击菜单栏中【工具】下方的【阵列】，弹出【阵列】对话框。在【阵列】对话框的【增量】处设置【移动】的【Y】值为 80mm，【Z】值为 5mm。在【阵列维度】中设置【1D】的数量为 5，【2D】的数量为 40，【增量行偏移】的【X】值为 45mm，单击【确定】，如图 4-48 所示。将阵列复制后的筒瓦移动至合适的位置，删除多余的筒瓦，利用【组】工具将剩下的筒瓦成组，左视图的效果如图 4-49 所示，顶视图的效果如图 4-50 所示。

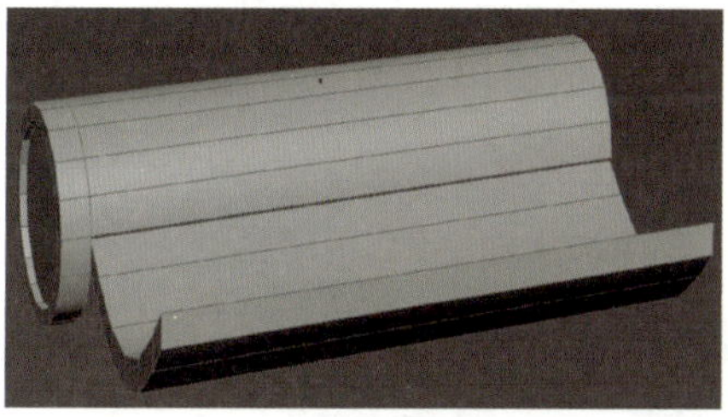

图 4-47　对长方体的形状进行微调

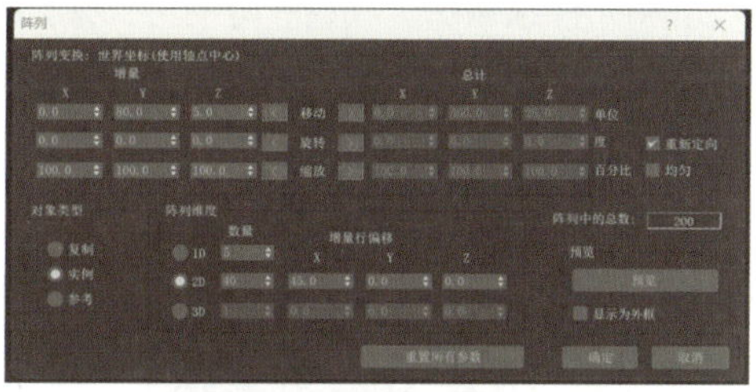

图 4-48　【阵列】对话框的设置

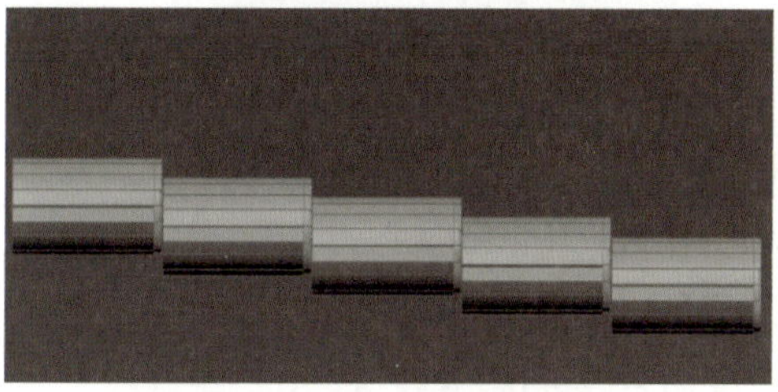

图 4-49　筒瓦左视图的效果

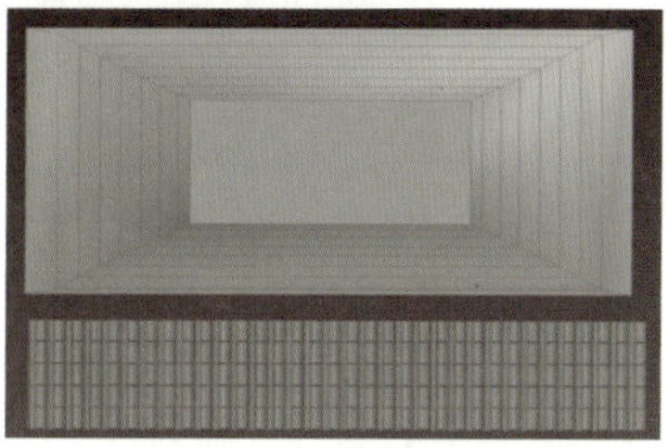

图 4-50　筒瓦顶视图的效果

（18）在左视图中，保持筒瓦的选中状态，添加【FFD 4×4×4】修改器，利用【选择并移动】、【选择并旋转】工具变换【控制点】的位置，使筒瓦贴合长方体的侧面形状，如图 4-51 所示。

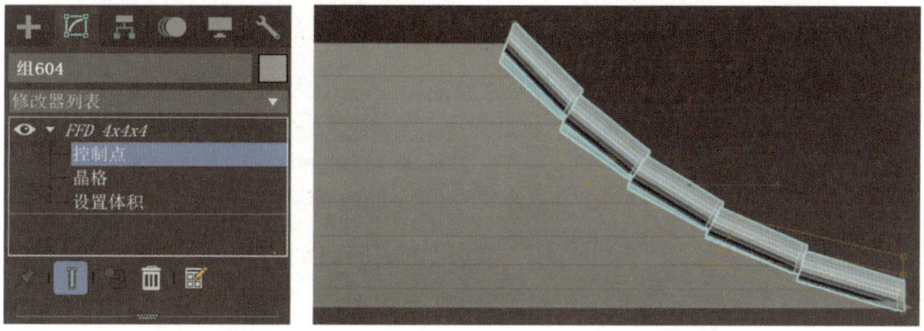

图 4-51　筒瓦添加【FFD 4×4×4】修改器

（19）回到透视图，利用【组】工具将全部筒瓦和长方体成组，并且添加【FFD 4×4×4】修改器，进入【控制点】子层级，选择四个角点，利用【选择并移动】工具向上移动，如图 4-52 所示。移动控制点后，利用【组】工具下的【解组】将筒瓦和长方体的组解开，如图 4-53 所示。

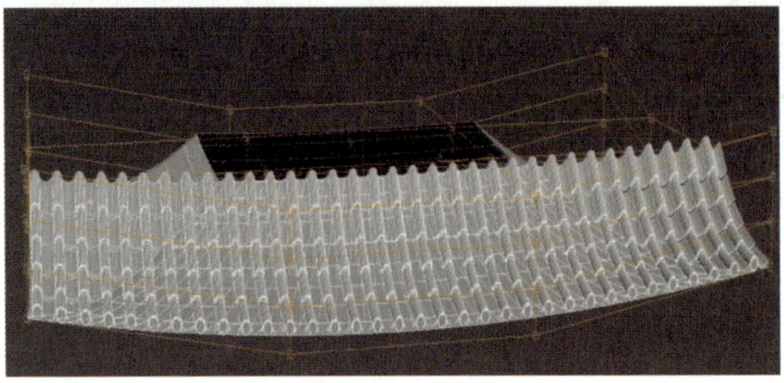

图 4-52　将全部筒瓦和长方体成组的效果

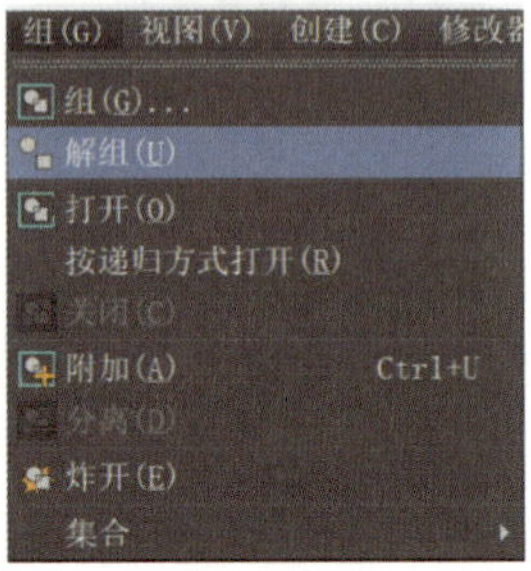

图 4-53　解开筒瓦和长方体的组

（20）选中所有的筒瓦，先转换为【可编辑多边形】，再右击，选择【孤立当前选择】，并将筒瓦的所有组解开。选择其中一个筒瓦，在右侧修改面板的【编辑几何体】卷展栏中选择【附加】，弹出【附加列表】对话框，将所有的几何体选中，单击【附加】，如图 4-54 所示。

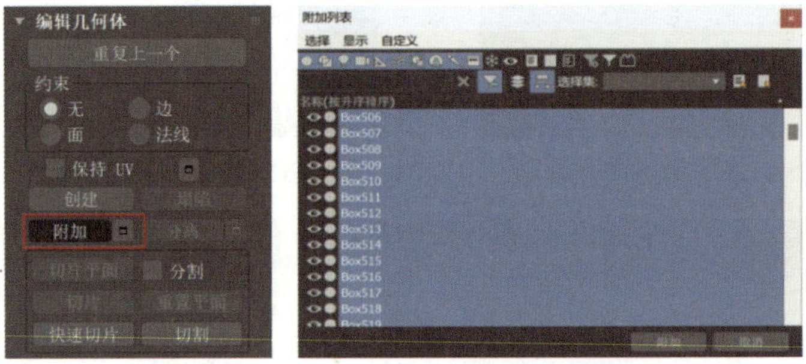

图 4-54　将所有的几何体选中并【附加】

（21）进入【顶视图】，在右侧修改面板的【编辑几何体】卷展栏中选择【快速切片】工具，同时选中【分割】，顺着长方体的边进行切片，如图 4-55 所示。

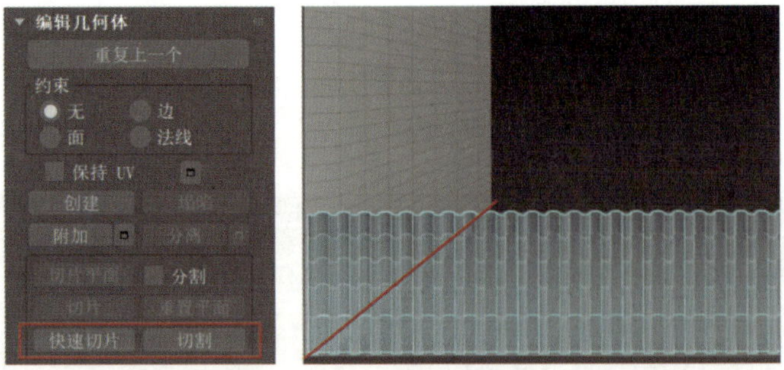

图 4-55　顺着长方体的边进行切片

（22）进入【顶点】子层级，删除切片痕迹左边的顶点，如图 4-56 所示。对筒瓦右边的点采用同样的方法，进行【快速切片】和删除操作，如图 4-57 所示。至此，下层屋檐前面的筒瓦建模完成，如图 4-58 所示。

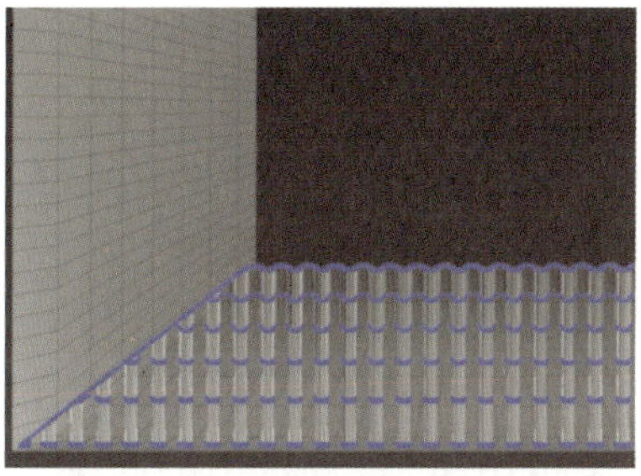

图 4-56　删除切片痕迹左边的顶点

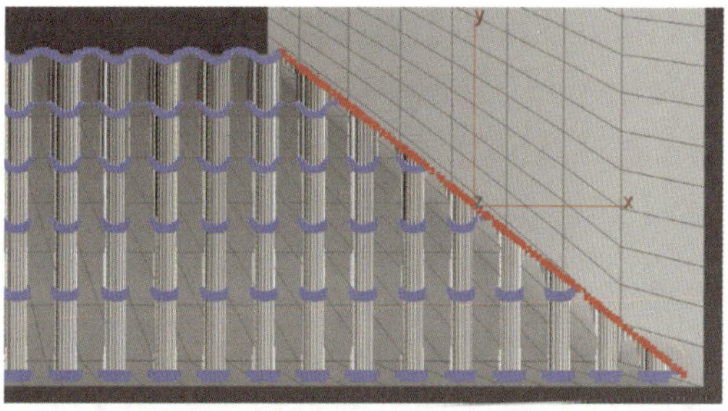

图 4-57　筒瓦右边的效果图

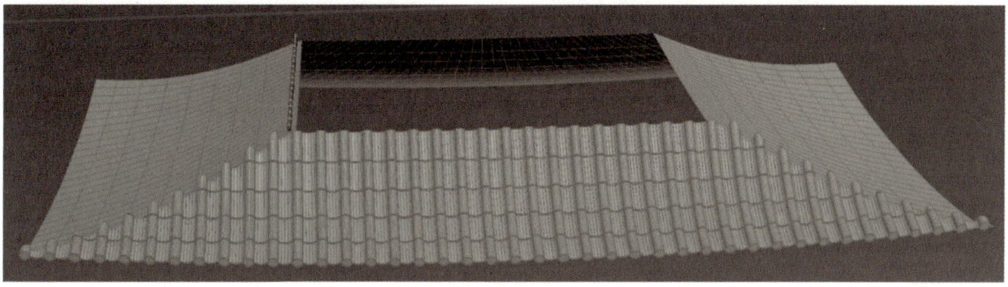

图 4-58　下层屋檐前面的筒瓦的效果图

（23）选中下层屋檐前面所有的筒瓦，在工具栏中选择（镜像），弹出【镜像】对话框。在对话框中，选择【变换】，【镜像轴】选择【Y】，并设置合理的偏移值，【克隆当前选择】选择【复制】，单击【确定】，如图 4-59 所示。

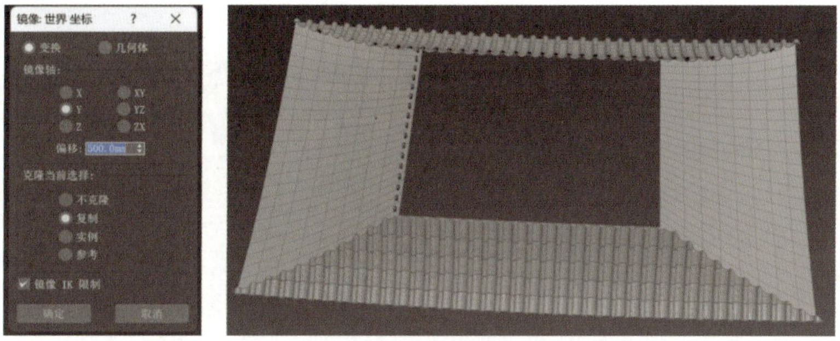

图 4-59　镜像复制筒瓦

（24）利用（选择并移动）、（选择并旋转）、（选择并缩放）、【变换复制】和添加【FFD 4×4×4】修改器等方法，可以完成下层屋檐其他两个面的筒瓦建模，并将图 4-42 渲染的图形对齐至筒瓦下方，完成下层屋檐的建模，如图 4-60 所示。

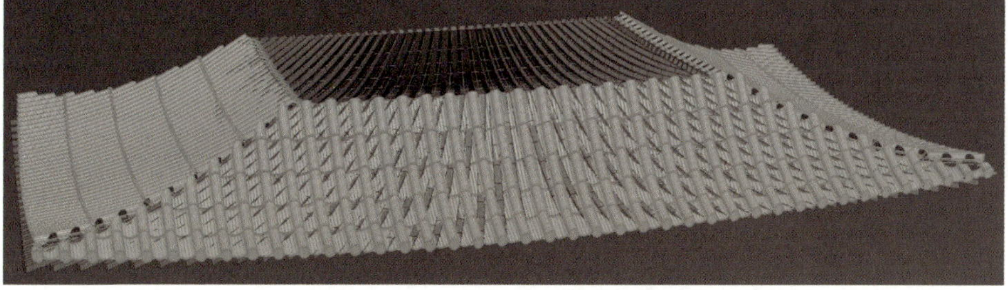

图 4-60　下层屋檐建模的效果图

（25）在【透视图】中创建一个【长方体】，设置【长度】为 18mm，【宽度】为 500mm，【高度】为 25mm，其他参数默认设置，并转换为【可编辑多边形】。

（26）进入【边】子层级，单击一条竖直方向的边，选择右侧修改面板的【选择】卷展栏中的【环形】工具，单击【连接】，设置【连接边】为 2，【连接边收缩】为 77，单击【确定】，如图 4-61 所示。

（27）进入【多边形】子层级，删除长方体左右两个最小的侧面，选择长方体因连接边新生成的两个面，单击【编辑多边形】卷展栏中的【挤出】，设置挤出的高度为 3mm，单击【确定】，如图 4-62 所示。

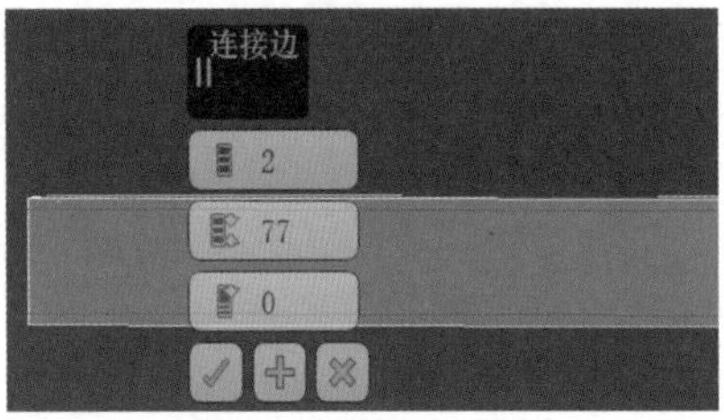

图 4-61　连接边收缩

图 4-62　删除两个侧面后挤出

（28）进入【边界】子层级，选择长方体左侧面的缺口边界，利用（选择并移动）、（选择并旋转）等工具，贴着下层屋檐的形状移动边界，如图 4-63 所示。

（29）再利用（选择并移动）、（选择并旋转）和（选择并缩放）工具制作出图 4-64 所示的造型。对长方体的右侧面的缺口边界完成同样的操作，至此，古建筑围脊的主体创建完成。

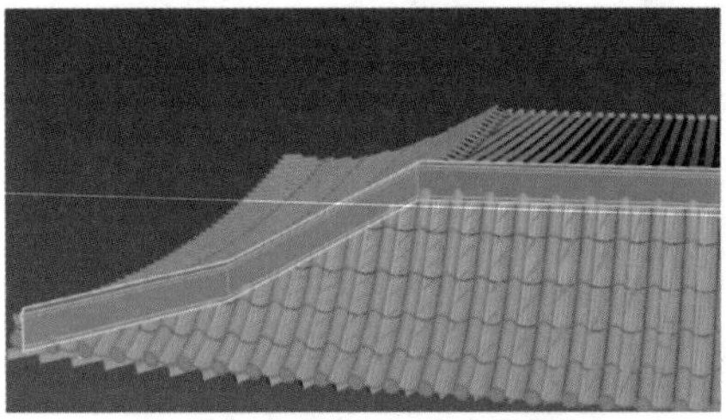

图 4-63　移动长方体的边界

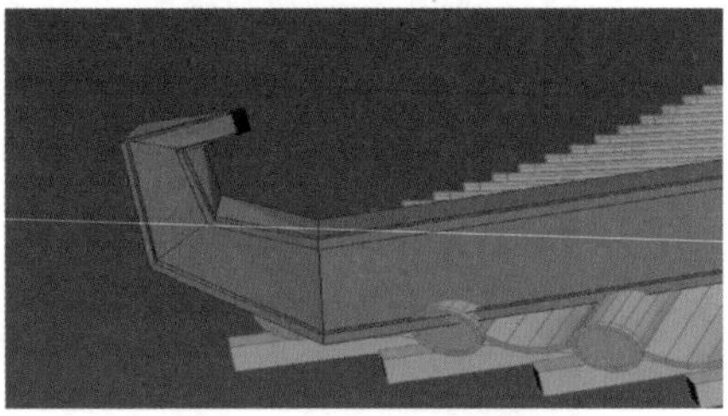

图 4-64　角脊的造型

（30）进入【边】子层级，选择长方体前面的一条边，单击【编辑边】卷展栏中的【利用所选内容创建图形】工具，创建【线性】图形，并将该图形向上移动至视图的其他区域，如图 4-65 所示。

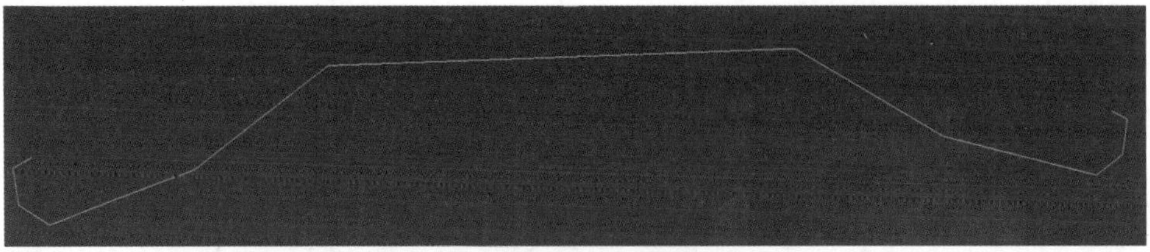

图 4-65　利用所选内容创建图形

（31）进入【前视图】，使用【圆柱体】工具创建一个圆柱体，设置【半径】为 6mm，【高度】为 3.5mm，【边数】为 8。保持圆柱体的选中状态，在工具栏中单击（间隔工具）。

在弹出的【间隔工具】对话框中单击【拾取路径】，在视图中选择刚才创建的图形，将【计数】设置为 45，单击【应用】，然后删除路径，效果如图 4-66 所示。利用【组】工具将所有用间隔工具生成的圆柱体成组。

图 4-66　用间隔工具的效果

（32）将成组的圆柱体与围脊的主体对齐，将超出主体的圆柱体删除，围脊、角脊的建模制作完成。用同样的方法，可以制作古建筑其他三个面的围脊、角脊，并在视图中添加下层屋檐，效果如图 4-67 所示。

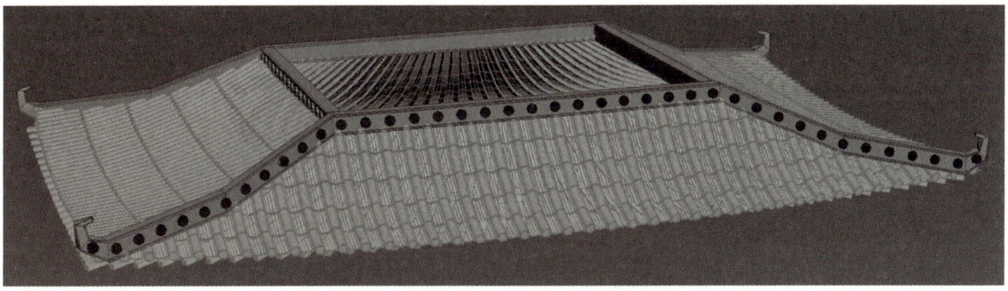

图 4-67　围脊、角脊建模的效果图

技术讲解

技术点一　间隔复制

间隔复制

间隔复制是一种基于路径或曲线的复制技术，用于沿特定路径生成多个相同或相似的对象。

首先在视图中创建需要分布的对象和一条路径，用于定义对象的分布轨迹。选择该对象，单击菜单栏中的【工具】→【对齐】→【间隔工具】（），弹出【间隔工具】对话框，如图 4-68 所示。单击【拾取路径】，在视图中选择创建的路径，调整【计数】的数值，单击【应用】，间隔复制完成。若让一个【球体】按照【圆】曲线进行间隔复制，效果如图 4-69 所示。

其次，【间隔工具】对话框里还提供了【拾取点】的方式，进行间隔复制，这种方式无须提前创建路径，在选择了需要复制的对象后，单击【拾取点】，在视图中任意单击确定两个点，调整【计数】的数值，单击【应用】，该对象将在这两个点之间完成间隔复制，效果如图 4-70 所示。除此之外，还可以进行设置的功能如下。

【参数】:【计数】表示沿路径分布的对象的数量。【间距】表示对象之间的间隔距离。【始端偏移】和【末端偏移】表示对象在路径起始和结束位置的偏移量。3ds Max 还提供了多种分布方式，可在下拉菜单中选择，默认选择【均匀分隔，对象位于端点】。

【前后关系】：用于确定复制对象与路径之间的相对位置和方向。其中，【边】表示以对象的边界为参考，沿着路径进行分布；【中心】表示以对象的中心为基准，沿着路径进行分布；【跟随】表示对象的方向会随着路径的弯曲而变化。

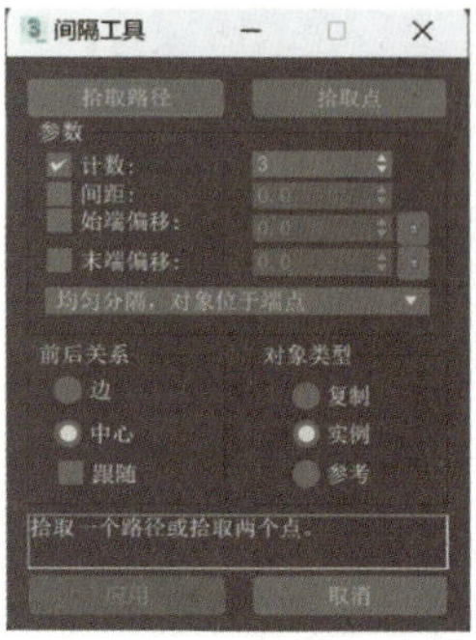

图 4-68 【间隔工具】对话框

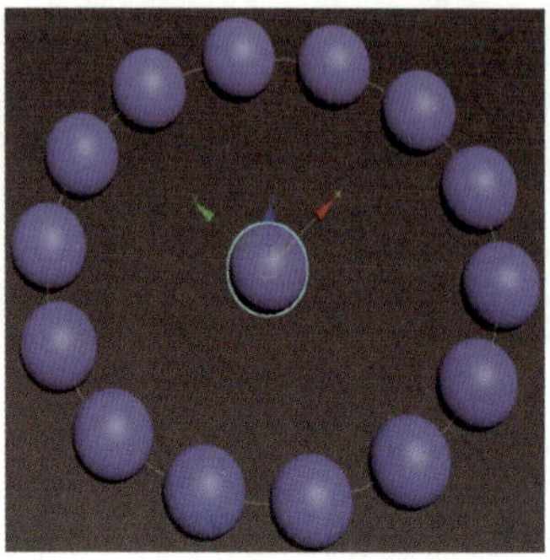

图 4-69 拾取路径的间隔复制效果

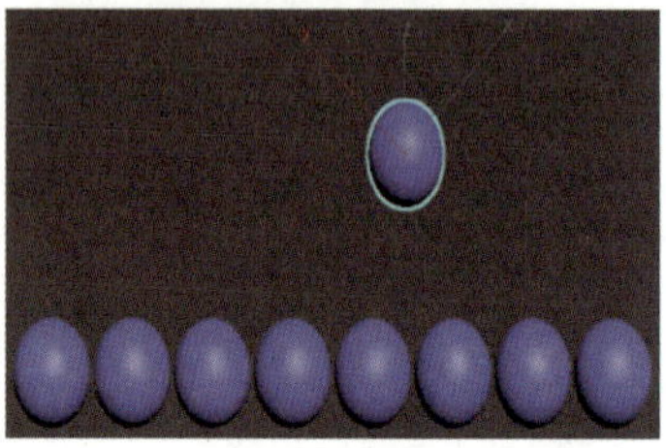

图 4-70 拾取点的间隔复制效果

技术点二 阵列复制

阵列复制是一种通过参数设置生成多个重复对象的高级复制技术。它能够精确地控制对象的排列方式（如线性移动、旋转、缩放等），并将其排列成一维、二维、三维阵列。

阵列复制

首先在视图中创建需要分布的对象，如长方体。选择该对象，单击菜单栏中的【工具】→【阵列】（ ），弹出【阵列】对话框，如图 4-71 所示。依次设置【移动】、【旋转】、【缩放】和【数量】参数，单击【预览】，即可查看阵列的效果，确认无误后，单击【确定】，完成阵列复制。若将创建的对象按照图 4-71 所示的参数进行设置，效果如图 4-72 所示。在【阵列】对话框里可进行设置的参数如下。

【增量】：设置每个副本相对于前一个对象的变换量。

【阵列维度】：包括一维、二维和三维三个选项。一维阵列表示沿着一条直线进行复制；二维阵列表示在平面上按照行和列的形式进行复制；三维阵列表示在三维空间中按照长、宽、高三个方向进行复制。

【数量】：设置每个维度上要复制的对象的数量。

【增量行偏移】：在二维或三维阵列中，每一行或每一层的对象相对于前一行或前一层的额外偏移量。

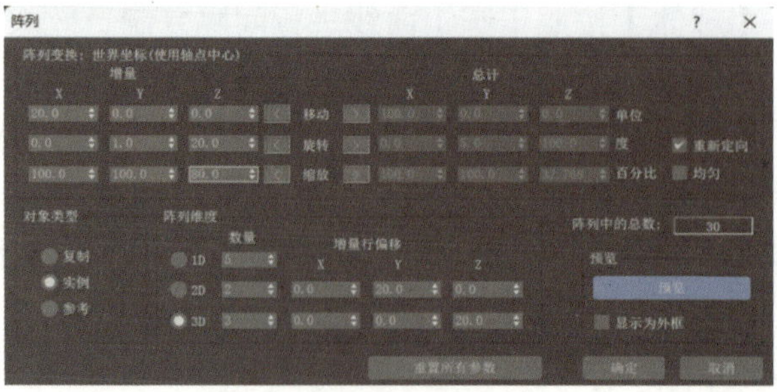

图 4-71 【阵列】对话框

图 4-72 阵列复制的效果

技术点三　镜像复制

镜像复制是指通过指定的对称轴（如 X、Y、Z 轴）生成对象的对称副本，适用于需要创建对称结构的情况。

镜像复制

在视图中选择需要镜像复制的对象，单击工具栏上的（【镜像】按钮），弹出【镜像】对话框，如图 4-73 所示，在对话框中设置好【镜像轴】、【偏移】和【克隆当前选择】，单击【确定】，完成镜像复制。若对【茶壶】进行【X】轴镜像复制，效果如图 4-74 所示。

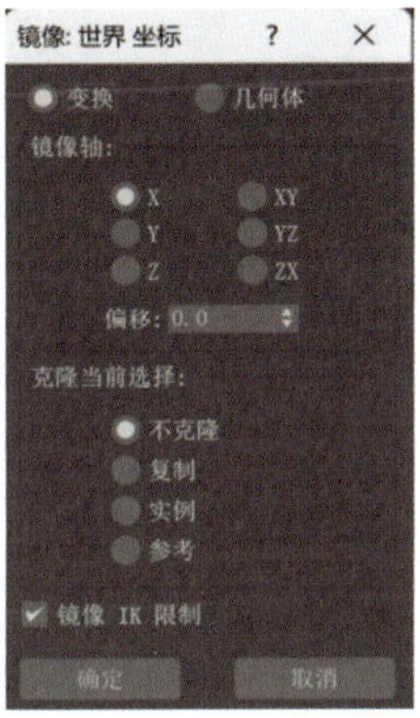

图 4-73　【镜像】对话框

图 4-74　镜像复制的效果

案例应用

● 案例 1：制作卡通风车（见图 4-75）

图 4-75　卡通风车的效果图

4-1：卡通风车

● 案例 2：制作 DNA 双螺旋模型（见图 4-76）

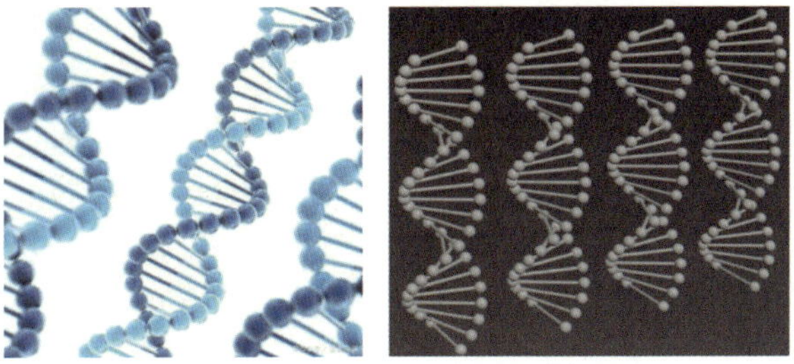

图 4-76　DNA 双螺旋模型的效果图

4-2：DNA 双螺旋模型

本项目以“重现古建筑之美”为主题，展示了古建筑斗拱、屋檐、围脊和角脊的三维建模过程。通过详细讲解复制建模的相关知识，不仅让读者掌握了三维建模软件的高级技巧，还让读者领略了古建筑的结构与美学特点。本项目旨在培养读者的空间想象力和处理细节的能力，同时增强对传统建筑文化的欣赏与传承。通过实践性强、内容丰富的建模过程，力求让读者的建模能力和文化认知得到全面提升，为其未来的职业发展奠定坚实的基础。

项目自测题

核对答案
（项目 4）

一、选择题

（1）在 3ds Max 中，变换复制的快捷键是（　　）。

A. Shift + 移动 / 旋转 / 缩放　　B. Ctrl+D

C. Alt+I　　D. Ctrl+C

（2）【间隔】工具的作用是（　　）。

A. 沿路径均匀分布对象　　B. 按固定的数量复制对象

C. 对称复制对象　　D. 环形排列对象

（3）阵列复制的默认快捷键是（　　）。

A. Alt+G　　B. Alt+I

C. Ctrl+G　　D. Ctrl+I

（4）镜像复制时，若选择【复制】类型，原对象会（　　）。

A. 被移动到镜像位置　　B. 保持不变，生成新对象

C. 与镜像对象合并　　D. 被删除

（5）复制类型（　　）会同步修改原对象与复制对象。

A. 复制　　B. 实例

C. 参考　　D. 镜像

二、填空题

（1）按住____________键并拖动对象，可进行变换复制。

（2）【间隔】位于____________菜单的【对齐】子菜单中。

（3）【镜像】对话框的【镜像轴】中，【X】轴对应____________方向。

三、判断题

（1）阵列复制只能生成线性排列的对象。（　　）

（2）实例复制的对象与原对象共享材质和修改器。（　　）

四维融合岗课赛证评价表

<table>
<tr><th rowspan="2">评价维度</th><th rowspan="2">“岗课赛证”评价标准</th><th colspan="3">评价等级</th></tr>
<tr><th>优秀</th><th>良好</th><th>待提高</th></tr>
<tr><td>基础操作规范</td><td rowspan="4">岗位要求：能够精准地分析本项目所需要的技术、技能点，正确地分解任务，合理分工。
课程要求：熟练掌握本项目涉及的技术、技能点，能够正确地设置参数，能够合理地调优各模型，空间布局得当，熟练地使用快捷键。
大赛要求：作品完成度高，体现一定的创新性，并具备较好的视觉效果。
取证要求：工程文件规范，操作界面整洁、无冗余，能独立排查空间布局不合理、模型异常、文件丢失等常见问题，并进行修复。</td><td></td><td></td><td></td></tr>
<tr><td>技术熟练程度</td><td></td><td></td><td></td></tr>
<tr><td>知识迁移能力</td><td></td><td></td><td></td></tr>
<tr><td>职业素养养成</td><td></td><td></td><td></td></tr>
</table>

项目 5

次世代我来啦

项目 5 的效果图如图 5-1 所示，项目 5 的知识结构如图 5-2 所示。

图 5-1　次世代机器人的效果图

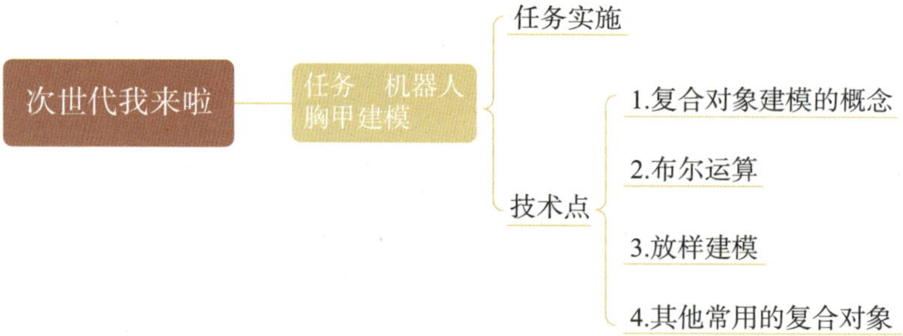

图 5-2　知识结构（项目 5）

跟企业老师学习项目制作全过程（项目 5）

看原图（项目 5）

知识目标
- 理解复合对象建模的基本概念。
- 掌握 3ds Max 中的复合对象建模的方法。

能力目标
- 掌握布尔运算、放样建模的操作技法。
- 掌握变形、散布、连接、图形合并等复合对象的操作技法。

素质目标
- 培养耐心、锤炼专注力。
- 培养创新设计思维。

本项目中，我们将迎接更具挑战性的建模任务——机器人建模，我们将学习如何应对复杂的建模任务，打造属于自己的机器人装甲。准备好迎接这次建模冒险吧，次世代，我来啦！

AI 互动导学

在元宇宙与工业 4.0 交汇的今天，次世代机器人建模成为连接想象与现实的桥梁。AI 将化身高效的助手，聚焦机械结构的美学表达，掌握次世代建模的“真实感”密码，可打造虚拟空间中独一无二的机械生命体。

1. 向 DeepSeek 提问

什么是次世代?

学习 AIGC（项目 5）

2. AI 生成机器人设计草图

（1）登录即梦 AI 官网，输入指令“赛博朋克机器人三视图，机械关节带齿轮传动，头部集成全息投影装置”，选择【高细节】模型版本。从生成的四张设计图中，选择结构清晰的方案，保存至本地，如图 5-3 所示。

图 5-3　即梦 AI 生成赛博朋克机器人的效果图

（2）在 3ds Max 中新建【参考平面】，导入 AI 生成三视图，调整为前 / 侧 / 顶视图，作为建模基础框架。

3. AI 智能匹配金属材质

（1）在 3ds Max 中完成机器人主体的建模后，打开 AI 材质插件（如 3ds Max Materialize AI）。选中金属部件（如外壳、齿轮），输入关键词【锈蚀金属材质、带划痕与油渍反光】，插件自动匹配粗糙度、金属度等参数。

（2）单击【实时预览】，通过滑动条微调【划痕密度】和【油渍反光强度】，直至达到理想的“未来机械感”。

4. AI 优化灯光与渲染参数

（1）在 3ds Max 中新建【AI 灯光预设】（如“科幻实验室”模板），插件自动生成主光（冷白光源模拟全息投影）、辅光（暖黄补光增强金属质感）。

（2）启用【NVIDIA AI 降噪】功能，设置【采样率】为 256，【降噪强度】为 70%，减少渲染噪点。

（3）单击【渲染到 AI 分析】，系统自动检测光影平衡，推荐调整方案（如“增加背景光蓝色调，强化科技氛围”）。

任务 机器人胸甲建模

项目 5 任务
任务实施

任务实施

机器人胸甲通常由多个装甲板组成，这些装甲板通过精密的关节连接在一起，既保证了灵活性，又增强了防护性能。机器人胸甲上常常配有各种功能性的装饰元素，如通风口、散热片和能量导管等，这些细节不仅增加了模型的真实感，还赋予机器人更多的个性化特征，如图 5-4、图 5-5 所示。

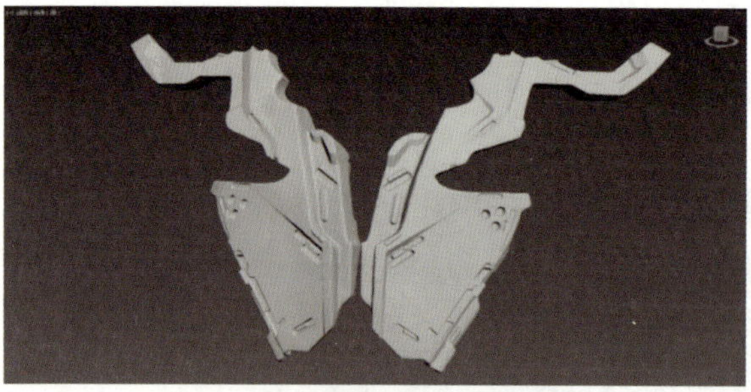

图 5-4　机器人胸甲的示意图

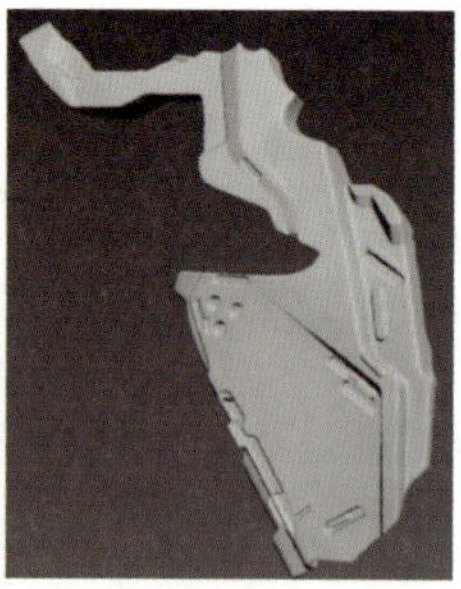

图 5-5　机器人左胸甲

然而，在三维建模中表现这些复杂的机械结构并非易事。为了提高建模效率并保证模型的质量，可以利用 3ds Max 中的复合对象建模技术，如布尔运算、图形合并等功能，在短时间内生成多个复杂的组件，并对其进行精确调整，从而快速构建出精美的机器人胸甲模型。

（1）在【前视图】中创建一个大小合适的平面，在右侧修改面板的【参数】卷展栏中设置平面的【长度分段】、【宽度分段】各为 1，如图 5-6 所示。同时，利用主工具栏中的【材质编辑器】工具，赋予平面半透明状态，如图 5-7 所示。选择平面，右击，将平面转换为【可编辑多边形】，如图 5-8 所示。

（2）进入【顶点】子层级，利用主工具栏中的（选择并移动），移动平面的四个顶点至合适的位置，如图 5-9 所示。

（3）进入【边】子层级，选择平面最上面的边，按 Shift 键的同时沿 Y 轴移动复制到合适的位置，如图 5-10 所示。

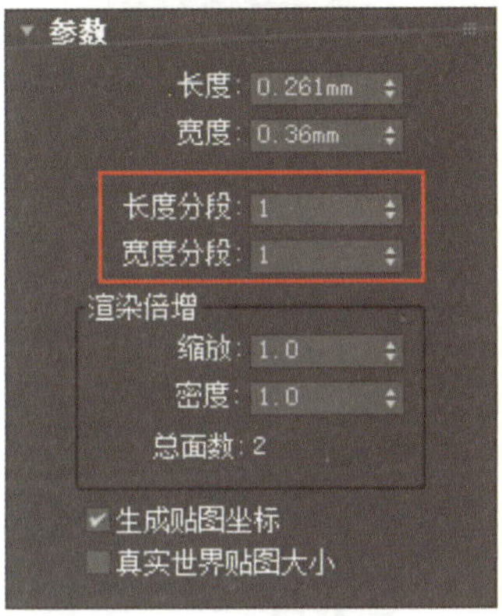

图 5-6　设置平面的长度分段、宽度分段

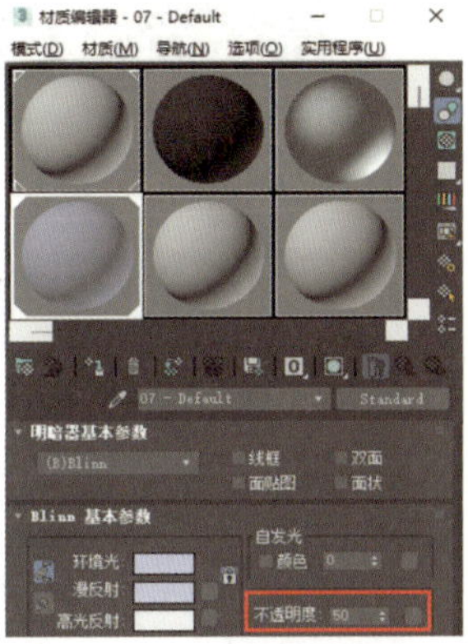

图 5-7　通过材质编辑器设置不透明度

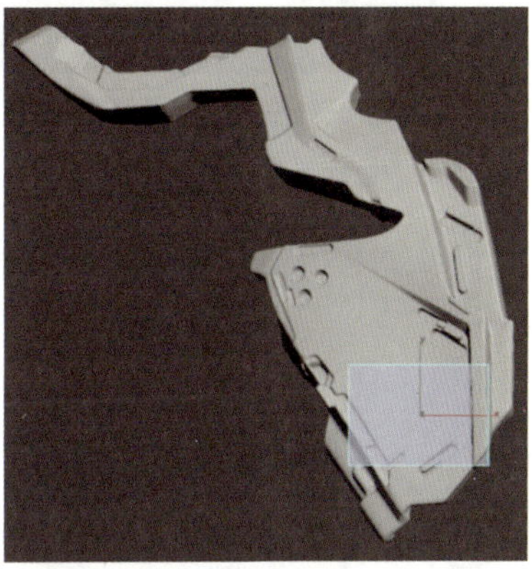
图 5-8　在前视图创建平面

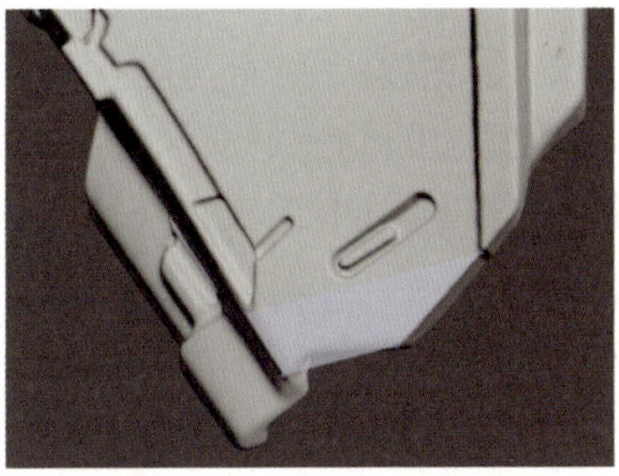
图 5-9　移动平面的顶点

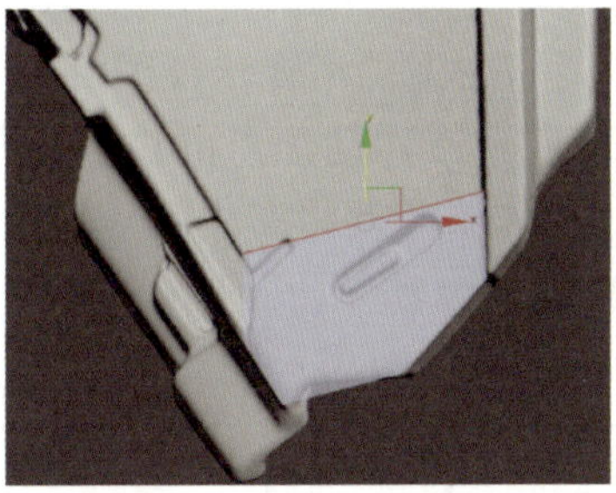
图 5-10　移动平面的边

（4）进入【顶点】子层级，根据左胸甲模型的造型，利用主工具栏中的（选择并移动），继续调整平面顶点的位置，将位置不正确的顶点移动至合适的位置，如图 5-11 所示。

（5）重复移动平面的顶点、移动复制平面的边的操作，根据左胸甲模型的造型，调整平面的形状，如图 5-12 所示。在移动平面的顶点、边的过程中，可以利用【边】子层级的【编辑边】卷展栏中的【插入顶点】工具，增加顶点，从而刻画胸甲的细节造型，如图 5-13 所示。

（6）为了模拟胸甲模型上的凹凸感，进入【边】子层级，将平面右侧的边全部选中，回到【透视图】，按 Shift 键的同时沿 Y 轴的反方向移动复制到合适的位置，如图 5-14 所示。

（7）保持上一步平面的边的选中状态，进入【前视图】，按 Shift 键的同时沿 X 轴方向将平面的边移动复制至合适的位置，如图 5-15 所示。

（8）进入【顶点】子层级，继续根据左胸甲模型的造型，调整顶点的位置，从而调整平面的形状，如图 5-16 所示。

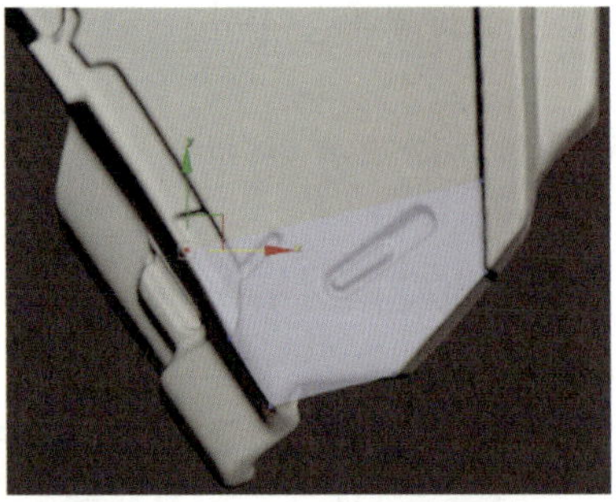

图 5-11　调整平面顶点的位置

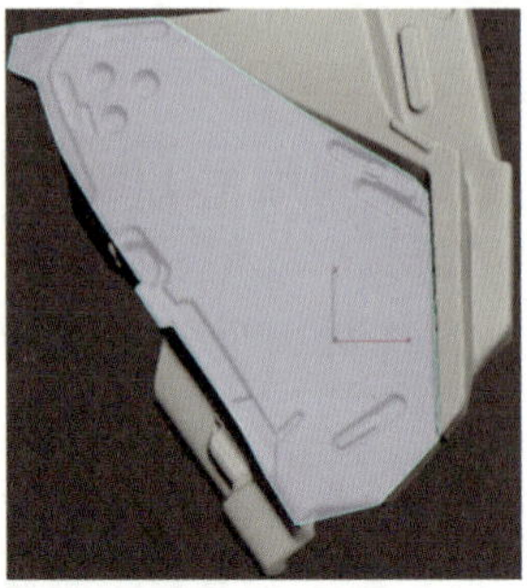

图 5-12　重复调整平面的形状

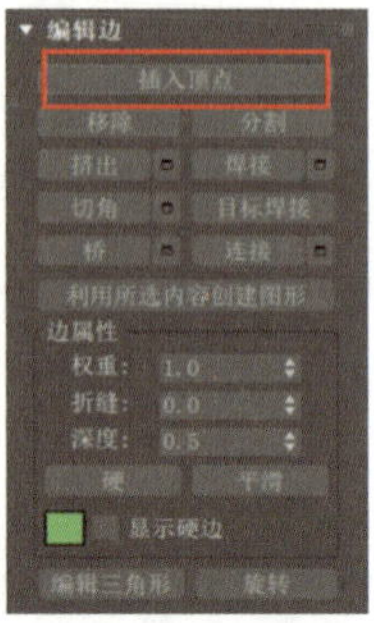

图 5-13　用【插入顶点】工具增加顶点

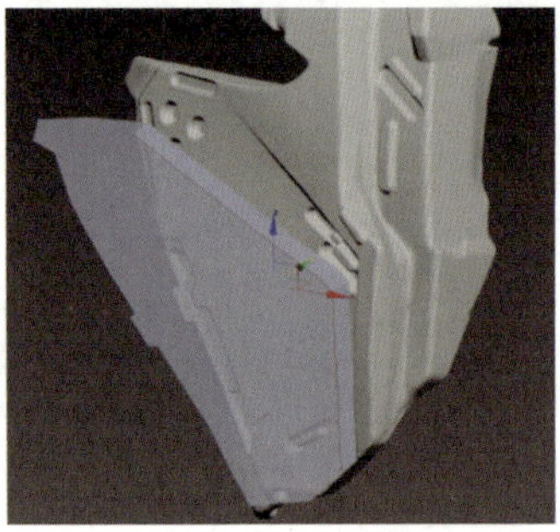

图 5-14　在透视图移动复制平面的边

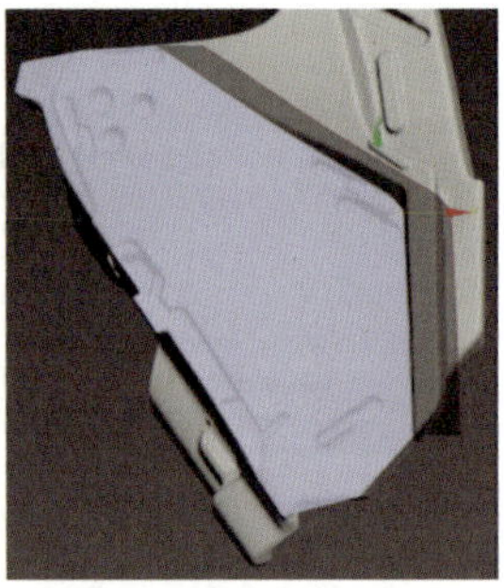

图 5-15　在前视图移动复制平面的边

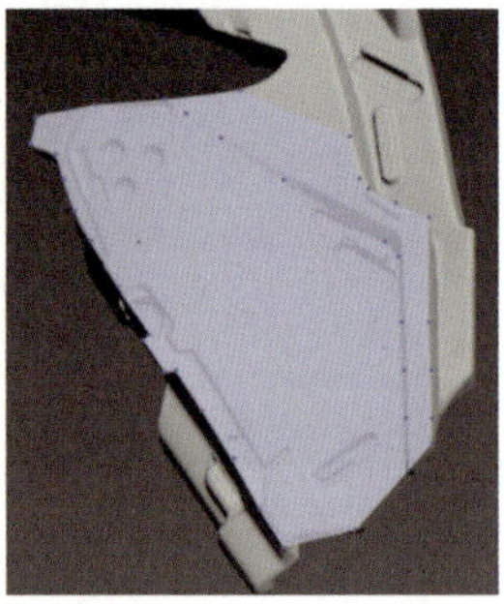

图 5-16　调整顶点的位置

（9）进入【透视图】，旋转视图到合适的位置，看到模型侧面与胸甲造型的凹凸感不符，如图 5-17 所示，移动顶点的位置，模拟胸甲模型的凹凸感，如图 5-18 所示。在移动顶点的过程中，如果需要将多个顶点合为一个顶点，可利用【编辑顶点】卷展栏中的【焊接】功能，如图 5-19 所示。

（10）回到【前视图】，继续重复移动平面的顶点、移动复制平面的边的操作，根据左胸甲模型的造型，调整平面的形状，使其贴合左胸甲模型的形状，如图 5-20 所示。

（11）在【透视图】中旋转视图到合适的位置，观察平面和胸甲造型。进入【边】子层级，将平面右侧的边全部选中，按 Shift 键的同时沿 Y 轴方向移动复制至合适的位置，模拟胸甲的凹凸造型，如图 5-21 所示。

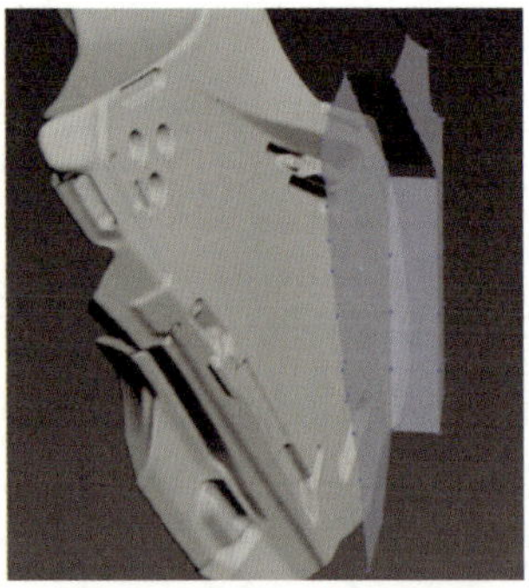

图 5-17　目前的平面造型

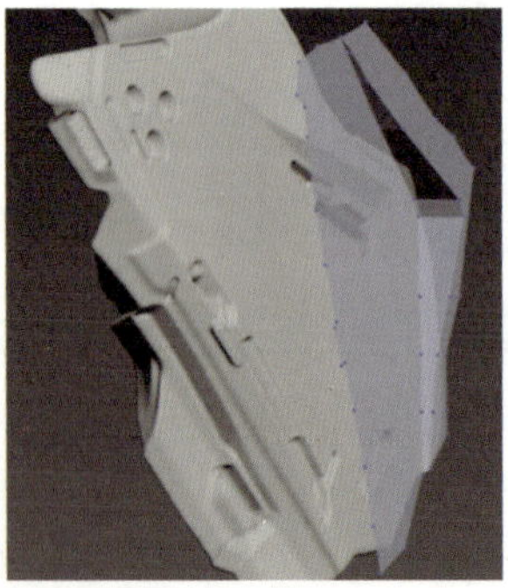

图 5-18　调整顶点位置后的平面造型

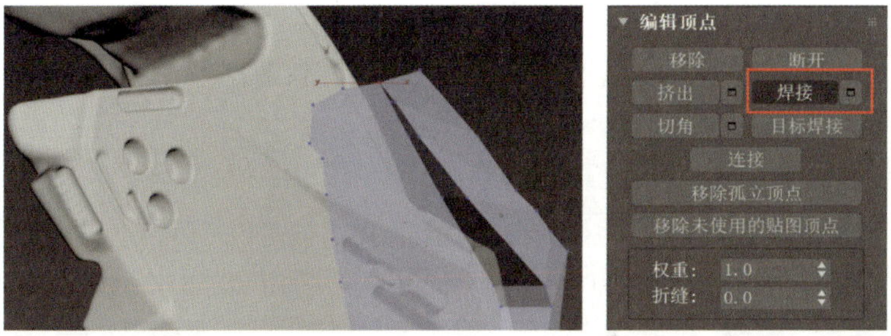

图 5-19　将多个顶点焊接为一个顶点

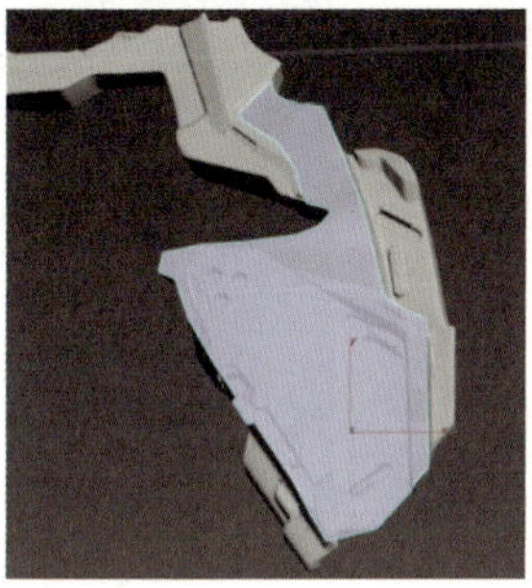

图 5-20　使平面的形状贴合左胸甲模型的形状

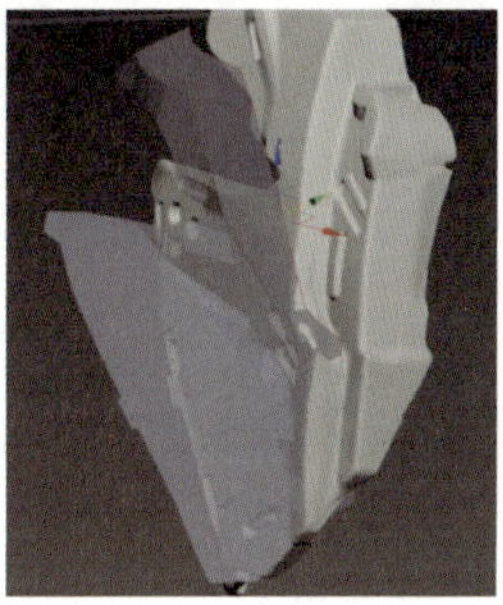

图 5-21　沿 Y 轴移动平面右侧的边

（12）在界面的功能区中选择【建模】→【编辑】→【快速循环】，保持【边】子层级的选中状态，在平面中新增两条边，以方便之后的胸甲建模，如图 5-22 所示。

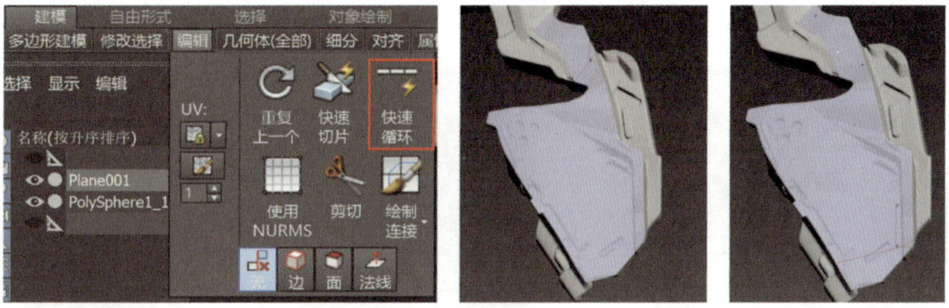

图 5-22　快速循环增加边

（13）回到【前视图】，选中平面右侧的部分边，如图 5-23 所示。按 Shift 键的同时沿 X 轴方向移动复制至合适的位置，模拟胸甲的凹凸造型，如图 5-24 所示。

（14）进入【顶点】子层级，继续根据左胸甲模型的造型调整平面的顶点的位置，从而调整平面的形状，如图 5-25 所示。

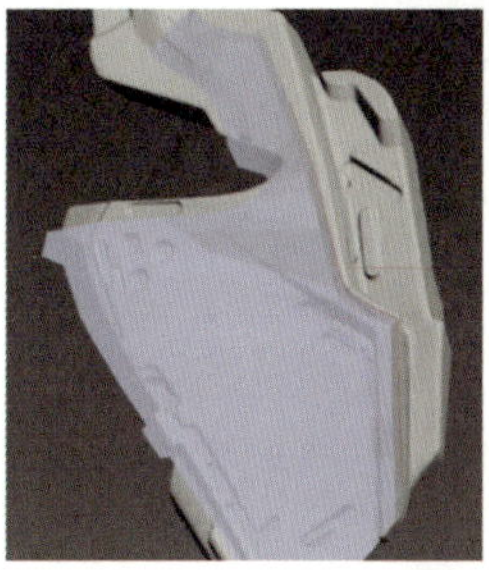

图 5-23　选中平面右侧的部分边

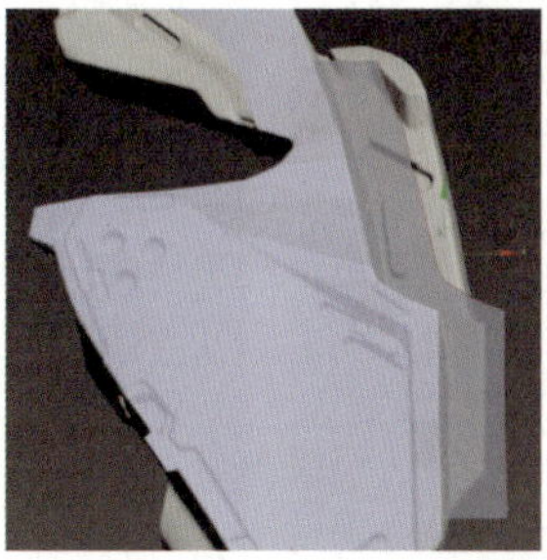

图 5-24　沿 X 轴移动复制平面右侧的边

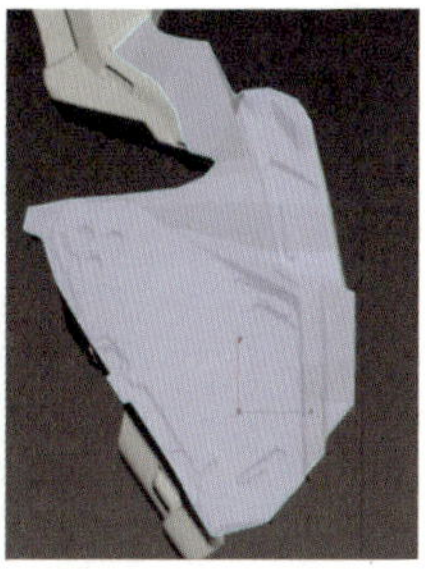

图 5-25　根据左胸甲模型的造型调整平面的顶点的位置

（15）进入【边】子层级，选中平面右侧的全部边，在【透视图】中按 Shift 键的同时沿 Y 轴方向移动复制至合适的位置，模拟胸甲的凹凸造型，如图 5-26 所示。

（16）回到【前视图】，继续移动复制平面的边、移动平面的顶点的操作，根据左胸甲模型的造型，调整平面的形状，使其贴合左胸甲模型的形状，如图 5-27 所示。

（17）进入【透视图】，选择平面左侧的部分边，按 Shift 键的同时沿 Y 轴的反方向移动复制至合适的位置，模拟胸甲的凹凸造型，如图 5-28 所示。

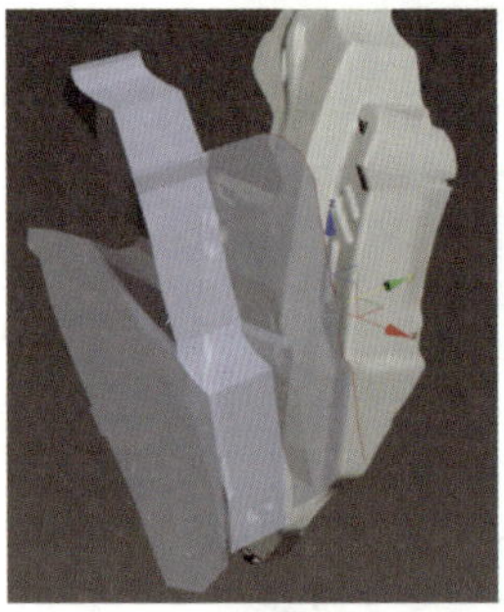
图 5-26　沿 Y 轴移动复制平面右侧的全部边

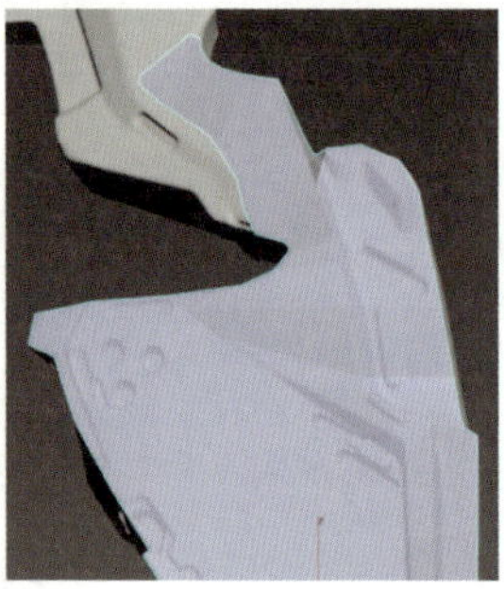
图 5-27　使平面的形状贴合左胸甲模型的形状

图 5-28　模拟胸甲的凹凸造型

（18）进入【顶点】层级，旋转视图到合适的位置，仿照胸甲对应的造型移动平面的顶点，如图 5-29 所示，其中红色线框标注了此步骤修改的对应位置。

（19）由于许多调整步骤具有相似性和重复性，可按照相同的方法，通过对平面的顶点、边的移动、旋转和复制操作，逐步塑造机器人左胸甲的初步模型，如图 5-30、图 5-31 所示。

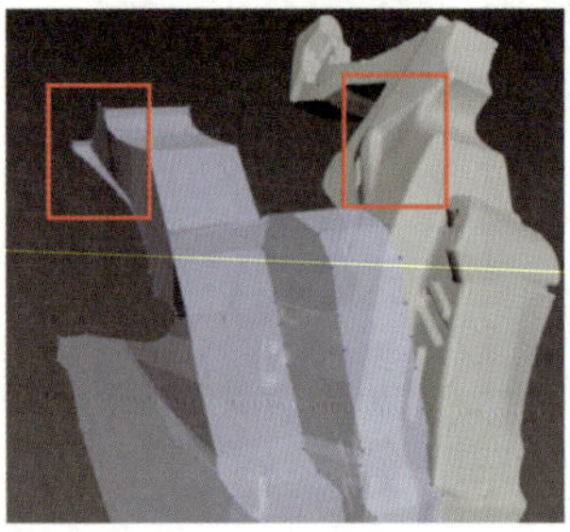
图 5-29　仿照胸甲对应的造型移动平面的顶点

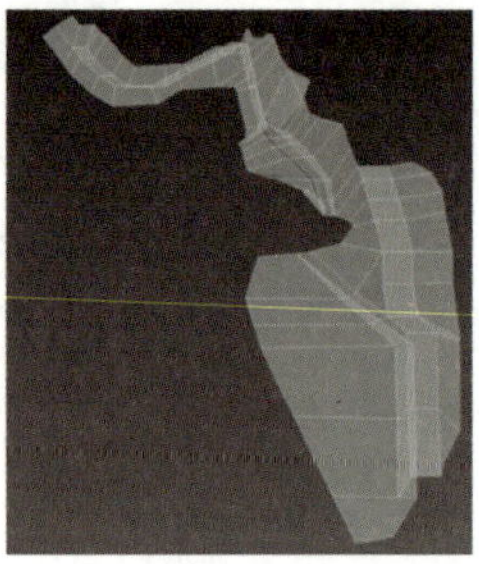
图 5-30　左胸甲的正面模型

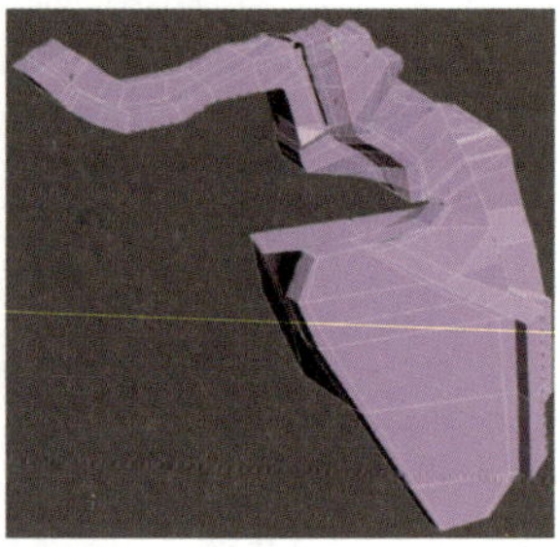
图 5-31　左胸甲的初步模型

（20）在完成左胸甲的初步模型后，可以进一步优化模型。在右侧的修改面板中，添加【网格平滑】修改器，对左胸甲的初步模型进行平滑处理，如图 5-32 所示。

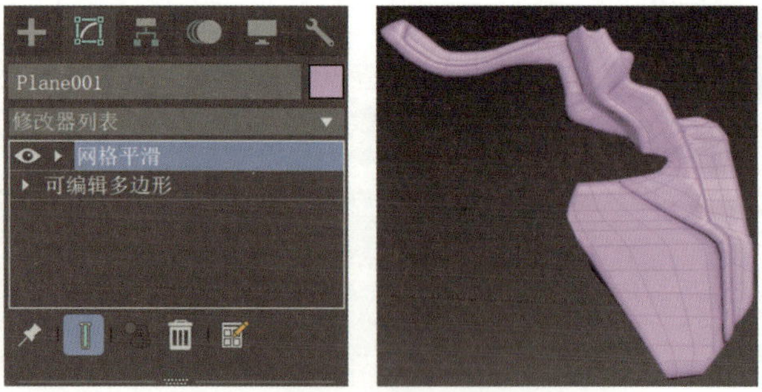

图 5-32　添加【网格平滑】修改器

（21）在【前视图】中创建一个大小合适的矩形，并转换为【可编辑样条线】。进入【顶点】子层级，选中矩形的四个顶点，利用右侧修改面板的【几何体】卷展栏中的【圆角】工具，修改矩形的形状，并移动至合适的位置，如图 5-33 所示。

（22）在【前视图】中创建三个大小合适的圆，并移动至合适的位置，如图 5-34 所示。

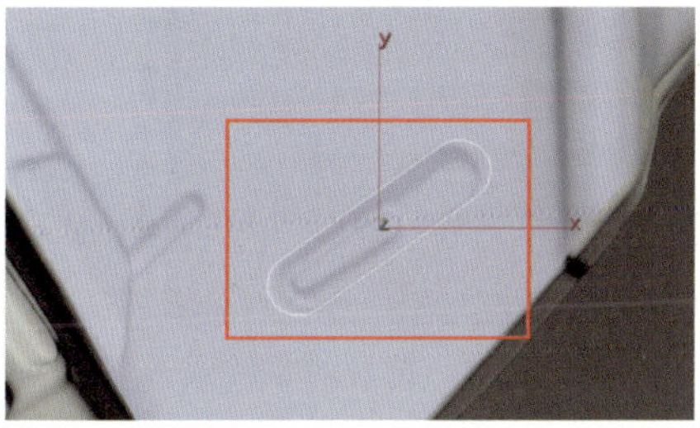

图 5-33 用【圆角】工具修改矩形的形状

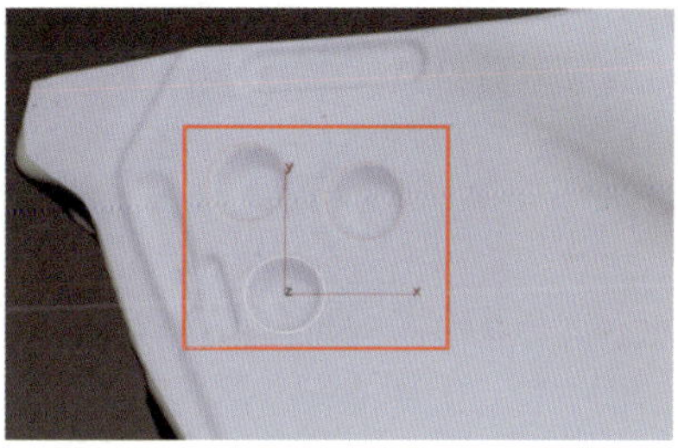

图 5-34 创建三个大小合适的圆

（23）选中创建的矩形、圆，在右侧的修改面板中，添加【挤出】修改器，如图 5-35 所示。

（24）保持左胸甲模型的选中状态，在【创建】面板的【几何体】类别中，选择【复合对象】中的【ProBoolean】，如图 5-36 所示。在【参数】卷展栏中选择【差集】，在【拾取布尔对象】卷展栏中选择【开始拾取】，然后在视图中依次单击矩形和三个圆，完成胸甲模型的进一步优化，如图 5-37 所示。

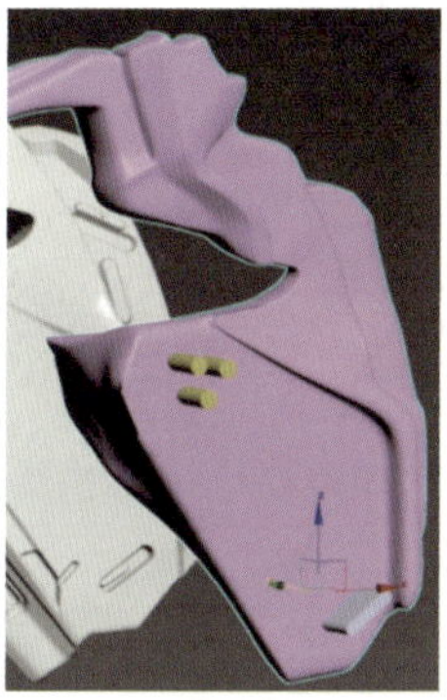

图 5-35 选中创建的矩形、圆

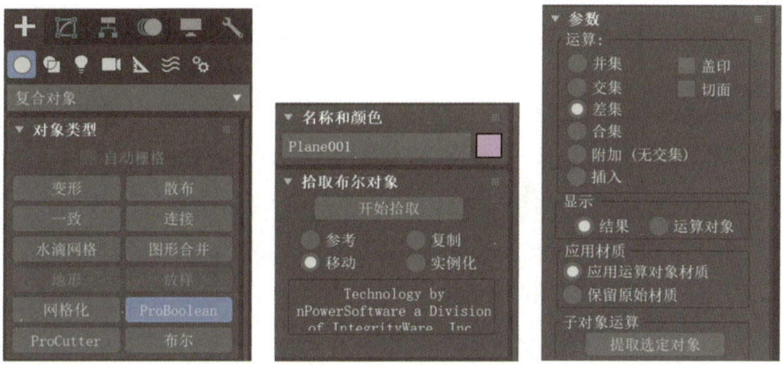

图 5-36 选择【复合对象】中的【ProBoolean】

技术讲解

技术点一 复合对象建模的概念

复合对象建模是一种通过组合多个简单对象生成复杂模型的建模技术。这种建模方法能够充分利用基本几何体和其他简单模型，通过不同的组合方式和参数设置，生成具有独特形态的复合模型。

在 3ds Max 中，复合对象建模工具位于【创建】面板的【几何体】类别下，选择【复合对象】即可访问，如图 5-38 所示。3ds Max 提供了多种复合对象建模工具，以下是常用的对象及功能，其中重点介绍【布尔】和【放样】。

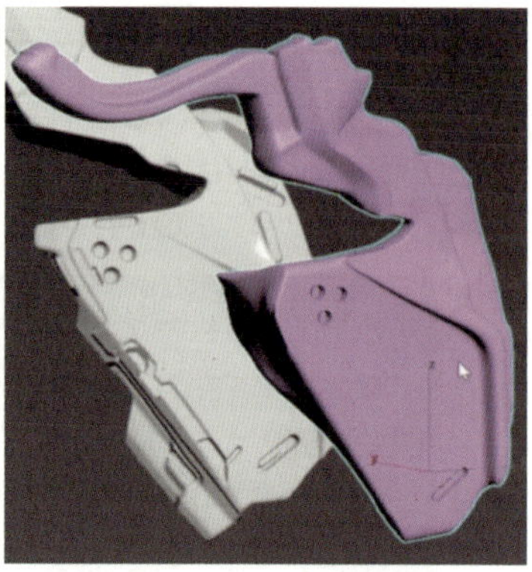

图 5-37　优化胸甲模型

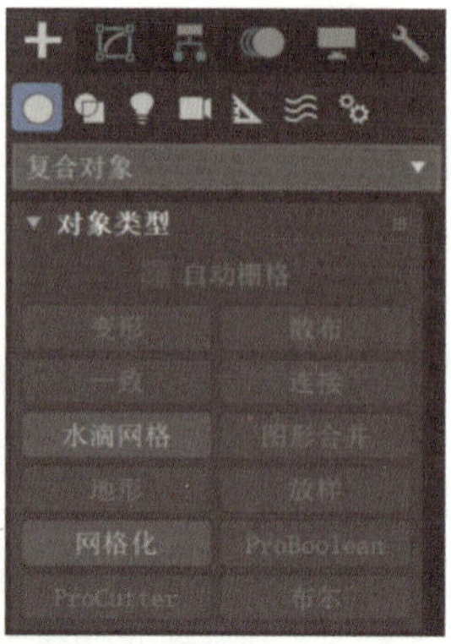

图 5-38　复合对象建模

【布尔】：通过并集、交集、差集等运算将两个或多个对象组合成一个新的几何体。

【放样】：通过路径和截面生成复杂曲面，适用于创建管道、窗帘等结构。

【变形】：通过对一个对象应用变形目标，可实现不同形态之间的平滑过渡，适用于动画制作和角色建模。

【散布】：将一个对象随机或规则地分布在另一个对象的表面上，适用于创建自然景观、建筑装饰等场景。

【连接】：将两个或多个对象的顶点或边连接在一起，形成连续的整体。

【图形合并】：将二维图形投影到三维对象表面，并生成几何结构。

【地形】：通过等高线生成地形模型，适用于制作山脉、地形等。

技术点二　布尔运算

布尔运算

布尔是 3ds Max 中的经典复合对象工具，用于创建复杂模型。然而，传统的布尔运算有时会出现计算错误或模型不精确的问题。为了解决这些问题，3ds Max 推出了 ProBoolean，这是一种高级的布尔运算工具，能够提供较高的精度和稳定性。

布尔运算主要包括三种操作类型。

【并集】：将两个或多个对象合并成一个新对象，移除重叠部分。

【交集】：只保留两个或多个对象的重叠部分，移除其余部分。

【差集】：从一个对象中减去另一个对象的部分，形成一个新的几何体。差集分为两种：A–B，从对象 A 中减去对象 B 的部分；B–A，从对象 B 中减去对象 A 的部分。

需要注意的是，参与布尔运算的模型必须是封闭、非自交的，并且具有正确的法线方向。布尔运算的顺序很重要，不同的顺序可能会导致不同的结果。根据运算对象和工具，可将布尔运算分为几何体布尔和 ProBoolean 超级布尔两种。

1. 几何体布尔

在视图中选择参与布尔运算的对象，可以是任意几何体，如长方体。在创建面板的【复合对象】中选择【布尔】，接着指定要进行的布尔运算类型（并集、交集、差集），单击【添加运算对象】，在视图中选择另一个参与运算的对象，如球体，生成布尔运算的结果，效果如图 5-39 所示。

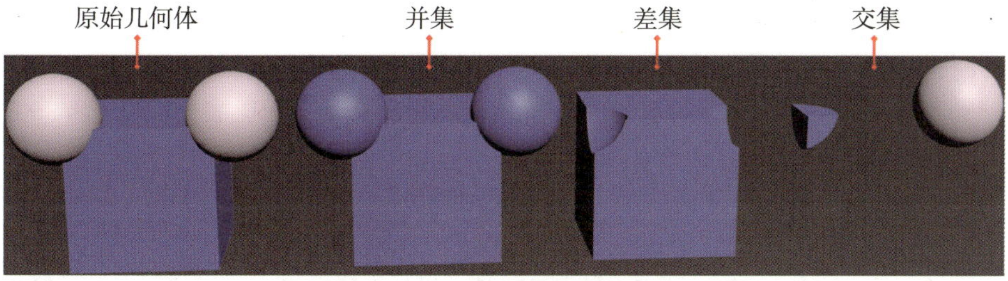

图 5-39　几何体布尔的效果

在 3ds Max 中，可对复合对象【布尔】进行更多的参数设置，如图 5-40 所示。

【添加运算对象】：用于选择第二个及之后参与布尔运算的对象。

【运算对象】：显示参与布尔运算的对象列表。

【布尔操作资源管理器】：3ds Max 中专门用于处理布尔运算相关操作的模块，显示所有参与布尔运算的对象名称、操作类型等信息，如图 5-41 所示。

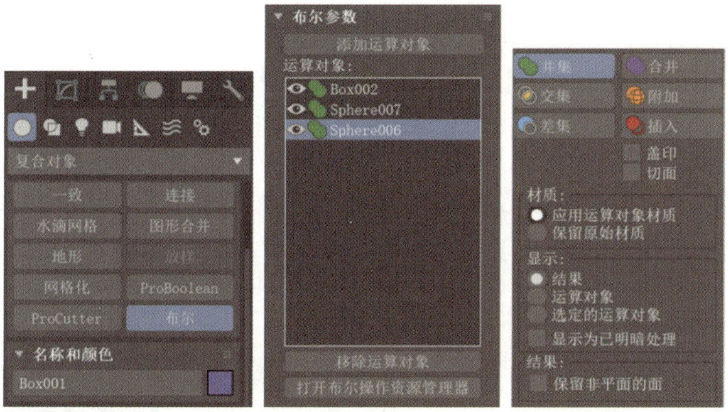

图 5-40　布尔参数

图 5-41　布尔操作资源管理器

【运算】：除了常用的【并集】、【交集】、【差集】，3ds Max 还提供了其他三种布尔运算。【合并】表示将两个或多个对象合并为一个整体，使它们成为一个单一的对象。【附加】与【合并】类似，是将两个或多个对象连接成一个整体，但【附加】更侧重于保持原始对象的独立性和可编辑性。【插入】是指在现有对象中插入一个新的几何体，并根据需要进行切割或分割。若对图 5-39 所示的原始几何体进行布尔运算中的合并、附加、插入，且对运算结果进行【转换为可编辑多边形】操作，其元素级别如图 5-42 所示。

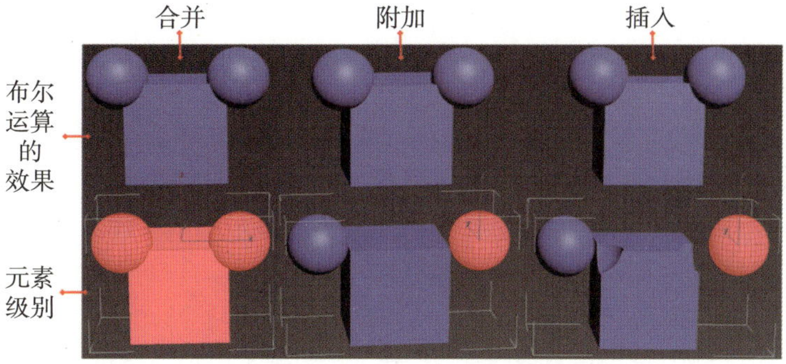

图 5-42　合并、附加、插入布尔运算的效果及元素级别

【材质】：控制布尔运算后材质的分配方式。

【显示】：控制运算结果的显示方式。

2. ProBoolean 超级布尔

【ProBoolean】的操作步骤同【布尔】相似，但【ProBoolean】提供了更多的参数设置，如图 5-43 所示。

【拾取布尔对象】：【参考】表示对原始对象（即参与布尔运算的对象）的修改会直接影响布尔运算的结果。【复制】表示会在拾取布尔对象时创建一个该对象的副本，并将这个副本用于布尔运算。【移动】是指在布尔运算的过程中，直接使用原始对象进行布尔运算，并将其从原位置移除。【实例化】是指在布尔运算的过程中，创建原始对象的实例，并对其进行布尔运算。所有实例共享相同的几何数据，都可以有不同的变换属性（如位置、旋转、缩放）。

【参数】：【子对象运算】支持对子对象（如面、边）进行布尔运算。

【高级选项】：【更新】控制运算结果的实时更新方式。启用【四边形镶嵌】后，ProBoolean 会将布尔运算的结果细分为四边形面。【移除平面上的边】的作用是在进行布尔运算后，自动移除位于同一平面上的多余边。

5-1：烟灰缸

案例应用

运用布尔建模方法，制作烟灰缸，效果如图 5-44 所示。

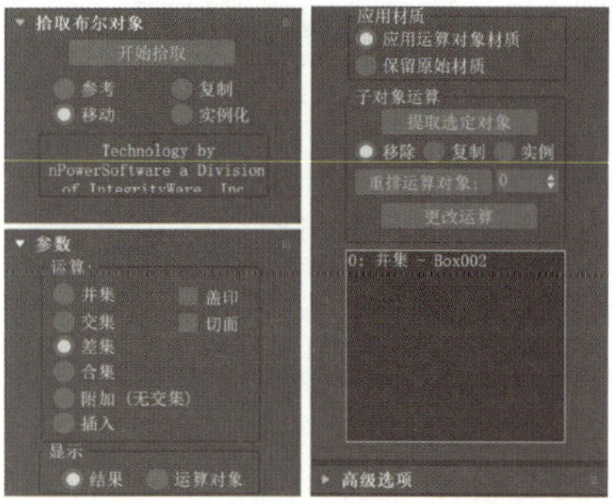

图 5-43　ProBoolean 的参数

图 5-44　烟灰缸的效果图

技术点三　放样建模

放样是一种创建复杂几何体的方法，即通过一条路径和一个或多个截面图形来生成三维模型。放样结合了二维图形的灵活性和三维建模的直观性，不仅可以用于创建简单的管道和栏杆，还可以用于设计复杂的建筑装饰、家具和其他具有不规则形状的物体。

放样建模

放样由以下两个主要部分组成。

【路径】：放样过程中沿用的轨迹线，决定了最终模型的形状和方向。

【截面】：沿路径拉伸的对象，决定了最终模型的截面形状。

放样的创建方法主要有两种：【获取路径】和【获取图形】。这两种方法的核心区别在于选择的初始对象不同，但最终目标都是通过路径和截面的结合生成放样模型。

【获取路径】：选择一个截面图形作为放样的基础，在创建面板的【复合对象】中选择【放样】，单击【获取路径】，在视图中单击【路径】，定义模型的延伸方向，生成放样模型。

【获取图形】：选择一条路径作为放样的基础，在创建面板的【复合对象】中选择【放样】，单击【获取图形】，单击【截面图形】，定义模型的横截面形状，生成放样模型。

需要注意的是，一个放样对象只能有一条路径。在选择截面图形和路径图形时，要充分考虑它们之间的适配性。截面图形应该与路径图形的形状、比例相协调，以确保放样生成的模型具有良好的视觉效果和合理的结构。在放样过程中，可以通过调整截面图形的分段数、插值方式等参数来控制模型的精细度。

在视图中绘制一条路径（如直线）和一个 / 多个截面图形（如矩形、圆形）。选择路径作为放样的基础。在创建面板的【复合对象】中选择【放样】，单击【获取图形】，如图 5-45 所示。在视图中选择一个截面图形（如圆形），则可生成三维模型，如图 5-46 所示。若有多个截面图形，可在【路径参数】的【路径】中设置百分比值，继续选择截面矩形，调整已生成的三维模型的形状，若将【路径】设置为 50，再选择圆形为截面图形，效果如图 5-47 所示。

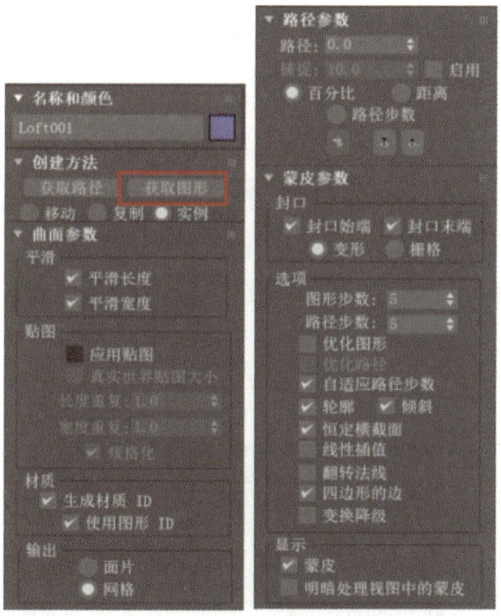

图 5-45　放样的参数

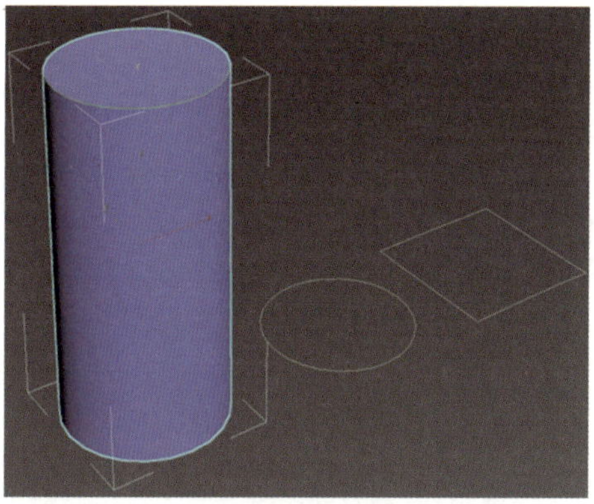

图 5-46　单路径单截面放样的效果

在右侧面板中可以看到复合对象【放样】提供了很多参数设置。

【创建方法】：选择获取路径或获取图形。

【曲面参数】：控制放样模型的表面特性，包括平滑和材质等。

【路径参数】：控制路径上的截面位置。【路径】值为 0 表示路径起点，值为 100 表示路径终点，可以通过调整【路径】值，在路径的不同位置插入新的截面图形。

【蒙皮参数】：控制放样模型的分段数和平滑度。

在修改面板中，还有【变形】卷展栏，用于控制放样模型的形状变化，包括缩放、扭曲、倾斜、倒角和拟合，如图 5-48 所示。其中，每种变化右侧的小图标都可直接开启或关闭对应的变形效果。

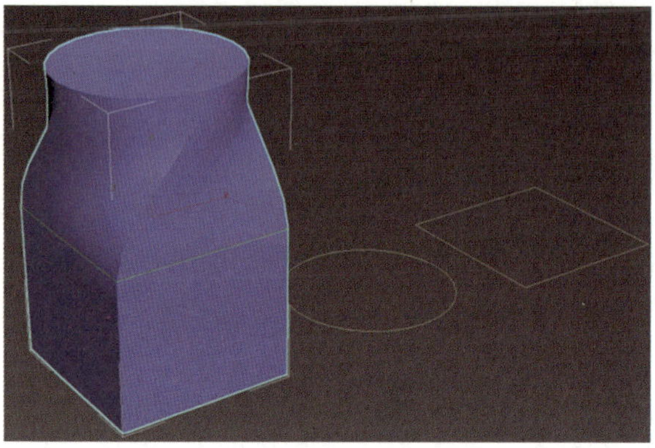

图 5-47　单路径多截面放样的效果

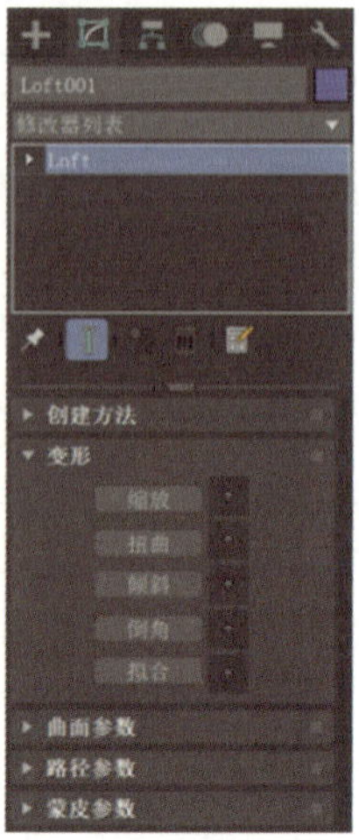

图 5-48 【变形】卷展栏

【缩放】：通过调整缩放曲线，控制放样模型沿路径的缩放比例。红色曲线代表 X 轴，绿色曲线代表 Y 轴。

【扭曲】：控制放样模型沿路径的扭曲角度。通过调整扭曲曲线，可以生成螺旋状的放样模型。从路径起点开始查看，正值表示逆时针旋转，负值表示顺时针旋转。

【倾斜】：通过调整倾斜曲线，控制放样模型沿路径的倾斜角度。

【倒角】：通过调整倒角曲线，控制放样模型沿路径的倒角效果。

【拟合】：通过拟合图形控制放样模型的不同轴向上的形状。

【缩放】变形最为常用，在修改面板中选择【缩放】变形，弹出【缩放变形】窗口，单击窗口工具栏中的【插入角点】图标，在缩放变形曲线上合适的位置单击，增加控制点。单击窗口工具栏中的【移动控制点】图标，对控制点进行移动，即可在对应的三维模型处产生缩放变形效果。若在图 5-46 所示的三维模型的基础上，添加一些缩放变形，其【缩放变形】曲线以及对应的三维模型效果如图 5-49 所示。

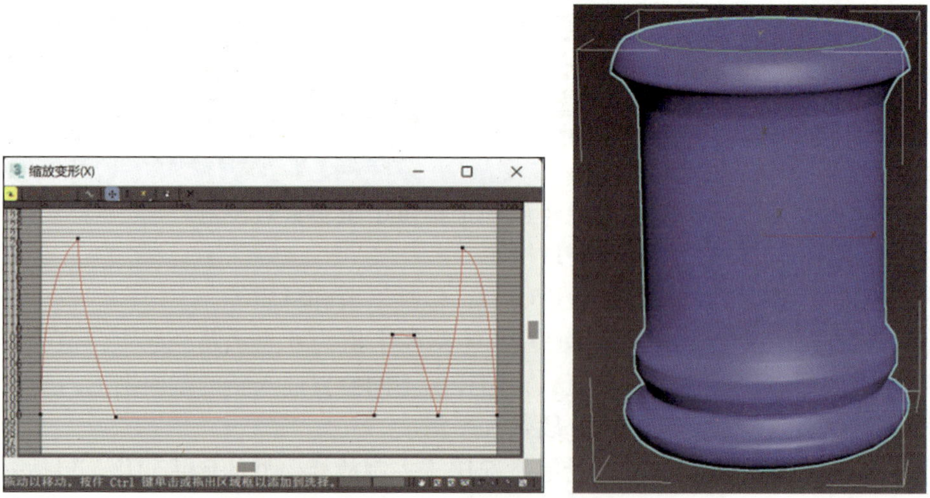

图 5-49 【缩放变形】曲线以及对应的三维模型效果

案例应用

运用放样建模的方法，制作窗帘，效果如图 5-50 所示。

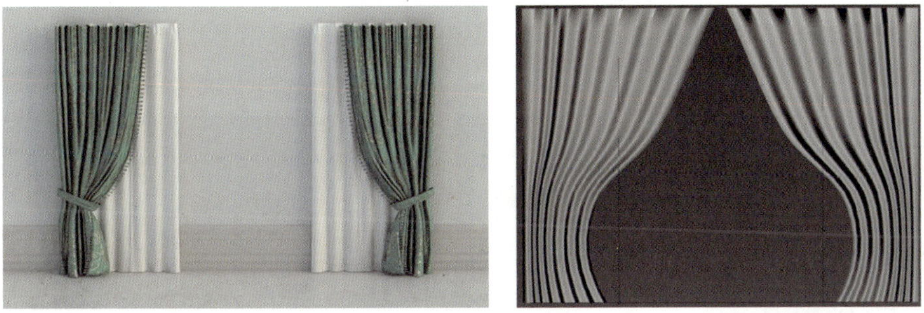

图 5-50　窗帘的效果图

5-2：窗帘

技术点四　其他常用的复合对象

其他常用的复合对象

1. 变形

通过变形不仅可以创建复杂形状，还可以创建动画。通过将对象变形为目标对象的形态，可以在不同的关键帧之间创建平滑的过渡动画，使模型产生动态的变化效果。

注意：参与变形的对象必须包含相同的顶点数。

在视图中创建一个基础模型（如矩形），对此基础模型进行复制和修改，得到另一个模型，作为变形目标（如将复制得到的矩形顶点都设置为【平滑】），如图 5-51 所示。保持基础模型的选中状态，在创建面板的【复合对象】中选择【变形】，单击【拾取目标】，如图 5-52 所示。在视图中选择变形目标，则可产生变形效果。如图 5-53 所示。

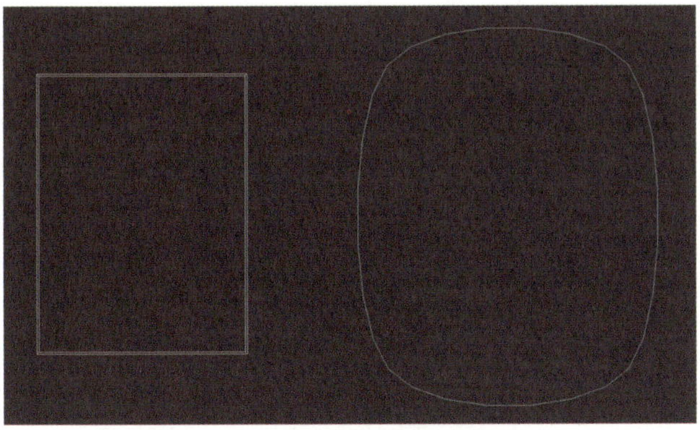

图 5-51　基础模型和变形目标

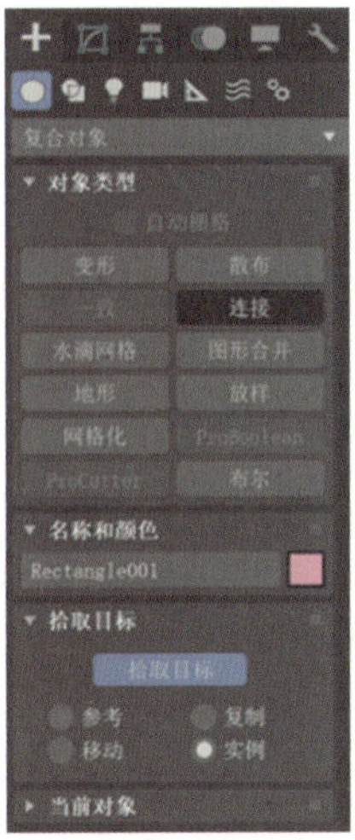

图 5-52　复合对象【拾取目标】

在视图下方拖动时间轴到合适的位置（如 10），在右侧面板的【当前对象】参数中，选择第一个变形目标，单击【创建变形关键点】，此时呈现原基础模型的形状，如图 5-54 所示。继续拖动时间轴到合适的位置（如 50），在右侧面板的【变形目标】中选择第二个变形目标，再次单击【创建变形关键点】，此时模型变为变形目标的形状，并且在这段设置的时间内，形状是逐渐变化的，即可生成变形动画，如图 5-55 所示。

在 3ds Max 中，可以对变形动画进行更多的设置。在【创建变形关键点】的时间轴处右击，即可弹出对话框，如图 5-56 所示。选择第一个选项（即【关键点信息】），即可对时间、张力等进行设置，如图 5-57 所示。

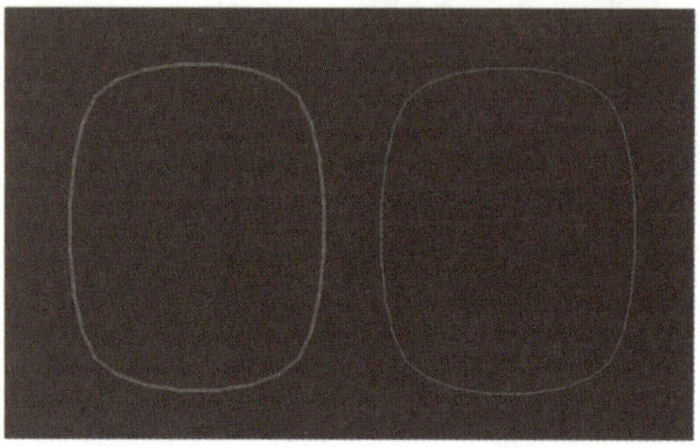
图 5-53　变形目标的变形效果

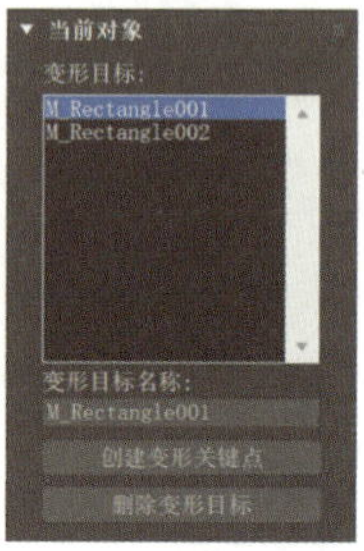

图 5-54　【当前对象】

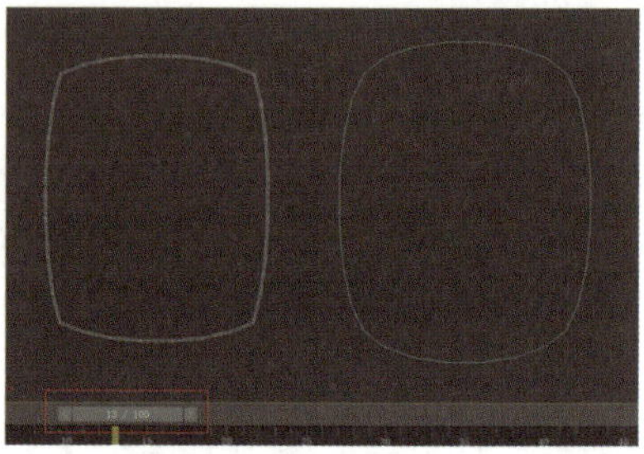
图 5-55　变形动画

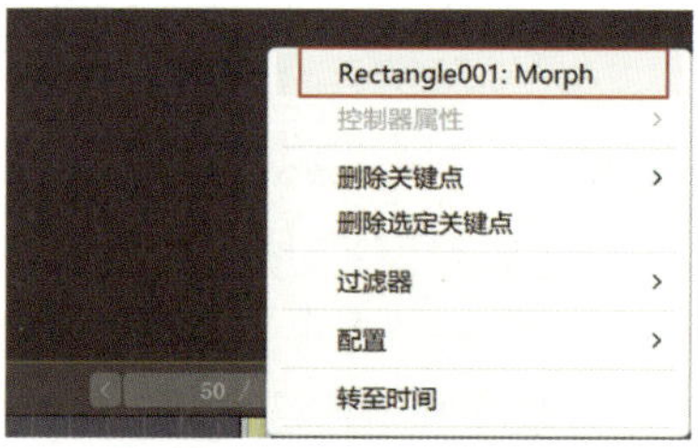

图 5-56　在时间轴处右击

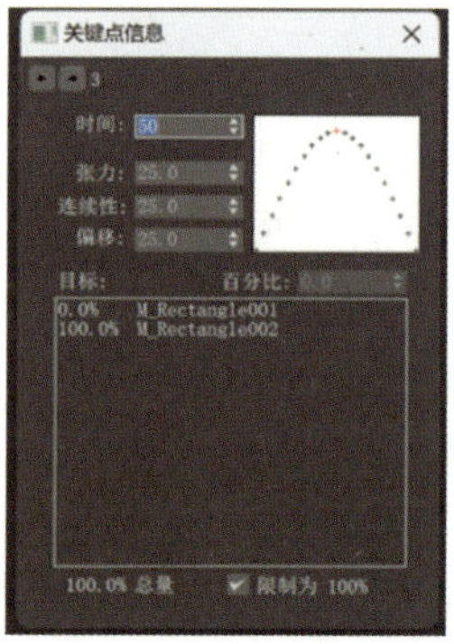

图 5-57　关键点信息

2. 散布

散布是指将一个对象（称为源对象）随机分布到另一个对象（称为分布对象）的表面或内部的过程。

在视图中绘制一个对象作为源对象（如植物），另一个对象作为分布对象（如平面），如图 5-58 所示。保持源对象的选中状态，在创建面板的【复合对象】中选择【散布】，单击【拾取分布对象】，如图 5-59 所示。在视图中选择分布对象，并修改【源对象参数】中的【重复数】的值（如 20），则可产生散布效果，如图 5-60 所示。

在右侧面板的散布参数中进行不同的设置，可以生成不同的散布效果。

【拾取分布对象】：显示和控制分布对象的参数。

【散布对象】：控制源对象的数量、比例、旋转等。【源对象参数】中【重复数】定义对象的数量。【基础比例】定义对象的大小比例。【顶点混乱度】使对象的形状产生混乱效果。【分布对象参数】中包含了【沿边】、【所有顶点】、【所有边的中心】、【所有面的中心】、【体积】等多种方式。选择不同的分布方式会影响源对象在分布对象上的分布位置和密度。若选中【所有顶点】，散布效果如图 5-61 所示。【显示】控制散布结果的显示方式。其中，【结果】表示全部显示，【运算对象】则显示散布前的两个对象的状态。

图 5-58　源对象和分布对象

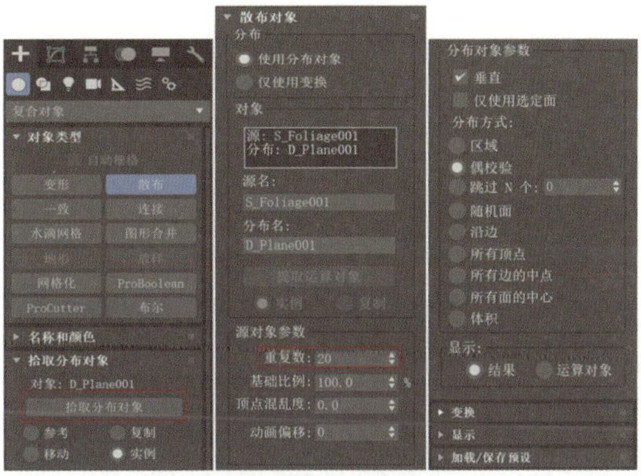

图 5-59　散布参数

【变换】：控制源对象在分布过程中的随机变换程度，如位置的偏移范围、旋转的角度范围等，使分布的效果更加自然和多样化，避免源对象过于规则地排列。

图 5-60　散布效果

图 5-61　【所有顶点】散布效果

3. 连接

连接是指通过在两个或多个对象之间生成过渡几何体，使它们形成一个整体。

注意：若要使用【连接】复合对象，前提是删除每个对象的面，在其表面创建【洞】，再执行【连接】。

在视图中绘制两个需要连接的对象（如圆柱体、长方体），如图 5-62 所示。选择其中一个需要连接的对象，在创建面板的【复合对象】中选择【连接】，单击【拾取运算对象】，如图 5-63 所示。在视图中选择需要连接的另一个对象，即可生成连接部分，并产生连接效果，如图 5-64 所示。

在右侧面板可以对生成的连接部分进行参数的设置。

【参数】：【运算对象】显示和控制参与连接的对象。【插值】控制连接部分的形状和平滑度。其中，【分段】控制连接部分的分段数，【张力】控制连接部分的曲率。【平滑】控制连接部分的平滑方式。其中，【桥】平滑连接部分，如图 5-65 所示，【末端】平滑连接部分的末端。

【显示 / 更新】：控制连接结果的显示和更新方式。

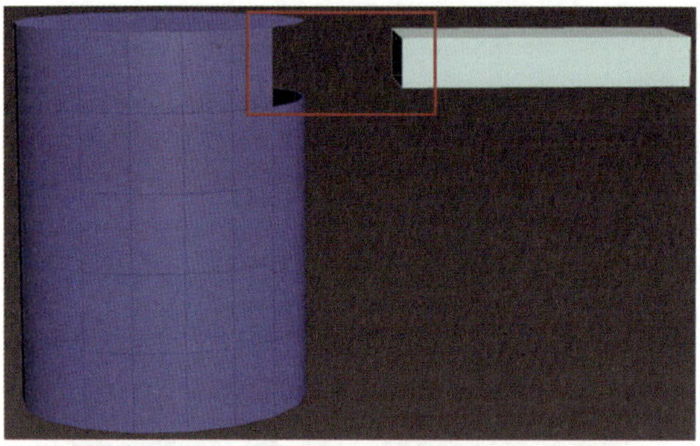

图 5-62　表面有“洞”的圆柱体、长方体

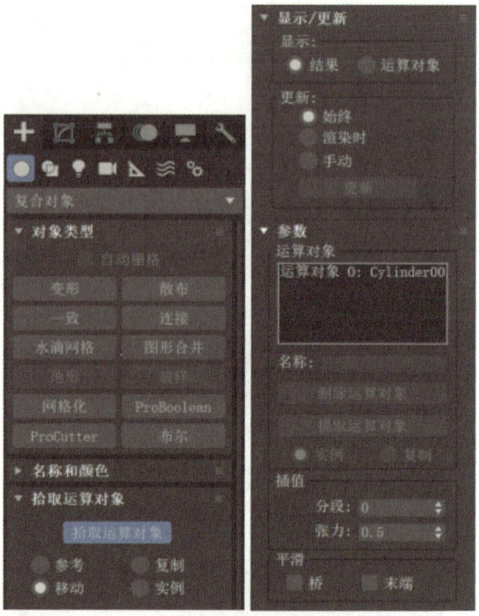

图 5-63　连接参数

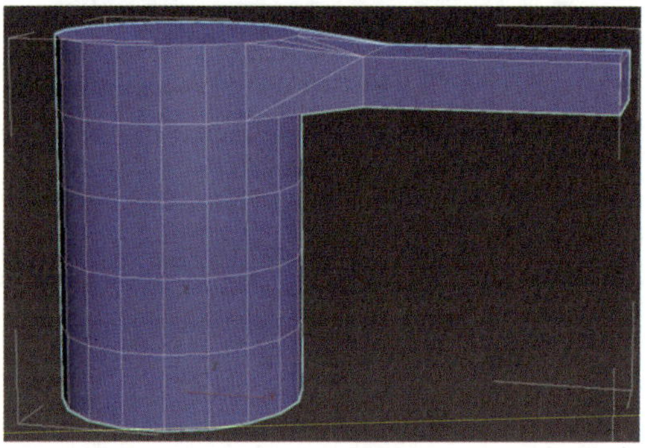

图 5-64　连接效果

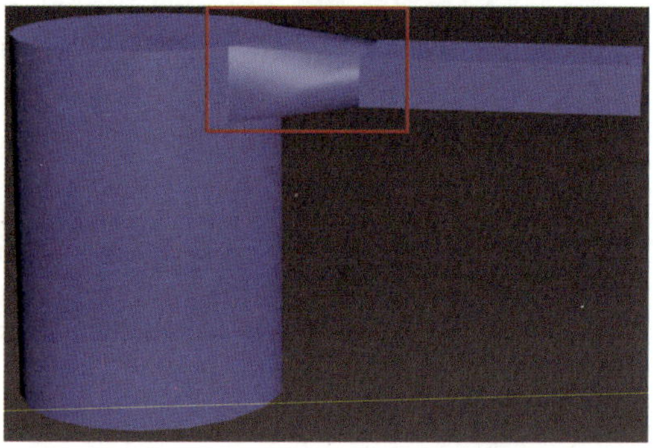

图 5-65　【桥】平滑连接的效果

4. 图形合并

图形合并主要用于将一个二维图形（如样条线、文本等）与三维模型的表面相结合，使二维图形成为三维模型表面的一部分，从而实现在三维模型上创建复杂的图案、文字或其他形状的效果。

在视图中绘制一个三维对象（圆柱体）和一个二维图形（文本），如图 5-66 所示。选择该三维对象，在创建面板的【复合对象】中选择【图形合并】，单击【拾取图形】，如图 5-67 所示。在视图中选择要投影的二维图形，此时二维图形将沿着当前视图的轴向投影到三维对象的表面，产生图形合并效果，如图 5-68 所示。

可看出此时图形合并的效果不明显，在右侧面板的图形合并参数【操作】中，选中【饼切】，可查看在三维模型表面切去二维图形的状态，如图 5-69 所示。同时，选中【反转】复选框，则只提取三维模型表面上二维图形的投影部分，如图 5-70 所示。

图 5-66　创建圆柱体、文本

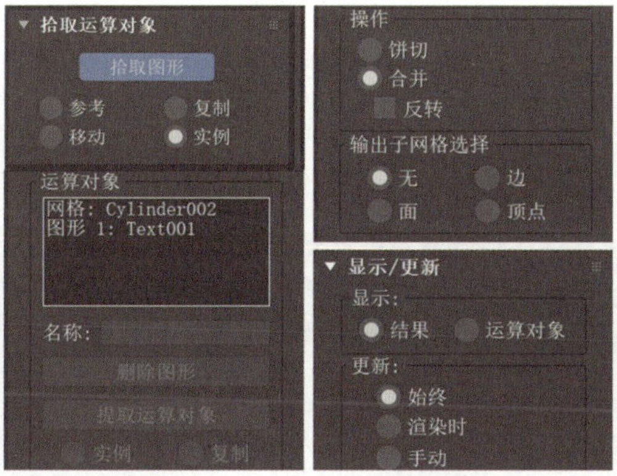

图 5-67　图形合并参数

图 5-68　图形合并效果

图 5-69　图形合并【饼切】效果

图 5-70　图形合并【饼切】+【反转】的效果

5. 地形

地形是利用二维的等高线或样条线来定义地形的起伏和形状。每条等高线代表一个特定的高度值，3ds Max 会根据这些高度值自动生成三维地形表面。

在视图中绘制或导入一组二维样条线，这些样条线将作为等高线使用，为每条等高线设置不同的高度，如图 5-71 所示。选择全部样条线，在创建面板的【复合对象】中选择【地形】，即可生成地形模型，如图 5-72 所示；或选择其中一条样条线，在创建面板的【复合对象】中选择【地形】，单击【拾取运算对象】，如图 5-73 所示，再依次选择其他样条线，也可生成地形模型。

在右侧【地形】的参数面板中，可以通过调整参数，调整地形的生成方式、平滑度和复杂度。

【外形】：控制地形的基本形态和生成方式。可以选择不同的地形生成模式，以适应不同的建模需求。

【简化】：控制地形的复杂度和面数。【水平】和【垂直】分别控制地形在水平方向、垂直方向上的简化程度。

【按海拔上色】：根据地形的海拔高度为其着色，从而直观地显示地形的高低分布。【参考海拔高度】用于设置参考的海拔高度值，也用于定义颜色分布的基准。选择【创建默认值】，会自动给地形上色，如图5-74所示。在【色带】中可以修改【基础海拔】和【基础颜色】的值，单击【添加区域】，即可在地形中通过颜色直观地辨别已设置的基础海拔值所在的区域。

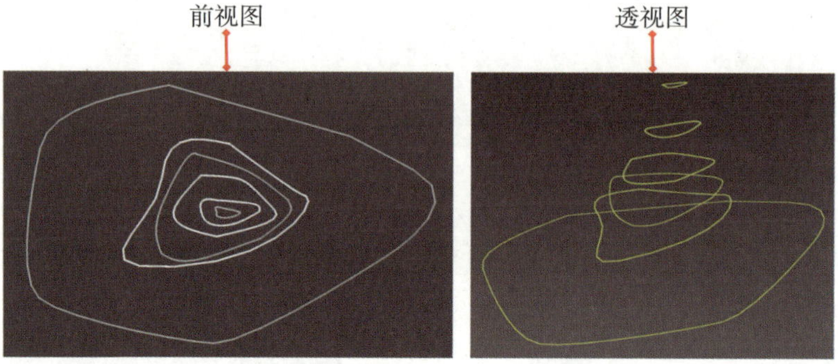

图 5-71　等高线

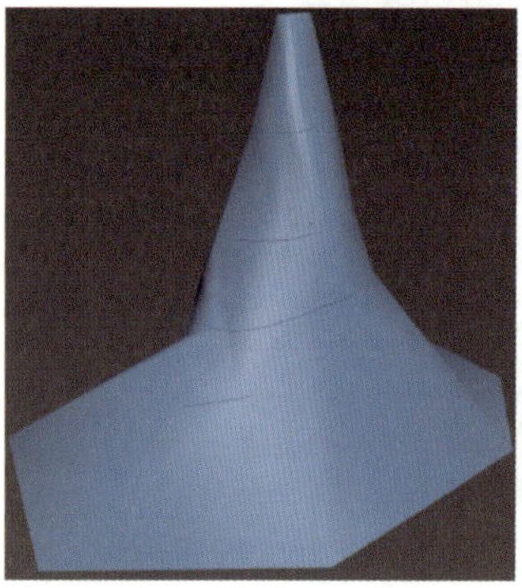
图 5-72　地形效果

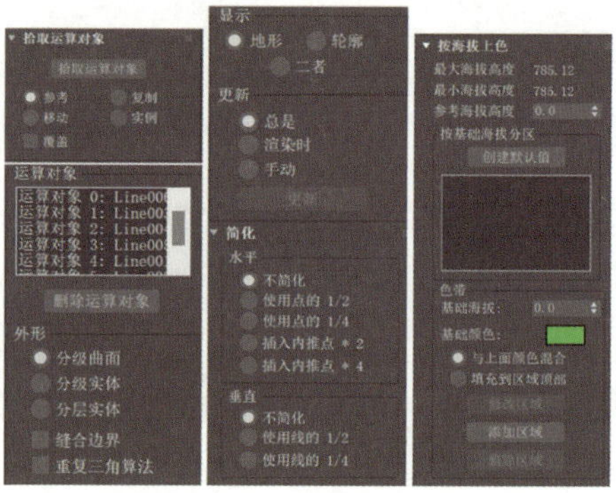
图 5-73　地形参数

图 5-74　地形“上色”的效果

本项目以“次世代我来啦”为主题，深入探索了机器人胸甲的建模过程，重点实践了复合对象建模的应用。本项目不仅可提升读者在 3ds Max 中利用多边形的编辑技法、布尔运算等创建复杂机械结构的能力，还可强化读者对细节处理和模型优化的理解与应用。通过亲手构建具有未来科技感的机器人胸甲，读者不仅能巩固专业技能，还能培养创新思维与审美能力，为日后读者在三维设计领域工作打下坚实的基础，并能将所学的知识灵活应用于实际创作中。

项目自测题

核对答案
（项目5）

一、选择题

（1）在 3ds Max 中，布尔运算的快捷键是（　　）。

A. Ctrl+B　　B. Alt+B　　C. Shift+B　　D. 无默认的快捷键

（2）放样建模的正确步骤是（　　）。

A. 创建路径→创建图形→应用放样　　B. 创建图形→创建路径→应用放样

C. 应用放样→选择路径和图形　　D. 以上均可

（3）复合对象工具（　　）可沿指定路径分布对象。

A. 布尔　　B. 放样　　C. 散布　　D. 连接

（4）图形合并工具的作用是（　　）。

A. 将两个图形合并为一个　　B. 将二维图形投影到三维对象的表面

C. 生成对称模型　　D. 沿路径复制对象

（5）变形复合对象的关键要求是（　　）。

A. 所有对象顶点数相同　　B. 所有对象必须为多边形

C. 所有对象颜色相同　　D. 无须特殊要求

二、填空题

（1）布尔运算的三种类型是__________、__________、__________。

（2）放样工具的【获取路径】和【获取图形】位于__________面板。

（3）连接工具用于缝合两个对象的__________。

三、判断题

（1）布尔运算只能在两个对象之间进行。（　　）

（2）散布工具的【分布对象】参数可控制对象的间距。（　　）

四维融合岗课赛证评价表

<table>
<tr><th rowspan="2">评价维度</th><th rowspan="2">“岗课赛证”评价标准</th><th colspan="3">评价等级</th></tr>
<tr><th>优秀</th><th>良好</th><th>待提高</th></tr>
<tr><td>基础操作规范</td><td rowspan="4">岗位要求：能够精准地分析本项目所需要的技术、技能点，正确地分解任务，合理分工。
课程要求：熟练掌握本项目涉及的技术、技能点，能够正确地设置参数，能够合理地调优各模型，空间布局得当，熟练地使用快捷键。
大赛要求：作品完成度高，体现一定的创新性，并具备较好的视觉效果。
取证要求：工程文件规范，操作界面整洁、无冗余，能独立排查空间布局不合理、模型异常、文件丢失等常见问题，并进行修复。</td><td></td><td></td><td></td></tr>
<tr><td>技术熟练程度</td><td></td><td></td><td></td></tr>
<tr><td>知识迁移能力</td><td></td><td></td><td></td></tr>
<tr><td>职业素养养成</td><td></td><td></td><td></td></tr>
</table>

项目 6

工欲善其事，必先利其器

项目 6 的效果图如图 6-1 所示，项目 6 的知识结构如图 6-2 所示。

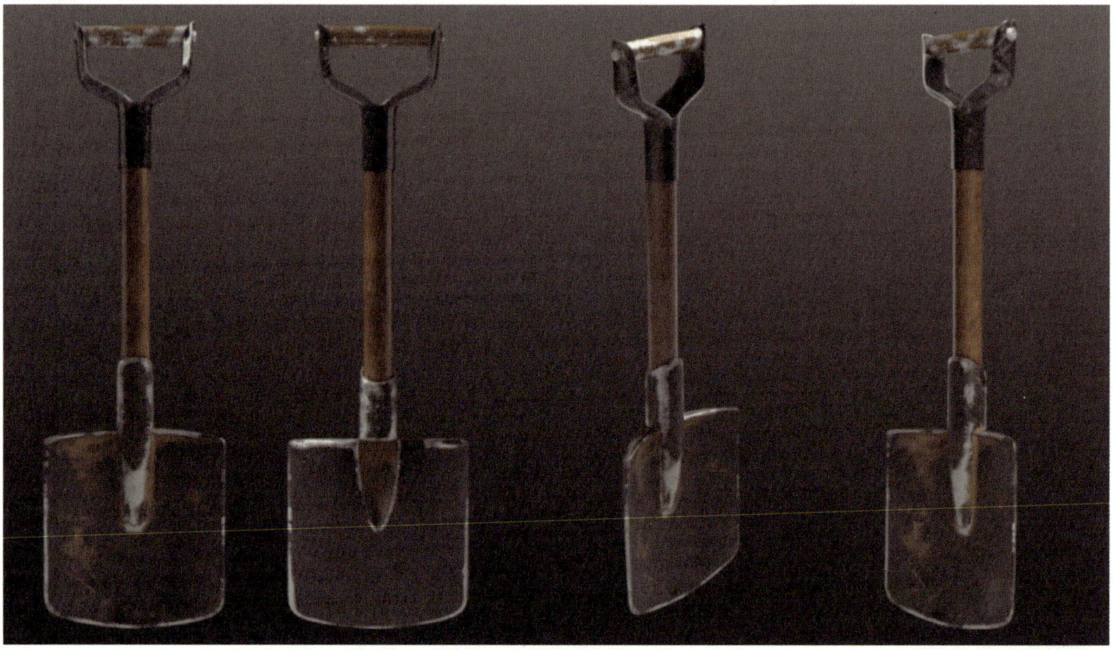

图 6-1　铲子的效果图

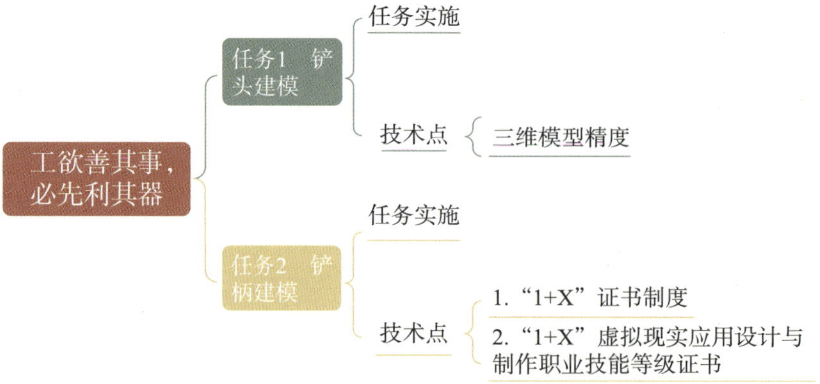

图 6-2　知识结构（项目 6）

跟企业老师学习项目制作全过程（项目 6）

看原图（项目 6）

知识目标

- 掌握三维建模的工作流程。
- 熟悉“1+X”虚拟现实应用设计与制作职业技能等级证书的相关知识。

能力目标

- 能够熟练运用几何体，进行高效建模。
- 灵活应用多边形建模技术。
- 结合“1+X”证书要求，进行综合实践。

素质目标

- 培养严谨细致的工作态度。
- 培养自学能力和解决问题的能力。

“工欲善其事，必先利其器”，这句话深刻揭示了工具在生产和创造中的重要性。在日常生活和工作中，铲子是一种常见且实用的工具，无论是建筑施工现场的工人师傅们用它来搬运物料、填平地面，还是园艺爱好者用它精心打理花园，抑或是饭店的厨师用它翻炒美食，铲子都发挥着重要的作用。本项目结合“1+X”虚拟现实应用设计与制作职业技能等级证书的相关内容，将真实世界中的工具拆解重构，实现其在虚拟世界中的再现。

AI 互动导学

从犁具木柄的曲线韵律，到铁耙金属部件的咬合逻辑，每一次建模都藏着对“器”的理解。请通过 AI 绘图工具，快速生成农具设计参考图，启发建模思路；借助 AI 材质与灯光工具，智能匹配木质纹理、金属锈迹等的真实质感，优化场景的光影层次。

学习 AIGC（项目 6）

1. AI 生成农具设计灵感

（1）打开 AI 绘图工具（如即梦 AI），输入指令“写实农具建模参考图，包含木犁、铁耙，展示细节结构”，如图 6-3 所示。

图 6-3 用 AI 工具生成农具的效果图

（2）浏览 AI 生成的四张设计图，保存心仪的农具结构参考图（如犁的木质纹理走向、耙齿的排列方式），辅助梳理后续建模思路。

2. AI 智能材质匹配

（1）完成农具的基础建模后，打开材质 AI 工具（如 NVIDIA MaterialX、Blender 材质插件），上传模型部件（如木柄），输入关键词“陈旧木质材质”，AI 自动匹配木质纹理参数（粗糙度、颜色的深浅变化、划痕的细节）。

（2）对比 AI 推荐的效果，手动微调参数滑块（如增强划痕的磨损感），快速确定符合农具的真实材质。

任务 1　铲头建模

任务实施

项目 6 任务 1
任务实施

（1）在【前视图】中创建一个大小合适的平面，如图 6-4 所示。选择平面，右击，将平面转换为【可编辑多边形】。

（2）进入【边】子层级，选择平面中间的竖直方向的边，在右侧修改面板的【编辑边】卷展栏中，单击【切角】，设置合适的【边切角量】，取消选中【平滑】，单击【确定】，如图 6-5 所示。

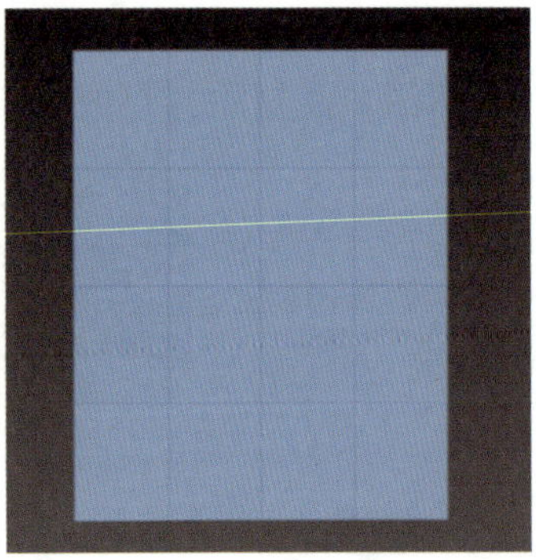

图 6-4　在前视图中创建平面

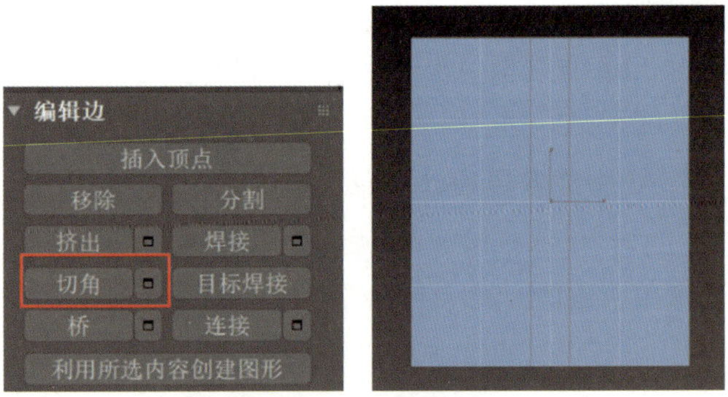

图 6-5　边切角的效果

（3）进入【多边形】子层级，选择平面内因边切角而新增的上方的四个面，在右侧修改面板的【编辑多边形】卷展栏中，单击【挤出】，给定合适的【高度】，单击【确定】，如图 6-6 所示。

（4）保持四个挤出面的选中状态，利用【选择并缩放】工具，将这四个面均匀缩小，如图 6-7 所示。

（5）进入【顶点】子层级，选中新生成的面上方的两个顶点，移动顶点，利用捕捉工具，使其与平面最上方的边持平，如图 6-8 所示。

（6）进入【多边形】子层级，选择平面上方凸起的两个面并删除，如图 6-9 所示。

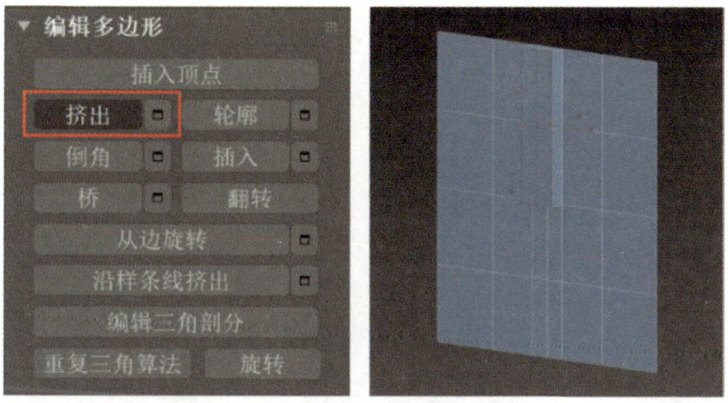

图 6-6　面挤出的效果

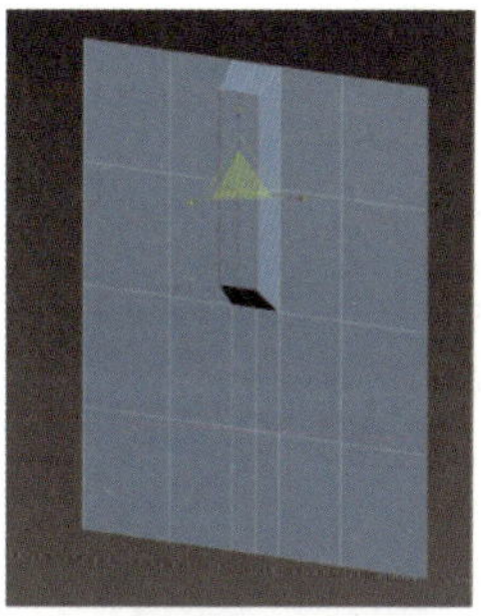

图 6-7　将四个面均匀缩小

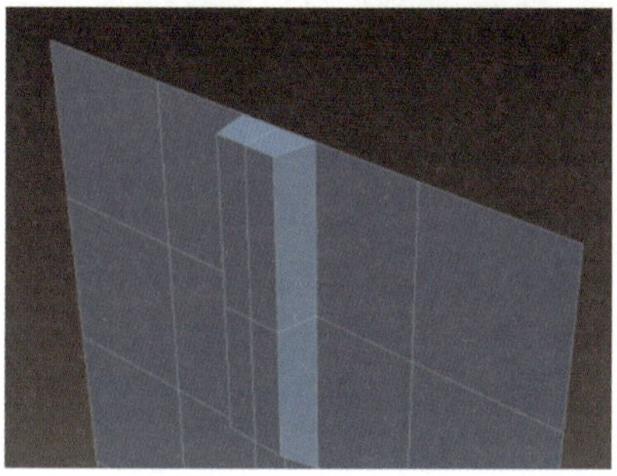

图 6-8　移动平面顶点

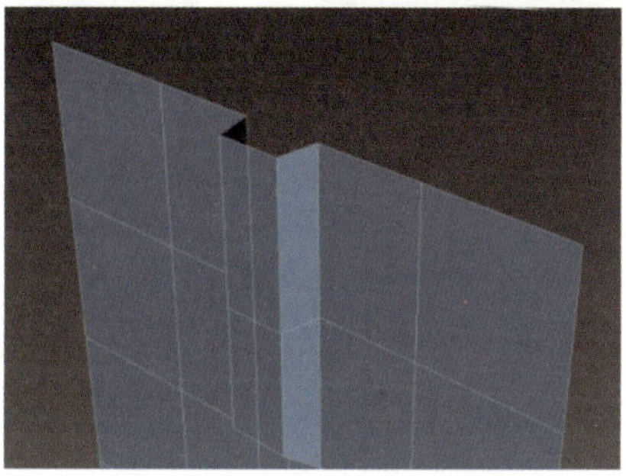

图 6-9　删除平面多边形

（7）进入【顶点】子层级，选择平面的左、右和下方三个边上的顶点，在【透视图】中使用【选择并移动】工具，沿 Y 轴的反方向移动，如图 6-10 所示。

（8）选择平面中间的顶点，如图 6-11 所示，在【透视图】中使用【选择并移动】工具，沿 Y 轴方向移动。

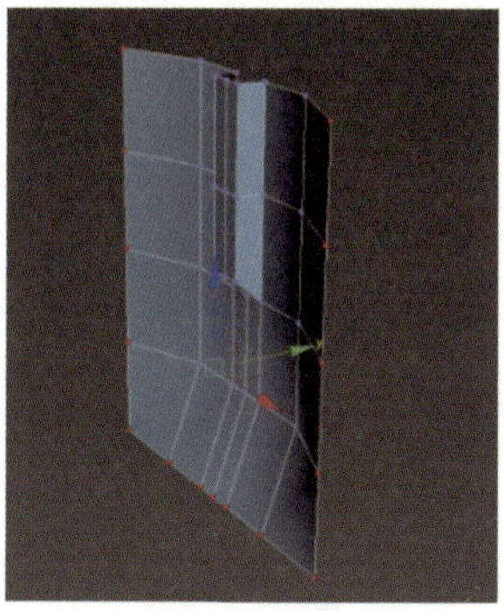

图 6-10　沿 Y 轴的反方向移动顶点

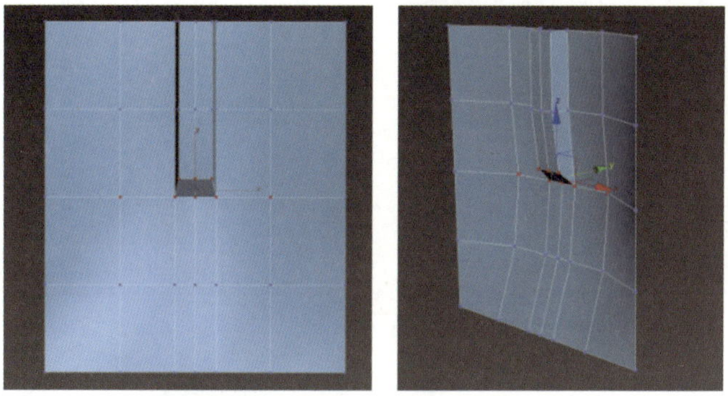

图 6-11　沿 Y 轴方向移动平面中间的顶点

（9）继续选择平面中间的其他顶点，在【透视图】中使用【选择并移动】工具，沿 Y 轴方向移动，逐步构建铲头的形状，如图 6-12 所示。

（10）在【前视图】中，移动平面下方边上的顶点的位置，构造铲头边缘的弧线，如图 6-13 所示。

（11）在【透视图】中，选择平面上方边两端的顶点，沿 Y 轴继续移动，加大铲头的弯曲程度，如图 6-14 所示。

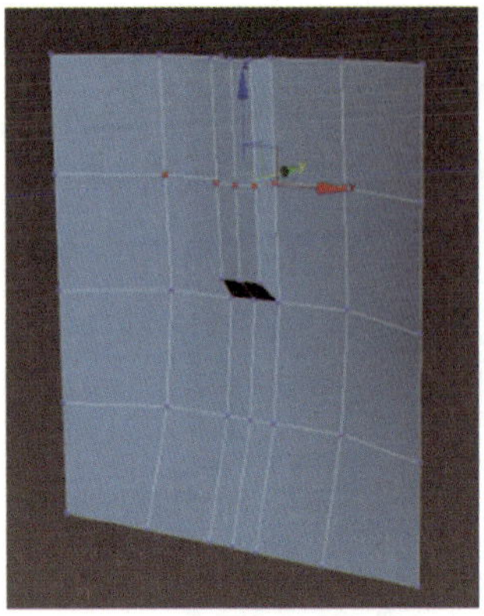

图 6-12　沿 Y 轴方向移动平面中间的其他顶点

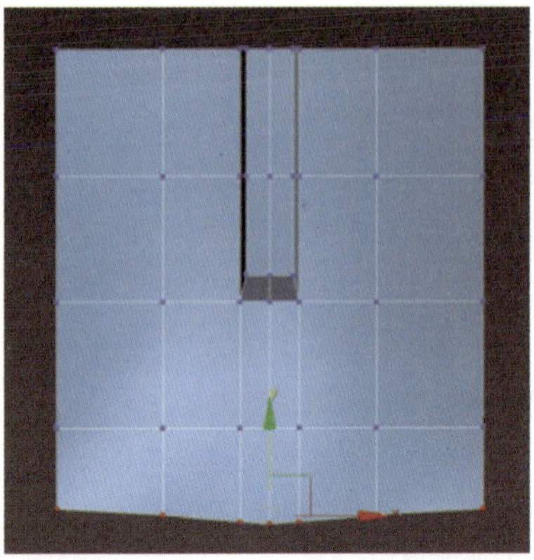

图 6-13　移动平面下方边上的顶点

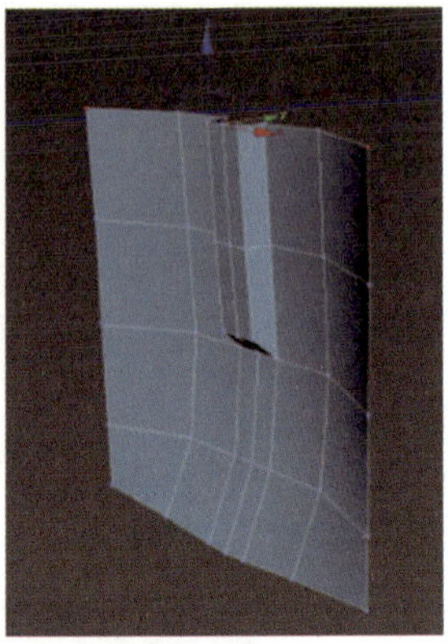

图 6-14　移动平面上方边两端的顶点

（12）进入【边】子层级，在【透视图】中，选择平面挤出面的中间边，沿 Y 轴的反方向移动，制造弧度，如图 6-15 所示。

（13）选择平面挤出面的侧面的一条边，利用【选择】卷展栏中的【环形】工具，将侧面的边都选中，如图 6-16 所示，再利用【编辑边】卷展栏中的【连接】工具，新增一条边，设置合适的【滑块】数值，将新增的这条边向平面方向移动，如图 6-17 所示。

（14）退出【边】子层级，在右侧修改面板的【细分曲面】卷展栏中，选中【使用 NURMS 细分】，查看 NURMS 细分后的铲头模型，如图 6-18 所示。

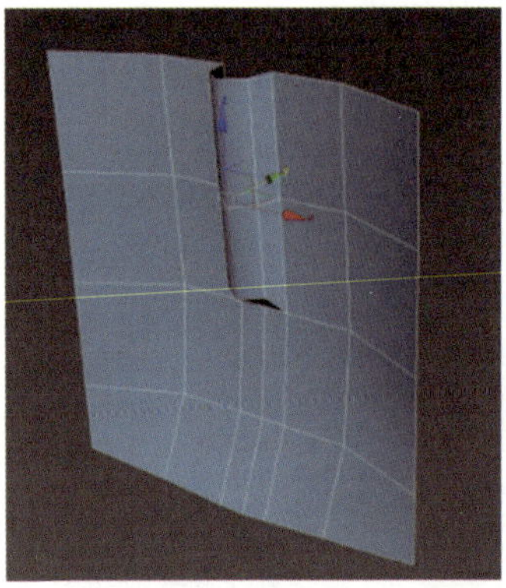

图 6-15　沿 Y 轴的反方向移动边

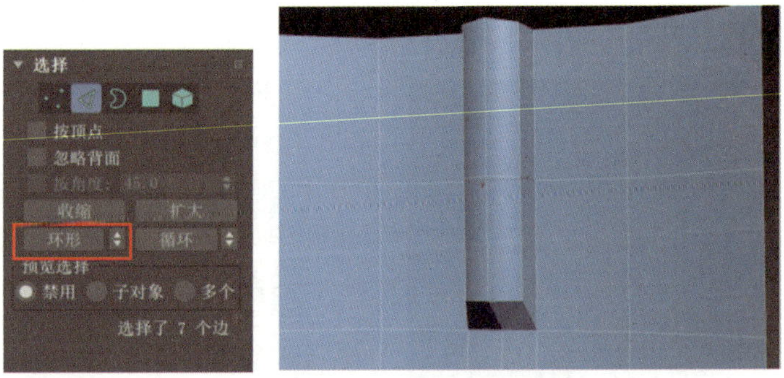

图 6-16　将侧面的边都选中

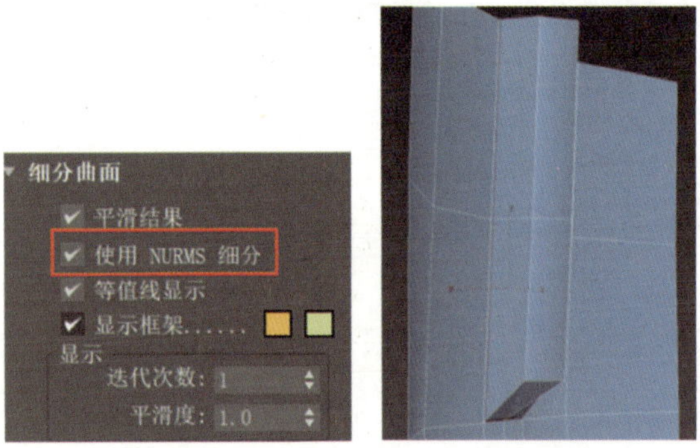

图 6-17　利用【连接】新增一条边

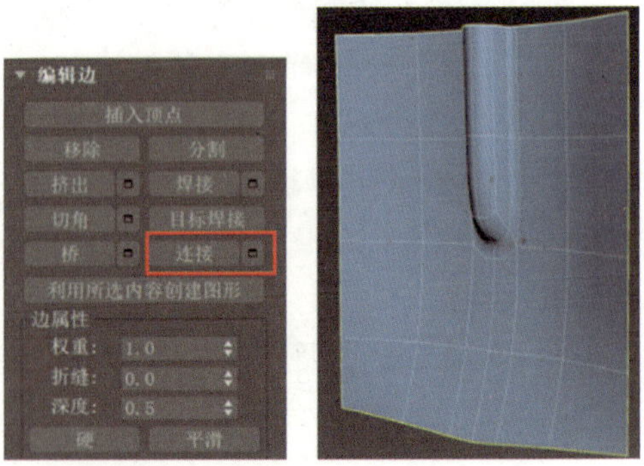

图 6-18　使用 NURMS 细分的效果

（15）取消选中【使用 NURMS 细分】，进入【边】子层级，在【前视图】中选择平面挤出面的边，利用【选择并缩放】工具扩大边，制作出上宽下窄的形状，如图 6-19 所示。

（16）在【透视图】中，选择平面挤出面下方的边，沿 Y 轴移动，缩小挤出的数值，使模型更贴合实际生活中的铲头，如图 6-20 所示。

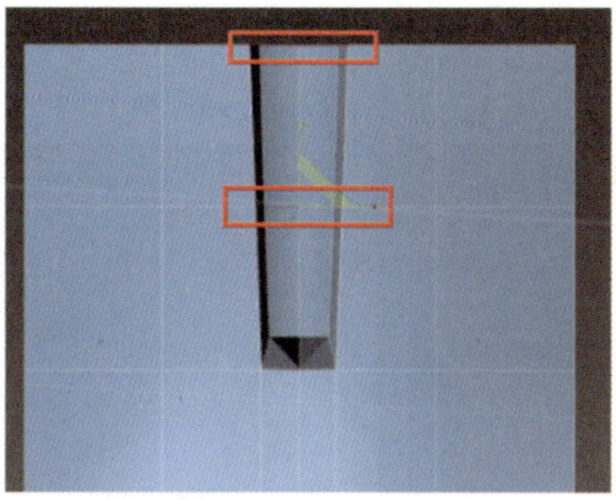

图 6-19　扩大边的效果

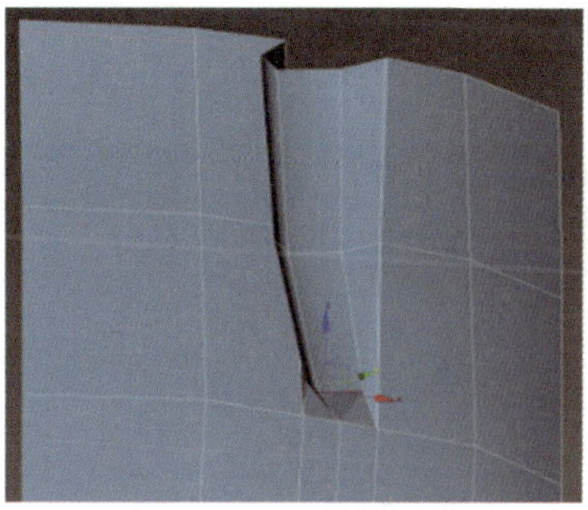

图 6-20　沿 Y 轴移动平面挤出面下方的边

（17）在【透视图】中，选择平面，按 Shift 键的同时沿 Y 轴移动复制到合适的位置，如图 6-21 所示。

（18）选择两个平面，利用【编辑几何体】卷展栏中的【附加】，将其合为一个多边形，如图 6-22 所示。

（19）进入【边界】子层级，选择新多边形的两个边界，利用【编辑边界】卷展栏中的【桥】工具进行连接，如图 6-23 所示。

图 6-21　移动复制平面到合适的位置

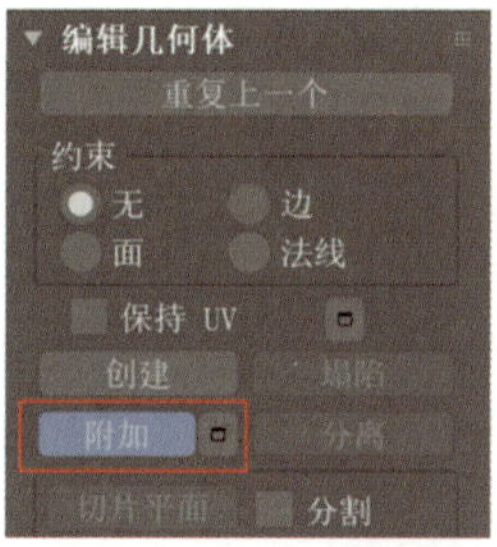

图 6-22　利用【附加】将两个平面合为一个多边形

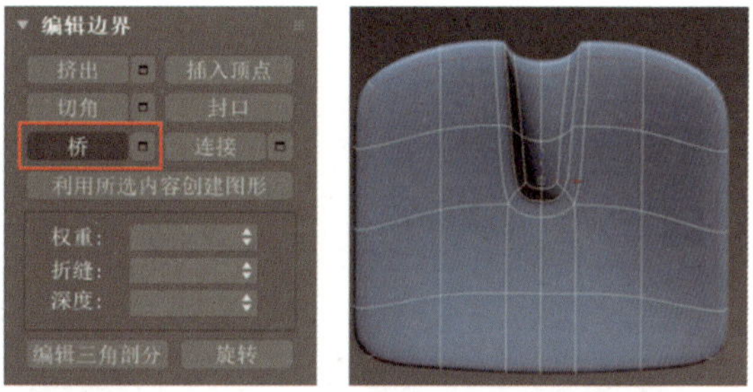

图 6-23　利用【桥】工具进行连接

（20）进入【多边形】子层级，删除新多边形上方中间的面，如图 6-24 所示。再进入【边】子层级，将有孔区域的边移动至合适的位置，使其接近圆形，如图 6-25 所示。

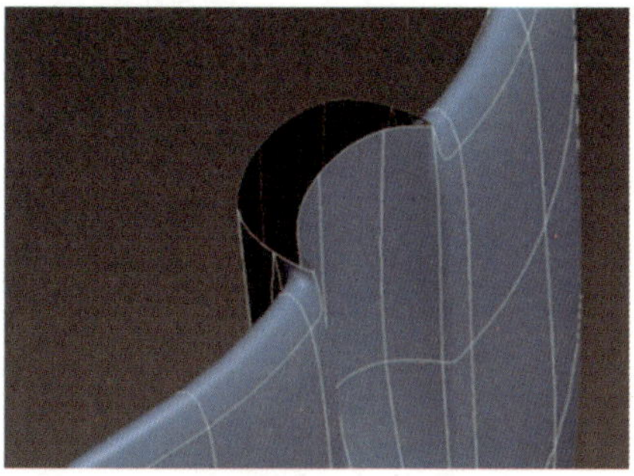

图 6-24　将新多边形上方中间的面删除

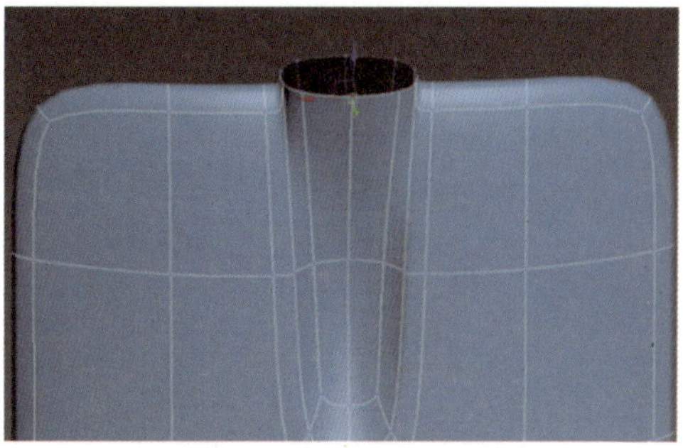

图 6-25　移动有孔区域的边

（21）进入【边界】子层级，选择孔洞边界，按 Shift 键的同时沿 X 轴多次移动复制到合适的位置，如图 6-26 所示。

（22）在【透视图】中，进入【顶点】子层级，根据铲子模型图片，调整铲子模型的细节，如图 6-27 所示。

（23）进入【边界】子层级，选择孔洞边界，按 Shift 键的同时沿 X 轴再次进行移动复制，如图 6-28 所示。

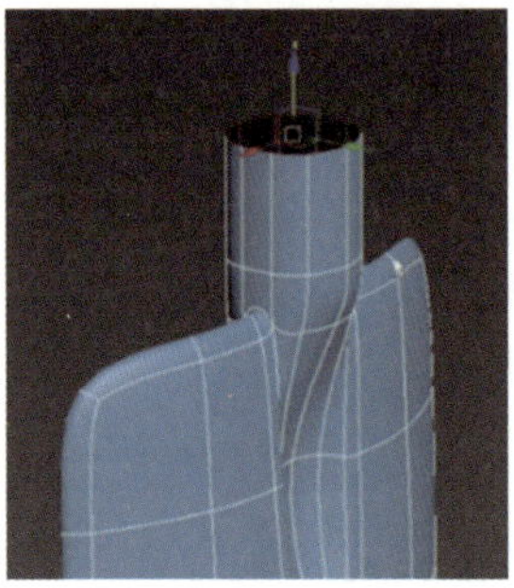
图 6-26　多次移动复制孔洞边界

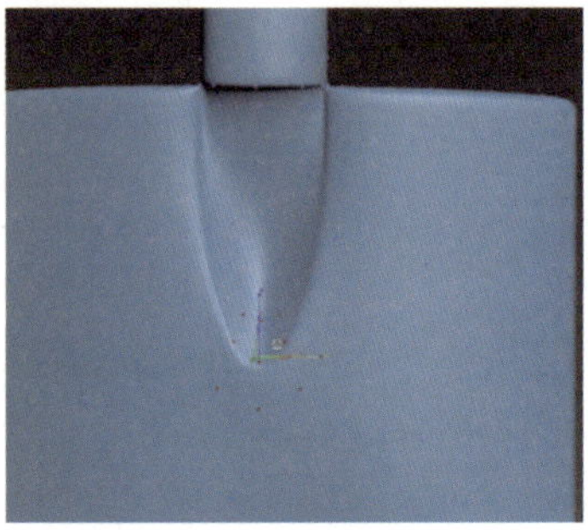
图 6-27　调整铲子模型的细节

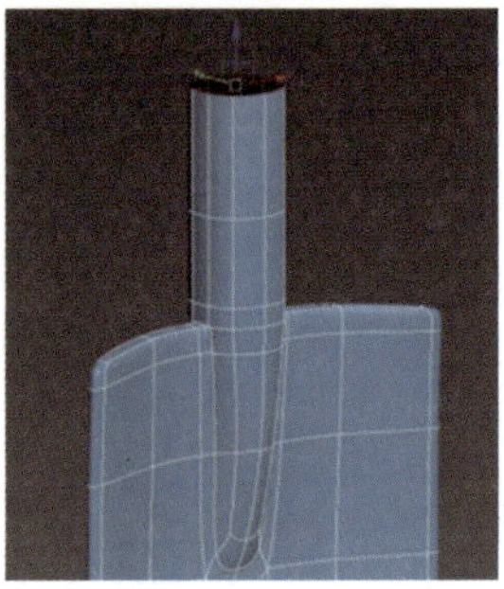
图 6-28　再次移动复制孔洞边界

（24）进入【顶点】子层级，根据铲子模型的图片，在【左视图】中调整边界上顶点的位置，如图 6-29 所示。

（25）进入【边界】子层级，在【透视图】中，选择模型孔洞处的边界，利用多次缩放复制、移动复制，制作出图 6-30 所示的效果。

（26）退出【边界】子层级，给模型添加【FFD 4×4×4】修改器，进入【控制点】子层级，根据铲子模型图片对模型的造型进行细微的调整，如图 6-31 所示。

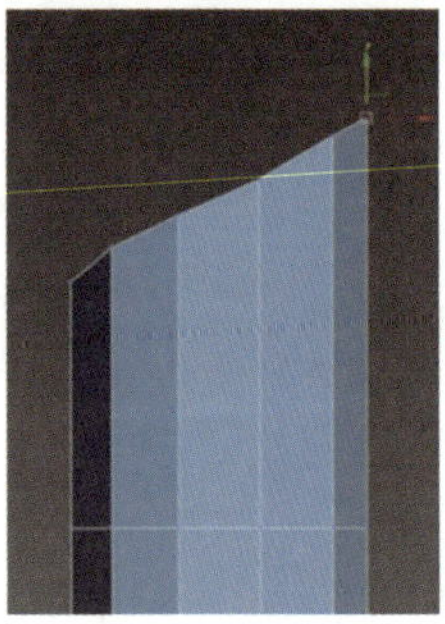
图 6-29　在【左视图】中调整边界上顶点的位置

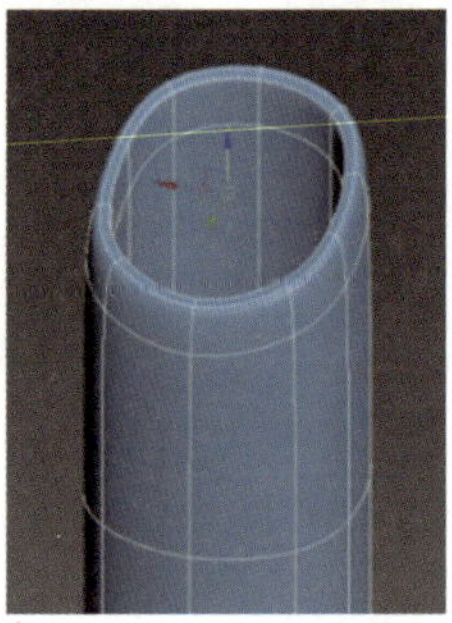
图 6-30　边界的变换复制效果

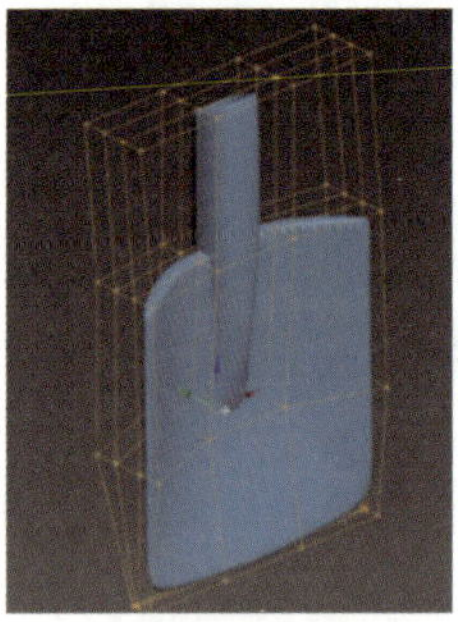
图 6-31　对模型的造型进行细微的调整

（27）在视图左上方单击【+】，在下拉菜单中选择【配置视口】，弹出【配置视口】对话框。在弹出的对话框中选择【统计数据】选项卡，在【设置】中取消选中【多边形计数】，选中【三角形计数】、【总计 + 选择】，在【应用程序】中选中【在活动视口中显示统计】，单击【确定】。此时，视图左上角显示总的面数、顶点数，以及所选模型的面数、顶点数，如图 6-32 所示。

（28）在右侧【修改】面板的【细分曲面】卷展栏中，选中【使用 NURMS 细分】，再将模型转为【可编辑多边形】，可以增加模型的面数。

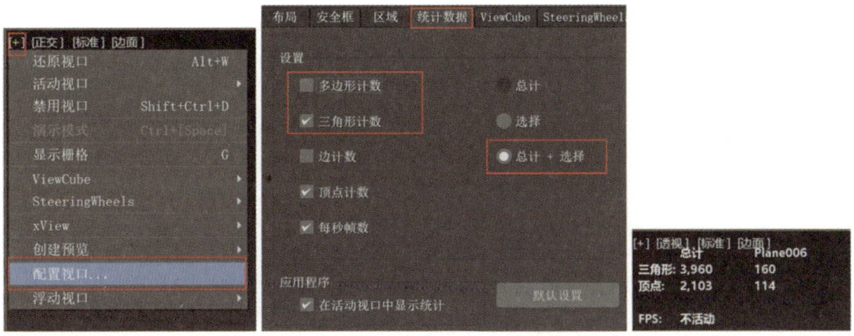

图 6-32　显示面数和顶点数统计

技术讲解

技术点　三维模型精度

在三维建模中，模型的复杂程度通常根据其包含的多边形的数量来衡量。根据包含的多边形的数量和模型的细节程度，模型可以分为低模、中模和高模三种类型，这三种类型的主要区别如表 6-1 所示。

低模模型。低模模型是指包含的多边形的数量相对较少、模型表面较为简化的三维模型。它采用简化的几何结构，保留了物体的主要形状和轮廓，但忽略了不必要的细节。

中模模型。中模模型是指包含的多边形的数量适中、细节较为平衡的三维模型。它在简化和细节之间找到平衡，既保留了物体的主要形状，又包含了一定的细节。

高模模型。高模模型是指包含的多边形的数量较多、细节丰富的三维模型。它能够呈现更加精细的表面形状和复杂的结构，适合需要高度逼真表现的场景。

表 6-1　低模、中模和高模的主要区别

对比项	低模	中模	高模
多边形数量	较少	适中	较多
文件体积	较小	适中	较大
渲染速度	快	较快	较慢
适用场景	游戏、实时渲染、远景展示	游戏、动画制作、虚拟现实	电影、广告、产品展示、建筑可视化
细节表现	简化、主要保留轮廓和基本形状	平衡，保留主要细节	细腻，呈现复杂细节和曲面

任务 2 铲柄建模

任务实施

项目 6 任务 2
任务实施

（1）在【透视图】中创建一个大小合适的圆柱体，在右侧【修改】面板的【参数】卷展栏中设置圆柱体的【高度分段】为 1，【边数】为 10，并转换为【可编辑多边形】，如图 6-33 所示。

（2）进入【顶点】子层级，删除圆柱体右面的顶点，留下圆柱体的一半，如图 6-34 所示。

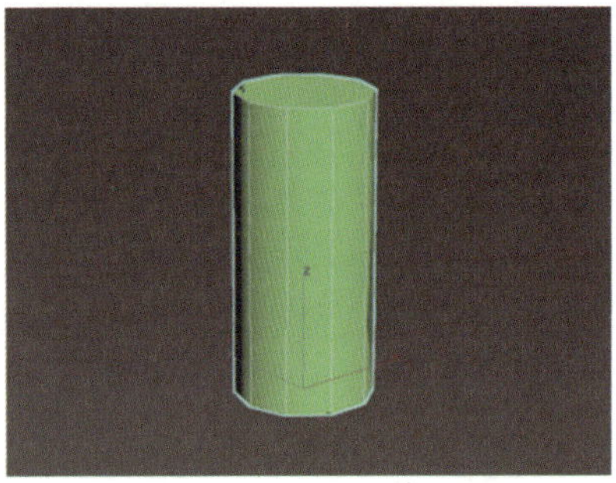

图 6-33　创建一个大小合适的圆柱体

图 6-34　删除圆柱体右面的顶点

（3）进入【边】子层级，选择圆柱体顶部的所有边，按 Shift 键的同时利用【选择并移动】、【选择并旋转】工具变换复制边，使其移动并旋转到合适的位置，如图 6-35 所示。

（4）对选中的边频繁使用【选择并移动】、【选择并旋转】工具，按照铲子模型的图片，进行铲柄处形状的绘制，如图 6-36 所示。

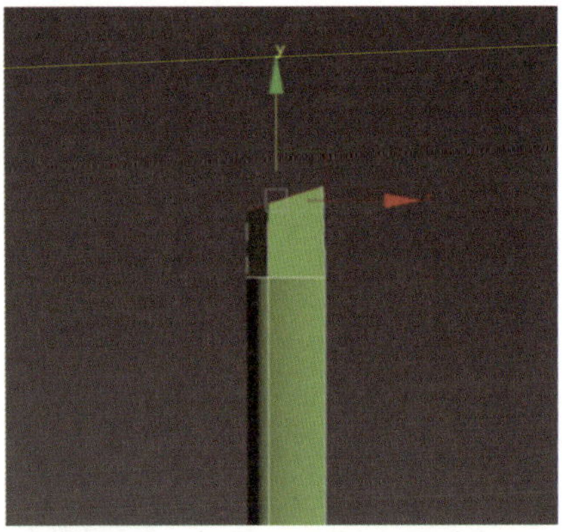

图 6-35　利用工具变换复制边

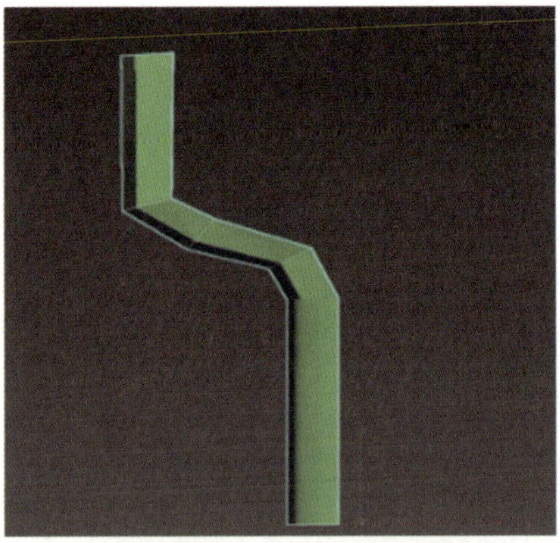

图 6-36　多次变换复制边

（5）选择模型上方竖直方向的边，利用【环形】、【连接】等工具，新增一条边，如图 6-37 所示。

（6）根据铲子模型的图片，利用【编辑边】卷展栏中的【桥】工具，对边进行连接，如图 6-38 所示。

（7）进入【顶点】子层级，根据铲子模型的图片，移动铲柄上方的顶点，构造类似于拱桥的形状，如图 6-39 所示。

（8）进入【边】子层级，选择铲柄上方竖直方向的边，利用【环形】、【连接】等工具，新增一条边，如图 6-40 所示。

图 6-37　利用工具新增一条边

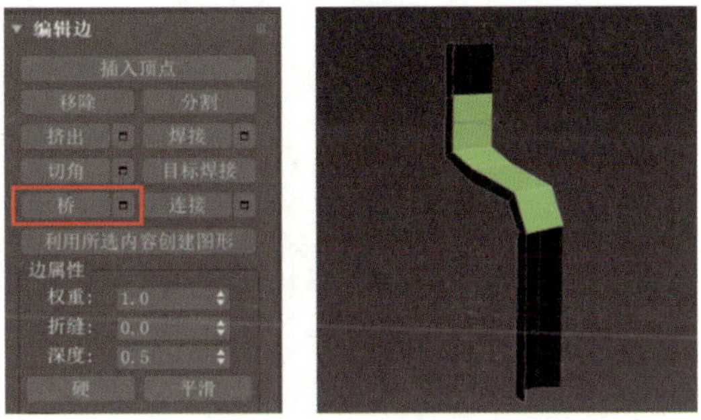

图 6-38　利用【桥】工具对边进行连接

图 6-39　移动铲柄上方的顶点

图 6-40　利用【环形】、【连接】等工具新增一条边

（9）进入【顶点】子层级，选择铲柄上方中间的顶点，在右侧【修改】面板的【编辑顶点】卷展栏中选择【切角】，设置合适的【顶点切角量】、【顶点深度】为 0，同时选中【打开切角】，取消选中【切角平滑】，如图 6-41 所示。

（10）进入【边界】子层级，选择因切角形成的孔洞的边界，按 Shift 键的同时沿 X 轴方向进行两次移动复制，如图 6-42 所示。

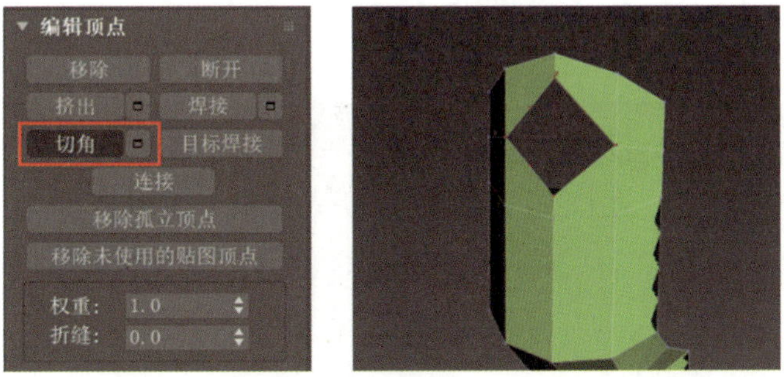

图 6-41　【顶点】切角效果

图 6-42　两次移动复制边界

（11）进入【边界】子层级，选择铲柄上方里侧的边界，按 Shift 键的同时均匀缩小复制边界，然后按 Shift 键的同时沿 X 轴的反方向进行移动复制，如图 6-43 所示。

（12）退出【边界】子层级，在右侧【修改】面板的【细分曲面】卷展栏中，选中【使用 NURMS 细分】，查看 NURMS 细分后的铲柄模型，可以根据需要调整【显示】参数中的【迭代次数】，如图 6-44 所示。

图 6-43　缩小复制边界

图 6-44　迭代三次后的铲柄模型

（13）在【左视图】中进入【顶点】子层级，根据铲子模型的图片，选择铲柄上方的顶点，使用【选择并缩放】工具进行均匀缩小，微调模型的形状，如图 6-45 所示。

（14）回到【透视图】，继续微调模型的形状，选择对应的顶点，使用【选择并缩放】工具进行均匀放大，如图 6-46 所示。

图 6-45　均匀缩小顶点

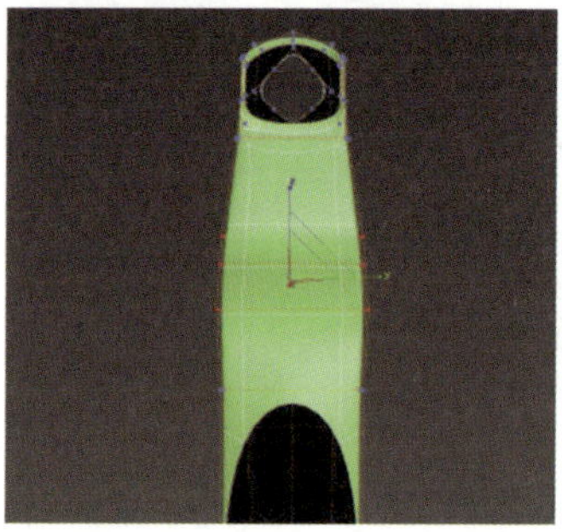

图 6-46　均匀放大顶点

（15）退出【顶点】子层级，在工具栏中选择【镜像】工具，弹出【镜像】对话框。在对话框中，选择【变换】,【镜像轴】选择【X】轴,【克隆当前选择】选择【复制】, 单击【确定】，如图 6-47 所示。

（16）分别进入两个模型的【边】子层级，将铲柄下方支柱部分外侧的边删除，如图 6-48 所示。

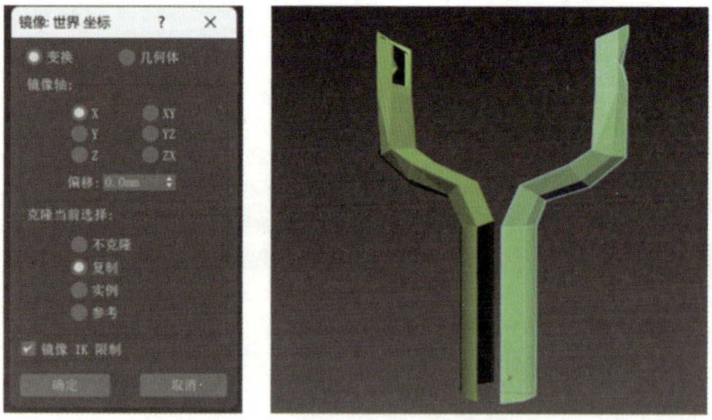

图 6-47　镜像复制铲柄模型

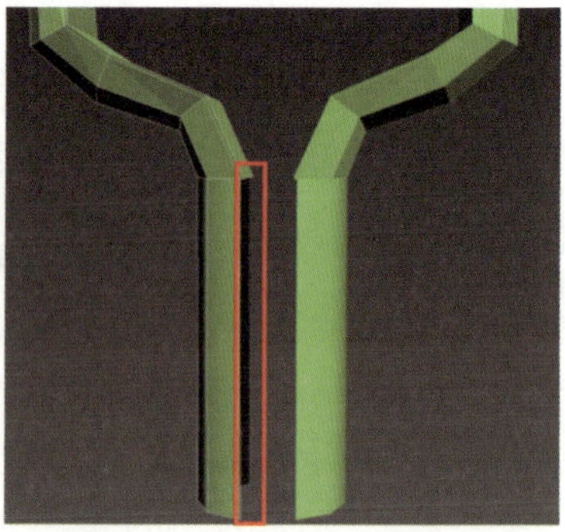

图 6-48　删除支柱部分外侧的边

（17）退出【边】子层级，选择其中一个模型，在右侧【修改】面板的【编辑几何体】卷展栏中选择【附加】，并单击另一个模型，将两个模型合为一个多边形，如图 6-49 所示。

（18）进入【边】子层级，选择模型内侧相对的两条边，利用【编辑几何体】卷展栏中的【桥】工具，桥接两条边，如图 6-50 所示，对模型另一侧的两条相对的边也进行桥接。

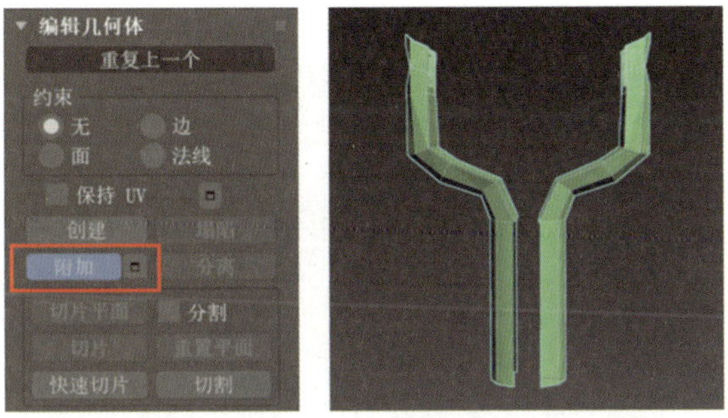

图 6-49　将两个模型合为一个多边形

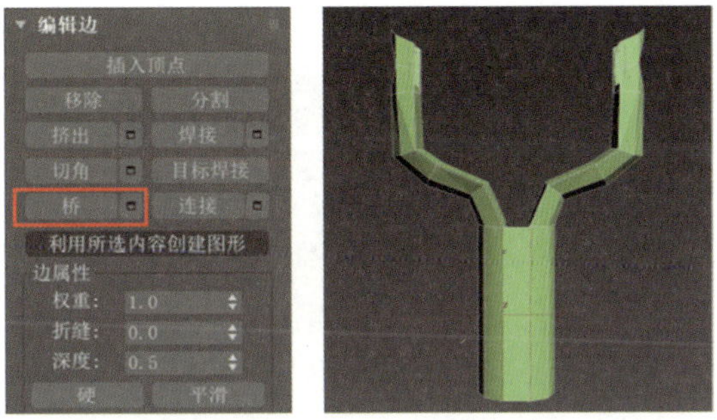

图 6-50　桥接模型内侧的两条边

（19）选择桥接生成的两个面的水平方向的边，利用【编辑边】卷展栏中的【连接】工具，新增一条边，如图 6-51 所示。

（20）进入【顶点】子层级，选择模型新增边的上方顶点，利用【选择并移动】工具 向模型外侧移动，如图 6-52 所示。

图 6-51　利用【连接】工具新增一条边

图 6-52　选择并移动模型新增边的上方顶点

（21）选择模型孔洞附近突出的顶点，利用【编辑顶点】卷展栏中的【目标焊接】工具，焊接突出的顶点和孔洞外侧边中间的顶点，如图 6-53 所示。四个突出的顶点全部经过【目标焊接】后的模型效果如图 6-54 所示。

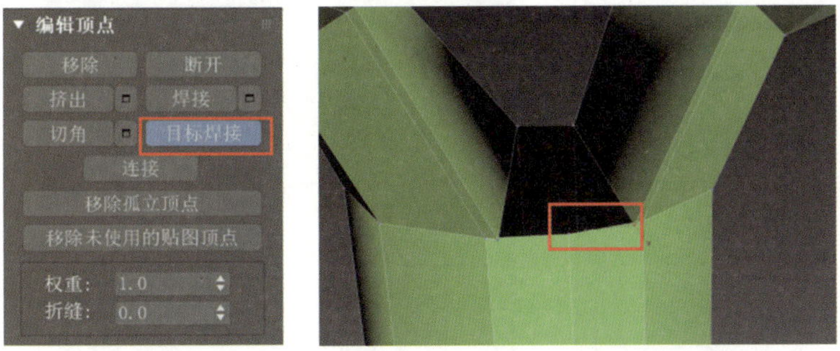

图 6-53　焊接突出的顶点和孔洞外侧边中间的顶点

图 6-54　【目标焊接】后的模型效果

（22）进入【边】子层级，根据铲子模型的图片，对模型的形状进行微调，如图 6-55 所示。

（23）进入【多边形】子层级，选择模型里侧相对的几个面，如图 6-56 所示。单击【编辑多边形】卷展栏中的【挤出】，设置合适的挤出高度，同时选择【局部法线】的挤出方式，单击【确定】，如图 6-57 所示。

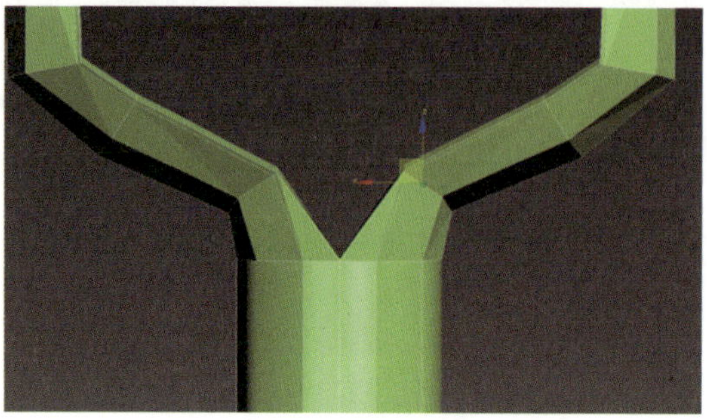

图 6-55　对模型的形状进行微调

图 6-56　选择模型里侧相对的几个面

（24）选中【使用 NURMS 细分】，查看 NURMS 细分后的铲柄模型，如图 6-58 所示。

图 6-57　选择【局部法线】的挤出方式

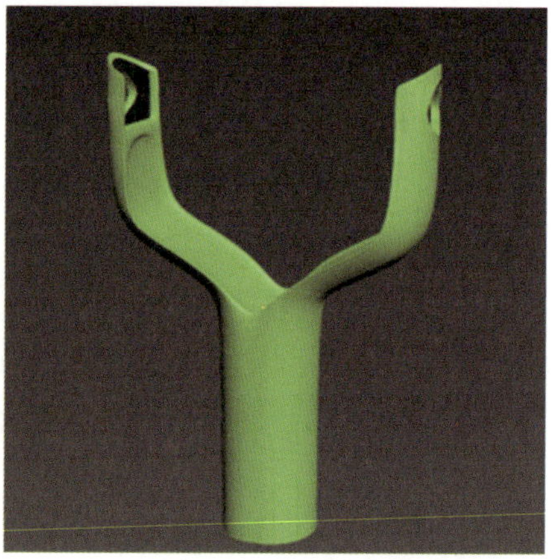

图 6-58　细分后的铲柄模型

（25）铲柄末端的把手部分，可通过对基本几何体中的【圆柱体】应用【多边形建模】技法完成建模，最终效果如图 6-59 所示。

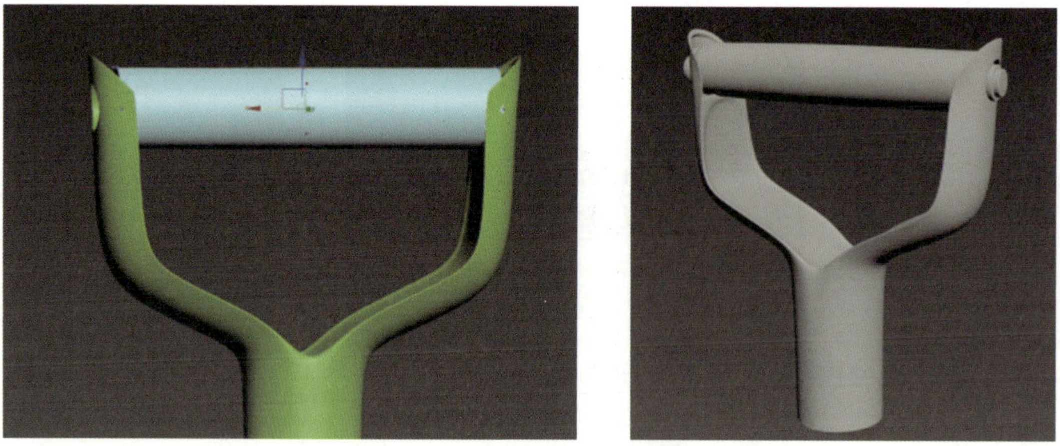

图 6-59　铲柄模型的最终效果

技术讲解

技术点一 “1+X”证书制度

“1+X”证书制度是我国教育部为深化职业教育改革、推动产教融合和校企合作而推出的一项重要政策，旨在通过将学历教育（“1”）与职业技能等级证书（“X”）相结合，构建更加灵活、高效的职业教育体系，培养具备理论知识与实践技能的复合型技术技能人才，以满足新时代产业升级和社会发展的需求。

“1”是指学历证书，是学生完成某一阶段（如中职、高职或本科）教育后所获得的学术认证，标志着其在某一专业领域的理论知识水平和基本素养。学历教育注重系统的知识传授，培养学生的基础能力和综合素质，为后续的职业发展奠定理论基础。

“X”是指职业技能等级证书，是针对某一特定职业领域或岗位群的实际操作能力进行考核和认证的结果，体现了持证者在实际工作中解决具体问题的能力。“X”证书由行业龙头企业、教育机构和第三方评价组织共同开发，涵盖多个职业技能领域，内容紧贴行业需求，具有较强的应用性和前瞻性。

“1+X”证书制度强调学历教育与职业技能培训的有机融合。通过将职业技能等级证书的内容融入日常教学中，学生不仅能够掌握扎实的理论知识，还能获得与市场需求相匹配的专业技能。这种模式突破了传统教育的单一性，使学生能够在学习期间同步提升学术水平和职业竞争力，从而更好地应对未来就业市场的挑战。

技术点二 “1+X”虚拟现实应用设计与制作职业技能等级证书

“1+X”虚拟现实应用设计与制作职业技能等级证书是针对虚拟现实应用设计与制作领域的专业技能认证，旨在培养具备专业知识和技能的高素质技术人才，以满足行业对虚拟现实技术应用人才的需求，该证书主要面向中职、高职、本科院校电子信息类专业及其他相关专业的学生，以及从事虚拟现实行业、影视行业、游戏行业、应用软件行业、互联网行业且有相关需求的人员。该证书分为初级、中级、高级三个级别，各级别依次递进，高级别涵盖低级别的职业技能要求。

初级：能使用至少一款三维软件进行基础几何形体的建模；可通过虚拟现实引擎搭建场景，实现灯光和场景烘焙；能独立搭建软硬件环境、做简单的功能测试并记录结果等。

中级：掌握三维建模、贴图制作等技能，能够进行较为复杂的模型创建与优化，熟悉虚拟现实引擎的高级功能与应用开发。

高级：具备全面的虚拟现实项目设计与管理的综合能力，包括复杂场景的构建、交互功能的深度开发、性能优化以及团队协作与项目管理等能力。

本项目聚焦“工欲善其事，必先利其器”主题下铲子模型的建模教学，详细阐述了从基础构建到细节优化的完整流程。通过融入“1+X”虚拟现实应用设计与制作职业技能等级证书的相关内容，强化读者对三维建模在实际工作中的理解与掌握，力求为提升其专业技能和职业素养奠定坚实的基础。

项目自测题

核对答案（项目6）

一、选择题

（1）在 3ds Max 中，创建长方体的默认快捷键是（　　）。

A. C　　B. B

C. M　　D. 无默认的快捷键

（2）将对象转换为可编辑多边形的快捷键是（　　）。

A. Alt+Q　　B. Ctrl+V

C. 通过右击弹出的菜单转换　　D. 无默认的快捷键

（3）在多边形建模中，快速切换子对象层级的快捷键是（　　）。

A. 1 ～ 5　　B. F1 ～ F5　　C. Ctrl+1 ～ 5　　D. Shift+1 ～ 5

（4）修改器（　　）可快速平滑多边形模型。

A. 晶格　　B. 涡轮平滑　　C. 弯曲　　D. 锥化

（5）布尔运算的正确操作顺序是（　　）。

A. 选择工具→选择第一个对象→拾取第二个对象

B. 选择第一个对象→选择工具→拾取第二个对象

C. 选择工具→拾取第二个对象→选择第一个对象

D. 任意顺序均可

二、填空题

（1）多边形建模的核心是通过调整顶点、边和____________来塑造模型。

（2）启用【实时平移视图】的快捷键是____________。

（3）使用挤出修改器时，【数量】参数控制三维模型的____________。

三、判断题

（1）布尔运算后的模型无法再编辑子对象。（　　）

（2）多边形建模适合创建硬表面模型（如机械零件）。（　　）

四、简答题

（1）简述使用涡轮平滑修改器的步骤。

（2）如何将二维图形转换为三维模型？请列举两种方法。

四维融合岗课赛证评价表

评价维度	“岗课赛证”评价标准	评价等级		
		优秀	良好	待提高
基础操作规范	**岗**位要求：能够精准地分析本项目所需要的技术、技能点，正确地分解任务，合理分工。 **课**程要求：熟练掌握本项目涉及的技术、技能点，能够正确地设置参数，能够合理地调优各模型，空间布局得当，熟练地使用快捷键。 大**赛**要求：作品完成度高，体现一定的创新性，并具备较好的视觉效果。 取**证**要求：工程文件规范，操作界面整洁、无冗余，能独立排查空间布局不合理、模型异常、文件丢失等常见问题，并进行修复。			
技术熟练程度				
知识迁移能力				
职业素养养成				

项目 7

综合实训——钢铁巨人龙门吊架

项目 7 的效果图如图 7-1 所示，项目 7 的知识结构如图 7-2 所示。

图 7-1　龙门吊架的效果图

跟企业老师学习项目制作全过程（项目 7）

看原图（项目 7）

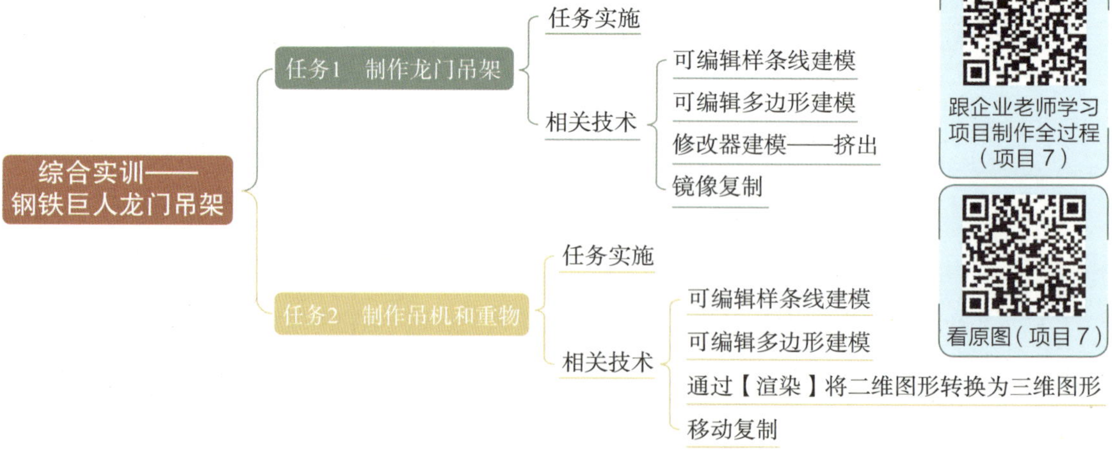

图 7-2　知识结构（项目 7）

知识目标

- 理解龙门吊架的结构组成和工作原理，掌握其各部件的名称和功能。
- 熟悉 3ds Max 中多边形建模、样条线建模等多种建模方法，并能合理应用于龙门吊架不同部件的建模。

能力目标

- 能够使用 3ds Max 软件精确创建龙门吊架的三维模型，包括横梁、行走机构、起升机构等。
- 具备对模型进行细节处理和优化的能力，如添加倒角、调整布线等，以提高模型的质量和真实感。
- 能够独立解决建模过程中遇到的技术问题，如模型变形、功能按钮无效等。

素质目标

- 培养严谨、细致的工作态度，在建模过程中注重模型的尺寸精度和比例的准确。
- 提高空间想象能力和创新思维，能够在满足实际结构和功能的基础上，对龙门吊架进行合理的创新设计。
- 培养自主学习和持续学习的能力，不断探索 3ds Max 软件的新功能和新建模技巧，提升自身的专业水平。

在工业生产和物流运输等领域，龙门吊架是一种极为重要的大型起重设备，广泛应用于港口、铁路货场、工厂车间等场所。它凭借强大的起重能力和稳定的结构，承担着吊运重型货物的关键任务。本项目将开启充满挑战与趣味的实训任务——在 3ds Max 软件中建模龙门吊架。通过实训，我们不仅能够深入了解龙门吊架的结构和工作原理，还能有效提升用 3ds Max 软件建模的技能。让我们充分发挥专业能力和创造力，在数字世界中重现龙门吊架的雄伟身姿，为未来从事三维建模工作积累宝贵经验。

AI 互动导学

本项目聚焦工业机械建模，通过对称建模、模型合并等技术，带你搭建高精度龙门吊架结构模型，并学习关键帧动画制作。AI 将全程辅助：用 AI 生成机械结构参考图，智能检测模型干涉错误，自动优化动画路径，让复杂的工业建模更高效。完成后，你将掌握工业机械的建模逻辑，理解 AI 在工程设计中的实用价值。

学习 AIGC
（项目 7）

1. AI 生成机械结构参考图

（1）登录即梦 AI 官网，输入指令：“工业龙门吊架三维设计图，展示金属框架、滑轮组细节，带对称结构”，选择“高细节”模型版本。从生成的四张设计图中，选择结构清晰的方案，保存至本地。用 AIGC 工具生成工业龙门吊架的效果图，如图 7-3 所示。

图 7-3　用 AIGC 工具生成工业龙门吊架的效果图

（2）在 3ds Max 中新建“参考平面”，导入 AI 生成的三视图，调整为前 / 侧 / 顶视图，作为建模基础框架。

2. AI 检测模型干涉错误

（1）完成龙门吊架主体的建模后，使用 MeshMixer 打开模型。

（2）单击【分析】→【检测干涉】，AI 自动标记碰撞区域（如滑轮与轨道重叠）。

（3）根据 AI 的提示调整模型（如修改滑轮半径），重新检测直至无错误。

任务 1　制作龙门吊架

任务实施

项目 7 任务 1
任务实施

分析龙门吊架的结构，可以发现它是一个左右对称的模型，因此只需要先完成一部分的建模设计，另一部分可以通过镜像复制、附加等操作完成建模。

（1）首先从龙门架的驱动轮开始制作。在【左视图】中创建一个矩形，设置【长度】为 80，【宽度】为 170。再创建一个边数为 6 的多边形，设置【半径】为 35，旋转适当的角度，并向上平移，使多边形右下角的顶点落在矩形的底边上、顶部顶点落在矩形的左边上（为了精确操作，这里可以使用 3D 捕捉工具）。移动复制多边形，使矩形的另一侧也有相同的图形，效果如图 7-4 所示。

（2）选中矩形，将其转换为【可编辑样条线】，随后单击【附加】，依次选取两个多边形，使它们与矩形合并成为一个完整的样条线对象。

（3）进入可编辑样条线的【样条线】子层级，选中矩形样条线，在【几何体】卷展栏中单击【布尔】运算的【并集】按钮，然后依次单击两个多边形样条线，完成布尔运算，效果如图 7-5 所示。

图 7-4　绘制矩形和多边形

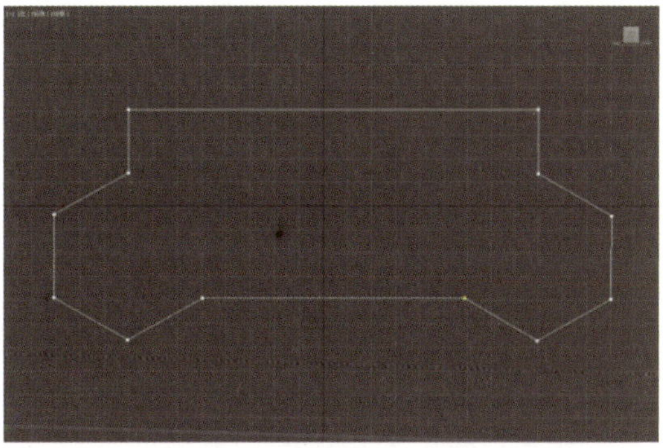

图 7-5　样条线子层级的布尔运算【并集】

（4）在【修改】命令面板中，单击【修改器列表】，为可编辑样条线添加一个挤出修改器，设置挤出数量为 15。在【透视图】中观察挤出的效果，沿着 X 轴移动复制一个该对象，龙门吊架的驱动轮外壳部分制作完成。

（5）回到【左视图】，在多边形的中心位置再次创建一个新的多边形。设置新多边形的【半径】为 10，添加挤出修改器，设置挤出数量为 100。在【透视图】中调整新多边形的位置，使其位于驱动轮的轮轴位置。移动复制新多边形，使驱动轮的前后都具有一个轮轴，效果如图 7-6 所示。

（6）继续回到【左视图】，在轮轴的中心位置创建一个圆柱体，设置【半径】为 25，【高度】为 55，将其放置于轮轴的中心，完成驱动轮的轮子制作。移动复制这个轮子，使驱动轮的另一个轮轴也拥有相同的轮子，效果如图 7-7 所示。

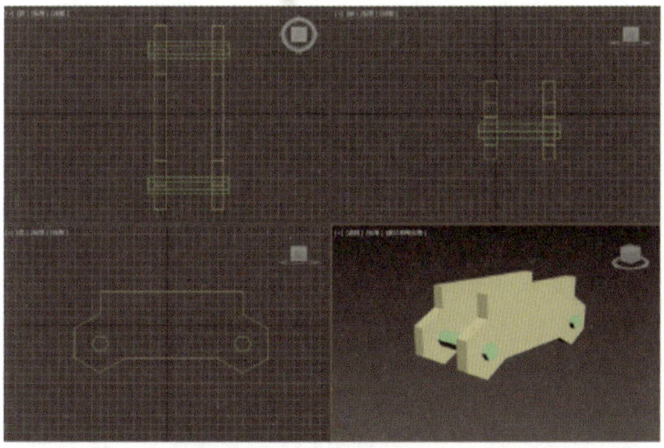

图 7-6　驱动轮的轮轴

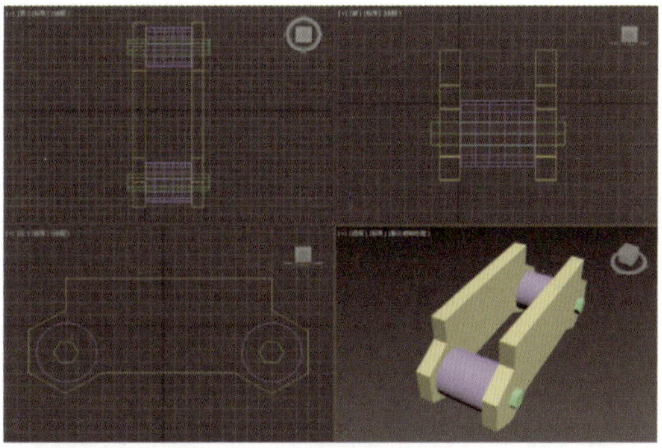

图 7-7　驱动轮的轮子

（7）选中驱动轮的其中一个外壳，右击转换为【可编辑多边形】，单击【附加】，将另一个驱动轮外壳附加进来，二者组成一个可编辑多边形对象。

（8）在【透视图】视口的左上角，单击【默认明暗处理】下拉框，选中【边面】，即可打开模型的线框模式。

（9）接下来逐步向上建模，完成龙门吊架的支腿部分。进入【可编辑多边形】的【边】子层级，选中驱动轮外壳顶部的所有垂直边，如图 7-8 所示；单击【连接】右边的设置器，设置【分段】为 1，【滑块】为 –95，如图 7-9 所示，单击【确定】。

（10）进入【可编辑多边形】的【多边形】子层级，选中驱动轮外壳内侧的两个面，如图 7-10 所示，单击【桥】，桥接两个面，如图 7-11 所示。

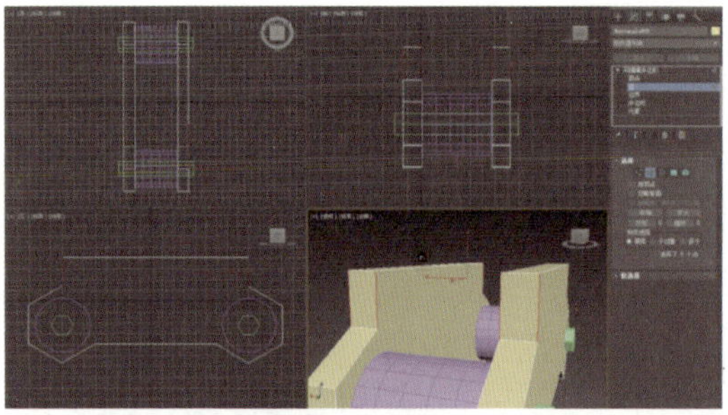

图 7-8　选中外壳顶部的所有垂直边

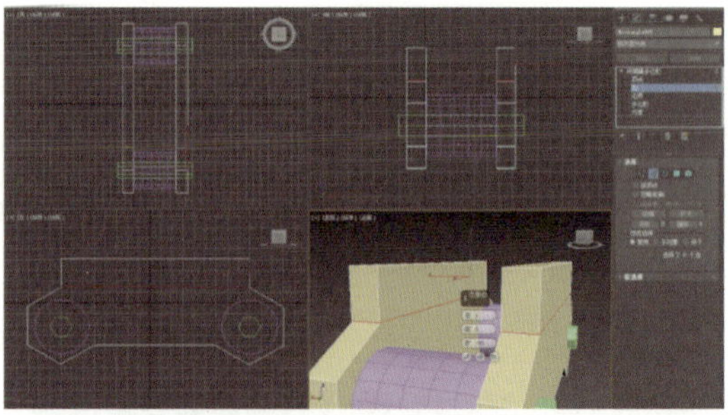

图 7-9　添加连接线

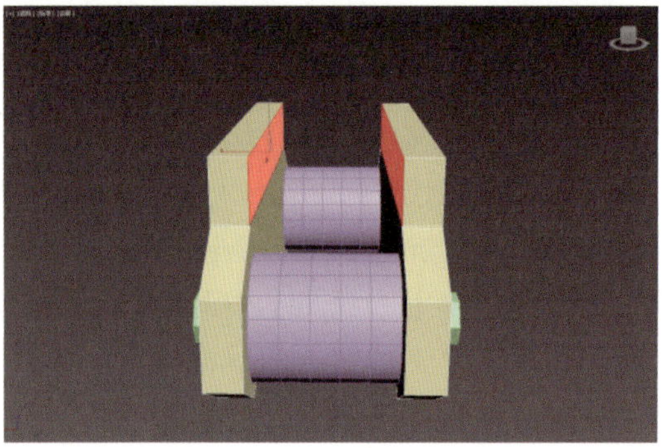

图 7-10　选中驱动轮外壳内侧的两个面

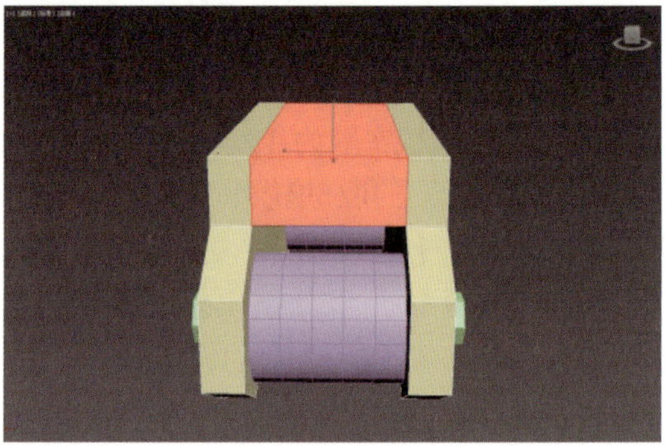

图 7-11　桥接两个面

（11）进入【可编辑多边形】的【边】子层级，选中外壳顶部中间的两条边，如图 7-12 所示；再次单击【连接】右边的设置器，设置【分段】为 2，【收缩】为 15，如图 7-13 所示，单击【确定】。

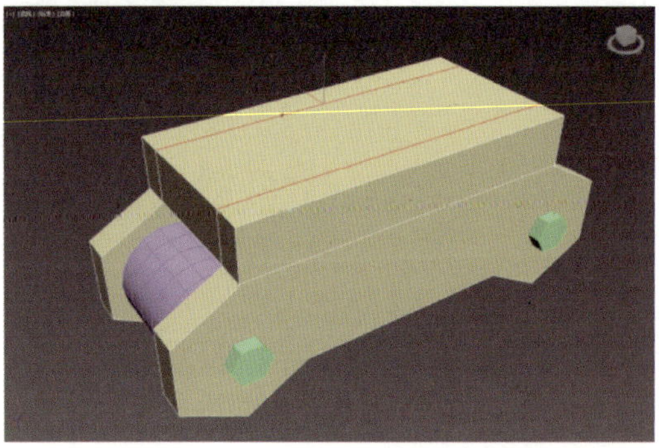

图 7-12　选中外壳顶部中间的两条边

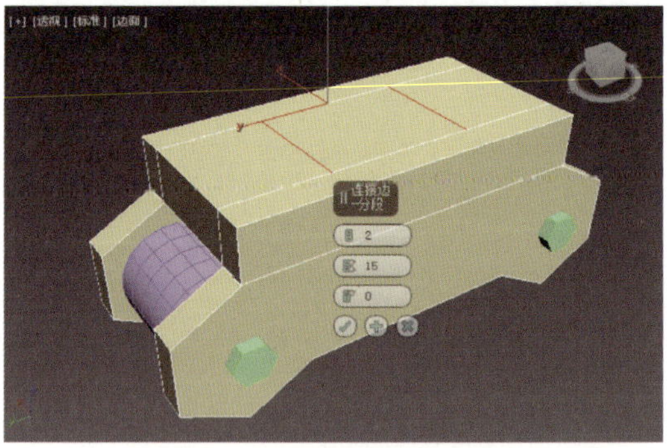

图 7-13　【连接】两条边

（12）进入【可编辑多边形】的【多边形】子层级，选中外壳顶部中心的面，挤出两次，每次挤出的数量为 40，效果如图 7-14 所示。

（13）切换到【左视图】，进入【可编辑多边形】的【顶点】子层级，选中右上角的两个顶点，向内平移适当的距离，如图 7-15 所示。

（14）回到【透视图】，选中当前场景中的所有对象，单击【镜像】复制，设置【变换轴】为【Y 轴】，【克隆方式】为【实例】，【偏移量】为 500。此时场景中出现了两组驱动轮。

（15）选中其中一个驱动轮外壳，再次右击将其转换为【可编辑多边形】，单击【附加】，将另一个驱动轮外壳附加进来。

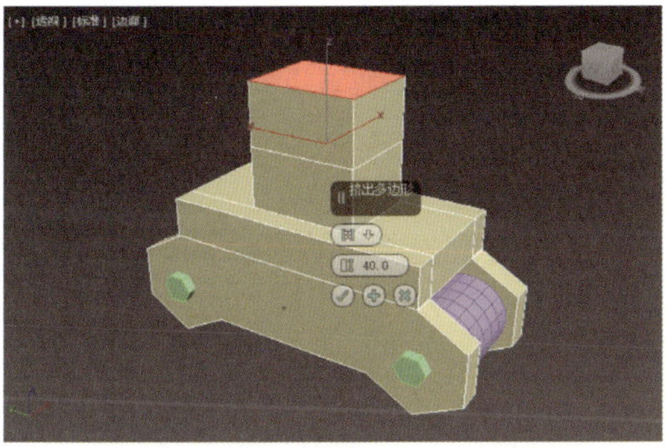

图 7-14　挤出顶部中心的面两次

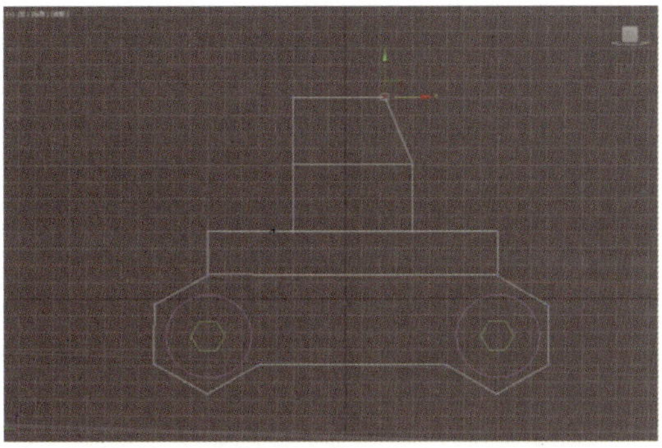

图 7-15　调整右上角的两个顶点的位置

（16）进入【可编辑多边形】的【多边形】子层级，选中两个驱动轮的内侧面，如图 7-16 所示；单击【桥】，将两个内侧面桥接起来，如图 7-17 所示。

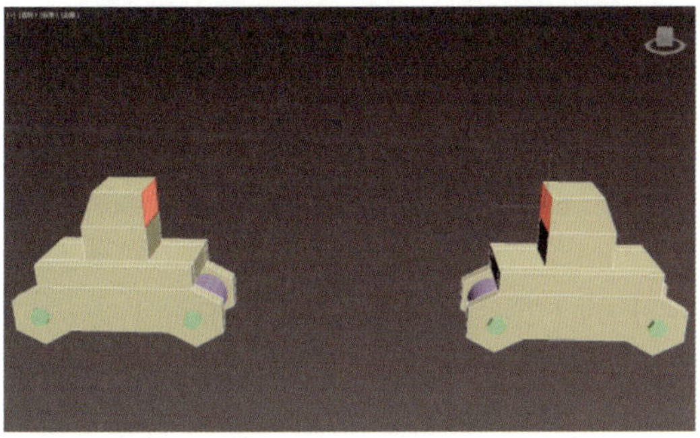

图 7-16　选中两个驱动轮的内侧面

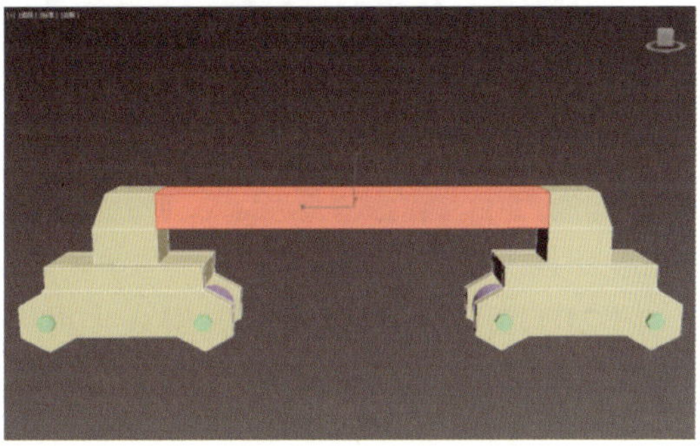

图 7-17　桥接两个内侧面

（17）选中【可编辑多边形】的所有顶部面（此时有三个面），再次【挤出】，挤出【高度】设为 50。

（18）进入【可编辑多边形】的【边】子层级，选中顶部中间的四条边，如图 7-18 所示，单击【连接】右边的设置器，设置【分段】为 5，其余参数为 0，如图 7-19 所示。这样就把这些面拆分成了五段。

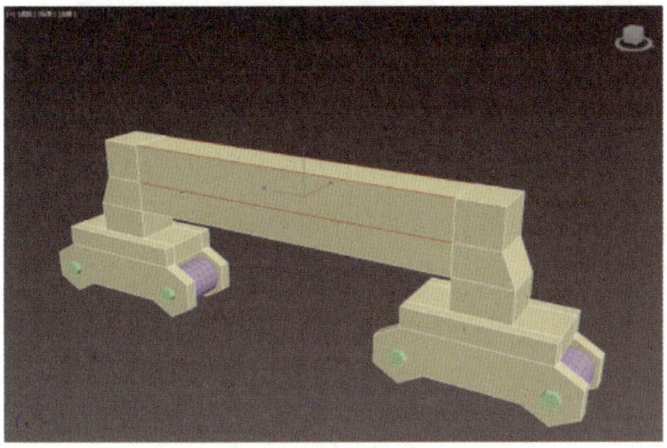

图 7-18　选中顶部中间的四条边

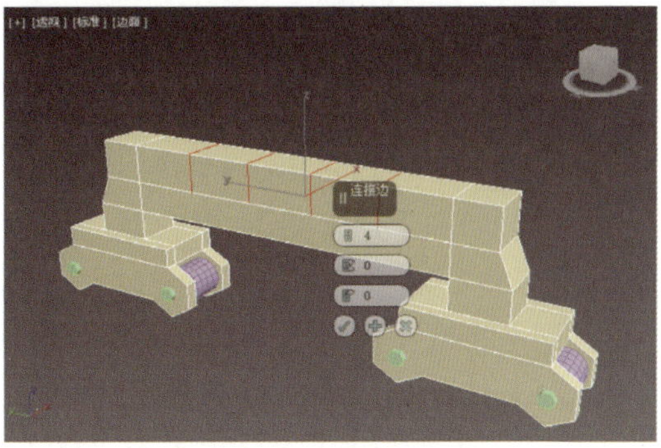

图 7-19　【连接】四条边

（19）切换到【左视图】，进入【可编辑多边形】的【顶点】子层级，向上平移顶点，使其构成一个斜坡，效果如图 7-20 所示。

（20）切换回【透视图】，进入【可编辑多边形】的【多边形】子层级，选中顶部的一个面，完成以下操作。

①单击【挤出】，设置挤出高度为 50，单击【确定】。

②单击【倒角】，设置倒角高度为 10，【轮廓】为 –5，单击【确定】。

③单击【挤出】，设置挤出高度为 50，单击【确定】。

④单击【倒角】，设置倒角高度为 10，【轮廓】为 5，单击【确定】。

⑤单击【挤出】，设置挤出高度为 50，单击【确定】。

⑥单击【倒角】，设置倒角高度为 10，【轮廓】为 –5，单击【确定】。

⑦单击【挤出】，设置挤出高度为 50，单击【确定】。

完成以上操作后，龙门吊架的效果如图 7-21 所示。

图 7-20　向上平移顶点，构成斜坡

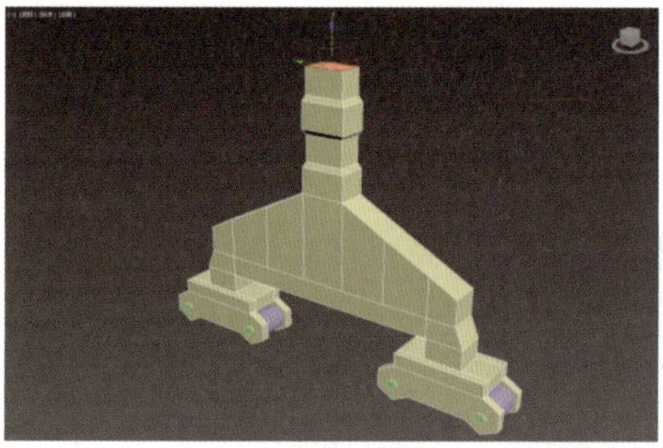

图 7-21　多次【挤出】和【倒角】后的效果

（21）切换到【左视图】，进入【可编辑多边形】的【顶点】子层级，选中最上方的四个顶点，向上移动一段距离，再向左移动一段距离，如图 7-22 所示。

（22）切换到【顶视图】，用缩放工具将四个顶点调整为与底部驱动轮的宽度相同，如图 7-23 所示。

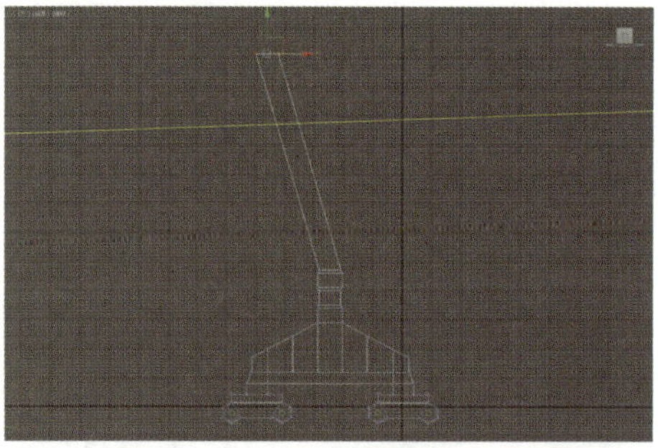

图 7-22　向上和向左移动四个顶点

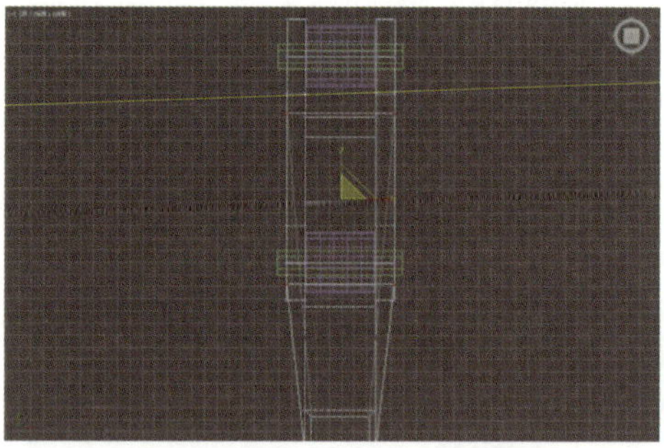

图 7-23　【缩放】四个顶点

（23）回到【透视图】，观察龙门吊架目前的效果，发现其顶部的面有些狭窄，可以再次使用缩放工具，将其进一步放大，使其趋近一个正方形，如图 7-24 所示。

（24）再次【挤出】这个面，设置挤出【高度】为 100。

（25）选中场景中所有的模型，单击【镜像】复制，设置【镜像轴】为 Y 轴，【克隆方式】为【实例】，【偏移量】为 1000，单击【确定】。此时，场景中存在两组龙门吊架的支腿。

（26）选中其中一组支腿，右击再次转换为【可编辑多边形】，单击【附加】，将另一组吊架附加进来。

（27）选中两个吊架顶部的内侧面，单击【桥】，使两个面桥接在一起，如图 7-25 所示。

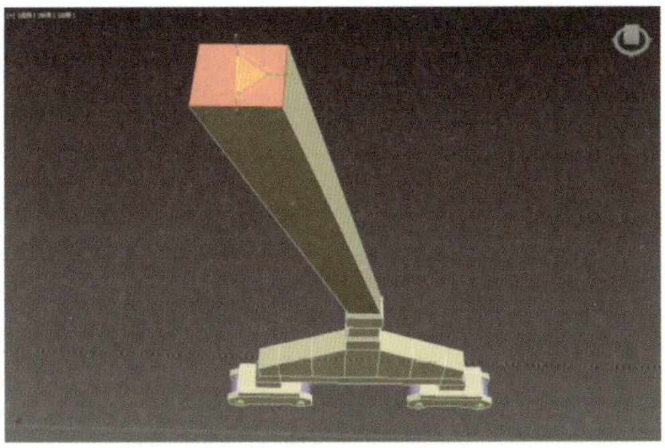

图 7-24 【缩放】顶部的面

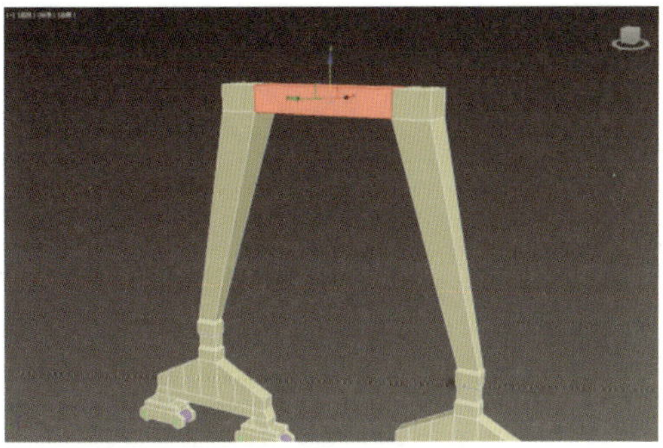

图 7-25　桥接两个吊架顶部的内侧面

（28）适当调整当前龙门吊架的顶点位置，使其更接近模型效果，如图 7-26 所示。

（29）选中龙门吊架顶部前侧的三个面，单击【挤出】，设置挤出【高度】为 500，单击【确定】，如图 7-27 所示。

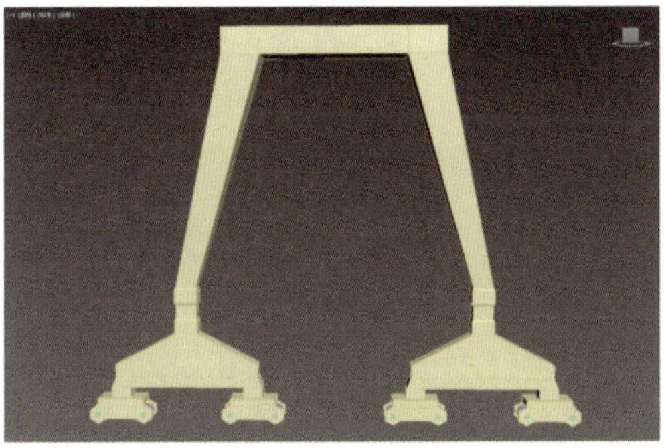

图 7-26　调整龙门吊架的顶点位置

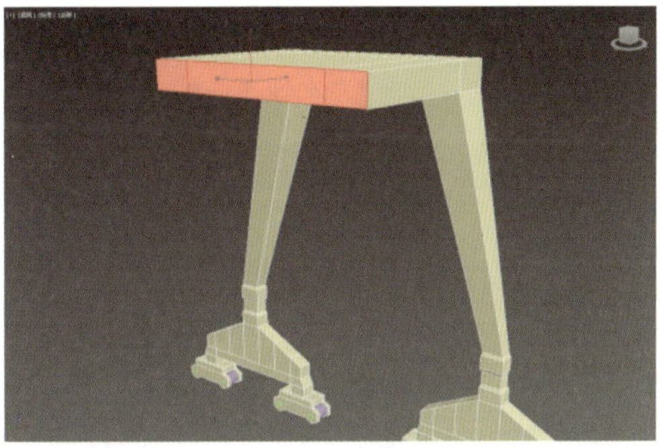

图 7-27　挤出龙门吊架顶部前侧的三个面

（30）选中龙门吊架顶部后侧的两个外侧面，单击【挤出】，设置挤出【高度】为 1000，单击【确定】，如图 7-28 所示。

（31）选中龙门吊架支腿顶部的两个面，单击【挤出】，设置挤出【高度】为 300，单击【确定】，如图 7-29 所示。

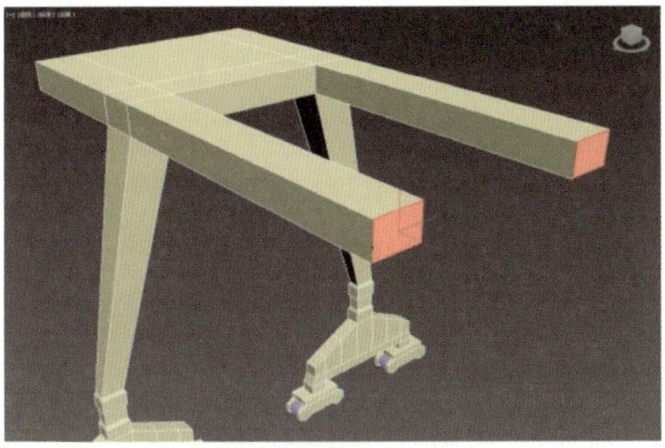

图 7-28　挤出顶部后侧的两个外侧面

图 7-29　挤出支腿顶部的两个面

（32）切换到【左视图】，进入【可编辑多边形】的【顶点】子层级，选中两个挤出面的内侧顶点，利用缩放工具将顶点沿 X 轴方向远离，如图 7-30 所示。

（33）回到【透视图】，进入【可编辑多边形】的【多边形】子层级，此时两个挤出面恰好处于被选中的状态，如图 7-31 所示。

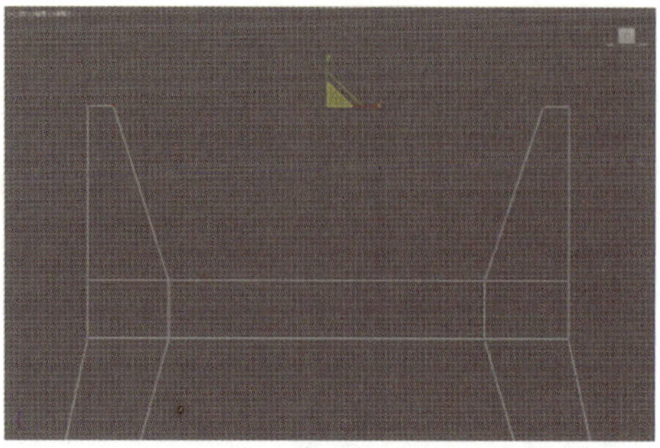

图 7-30　调整内侧顶点

图 7-31　选中顶部的两个挤出面

（34）再次【挤出】这两个面，设置挤出【高度】为 80，单击【应用并继续】，设置再次挤出的【高度】为 80，单击【确定】。

（35）选中刚才挤出的两个顶部的内侧面，单击【桥】，将两个面桥接在一起，如图 7-32 所示。

（36）选中两端顶部的最外侧的边，对它们进行【切角】处理，设置【切角量】为 35，【分段】为 3，选中【平滑】，其余参数选择默认，单击【确定】，如图 7-33 所示。

图 7-32　桥接两个顶部的内侧面

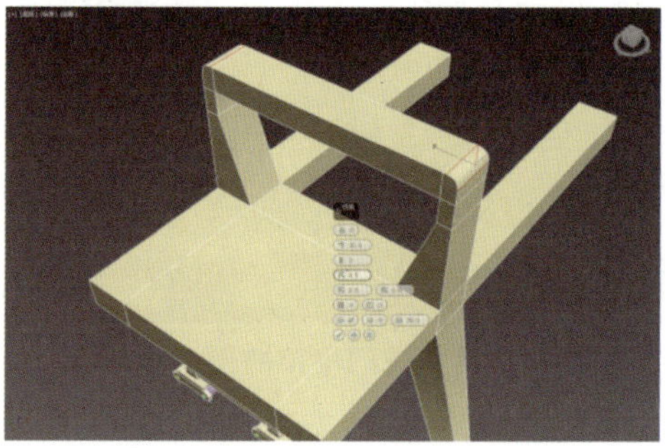

图 7-33 【切角】处理外侧轮廓

（37）再次选中场景中的所有模型，单击【镜像】复制，设置【镜像轴】为 X 轴，【克隆方式】为【实例】，【偏移量】为 2000，单击【确定】。适当调整复制体的位置，使二者不要重叠，如图 7-34 所示。

（38）再次选中龙门吊架，右击转换为【可编辑多边形】，单击【附加】，将另一半的龙门吊架附加进来。

（39）选中龙门吊架中间缺口部分的面，使用【桥】将分开的龙门吊架黏合在一起，如图 7-35 所示。

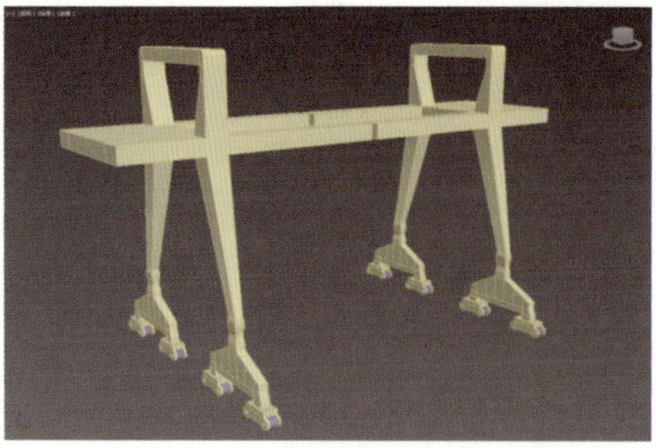

图 7-34 【镜像】复制龙门吊架

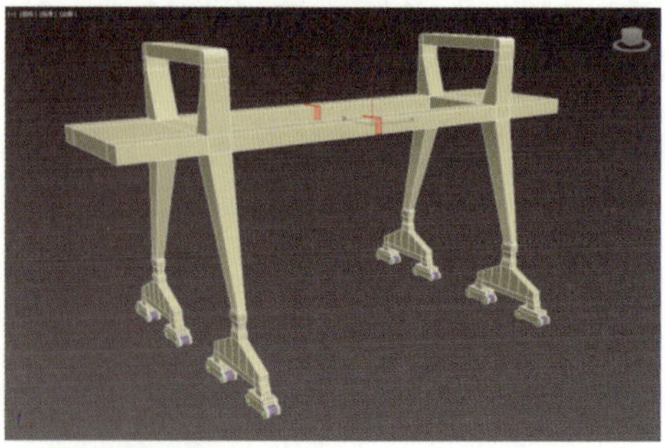

图 7-35　桥接两个龙门吊架

（40）切换到【顶视图】，创建一个与龙门吊架顶部平台尺寸相同的长方体。修改其【长度分段】为 4，【宽度分段】为 15，【高度分段】为 1，如图 7-36 所示。

（41）将长方体转换为【可编辑多边形】，进入其【多边形】子层级，删除顶部和底部的所有面，仅留下所有的侧面，如图 7-37 所示。

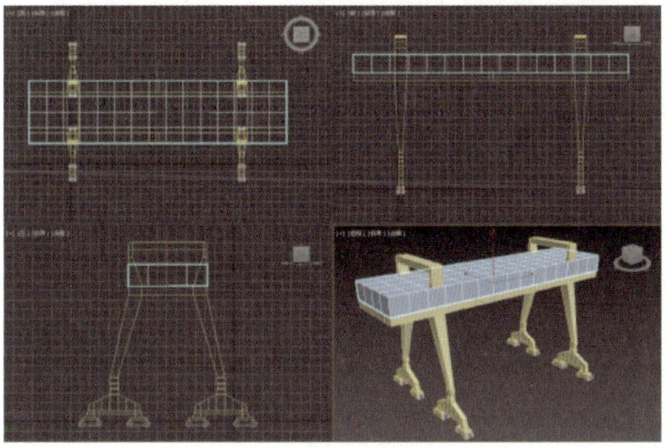

图 7-36　创建长方体

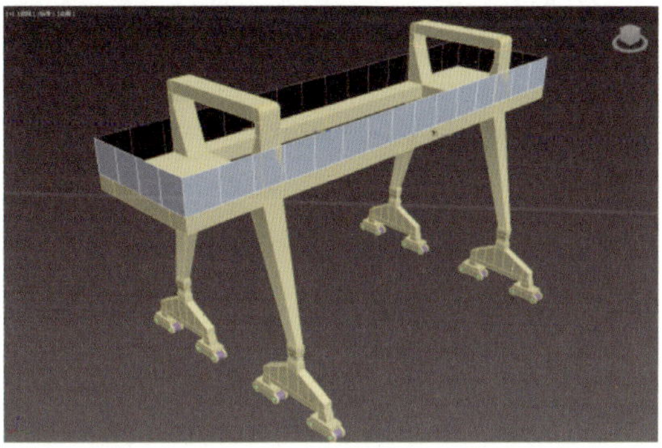

图 7-37　删除长方体顶部和底部的所有面

（42）为长方体添加晶格修改器，在【几何体】中选择【仅来自边的支柱】，适当调整支柱的【半径】、【边数】等参数，使其更加接近模型效果，如图 7-38 所示。

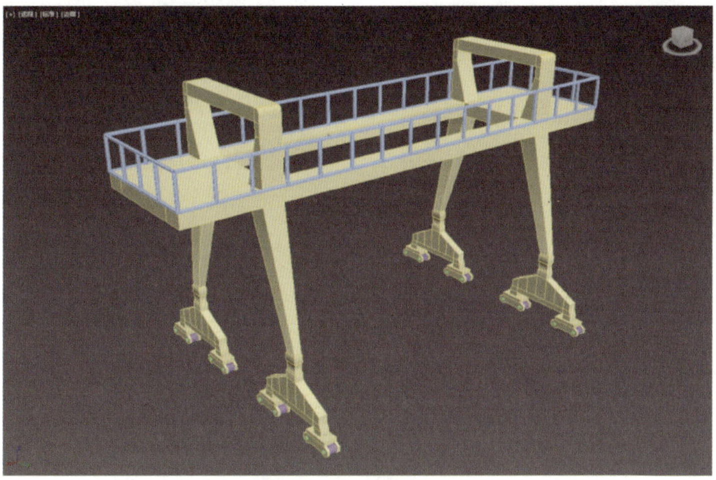

图 7-38　龙门吊架的效果

任务 2　制作吊机和重物

任务实施

项目 7 任务 2
任务实施

（1）在当前场景中【隐藏】龙门吊架的护栏部分，以避免其密集的线条影响后续操作。

（2）首先，制作龙门吊架中的滑块。在【前视图】中，取消选中【开始新图形】，创建图 7-39 所示的线对象，【圆角】处理所有的顶部顶点，效果如图 7-40 所示。

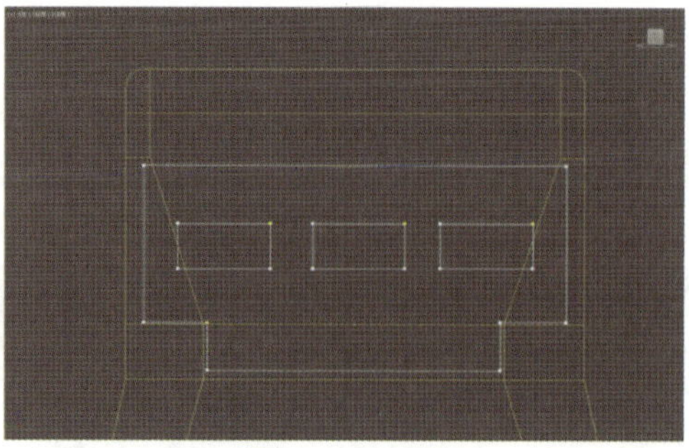

图 7-39　创建线对象

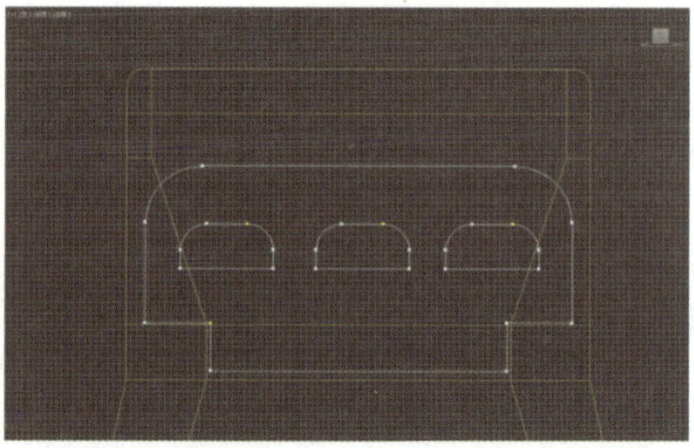

图 7-40　【圆角】处理所有的顶部顶点

（3）为当前的线对象添加一个挤出修改器，设置挤出【数量】为 400。将其平移至龙门吊架的中心位置，完成龙门吊架的滑块制作，如图 7-41 所示。

（4）接着，制作吊架部分的横梁。在滑块的正下方，创建一个长 750、宽 100、高 100 的长方体，如图 7-42 所示。

图 7-41　完成龙门吊架的滑块制作

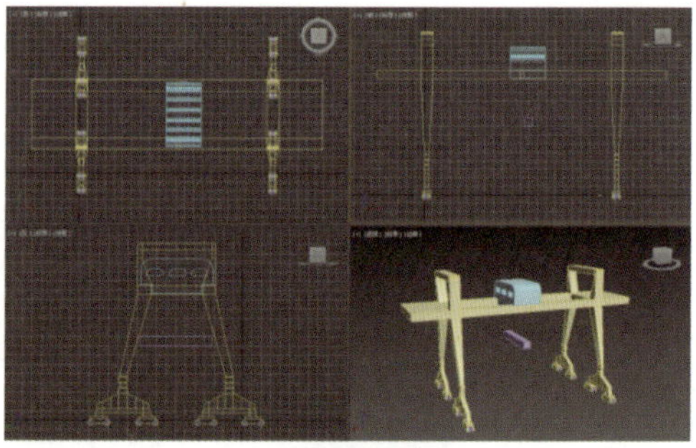

图 7-42　制作吊架部分的横梁

（5）为方便后续操作，暂时【隐藏】场景中的其他模型，仅保留长方体。

（6）观察模型会发现，横梁与轴承的相连处有两个凸起的部分，接下来制作这两个凸起模型。进入【顶视图】，创建一个长 120、宽 35、高 75 的小长方体，放置于横梁的上方（尽量紧贴横梁的上表面）。右击将小长方体转换为【可编辑多边形】，进入【多边形】子层级，选择其顶部的面，对其进行适当的收缩操作，并上下平移这个面，使其效果如图 7-43 所示。

（7）移动复制小长方体到另一侧，完成对称结构，如图 7-44 所示。

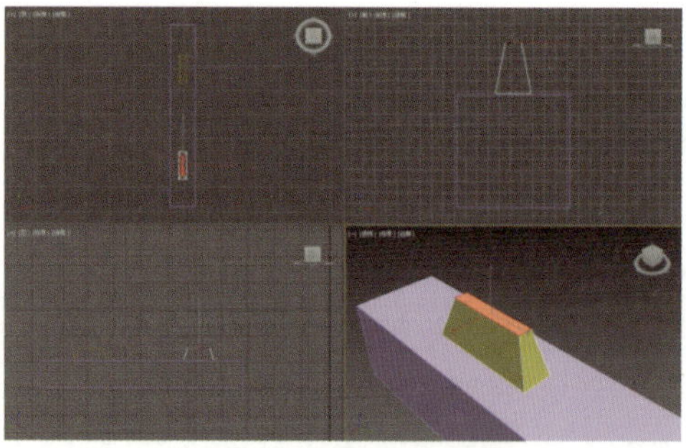

图 7-43　制作凸起模型

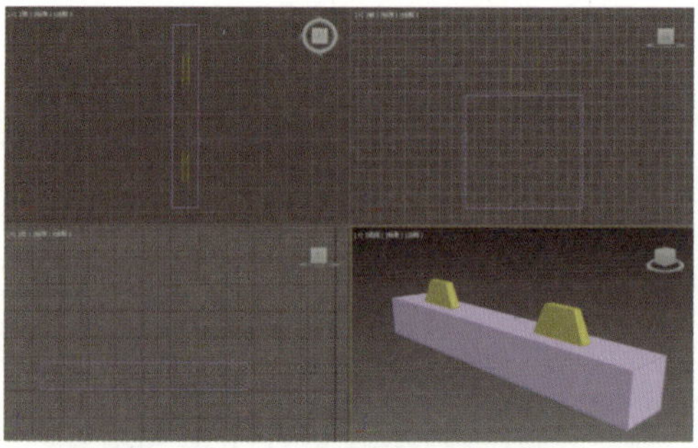

图 7-44　移动复制凸起模型

（8）选中横梁，将两个凸起模型【附加】到横梁对象中。

（9）接着制作横梁上方的轴承结构。切换到【前视图】，创建一个长 200、宽 120、高 15 的新长方体，右击转换为【可编辑多边形】，选中四个角上的边，单击【切角】，设置【切角量】为 50，【分段】为 3，选中【平滑】，单击【确定】。

（10）移动复制这个新长方体（选择【实例】复制）。进入新长方体的【边】子层级，选中中部垂直的四条边，单击【连接】，设置【分段】为 2，【收缩】为 95，单击【确定】。这样长方体的中部就出现了上下两条卡线，如图 7-45 所示。

（11）继续对这两条卡线进行【连接】，设置【分段】为 2，【收缩】为 70，单击【确定】。

（12）选中其中一个长方体，右击转换为【可编辑多边形】，把另一个新长方体【附加】进来。进入【可编辑多边形】的【多边形】子层级，选中内侧镜像对称的四个小长方形面，单击【桥】，使镜像对称的面彼此桥接，如图 7-46 所示。这样就完成了轴承外壳的制作。

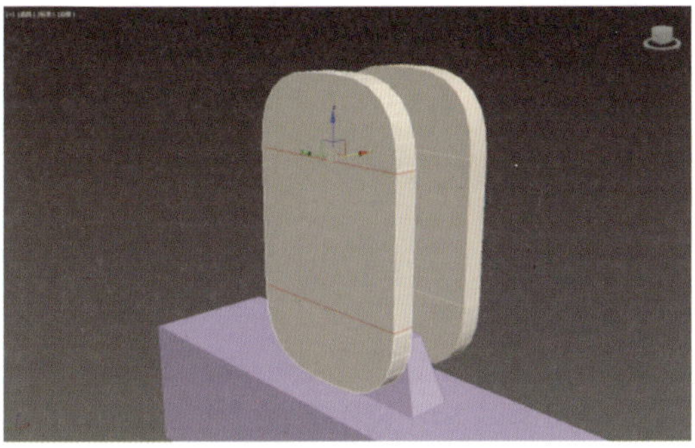

图 7-45　绘制中部卡线

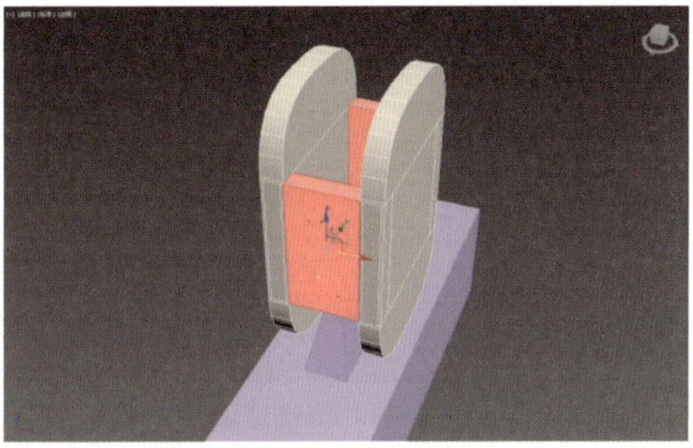

图 7-46　使镜像对称的面彼此桥接

（13）移动复制这个轴承外壳到另一个凸起的位置。

（14）再次向下移动复制这两个轴承外壳，单击【缩放】，均匀缩小，放置于两个凸起的正下方，如图 7-47 所示。

（15）在这四个轴承外壳的内部，应该有精密细致的轮轴结构，鉴于篇幅与教学重点所限，本书未对轴承内部的结构进行详细刻画。建议有兴趣的读者自行深入研究其机械原理，并完成对应的三维建模。

（16）进入【左视图】，创建图 7-48 所示的线对象，选中【渲染】卷展栏的【在视口中启用】和【在渲染中启用】，选择【径向】，设置【厚度】为 1，【边数】为 3。

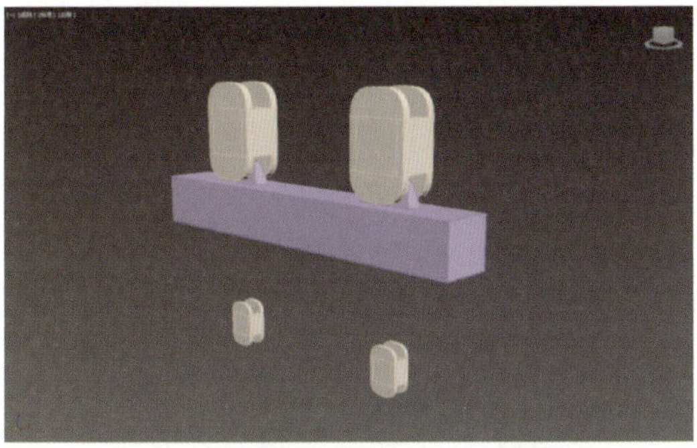

图 7-47　移动复制轴承外壳并缩放

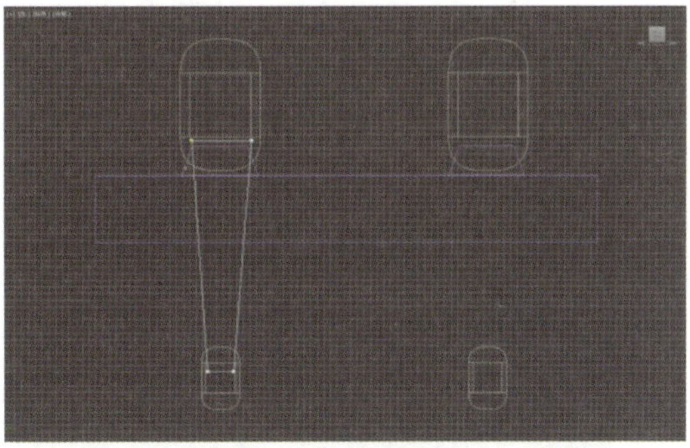

图 7-48　绘制线对象（绳索）

（17）进入【前视图】，移动复制 3～4 条线对象，再回到【左视图】，将这一组线移动复制到另一组轴承处，如图 7-49 所示。

（18）在小轴承的底部制作一个吊钩。进入【前视图】，绘制图 7-50 所示的线对象，调整顶点的类型、位置和控制柄，使其效果如图 7-51 所示。

（19）为吊钩添加挤出修改器，设置挤出【数量】为 10。移动复制一个吊钩，将两个吊钩分别移动至两个小轴承的下方。

（20）接着制作重物。在【左视图】中创建一个长方体，设置其【长度】为 420，【宽度】为 650，【高度】为 300。将重物移动至两个吊钩的下方。

（21）若要勾起重物，还需要在重物上安装圆环。继续回到【左视图】，创建一个【半径 1】为 40、【半径 2】为 7 的圆环，选中【启用切片】，设置切片的【起始位置】为 90，【结束位置】为 –90。把这个圆环放置于重物的顶部，使重物通过圆环挂在吊钩上，如图 7-52 所示。移动复制一个圆环到另一个吊钩上。

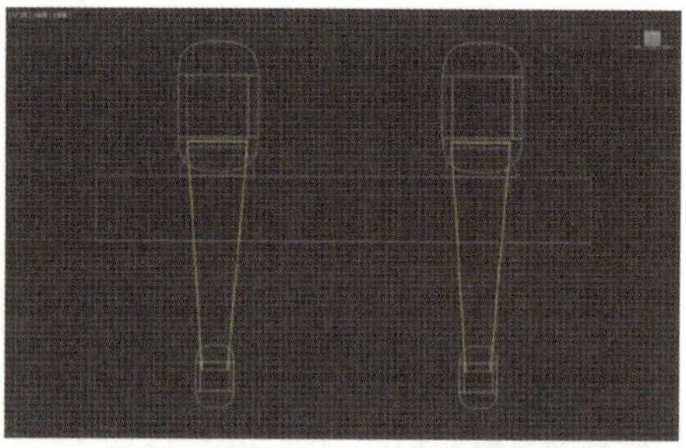
图 7-49　移动复制线对象

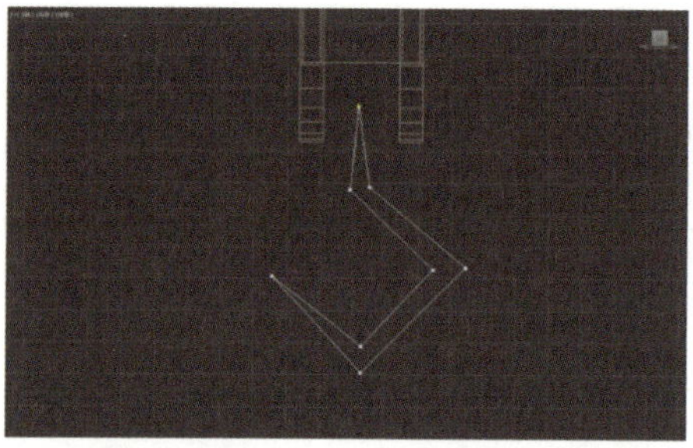
图 7-50　制作吊钩

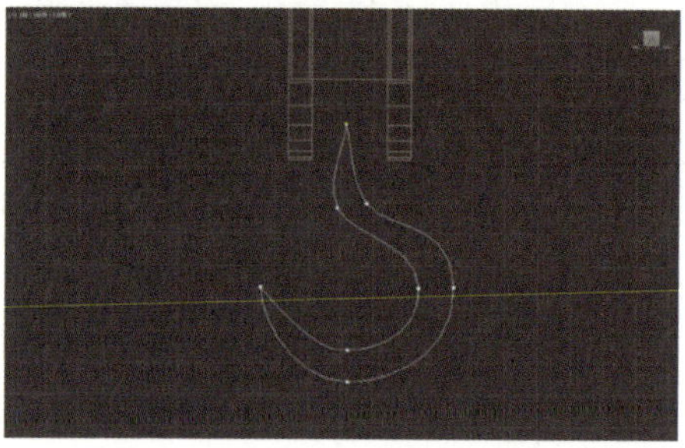
图 7-51　调整吊钩的形状

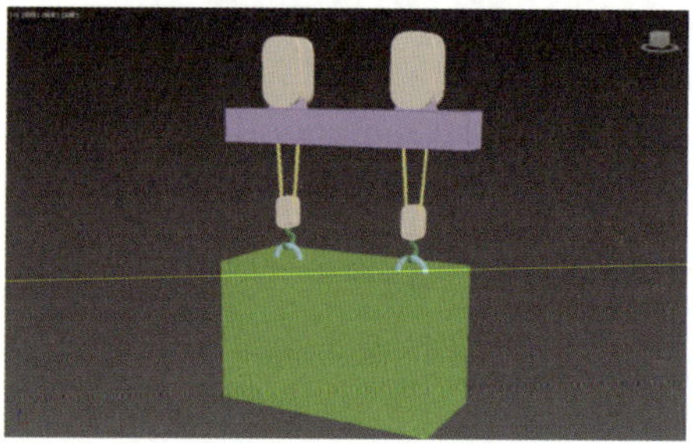
图 7-52　制作重物和圆环

（22）取消隐藏所有场景中的其他模型，将重物和吊钩放置于地面，如图 7-53 所示。

（23）然后，需要通过绳索将吊钩与龙门吊架的滑块连接起来。继续在【左视图】中创建一个图 7-54 所示的【矩形】，右击转换为【可编辑样条线】，选中【渲染】卷展栏的【在视口中启用】和【在渲染中启用】，选择【径向】，设置【厚度】为 2，【边数】为 3。

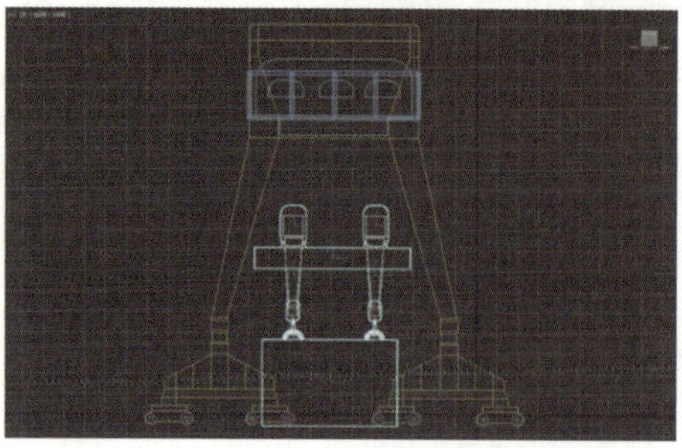
图 7-53　将重物和吊钩放置于地面

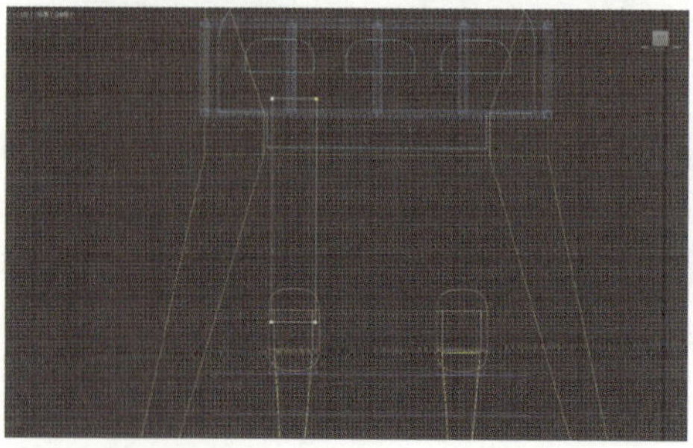
图 7-54　绘制顶部的绳索

（24）切换到【前视图】，移动复制 3 ~ 5 个刚才创建的样条线，如图 7-55 所示。

（25）再次移动复制这组绳索至另一组轴承。龙门吊架主体建模完成，如图 7-56 所示。

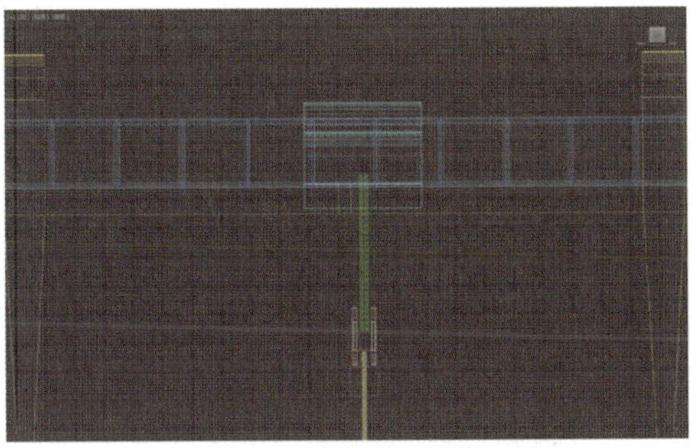

图 7-55 移动复制顶部的绳索

图 7-56 龙门吊架主体建模完成

（26）如果对当前的龙门吊架有不满意的地方，可以随时返回任意组件中进行进一步的微调。例如，如果觉得当前龙门吊架的高度没有达到预期，可以进入龙门吊架的【顶点】子层级，向上移动上方的全部顶点，随后再将其他对应的组件移动到目标位置。

（27）最后，在龙门吊架的底部绘制两根细长的导轨。进入【前视图】，创建一个长 25、宽 55、高 8000 的矩形，将其移动至龙门吊架驱动轮的底部。移动复制这个导轨至另一侧的驱动轮下。龙门吊架建模完成，如图 7-1 所示。

（28）根据效果图，可以适当修改龙门吊架各组成部分的颜色。另外，可以通过材质、贴图等操作，使龙门吊架更加逼真。

项目自测题

核对答案（项目 7）

一、选择题

（1）在 3ds Max 中，对称修改器的默认快捷键是（　　）。

A. Shift+S　　B. Ctrl+S　　C. 无默认的快捷键　　D. Alt+S

（2）【镜像】工具的【对称轴】选项中，Y 轴对应（　　）。

A. 左右对称　　B. 前后对称　　C. 上下对称　　D. 斜向对称

（3）合并模型时，正确的操作是（　　）。

A. 文件→导入→合并　　B. 右击菜单→合并

C. 修改面板→合并　　D. 工具菜单→合并

（4）对称建模后，若要编辑模型的一半，需先执行（　　）。

A. 转换为可编辑多边形　　B. 塌陷堆栈

C. 移除对称修改器　　D. 以上均可

（5）模型合并后出现法线错误，应使用（　）修改器修复。

A. 涡轮平滑　　B. 法线　　C. 晶格　　D. 弯曲

二、填空题

（1）镜像工具的默认快捷键是____________。

（2）对称修改器的【镜像轴】选项包括 X、Y、____________。
（3）合并对象时，需确保两个模型的____________一致，避免错位。

三、判断题

（1）对称修改器会自动将模型镜像为完整的对象。（　　）
（2）合并模型时，使用【实例】复制会同步修改两个文件中的对象。（　　）

四维融合岗课赛证评价表

<table>
<tr><th rowspan="2">评价维度</th><th rowspan="2">“岗课赛证”评价标准</th><th colspan="3">评价等级</th></tr>
<tr><th>优秀</th><th>良好</th><th>待提高</th></tr>
<tr><td>基础操作规范</td><td rowspan="4">岗位要求：能够精准地分析本项目所需要的技术、技能点，正确地分解任务，合理分工。
课程要求：熟练掌握本项目涉及的技术、技能点，能够正确地设置参数，能够合理地调优各模型，空间布局得当，熟练地使用快捷键。
大赛要求：作品完成度高，体现一定的创新性，并具备较好的视觉效果。
取证要求：工程文件规范，操作界面整洁、无冗余，能独立排查空间布局不合理、模型异常、文件丢失等常见问题，并进行修复。</td><td></td><td></td><td></td></tr>
<tr><td>技术熟练程度</td><td></td><td></td><td></td></tr>
<tr><td>知识迁移能力</td><td></td><td></td><td></td></tr>
<tr><td>职业素养养成</td><td></td><td></td><td></td></tr>
</table>

参考文献

[1] 唯美世界，曹茂鹏 . 中文版 3ds Max 2023 从入门到精通：微课视频 [M]. 全彩版 . 北京：中国水利水电出版社，2023.

[2] 葛洪央，马宇飞 . 3ds Max 三维设计项目实践教程 [M]. 6 版. 大连：大连理工大学出版社，2021.

[3] 李宏，刘继敏 . 3ds Max 工业场景建模与人物制作实例教程 [M]. 北京：清华大学出版社，2024.

[4] 刘斯，黄梅香 . 三维设计软件应用：3ds Max 经典案例 [M]. 3 版 . 北京：高等教育出版社，2020.

[5] 梁艳霞 . 3ds Max 三维建模基础教程 [M]. 北京：电子工业出版社，2019.

[6] H.D. 百科联盟 . 3ds Max 从入门到精通 [M]. 北京：化学工业出版社，2025.

[7] 董智慧，张恩年，李瑞森 . 3ds Max 游戏场景设计与制作实例教程：微课版 [M]. 4 版 . 北京：人民邮电出版社，2021.

[8] 杨光，杨佳欣 . 3ds Max 2020 建模技法案例课堂 [M]. 北京：清华大学出版社，2023.